《西藏大学学报》优秀论文集系列丛书

西藏文献研究

主　编：拉巴次仁　阿　贵
副主编：曲　旦

西藏人民出版社

图书在版编目（CIP）数据

西藏文献研究/拉巴次仁，阿贵主编；曲旦副主编．—拉萨：西藏人民出版社，2022.12
（西藏大学学报优秀论文集系列丛书）
ISBN 978-7-223-07343-1

Ⅰ.①西… Ⅱ.①拉… ②阿… ③曲… Ⅲ.①文献学－研究－西藏 Ⅳ.① G256

中国国家版本馆 CIP 数据核字（2023）第 001471 号

西藏文献研究

主　　编	拉巴次仁　阿　贵
责任编辑	张世文
封面设计	格桑罗布
出版发行	西藏人民出版社（拉萨市林廓北路20号）
印　　刷	西藏山水印务技术有限公司
开　　本	787×1092　1/16
印　　张	19.5
字　　数	373千
版　　次	2023年5月第1版
印　　次	2023年5月第1次印刷
印　　数	01-1,000
书　　号	ISBN 978-7-223-07343-1
定　　价	56.00元

版权所有　翻印必究

目 录

蓝色布谷鸟的吟诵——对九部苯教神话传说和祭祀仪轨文献的介绍
………………………………………… 卡尔敏·桑旦坚参著 德康·索朗曲杰译(1)
印度史诗《罗摩衍那》的藏文文献价值与研究综述………………… 多布旦(9)
敦煌古藏文《罗摩衍那》翻译时间与故事文本探析………………… 仁欠卓玛(15)
一部鲜为人知的藏文历史文献：卫巴洛色《教法史》……………… 米玛次仁(22)
纳西东巴文藏语音读苯教文献《吉祥经》译释……………………… 和继全(34)
苯教《章格经》与东巴教《多格飒》文献之比较研究………… 仇任前 洲塔(53)
法藏敦煌西域文献《丧礼服制度》写本残卷考索……………… 乔辉 张小涓(61)

元明时期藏族史学中的文献目录学与档案管理意识………………… 孙林(68)
藏文大藏经的翻译传播与藏文文献目录学的发展……………… 王黎 刘虹(76)
论《旁塘目录》的编纂及其学术价值………………………………… 徐丽华(85)
吐蕃时期的藏文文献编纂问题………………………………………… 夏吾李加(97)

基于数字档案馆建设理念的西藏藏文档案文献遗产数字化资源共建研究
………………………………………………………… 华林 石敏 李帅(110)
西藏地区藏文文献信息资源共享可行性机制研究…………………… 更尕易西(119)
试论网络环境下西藏地区藏文文献信息资源共享
…………………………………… 德萨 扎西玉珍 更尕易西 益西次旺(129)

协荣仲孜的文献记述与田野记录……………………………………… 觉嘎(138)
我国藏戏研究文献综述…………………………………………… 孔繁秀 冯云(152)
藏区教堂音乐文献述要………………………………………………… 孙晨荟(158)

敦煌吐鲁番文献中藏汉天文历算文化关系研究………………… 傅千吉 肖鹏(171)

敦煌藏文文献中的天文历算文化研究 ……………………………………… 傅千吉（185）

民间苯教祭祀者"莱坞"的经书内涵及其文化特征 ……………………… 阿旺嘉措（195）
甘肃南部山区藏族早期苯教藏文文献的分类研究 ……… 伊西旺姆　道吉才让（203）
西藏岩画与苯教仪轨文献研究 ……………………………………………… 张亚莎（215）

为"因明"一词翻译的辩解
　　——兼论藏文文献分类中的一个观点 ………………………………… 杨化群（229）
论汉文"吐蕃"的注音原则
　　——基于藏文文献里的"吐蕃"拼读 …………………………… 南小民　巴桑（234）

改革开放以来我国藏传佛教研究文献综述
　　——以哲学思想、教义教法类汉文专著为中心
　　……………………………………………… 孔繁秀　徐东明　董希媚（244）
《西藏大学学报》文献计量分析
　　——基于CNKI（1993-2011）数据 ………………………… 孔繁秀　周晓艳（254）
基于关联规则的藏文文献流通特征研究
　　——以西藏大学图书馆为例 ……………………………………… 刘芳　胡志杰（271）

当代日本的藏学研究机构及出版物 ………………………………………… 秦永章（279）
藏文文献遗产保护机制的创新
　　——以玉树地震灾区为例 …………………………………………… 夏吾李加（288）
敦煌文献中藏文字形及书写特点的研究 …………………………………… 高定国（298）

蓝色布谷鸟的吟诵

——对九部苯教神话传说和祭祀仪轨文献的介绍[①]

卡尔敏·桑旦坚参著　德康·索朗曲杰[②]译

苯教是佛教传入雪域高原之前的西藏原始宗教。在历史上，对苯教的形成、发展及教义等相关问题未形成统一的认识。不管人们怎样解析苯教，可以肯定的是，我们今天所面对的苯教是在长期的发展和变化中逐渐形成的传统信仰，是整个藏族文化的重要组成部分。

在苯教信仰者所居住的地方，除了收藏《甘珠尔》和《丹珠尔》之外，还保存着不少记载各种内容的古老手抄文献。其中，有些古老珍贵的文献至今还处于尘封状态，有些只在寺院和特殊宗教仪式中使用。

关于收寻和出版这套古老苯教文献的经过是，2000年，我在位于印度海马恰邦境内的苯教门日寺进行访问。该寺的赤烈尼玛大师慷慨地让我参阅了他多年收藏的几部手抄版文献，这些手抄文献保存完好，还从未公开出版发行过。在这些文献中我选择了两部书（第一部和第二部）并作了拷贝。

我在以上两部文献的基础上增加了几个含有祭祀和神话故事内容的珍贵文献，以便能够编一部珍贵的文献集。当这个计划浮出水面时，我要求日本民族博物馆的长野太彦教授把它列入《苯教研究项目文献丛书》中，他愉快地接受了我的计划。

除了赤烈尼玛大师提供的两个文献之外，其它几部文献都是我长期对西藏文化的有关祭祀和神话传说的研究中逐渐认知的。随着时间的推移，现在已经形成了以九部文献为内容的一部集子。虽然这些文献的内容完整，但遗憾的是大多数版本没有署名，而且存在相当多的错别字，很多地方用词和语法也不统一，因此对所有版本无法进行有效的校编。我至今还没有发现这些文献的第二个版本，因此，无法进

[①] 本文原载于《西藏大学学报》（社会科学版）2005年第2期。
[②] 译者简介：德康·索朗曲杰，曾任职于西藏自治区社会科学院，主要研究方向为苯教历史与祭祀。

行传统意义上的评估与比较。我在选编这个集子时所采取的方法是：对每一个版本进行全面的编辑。同时把原件打成印刷体文字，以便读者能够顺利阅读这些古老文献。

收集到这个集子中的文献，无论从它的学术术语，还是从它的语言和地方特色等方面看均相当丰富。在半个世纪之前，马瑟罗拉罗（1953年2月）对一系列苯教文献进行分析后提出了以下论点："记载着苯教神话传说的文献中，在形式和内容两个方面都释放出大量抒情诗歌体的特色。"拉罗的这段话虽然是针对出自敦煌文献中的神话传说而言的，但是它也适用于我们这部集子。

我们从这些文献中发现，在信仰苯波教的社会文化氛围中，俗人在信仰中所发挥的重要作用。同时该文献的内容证明：在十一世纪以前，所谓苯教与早期和后来的苯教之间发生断裂现象之说纯属谬论。

一、《净化四个矮人氏族神的仪式》 mi'—rigs bzhi lha sel

这个文献是关于净化神灵祭祀仪轨的，我曾经对这个文献进行过初步的探讨。虽然该文献的内容是形成早期宗教信仰的重要组成部分，但是目前涉及到该文献的文章甚少。该文献是诗歌体，没有版本记录。

此文献所涉及的内容就像书名所提到的，是关于净化四个矮人氏族神的宗教祭祀仪式。在苯教《光荣经》中，提到了有个"gzhung"，即一种学问，并把它归纳到苯教的教义之一《黑水》（chab nag）之中。"世间四个原始人的学问"是早期苯教所说的四个学问之一。因此，我们的第一个文献内容涉及的似乎是这个学问，与该宗教仪式有关的文献也可以在其他地方见到，如西藏的布达拉宫。

我于1991年在西藏拉萨进行学术访问时，参观了在布达拉宫举行的文物展。当时我在展览的物品中见到了三部手抄版文献。这些文献是用金粉书写而成，每页都有时轮大法咒语组成的花图和金粉写成的梵文。该经文不但文字清晰，而且经文所描述的内容是与苯教的古老仪轨净化（sel）、卦（phya）和财（gyang）有关联的神话传说，从内容上看，这是我未曾见过的版本。我猜想这些苯教文献是根据五世达赖喇嘛（1917年—1682年）的旨令收藏于布达拉宫的。众所周知，五世达赖喇嘛被苯教所深深吸引。上述文献的图片曾刊登在由中国旅行出版社出版的《雪域圣宫布达拉》一书上。

在该文献中提到的矮人（mi'u）指的是藏族的先民。mi'u一词的前面附有"黑头"（dbu nag），指明这里所说的人是黑头人种。在第一个文献中讲到有关藏族起源的神话时，提到四个氏族：一是玛尔象雄；二是东松巴；三是董米酿；四是撕阿夏。但是在另一个神话传说里，称有六个氏族，无论怎么讲，苯教的净化祭祀仪轨是针对上面所提到的四个氏族的神灵而举行的。举行祭祀时，主祭者戴着头巾，饮用青稞酒，手持五彩布装饰的神箭，祭拜的主要神灵与文献2和3一样，是可以在父母那里继承下来的"头上九神"用即"mgo ba'i lha dgu"。

在举行净化的祭祀仪式时（sel），一般与两种玷污（grib）进行联系，即mnol和sme。是指得罪附在周围环境中的神灵的行为，sme是指父辈的兄弟相互残杀的行为。如发生此类事件，当事者将被祖宗的神灵所抛弃。

人们为了摆脱这些罪孽的阴影，在祭祀中使用一种tshan的祭祀液来洗清mnol之罪孽，焚烧松树叶的桑烟bsang来净化天地。

这个文献是由五个或七个音节组成的自由诗歌体，其中，以五个音节组成的诗句最为流行。

二、《召唤精华财运之经》*mu ye pra phud phya'i mthar thug*

g-yang一词在藏族文化中是一个抽象的概念。因此，找出相应的、比较满意的译文是很困难的。g-yang实际上是指某个东西的精华，但它不是我们日常所能够看到和触到的。有一种东西被认为是可以"依靠"的，藏文称之为rten，这一词从字面上理解应是"支持"的意思，象征它能起到兴家避邪的重要作用。苯教经典《光荣经》有如下记载"mchod cha phya rden g-yang rden mtshans"，意思是说为祭祀准备占卜、器具和护身符。在此g-yang一词所指的是某个事物的"精华"，例如，rten-yang"马的精华"。这里所说的"马的精华"不是马本身，而是马的"超级"。

该文献显得非常重要，因为在该文献中记载着g-yang起源的神话传说以及这一传说中的主要角色——鹿。叙述了一只鹿能够讲人类的语言，并与人合作把自己身上的每个部分制作成祭祀用的器具。g-yang的文化现象可以追溯到藏族的早期文明。这一点在敦煌文献中得到了充分的证实。（Spanien1979：Pelliot Tibetain1047）

三、《产生黑头人之故事》*dbu nag mi'u 'dra chags*

这个文献曾被斯坦因教授参阅过。斯坦因手中的拷贝是从霍夫曼先生那里得来的。我手中这一文献的拷贝又是从斯坦因那里获得的，这是九个文献中唯一两个有版本记录的文献。虽然这个文献据说是在赤松德赞时期出现的，但是从它的内容看，可能是元朝忽必烈时期的文献，因此，它不早于十三世纪之前。该文献有43页，但是第11页已丢失，而且大部分由于受到不同程度的损坏而重新用手写体来补充。这个文献完全是由七个音组成的诗歌体，目前还没有发现该文献的其他版本。

该文献把苯教和佛教放在同一个位置进行评述，没有任何偏袒。

该文献的名称是《黑头人的产生》。在文献中首先按照佛、苯两种宗教传统，讲解世界及其形成的有关神话传说，紧接着讲述藏族的起源、氏族的形成以及他们后来所定居下来的地方等。该文献主要探讨的内容与在藏族文献中经常谈到的《宗族名库》的内容相同。

它给人的总的印象似乎是根据口述记载下来的，而不是专门撰写而成的。虽然该文献所描述的内容基本上统一、有序，但是没有明显的段落和章节。文献所用的语言是康巴方言。当文献中讲到藏族的宗族时，把蒙古人和汉族称为"兄弟"，这表明该文献可能写于蒙古人统治西藏时期。在文献中另一个非同寻常的内容是，把四种动物如大鹏、龙、狮子和虎的起源与藏族的山神崇拜习俗联系起来，到目前为止，我还没有见过任何讲述类似于这种神话传说的古老文献（karmay1988：no.22）。

四、《神之下凡记》yi ge lha gyes can

这个文献摘自佛教史书《第吴宗教源流》（227—38 页）。该书的作者是出生在十三世纪的佛教学者凯巴第吴。在我的文章（karmay 1988：no.16）里探讨过五部史书的重要性并提出了究竟有没有所谓的五部史书问题。

我的论点主要基于两部史书它们分别是《巴协》和《娘热宗教源流》。在《巴协》和《娘热宗教源流》中不仅提到了五部古史书，而且《娘热宗教源流》的作者曾参阅五部史书，但是到目前我们还无法找到五部史书，因而我对此持悲观态度。然而，在《娘热宗教源流》中载有如下信息："根据《巴协》的记载，其中的一部史书名为《神之下凡记》，这一史书的名字就很难理解，加上 yo ga 一词，使它的意思更加扑朔迷离"。很多学者对 yo ga 一词迷惑不解，但是《娘热宗教源流》的作者把 yo ga 写成 yo ge，即 bon gyi yi ge lha dge can，也就是苯教的《神之下凡记》。《巴协》中的 yo ge 一词的错误写法表明这是延续了很长时间的错误，这种错误甚至延续到包括《第吴宗教源流》在内的诸多藏族史书中。

然而，1987 年《第吴宗教源流》在拉萨出版，书中比较完整地记载着苯教《神之下凡记》一文。从此关于究竟是否存在过这样一部史书的问题便迎刃而解了。

这部文献主要涉及第一代藏王聂赤赞普的来源问题。我认为除了敦煌文献 PT1286 之外，该文献是唯一有关聂赤赞普来源方面的文献资料。在这些文献中，神话传说的内容以及它所描述的特点延续了苯教的传统。通过阅读和研究该文献，我们发现起初比较粗略的神话传说是如何在敦煌文献中被延伸和细解的。

五、《世间赎祭招魂仪式》srid pa spyi skong snang srid spyi mdos

1983 年，我在印度海马恰邦境内的门日苯教寺院调查，堪布隆多丹白尼玛让我参阅了一部有关赎回 mdos 之祭祀仪式的文献，我当时就被这部仅存的文献所震撼。

该文献共有 15 页，整个文献被分为四个章节并附有版本说明。在版本说明里记载着该文献的作者是桑布陈贵。我们从该文献诗歌体形式等各方面来看，它确实是一部古老的文献。它的说明部分是散文体，其余的内容分别是由四个、五个或六个音节组成的诗歌体。这种由韵律诗组成的写作风格在吐蕃政权时期极其盛行。我们在敦煌发现的所有吐蕃时期的文献都是由六个音节组成的诗歌体文献（egspanien, imaeda1979：PT1287, IV, 221-29）就像下面所介绍的诗句那样，中间由藏文连词'ni'来断开。例如：

spyan 'dren ni su 'dren/
spyan 'dren ni gshen rab 'dren/（3b）

邀请，是的，谁将被邀请
邀请，是的，辛热将被邀请

然而，诗中节律的停顿是根据文中不同的主题而发生变化的。例如：

ya gzhi la gangs ri shangs/
stan dkar ni lings se lings/

上部，是的，那是座雪山，
白垫子，是的，缓缓铺开。

上面的第二段是由拟声词 ling se ling 来结束。这个藏语短语表述了某种情感形式。在所有我们讨论的文献中，使用拟声词的现象很普遍，例如在敦煌编年史的诗篇中（1.221）：

mon kha'i ni stag chig pa/
stag gum ni zu tses bkum/

在门卡，噢是的，孤独的虎。
那是苏孜，是他，他杀死了那支虎。

dgung la ni gnyi shan ba/
dro dro ni sa la dro（The chronicle, 1.98）

在神界，是的，升起太阳。
温暖的，是的，它温暖了大地。

六、《蜂形虎态的驷氏神仙的传说》*sri gsas bung ba stag chung*

该文献是由 8 页组成并且未加署名的古老文献之一。这部文献出现在苯教经典 khro bo dbang chen gyi ashed;dur dang gsang phur nag po'i 'phrinlas 'gug sgral gnas 'dren skor（Tsulktrim Tashi,Delhi 1983,No.35. pp.691-704）中，

它主要记载了形体像蜜蜂而身上裹着虎皮的神仙驷（gsaz）的传说。Gsas 一词在苯教文献中是指神仙，而 sri gsas 指的是与 sri 神灵相敌对的神仙。D.L 斯内格陆夫（1967：44，29）把 sri 一词翻译成"吸血鬼"。根据苯教经典《光荣经》的记载，有十种 sri 之妖精。据说有一种 chung sri 的妖精，这种妖精专门掠杀婴幼儿。玛利亚·布隆朵女士曾对藏传佛教镇压 chung sri 之妖精而举行的宗教仪式进行过比较深入的研究。

该文献中关于驷神的传说分为四个阶段：第一，有一对夫妻生有两个孩子，他们一家人过着幸福的生活。第二，趁父母不在，驷妖精夺走了两个孩子的生命。第三，邀请牧师召唤驷氏神仙，并且征服了驷妖精，从此这对夫妇又得到了一个孩子。

这个故事情节也出现在敦煌手抄版文献、苯和辛召唤神灵的宗教仪式及后来的《十万龙经》等苯教文献当中。关于这一问题，法国藏学家 R·A 斯坦因曾做过大致的分析（1966-1970，1971）。

七、《赎回祭之叙述》 *blud rabs*

这是一个摘自苯教祭祀文献《朵阐》（Dolanji1973, no.14, pp）的古老文献。

这个文献也是由五个或七个音节组成的诗歌体，而且，该文献似乎是被用来吟诵的。文献的主要内容是关于赎回祭祀及其传说的叙述，它包含的主要内容与拉鲁曾研究过的敦煌文献（Lalou1959：PT1285, 11.116-145）中的传说内容吻合。

据说这个故事发生在汉地的当桑（gtang bzang）地区，一个女人被很多不同的幽灵骚扰。但是 PT1285 中有一个部落头人中毒的情节。两种传说记载的邀请苯教圣人莱党茫伯来治疗疾病的情节相同的。

下面我把摘自文献 7 和敦煌文献中的两个例子介绍给大家：

a na na'l nam long/
a chu chu'l mum ma rub/
rgya bon leg tang rmang po spyan drang nas/
gto dang dpyad bgyis pas/
strn gyi nos yang rig/（P.313）

（深夜里他们被病魔所折磨，他们哭泣）

"哦，痛苦咖，何时见到天明？"

（白日里的天气知此冰冷，他们哭泣）

"啊，寒冷哟，何时夜幕降临？"

因此邀请牧师莱党茫伯，

他举行了仪式和诊断病情，

他确认了所得疾病。
他发现了何种妖精（牵连其中）。
摘自敦煌文献PT1285中的段落：

nun u nam mi nangs/
cu cu nyin myinub/
bon po la mchu shig/
leg tang rmang ba la mchu shig
Mo btab pya klags na/
Snyun gyi zo yang mtshal/
Skar gyi lde yang rig/

（深夜里他们被病魔所折磨，他们哭泣）
"哦，痛苦呦！何时见到天明？"
（白日里的天气如此冰冷，他们哭泣）
"啊，寒冷哟！何时夜幕降临？"
邀请苯教智者，
邀请莱党茫伯，
卜卦和召唤恰神后，
确认了所得疾病，
发现了何种缘由。

在以上所引用的段落中出现的人物莱党茫伯是后期苯教传说中的重要人物，他是六大苯教智者之一，被认为是来自汉地的学者。（《朵辛米》中国藏学中心出版社，1991, P.811）。

八、《红嘴山鸭叼箭之密部》skyung mo mda' khyer gyi rgyud

这个文献属《红嘴山鸭叼箭密部》khyug mo mda' khyer gyi rgyud一书的开头章节。此密经文献来自堆布地区收录在1974年重版的 spyi spubgs rin po che a dkar gsang sngags kyi bka' srung drwa ba nag po'i rgyud skor(Dolanji 1974, No.25)之中。我们目前还无法认定这部书的真正作者。文献的开头部分是散文体，随着情节的发展，逐渐由散文体变化为七个和五个音节的诗歌体。

它是与苯教保护神扎瓦那伯起源有关的神话传说。这个神话传说是从世界的起源开始的，接着然后几个国王的故事。当讲到国王的传说故事时说：有个国王欲觅王妃，经过很多磨难之后，在一次偶然中遇到一个女子，但是，该女子被描述为风的女儿（隐含着他们俩的结合是不稳定的），他们终于把一个男孩带到了人间。在一次残忍的家庭争权斗争中，男孩不幸夭折，但是通过举行苯教祭祀，phya wa 神用神力恢复了男孩的生命。在 phya wa 神离开之前，他被认定为苯教的保护神，起名为央尼伟（yang ni wer）。

这个神话传说能够帮助我们进一步认识和理解藏族俗家文化中的几个问题，特别是箭和捻线轮所蕴涵的文化内涵，这一点为其他文献所不及。

此文献中的另外一个很有意思的现象是和田王 khotan 的儿子也叫央尼伟（yang ni wer）斯坦因认为这个名字源自外国人的姓氏。实际上他的想法并不无道理，但是我认为神化传说的叙述形式是藏族文化的叙述形式。

九、《兄妹分财与新郎新娘寄托给神灵的仪式》 *ming sring dpal bgos dang lha 'dog*

就像这部文献的名字所表明的那样，它所涉及的内容是在婚礼中举行的两种宗教仪式。第一个仪式叙述了与婚礼祭祀起源有关的神话传说。第二个仪式涉及到祭祀的内容本身。这部文献中的神话传说的起源和《赎回祭之叙述》一样，可追溯到吐蕃赞普时期故事的情节是这样的：在天堂，有一对夫妻有一儿一女，他们相依为命。有一天，一位男子请求那对夫妇把他们的像仙女般的女儿许配给他。然后，故事的内容逐渐转到父母如何把财产分配给儿女，在这里，婚姻的问题也被苯教师含蓄地提及。

第二个仪式的主要内容是写新郎和新郎所生活的社会之康乐。在这个祭祀仪式中，箭和捻线轮是必不可少的祭祀工具，同时，金子、珊瑚、牟绳和央绳也尤为重要。

这个文献除了开头部分是散文体之外，其余均为七个音节的诗歌体。它没有受过任何佛教文化的影响。

我曾经在一篇论文中附上了这个文献的译文，以展示西藏确实存在本土文化和世俗文化的实际情况（Karmay 1998：No.8, 147-53）

在此，我把由九部古老文献组成的苯教文献集介绍给广大读者，这些文献记存在于苯教文献里的神话传说和祭祀习俗中，是第一次把尘封已久的古老文献公诸于众。我希望通过这部苯教文献的公开出版，使更多的人对研究原始藏族神话传说和祭祀文化感兴趣。同时，希望这些文献能够帮助研究人员深入研究藏族原始宗教信仰、神秘的祭祀仪式和民风民俗。

我希望通过这部苯教文献的公开出版，使更多的人对研究原始藏族神话传说和祭祀文化感兴趣。同时，希望这些文献能够帮助研究人员深入研究藏族原始宗教信仰、神秘的祭祀仪式和民风民俗。

印度史诗《罗摩衍那》的藏文文献价值与研究综述[①]

多布旦[②]

从文献资料的性质来看，有关印度史诗《罗摩衍那》[1]的资料可以分为传统文献记载和现代研究成果两大类。从传统文献记载来看，《罗摩衍那》从吐蕃时代翻译成藏文后，在将近一千两百年间，该题材被西藏文人阐释、再创作或加工等，显示了在本土化演进的过程中形成西藏文学史上"罗摩衍那"的现象。从国内外学者的相关研究成果来看，《罗摩衍那》这一命题不仅具有一定的学术价值，同时与藏族文学之间有着特殊的历史关系。

一、藏族传统文献中的《罗摩衍那》

在藏族传统文献中有关《罗摩衍那》文献大致可以分为四类：即翻译类、典故类、再创作类和记述故事类。其中翻译类的有敦煌古藏文本《罗摩衍那》和《新译〈罗摩衍那〉》（gsar_bsgyur_rva_ma_yva_nvi_rtogs_brjod）[2]，其中敦煌本于1907-1908年间被英国人斯坦因和法国人伯希和先后盗运至国外，敦煌石窟的藏文手卷被运送至英法两国，分别藏于大英博物馆图书馆和法国巴黎国家图书馆。这一译文共有五部文卷，其中编号 I.O.73A、I.O.737B、I.O.737C、I.O.737D（I.O 为藏于伦敦印度事务部图书馆的敦煌本藏文文献的缩名）等四种文卷藏于英国伦敦，编号 P.T.983（P.T 为法藏敦煌本藏文文献缩名）藏于法国巴黎国家图书馆，于上世纪80年代在国内首次公开出版。据古藏文专家考证，属于《罗摩衍那》最早译文类。吐蕃译师嘎瓦巴泽翻译的《khyd_par_vphags_bshtod_dang_lha_las_phul_byung_gi_rtsa_vgrel》[3]，即该两本书的部分注解中均有印度两大史诗的内容。

---

①本文原载于《西藏大学学报》（社会科学版）2014年第1期。
②作者简介：多布旦，现为西藏大学文学院教授，主要研究方向为古藏文。

《新译〈罗摩衍那〉》是 20 世纪三四十年代由藏族学者更顿群培和热拉·智通合译,2005 年 12 月由民族出版社出版。此书正文部分共 275 页,据前言记载,前 80 页由更顿群培翻译,后续部分 81 页至 274 页由其弟子热拉·智通翻译。此书结尾处热拉表示是依据蚁垤梵文本之第四十八章至一百零八章的故事翻译而成。因此该版本故事情节相对完整。

罗摩故事在藏族传统文献中作为典故应用,与印度修辞理论《诗镜》(me_long_ma)[4]的传入有着极大的关联。13 世纪萨迦班智达·贡嘎坚赞在《智者入门》(mkhas_pa_vjug_pvu_sgo)[5]中对《诗镜》的内容作了大概的介绍和解释。他在《萨迦格言》中引用罗摩故事书写了四句格律诗,同时代学者尊巴仁青白在《萨迦格言注释》(legs_par_bshad_pa_rin_po_chevi_gter_dang_vgrel_ba_bzhugs_so)[6]中对此进行了较详细的注释,该注释成为藏族学者书写的较为完整的罗摩故事。13 世纪,藏族译师雄顿·多吉坚参在八思巴的支持和赞助下,将《诗镜》全部翻译成藏文。其后,他的弟子邦译师罗卓丹巴首先以此书讲学授徒,始开学习《诗镜》之风。依照印度研习修辞之传统,凡研习修辞之人多数例举罗摩衍那的故事,成为当时典型的修辞题材之一。此后,藏族历代文人学者撰写的《诗镜》修辞注解和诗文基本引用了罗摩题材。主要有 16 世纪学者仁邦巴写的《诗疏无畏狮子吼》(snynan_vgrel_mi_vjig_seng_ge_nga_ro)[7]、五世达赖喇嘛撰写的《诗镜妙音乐歌》(Snyna_ngga_me_long_gi_dkav_vgrel_dbyangs_cna_dgyes_bvi_glu_dbyangs_zhes_bya_ba_bzhugs_so)[8],同时期学者米旁·格勒南杰写的《诗镜注》(又译《诗疏檀丁意饰》)(snyan_ngag_gi_bstan_bcos_chen_po_me_long_la_vjug_pvi_bshad_sbyr_dntuvu_dgongs_rgyn_zhes_bay_ba_bzhugs_so)[9],18 世纪的康珠·旦增曲吉尼玛写了《诗镜注释妙音戏海》(rgyan_gyi_bstan_bcos_dbyangs_can_ngag_gi_rol_mtsho)[10];19 世纪局·米旁南杰嘉措写了《诗疏妙音喜海》(bdyangs_can_dgyes_pvi_rol_mtsho)[11]等。除了通过罗摩故事研习《诗镜》修辞之外,藏族学者对罗摩题材进行了再加工,公元 1469 年,格鲁派学者象雄·曲旺扎巴根据《诗镜》原理撰写了第一部西藏本土的罗摩故事,即《罗摩衍那之可伎乐仙女多弦妙音》(rgyal_bo_rva_ma_nvi_gtam_rgyud_las_brtsams_pvi_snyan_ngag_gi_bstsan_bcos_dzri_zvi_bu_movi_rgyud_mang_gi_sgra_dbyangs_kyi_vgrel_ba_dri_mud_shel_gyi_vbad_stegs_zhes_bya_ba_bzhugs_so),公元 20 世纪甘肃拉卜楞寺学者阿旺丹贝坚赞著写了该篇注解《罗摩衍那注解》[12],这两本书于 1981 年由四川民族出版社合成出版。甘肃拉卜楞寺著名学者岭·格桑列协嘉措依据《罗摩衍那》,书写名为《dgav_byed_rva_ma_nvi_gtam_rgyud_las_brtsams_pvi_zlos_gar_tshig_ rgyan_dri_zvi_vphang_vgrovi_rgyud_kyi_sgra_dbyangs》[13]剧本，据拉卜楞人回忆，当地传统节庆上演的藏戏剧目有神猴哈奴曼达，并有口头流传的罗摩和哈奴曼达的故事。同时藏族现代文学开创者、著名作家端智嘉写了一部《罗摩衍那故事》(ra_ma_nvi_rtogs_brjod)[14]，该文因作者辞世而只留有第一章，内容为罗摩和悉多的婚礼。

有关《罗摩衍那》记述故事类文献，目前收集到的有康珠·旦增曲吉尼玛依照印度教大神毗湿奴十化身故事写下了《lha_chen_po_khyab_vjug_gi_vjug_pa_bcuvi_gtam_rgya_bal_mkyas_pvi_ngga_rgyu-n_gangs_can_rna_bvu_bdud_rtsi_zhes_bya_ba_bzgugs》[15]，其中第七个为罗摩故事，该故事是藏文传统文献中较为完整的罗摩故事记载。

二、研究成果综述

20世纪初敦煌古藏文本《罗摩衍那》流失海外后，引起了海外学者的高度重视，罗摩衍那研究已成为当时比较重要的一个命题。主要有托玛斯的《中国新疆发现的藏文罗摩衍那故事》（1929）[16]，拉露的《藏文中的罗摩衍那的历史》[17]，巴尔比尔（J.K.Balbir）的《敦煌藏文本罗摩衍那故事研究》[18]，德庸的《一份藏文本的罗摩衍那故事的残卷》[19]和《古藏文本的罗摩衍那写本》[20]等对敦煌吐蕃文献《罗摩衍那》的藏文译本进行了考证和译释。

国内学术界对印度史诗《罗摩衍那》与藏族文学之间的关系问题的研究，始于20世纪80年代，随着流失海外文献的回归，我国以王尧和陈践为首的学者开启了敦煌古藏文文献研究、整理和翻译工作。其中王尧和陈践在《敦煌古藏文〈罗摩衍那〉译本介绍》[21]中，首次将敦煌古藏文本《罗摩衍那》翻译成汉文；任远的《〈罗摩衍那〉敦煌古藏文本与梵文精校本》[22]中对两种文本进行比较；柳存仁的《藏文本罗摩衍那本事私笺》[23]，季羡林先生的《〈罗摩衍那〉在中国》[24]二文中对我国境内各语种的《罗摩衍那》进行了比较细致的研究。降边嘉措的《〈罗摩衍那〉在我国藏族地区的流传及其对藏族文化的影响》[25]中对罗摩故事在我国藏族地区的流传情况和性质特点做了较详细的分析；洛珠加措的《〈罗摩衍那〉传记在藏族地区的流行和发展》[26]中以藏文资料为基础对藏族文学史上的"《罗摩衍那》现象"进行了比较详细的学术整理。另外，同样作为英雄史诗，藏族史诗《格萨尔》与《罗摩衍那》之间的比较研究，也引起了我国学者的高度重视。古今的《〈格萨尔〉与〈罗摩衍那〉比较研究》[27]从两大史诗的结构和内容特点、主题、人物、战争、对读者在美学上的感化作用、史诗的人民性、基调和倾向性、戏剧性等几个方面进行了比较；古今发表的又一篇论文《〈格萨尔〉和〈摩诃婆罗多〉的比较研究》[28]，初步完善了印度两大史诗与藏族史诗《格萨尔》的比较研究，但是《摩诃婆罗多》没有藏译本，对藏族传统文学和民间文学始终未能构成太大影响；另外潜明兹的同题论文《〈格萨尔〉与〈罗摩衍那〉比较研究》[29]从史诗人物、风格、结构、艺人等角度进行了比较；罗明成的《"争夺英雄妻子"母题的社会文化研究——以几部有代表性的英雄史诗为例》[30]一文，以世界多部英雄史诗为例，对其"争夺英雄妻子"母题的社会文化史意义进行了比较性研究；李郊的《从〈格萨尔王传〉与〈罗摩衍那〉的比较看东方史诗的发展》[31]归纳了东方英雄史诗发展的几点普遍规律；王恒来、倪新兵的《〈文化背景语域下史诗人物的思维模式即命运解析〉——以〈格萨尔〉与〈罗摩衍那〉为例》[32]依照康德的"先验综合判断理论"和"先验图式论"，试论史诗作者对史诗人物命运的决定作用。

华则和拉加才让合著的《藏族文学史》[33]中对象雄巴《罗摩衍那》的作者生平、艺术特色、主题思想等问题作了较详尽的介绍；同时在扎布等编撰的《藏族文学史》[34]以及角巴东主等合编的《藏族文学史》[35]等近十年出版的藏族文学史中，对敦煌本或象雄巴《罗摩衍那》均作了简单介绍。

三、文献价值及成果评析

综上所述，我们可以得出一个明确的结论：藏文文献中的有关记载表明，至迟公元8世纪起，藏族就开始知道了《罗摩衍那》，并拥有比较完整的翻译本，在知识分子阶层中相对是一个熟知的外国文学题材。藏文文献中所保存的《罗摩衍那》的故事及其它有关资料，不仅为研究《罗摩衍那》与藏族文学之间的关系提供了极其重要的文字依据，而且对研究《罗摩衍那》这部伟大史诗的形成和发展，也有着不可忽视的意义。这份具有特殊研究价值的文献显示，上自吐蕃时期（公元8世纪），下至更顿群培（1930年），在近一千两百年间，《罗摩衍那》是中印文学因缘的一条纽带，对中印文化交流史、佛教史、民族文化史等研究具有重要的文献价值。

命题的研究成果主要集中在敦煌本《罗摩衍那》上，这与敦煌文献的学术价值与海外流失有着极大的关联。第一，敦煌本《罗摩衍那》为最早期译本，与当时大兴佛教的历史背景及早期的藏族叙事文学间有着极大关联。到目前其研究成果主要停留在整理、翻译、注解和文本翻译时代的大致推测等层面。对其流传的历史背景、对藏族文学的影响、在藏族文学史上的地位及在每个历史阶段所构成的文学现象等整体性学术问题，几乎没有进行任何整理和研究工作。

第二，印度史诗《罗摩衍那》在藏族文学史上作为典型的外来题材，展示了藏族文学在其自身的发展过程中通过吸收、融合和演化而形成的多样化特色，同时体现了藏族文化的多元性。通过这一课题的研究不仅大略重构藏族与印度文化交流史，也能了解罗摩衍那题材的具体流传、再创作以及对西藏民间口头传统的影响和本土化演进过程中的特点等，通过"罗摩"题材在藏族文学史上构成的文学现象的探讨，首次提出藏族文学批判史的基本架构，这一方面的研究成果基本为零。

第三，"罗摩"故事作为东亚文学史上典型的题材，在亚洲各民族中基本都有变异性流传。《罗摩衍那》在藏族古代文学中的流传性质具有鲜明的时代特色和地方文化特色，能充分展示外来题材的本土化过程，从而能深化藏族传统文学理论及民间文学研究，可以填补传统文学题材研究的空白。

参考文献：

[1] 高瑞. 吐蕃古藏文文献诠释 [M]. 兰州：甘肃民族出版社，2001.
[2] （印）蚁垤. 罗摩衍那 [M]. 更敦群培，热拉智通，译. 北京：民族出版社，2005.
[3] 丹珠尔·颂部 [M]. 德格木刻本，1-4，43-45.
[4] （印）檀丁 [M]. 西宁：青海民族出版社，1992.
[5] 萨迦·贡噶坚参. 智者入门 [M]. 北京：民族出版社，1981.
[6] 萨迦格言及注释 [M]. 拉萨：西藏人民出版社，1979.
[7] 释迦确旦等. 藏文诗论 [M]. 北京：民族出版社，2004.
[8] 诗镜注释. 妙音欢歌 [M]. 北京：民族出版社，1992.
[9] 尤巴坚，俄克巴. 诗镜注 [M]. 西宁：青海民族出版社，2004.
[10] 康珠·旦增曲吉尼玛. 诗镜注释妙音戏海 [M]. 拉萨：西藏人民出版社，1986.
[11] 局米旁·妙音欢喜之诗海 [M]. 拉萨：西藏人民出版社，1984.
[12] 象雄. 曲旺札巴. 罗摩衍那 [M]. 成都：四川民族出版社，1981.
[13] 拉卜楞寺木刻本。
[14] 端智嘉. 端智嘉全集. 第四卷：译作集 [G]. 北京：民族出版社，1997.
[15] 康珠. 旦增曲吉尼玛. 诗镜注释妙音戏海 [M]. 拉萨：西藏人民出版社，1986.
[16] 托马斯（F.W.Thomas）. 中国新疆发现的藏文罗摩衍那故事 [J]. 剑桥，马萨诸塞，1929：193-312.
[17] 拉露（Marcclle lalou）. 藏文中的罗摩衍那的故事 [J]. 亚洲学报（Journal asiatique），1936：560-562.
[18] 巴尔比尔（J.K.Balbir）. 敦煌藏文本罗摩衍那研究 [G] // 翻译法释本. 巴黎，1963.
[19] 德庸（J.W.De Jong）. 一份藏文本的罗摩衍那故事的残卷 [G] // 纪念拉露论文集. 巴黎，1971：127-141.

［20］德庸（J.W.De Jong）．古藏文本的罗衍那写本［J］．杨元芳译．译自《通报》TP．第58卷，1972：190-202．

［21］王尧，陈践．敦煌古藏文《罗摩衍那》译本介绍［J］．西藏研究，1983（1）．

［22］任远．《罗摩衍那》敦煌古藏文本与梵文精校本［M］．兰州：甘肃文化出版社，1999．

［23］柳存仁．藏文本罗摩衍那本事私笺［M］．北京：中国文化杂志社，1996．

［24］季羡林．比较文学与民间文学［M］．北京：外语教学与研究出版社，2010．

［25］降边嘉措．《罗摩衍那》在我国藏族地区的流传及其对藏族文化的影响［J］．中央民族学院学报，1985（3）．

［26］洛珠加措．罗摩衍那传记在藏族地区的流行和发展［J］．青海社会科学，1982（1）．

［27］古今．《格萨尔》与《罗摩衍那》比较研究［J］．西北民族大学学报，1996（2）．

［28］古今．《格萨尔》和《摩诃婆罗多》的比较研究［J］．青海社会科学，1996（2）．

［29］潜明兹．格萨尔与罗摩衍那比较研究［G］//格萨尔研究集（三卷）．兰州：甘肃民族出版社，1990．

［30］罗明成．"争夺英雄妻子"母题的社会文化研究-以几部有代表性的英雄史诗为例［J］．民族文学研究，1995（2）．

［31］李郊．从格萨尔王传与罗摩衍那的比较看东方史诗的发展［J］．四川师范大学学报，1994（4）．

［32］王恒来，倪新兵．文化背景语域下史诗人物的思维模式即命运解析——以《格萨尔》与《罗摩衍那》为例［J］．中国藏学，2011（2）．

［33］华则，拉加才让．藏族文学史［M］．兰州：甘肃民族出版社，1999．

［34］扎布．藏族文学史［M］．西宁：青海民族出版社，2002．

［35］角巴东主．藏族文学史［M］．拉萨：西藏人民出版社，2009．

敦煌古藏文《罗摩衍那》翻译时间与故事文本探析[1]

仁欠卓玛[2]

一、敦煌古藏文《罗摩衍那》文本简介

敦煌文献被称为"中国中古时代的百科全书",文献几乎包括了中古时期历史文化的各个方面,且全部出自当时人之手,是当时社会文化的原始记录,并未经过后人的加工和改造,是最能客观真实地反映当时社会实际的第一手资料。据统计,国内外收藏的敦煌文献大约有5万余件,其中佛教文献约占90%之多。这些文献除汉文外,还有古藏文、梵文、于阗、回鹘文、吐火罗文等多种古代文字。20世纪初,随着敦煌石窟藏经洞被世人发现,这些古代文献随之流失海外及民间,目前英、法、俄罗斯、日本、美国以及国内部分城市的图书馆和研究所,都藏有一定数量的敦煌文献和壁画。其中英国藏品由斯坦因于1907和1914年两次从莫高窟劫走,收藏于英国国家博物馆和国家图书馆,总数约13300件左右,包括12种文字的文献。法国藏品由伯希和于1908年劫走,目前藏于巴黎国家图书馆,总数约6000件,其中除汉文文献外,还有大量古藏文和回鹘文等文字写本。俄罗斯藏品主要由奥登堡于1914年劫走,总数约190000件,绝大部分收藏在圣彼得堡东方学研究所。日本藏品主要由1912年大谷光瑞探险队成员橘瑞超和吉川小一郎劫去,另有购自中国民间流散卷子,约750余件,分别藏于日本各大学图书馆和私家手中。国内藏品为劫余部分,分藏于京、沪、津、沈、宁、杭、台、港及甘肃的一些地方,约19000件。另外美国、丹麦、德国、韩国、瑞士、澳大利亚、印度等国的大学和研究所也有少量藏品,具体数量不详。

---

[1]本文原载于《西藏大学学报》(社会科学版)2016年第1期。
[2]作者简介:仁欠卓玛,现为西藏大学文学院教授,博士,主要研究方向为藏族文学与格萨尔。

流失海外的敦煌文献中，古藏文文献多数被英法和俄罗斯劫去。其中英法藏品中有较为完整的印度史诗《罗摩衍那》翻译本。这一译文共有五部文卷，其中编号 I.O.73A、I.O.737B、I.O.737C、I.O.737D（I.O 为藏于伦敦印度事务部图书馆的敦煌本藏文文献的缩名）等四种文卷藏于英国伦敦，编号 P.T.983（P.T 为法藏敦煌本藏文文献缩名）藏于法国巴黎国家图书馆。

这批文献流失海外，引起外国学者的高度关注。1929年F.W.托马斯宣称斯坦因从敦煌带回的手卷中发现了罗摩衍那故事的一个藏文写本，发表学术论文《中国新疆发现的藏文罗摩衍那故事》[1]，成为研究古藏文本《罗摩衍那》的海外第一人，其文对写卷作了概括的介绍，并翻译了大部分诗行。接着M.拉鲁[2]、J.K.巴比尔[3]、J.W.德庸[4]等人对法藏或英藏古藏文本《罗摩衍那》的其中某一个写卷进行研究、考证和翻译。一时间敦煌古藏文本《罗摩衍那》成为了海外藏学研究中的一项重要命题。国内于1983年出版一本《敦煌本藏文文献》[5]，古藏文本《罗摩衍那》收录其中，这是敦煌本《罗摩衍那》首次在国内公开出版。该书中介绍，英法藏品共有五部写卷编号，其中英藏编号 I.O.73A 和 I.O.737D 原本为一部写卷，收录时将此两部合二为一，尽量修复文献原貌[6]，王尧、陈践二人同时将 I.O.73A 和 I.O.737D 翻译成汉文，刊登在《西藏研究》1983年第1期上[7]。此后，敦煌古藏文《罗摩衍那》收录于国内各大学编写的古藏文教材中，编者们探讨翻译时间的同时，也加注词汇解释；而各种藏族文学史中对其艺术风格进行了阐述。

二、文本翻译时间

一般认为敦煌古藏文《罗摩衍那》是吐蕃时代的译作，就其具体缮写时间而言，研究者各持不同观点。季羡林先生提出"西藏地区，也由于地理条件有利，较早地和较全面地，接受了印度文化和佛教。许多印度古典文学作品译为藏文。《罗摩衍那》也传入了西藏，但不一定就是蚁垤的本子。西藏学者翻译加创造，改写了《罗摩衍那》。在敦煌石室就发现了有五个编号的藏文《罗摩衍那》。"[8]郁龙余也认为"我国藏族地区，印度大史诗《罗摩衍那》很早就有藏译本，在敦煌石窟里就有发现5个编号的藏文《罗摩衍那》。这个译本是缩译本，文体也有一些变化。"[9]至于对具体翻译时间和文本内容，他们没有进行任何评价。荷兰藏学家J.W.德庸称《罗摩衍那》六件手卷均未注有日期。发现于敦煌的手卷有些来自卫藏，但大部分则可能是由本地人缮写。许多敦煌藏文原文写于汉文手卷的背面，故而认为这些文字是吐蕃占领敦煌期间写下的。他用藏于印度事务部的写在汉文手卷背面的两件藏文写本（编号A与D）作为凭证，说明《罗摩衍那》六件手卷写于吐蕃占领敦煌期间的观点并非臆断[10]。高瑞[11]从该文献的语法结构和字体认为是吐蕃时期

敦煌古藏文《罗摩衍那》翻译时间与故事文本探析

的译作;扎巴军乃[12]亦称是公元9世纪文献,并认为属于世界早期译文类。洛珠加措在《〈罗摩衍那〉传记在藏族地区的流行和发展》一文中,提出《罗摩衍那》古藏文写卷翻译于赤热巴巾时代。理由是"美卡加措二百十九年(882年),也就是在唐朝,藏王赤热巴巾七岁时,派大臣使者去唐宫,在石碑上刻下了汉藏合璧的文字,其风格、字体以及颠倒的藏文符号,与敦煌发现的《罗摩衍那》传记的字体、风格极为相似……我以为古代的两种不同的译本,无疑是热巴巾时期的译文。"[13]降边嘉措提出"《罗摩衍那》是在赤松德赞至热巴巾时代,被介绍到我国藏区来的这一说法,是比较合乎实际,比较可信的。"[14]以上诸多说法,基本处在同一历史时间内。吐蕃占领敦煌是在公元787年(按照戴密微)或782年(按照藤枝晃)到公元848年,赤松德赞到热巴巾时代是公元755年838年,大致在公元8世纪中叶到9世纪中叶近一百年的历史中。从汉藏史料来看,这一时期是吐蕃国力最强盛的时期,多数前弘期佛经也是在这一阶段翻译成藏文。加上古藏文本《罗摩衍那》文献出现在敦煌而非卫藏地区,所以多数国内外研究者认为是吐蕃占领敦煌时期或与其相近时期的译文。

除敦煌古藏文本《罗摩衍那》以外,吐蕃时期的其它文献中也有关于罗摩故事或印度两大史诗的文字记载。法藏敦煌文献P.T.209、P.T.210、P.T.211三种不同编号的《三续经》[15]文献中有哈奴曼达(hanumnta)、十首魔王(mdvshagrĩba)以及妙音天女(tshidbnglhamo)等罗摩故事人物的名称。这三种文献内容一致,字体却差异很大,能看出出自三位缮写者之手。三种文献的语法和书写特点与古藏文本《罗摩衍那》基本相似。收录于德格木刻版《大藏经》之丹珠尔颂部ㄇ函的《殊胜赞》和《胜天赞》①就有罗摩故事的记载。《殊胜赞》正文中记载"罗摩和贵赛等君王从苦修林返回宫廷",②又记载"罗摩为救出爱妻纵身渡海往魔城"③。《殊胜赞》翻译于公元8世纪,而公元11世纪翻译的《殊胜赞注解》中对以上两句格律进行简单解释,是罗摩故事的梗概。大意是"十车王前往三十三重天,与阿修罗交战,不幸身负重伤,疼痛难忍,于是返回阿逾陀城。小王后吉迦耶悉心照料,伤势痊愈。于是允诺小王后,他日完成其一桩心愿。有一时,十车王欲想立罗摩为王,

---

① 《殊胜赞》《胜天赞》,收录于德格木刻本《大藏经》之《丹珠尔》颂部1函之中,是印度婆罗门教皈依佛教的尚洛迦兄弟所著,后来由孟加拉比丘西饶郭恰写注解;正文部分由公元8世纪吐蕃译师班第仁青翻译成藏文,注解由十一世纪大译师仁青桑布翻译。
② "mi dbng dgv byed gos sred sogs, ngs tshl ns ni phyir phyir yng mɔhis"引自(khyd pr vphgs bstod dng lha lsa phung rts vgrel bzhugs so)引自《殊胜赞与胜天赞注解》,1954年民族出版社出版,根据德格木刻本翻印,第4页。
③ "dgv byed chungmvidon gyiphyir, rgymtsho'vi pha rol son CeS grg."引自《殊胜赞与胜天赞注解》,1954年民族出版社出版,根据德格木刻本翻印,第8页。

吉迦耶心生妒忌，要求国王履行誓言，将罗摩流放森林十二年，由其子婆罗多继承王位。罗摩前往森林，不料悉多被劫，罗摩诛杀罗波那，夫妇居住在丛林深处。婆罗多等众人祈求罗摩回宫，罗摩回到阿逾陀城中，纵享欢乐。"①编纂于公元9世纪的《翻译名义大集》[16]中有："shung rta bcu pa（藏文）十车王"ᵇ；也有"sky seng gi bu（藏文）班陀波"、"vjigs sde（藏文）畏怖部""srid sgeub（藏文）成有"③等《摩诃婆罗多》中班度及其诸子名称，可见公元9世纪印度两大史诗的故事已流传到了吐蕃。

  那么，从以上资料我们可以得出这样一个结论，藏于敦煌石窟中的《罗摩衍那》和《三续经》写本，因地处吐蕃边陲，或因时局动荡，被人藏匿洞中，故而得以保留。而收录于《大藏经》丹珠尔之中的《殊胜赞》和《翻译名义大集》等出自卫藏地区的文献，经过藏文厘定、分裂割据时代，以及《大藏经》编纂等多次修改，古藏文文献特点已完全消失。这也是目前卫藏地区除金石文字④外，刻写于其它材质上的吐蕃文献已寥寥无几的原因之一。无论是敦煌文献还是收录于大藏经中有关罗摩文献，虽然字形结构和语法特征差异甚大，却是同一时期的译文，因此可以推断，公元8～9世纪西藏不仅有《罗摩衍那》译本，且在上层知识分子中广泛流传，是当时吐蕃文化界相对熟知的一项命题。

三、故事文本分析

  敦煌古藏文本《罗摩衍那》共有五个编号的文献，其中编号I.O.737D和I.O.737A文献原本为一部写卷，经过研究者的修复基本还原，故事情节相对完整。I.O.737B是I.O.737D和I.O.737A的缩写本，由于原文残缺，故事只能到十车王的两个妃子受孕生子的部分，另外有一处情节描述罗摩的前世，这与I.O.737D和I.O.737A的内容有较大出入。以上三种文献从文字书写到语法结构，以及修辞手法

---

① "de yng vdi ltr rgul po shing rta bcu ba, lha ma yin gyul vgyed par byin tae, lus la lha ma yin gyi mtson gyis zug rngu mng po zug padng, grong khyer vthb pa med par phyin nas, de' vi chung mill ki ki ya zhes by bas bsnyen bkur bys pa 808 par gyur pa dng, des kyng de la mchog sbyin par bys so, de na$dus gzhn zhig na phs dgv byed rgyl srid la dbng bskur pvi sems kyis slnr8 pa, lhs bdg la mchog stsl bar dam bcsbalgs kys, de dag sol bar vgyidde, dgvbyed1obcu gnyis kyibrdungs su rdzongslabdg si bubha rata aridladbng bskur bar ksolzhes bay ban as, ji srid na dgv byed ngs su song ste, der sit a phrogs ba dng, sgr sgrogs bsg bsd pa la sogs pa bys ngs, me tog can zhes bys bvi rgyu bvi gzhl yas khng du zhugs tae, bha rat a la sogs pas gsol ba btb cing mchod pa dng, grong khrer vthp pa reed par song ste, dgvbyed bdeba1118. 8lamngonpar rolpargurto."引自《殊胜赞与胜天赞注解》），1954年民族出版社出版，根据德格木刻本翻印，第48-49页。
② 史诗《罗摩衍那》中罗摩父亲的名称。
③ 印度史诗《摩诃婆罗多》中班度族人名称。
④ 吐蕃金石文字主要有碑文、古寺青铜钟刻文、崖石刻文三种。

敦煌古藏文《罗摩衍那》翻译时间与故事文本探析

等无太大差别，可以认定为同一时期的文献。编号 I.O.737C 文献主要记载了十首魔王达夏支瓦的故事（罗波那），由于文献上端残缺，故事从玛拉雅本达邀请三位外孙参加盛宴，向他们诉说父兄被天神所诛之事开始，最后达夏支瓦诛杀了楞伽地区的天神和人类，魔族昌盛，达夏支瓦成了魔族之王。这一文献中达夏支瓦三兄弟祭祀供养黑天，祈求赐予成就的情节与编号 I.O.737D 文献中完全相似。编号 P.T.983 文献记载了民众向罗摩进献悉多的过程，以及罗摩兄弟遇到猴王妙音后，与猴王协定，争夺王位，解救悉多的故事，中间悉多被虏过程已损坏。这两个情节与 I.O.737A 中情节的描述语言完全一致，应该是同一内容出自不同的缮写人之手。

《罗摩衍那》是印度史诗文学时期（公元前 4 世纪至公元三、四世纪）的最高成就之一，形成时间大致在公元前 4 世纪到公元 2 世纪[17]。最初以口耳传承的方式流传，后来用梵语记载定形。因为史诗成形时间较长，在印度民间有许多不同的罗摩故事文本。除了蚁垤本以外，在梵语古典文学阶段改编和创作的较为有名的文本有"迦梨陀婆的《罗估世纪》、贵军的《架桥记》、跋底的《罗波那伏诛记》、鸠摩罗陀婆的《悉多被虏》、作者佚名的《神灵罗摩衍那》、薄婆菩提《大雄传》和《罗摩传后篇》以及作者佚名的《哈奴曼剧》等"。[18]公元 10 世纪随着梵语文学逐渐衰落，印度地方语言文学开始兴起。印度有十多种主要的书面地方语，取材于梵文《罗摩衍那》的地方语翻译和改写的作品就不可胜数。同时罗摩故事被印度各种宗教相继利用来宣传教义，出现了如巴利文《佛本生故事选》[19]中的《十车王本生》、《六度集经》[20]第 5 卷第 46 个故事《国王本生》（又称国王与猴王，本为罗摩的故事）、元魏和吉迦夜曜共译的《杂宝藏经》第 1 卷第 1 个故事《十奢王缘》（十车王的故事）等故事文本。直到 19 世纪印刷本出现后，罗摩故事版本繁多的局面才得以控制和改观。《罗摩衍那》精校本于 1960 年到 1975 年间在印度出版，作者蚁垤仙人。

据研究资料显示，印度罗摩故事向世界各国传播的路线可以归纳为西线、北线、东线、东南线和南线五条[21]，经过这五条路线，罗摩故事从印度各地传播到世界各国，形成了数百种不同的故事文本。其中西线因商贸和战争经西亚流传到欧洲。其余四线主要是通过传教法师和文学艺术交流，其中北线是"从印度东部经北部的旁遮普、克什米尔，进入中国的西藏地区、汉族地区、蒙族地区和新疆各少数民族地区，再经中国传入日本"。[22]敦煌古藏文本《罗摩衍那》可以归类为北线流传的故事文本。从印度本土的各种罗摩故事，和流传至东南亚的罗摩故事来看，各种故事文本是通过改编、翻译、缩写和再创作来传播和发展，但基本都保留了原作的骨干故事。至于或多或少的改动和差别，是因为作者（或译者）的思想观点、所处地位、写作（翻译）目的、时代背景、风俗习惯、语言风格等多种因素所决定的。因此敦煌古藏文本《罗摩衍那》的原始梵语文本也同样无从考证，或许该文本有数种原文文献，或许是根据北传路线中某一流传点的故事文本来翻译，或再进行了加工或创作。从总体来看，早期时候随着佛教（或印度宗教）的传播，流传至东南亚、西域和中国各民族地区的罗摩故事文本，除保留原作骨干故事外，情节和结构差异甚大，其梵语原始文本基本无法考证。这一现象符合文学的流传变异性特征。其次，古印度的宗教与文学艺术分不开，印度宗教文化在传播中借助于文学艺术，并根据传播地的文化环境和文化心理等因素进行改编。另外，宗教在传播过程中利用文学艺术宣传和感化民众，文学艺术为宗教服务，这是古代文明传播的一般规律，古印度从吠陀经、本生经到往事书无不如此。

结语

敦煌古藏文《罗摩衍那》作为吐蕃早期的文学译著类，其梵文原本已无从考证。就文献本身而言，除了人物名称、宗教仪轨和宗教术语等词汇，能够体现印度吠陀文化特色外，文献的字形结构、语法、语言艺术等与当时本土文人撰写的文献无任何差异，因此该文献研究可以从史诗文学、语言、文字、古印度宗教、神话，以及吐蕃翻译文学等多个学科和领域涉入，文献价值颇高。公元8至9世纪吐蕃在当时特殊的历史需求下，大兴翻译事业，引进以佛教为主的异域文化，促进了西藏文化多元化发展的趋势。敦煌古藏文《罗摩衍那》随着佛教文献的翻译流传到吐蕃，成为当时相对完整的翻译文学作品，同时对在上层知识分子中宣扬佛教教义起到了一定的作用。

参考文献：

[1]托马斯.中国新疆发现的藏文罗摩衍那故事[J].Indian Studies in honor of Charlesrockwell Lanman,剑桥,马萨诸塞,1929：193-312.

[2]拉鲁.藏文罗摩故事[J].亚洲学报,1936：560-312.

[3]巴尔比.敦煌藏文卷子中的罗摩衍那故事研究[J].(Lhistoire de Ra ma en tibelain dapres des texts de Touenhouang),翻译法释本,巴黎,1963.

[4][10]（荷兰）J.W.德庸.敦煌古藏文《罗摩衍那》写本[J].杨元芳,译.西藏研究,1987(1).

[5][6]陈践,王尧.敦煌本藏文文献[M].北京：民族出版社,1983.

[7]陈践,王尧.敦煌古藏文《罗摩衍那》译本介绍[J].西藏研究,1983(1)：30-44,29.

［8］季羡林．印度古代文学史［M］．北京：北京大学出版社，1991（8）：122．

［9］郁玉龙．中国印度文学比较［M］．北京：中国社会科学出版社，2001：74．

［11］高瑞．吐蕃古藏文文献诠释［M］．兰州：甘肃民族出版社，2001：446．

［12］郭须·扎巴军乃．古代藏语教程［M］．北京：民族出版社，2001：248．

［13］洛珠加措．《罗摩衍那》传记在藏族地区的流行和发展［J］．曲将才让，译．青海社会科学，1982（1）：73．

［14］降边嘉措．《罗摩衍那》在我国藏族地区的流传及其对藏族文化的影响［J］．中央民族学院学报，1985（3）：70．

［15］金雅声，郭恩．法藏敦煌藏文文献［M］．上海：上海古籍出版社，2007：93-95．

［16］藏汉对照丹珠尔《佛学分类词典》［M］．北京：民族出版社，1992：175．

［17］郁龙余，等．梵典与华章［M］．银川：宁夏人民出版社，2004：62．

［18］［21］［22］张玉安，裴晓睿．印度的罗摩故事与东南亚文学［M］．北京：昆仑出版社，2005：27-28，57，57．

［19］郭良鋆，黄宝生．佛本生故事选［M］．北京：人民文学出版社，1985：281-287．

［20］蒲珍信．六度集经［M］．成都：四川出版集团巴蜀书社，2012：185-187．

一部鲜为人知的藏文历史文献：
卫巴洛色《教法史》[①]

米玛次仁[②]

卫巴洛色（དབུས་པ་བློ་གསལ）所造《教法史》（ཆོས་འབྱུང་）是一部早期西藏佛教史著作，长期鲜为人知，直到美国哈佛大学的范德康（Leonard van der Kuijp）教授专门撰文对被谬解为《韦协》（དབའ་བཞེད་）的卫巴洛色《教法史》进行了研究，[1]该书才得以重显于学界。鉴于该书至今仍甚少有人关注，且有诸多内容有待深究，故笔者拟从史学的角度再做探讨。

一、文本介绍

一直以来，卫巴洛色《教法史》被谬解为《韦协》的不同版本，其原因或许是该书末页损毁，加之抄写者失误所致。[③]2010年，西藏藏文古籍出版社出版了一部《韦协》不同版本的汇编，系"雪域文库"丛书第56卷，其中亦误将卫巴洛色所著《教法史》视作《巴协》（ང་བཞེད་），这是该史书首次正式公开出版。[2]

笔者手持该《教法史》版本有三：一是西藏社科院巴桑旺堆先生向笔者提供的复印本；二是由百慈藏文古籍研究室所编《藏文史籍传记汇编》第36卷中所收录之手抄本；三是西藏藏文古籍出版社的印刷本。上述前两种版本的字体、版式皆相同；第三种版本的"出版说明"中明确交代了所依版本由巴桑旺堆先生提供，故而三种版本实际源自同一本史书。

[①] 本文原载于《西藏大学学报》（社会科学版）2018年第3期。
[②] 作者简介：米玛次仁，西藏社会科学院宗教研究所副研究员，博士，主要研究方向为古藏文文献与西藏史学。
[③]《韦协》被视为西藏历史文献中成书时间较早的一部，因其重要性，后人在传抄过程中不断修改、增补，形成了《韦协》的不同版本，即广本、中本和略本。其中《韦协》被视为目前存世之较早版本。关于《韦协》及相关内容，参见Pasang Wangdu and Hildegard Diemberger, dBa' bzhed: The Royal Narrative Concerning the Bringing of the Buddha's Doctrine to Tibet, Wien: Verlag der Österreichischen AkademiederWissenschaften, 2000；巴桑旺堆.《韦协》译注[M].拉萨：西藏人民出版社, 2012: 1-7.

一部鲜为人知的藏文历史文献：卫巴洛色《教法史》

从"《巴协》"书名上方的"སྦྲག"二字可知该文献原属哲蚌寺五世达赖喇嘛阿旺洛桑嘉措(1617-1682)的藏书，[①] 目前收藏于拉萨市政协文史民宗法制委员会。[3]

自 2012 年范德康教授专门撰文公布后，被淹没许久的这部史书才回到了人们的视野。笔者在研读这部史书的过程中，发现其成书背景颇为复杂。通过对《教法史》和《韦协》进行对勘后，发现所谓"《巴协》"其实是一部摘自两部不同史书的"汇编"。首先，根据手抄本的页数，前 4 叶内容与《韦协》之前段部分基本相同，5a（第 5 页正面）至末页的内容系范德康教授所指出的"迄今未知的"（Hitherto Unknown）卫巴洛色《教法史》。可见，这部 24 叶的史书应是《韦协》和卫巴洛色《教法史》的"混编"。其次，从手抄本的字体和内容来看，全书皆出自同一人之手。经笔者仔细品读，发现史书内容存在段落间不能如理衔接的现象，显得语无伦次，故，笔者认定该手抄本之内容乃摘抄自不同史书。例如：

章·列斯（སྲང་ལེགས་གཟིགས།）、森果·拉隆斯（སེང་མགོ་ལྷ་ལུང་གཟིགས།）和韦·桑喜（དབའ་སང་ཤི།）三人前往逻娑（ར་ས།）。当时，因无人可担任译师，便告知六处集市的商人们，让他们留意来自卡其（ཁ་ཆེ།）和阳列（ཡང་ལེ།）的商人当中是否有可充当译师者。在逻娑集市上找到了来自卡其的拉京（ལྷ་རྗེ།）二兄弟和卡其阿难陀（ཁ་ཆེ་ཨ་ནན་ད།）三人。拉京兄弟仅仅懂得经商之语，故无法担任翻译。阿难陀系婆罗门吉桑（བྲམ་ཟེ་སྐྱེ་བཟང་།）之子。因（吉桑）在卡其地方犯下大罪，又因为洛帕卡其（ལྷོ་པ་ཁ་ཆེ།）有法令，若有婆罗门（犯罪）不得处死，故被放逐至蕃地，生子阿难陀。此人（阿难陀）曾学修婆罗门经典、声明、医学等，因此可胜任翻译之事。[②] 阿难陀至五百罗汉进行第一次集结，圣者阿难陀（འཕགས་པ་ཀུན་དགའ་བོ།）、优婆离（ཉེ་བ་འཁོར།）和迦叶波（འོད་སྲུངས་ཆེན་པོ།）坐于法座上，依次对经、律和论三藏进行了集结。[4]

上文首先讲述了赤松德赞（718-785）派遣章·列斯等三人前往逻娑试探从印度迎请来的佛教高僧寂护（725-788），但因语言不通之故，三位大臣不得不从逻娑集市上找人担任翻译，从而找到婆罗门阿难陀的历史事件。其后的文本内容，将释迦牟尼三位弟子集结三藏，即佛教第一次集结事件与前文硬生生地进行了架接。笔者推测，该抄写者传抄过程中可能误将卫巴洛色《教法史》视为《韦协》。于是，就有了我们现在所看到的这部"《巴协》"。[③]

---

① 哲蚌寺所藏经书，除了标有藏文字母编号外，在其下方还有数字编号，但这部"《巴协》"未标有数字。百慈藏文古籍研究室所编《哲蚌寺藏古籍目录》中亦未收录这部《教法史》的基本信息。
② 这部分引文因与《韦协》的内容基本相同，故汉译时参阅了巴桑旺堆先生的译文。巴桑旺堆.《韦协》译注 [M]. 拉萨：西藏人民出版社，2012：8.
③ 陈垣先生曾指出，"抄书容易校书难。"这句话应该是对这种抄写时所产生的失误的最精辟的总结。参见陈垣. 史源学实习及清代史学考证法 [M]. 陈智超，编. 北京：商务印书馆，2014：14.

这里笔者所要探究的卫巴洛色《教法史》就是"《巴协》"里第 5a 至 24b（第 24 页背面）页上的内容。卫巴洛色《教法史》确切的书名不详①，目前所见除去抄自《韦协》的 4 叶内容外，剩余 20 叶皆为卫巴洛色《教法史》。关于"《巴协》"文本的基本情况，据《西藏自治区第四批国家珍贵古籍名录图录》中的介绍，其载体系藏纸，字体为柏簇体，梵夹装，高 7cm，宽 35cm。②从文献的保存情况来看，除了末页损毁外，整体保存较为完整。此外，该书第 23b 页有 10 行文字外，其余均为 9 行。

二、作者及成书年代

《教法史》末页损毁，跋文不存。所幸，该书末页残存字迹中依稀可辨有"卫巴洛色"（དབུས་པ་བློ་གསལ།）四字，且在正文《佛教住世之期限》一章中亦有所记载。③

为了更进一步判断该《教法史》作者无误，笔者通过部分后期文献资料就卫巴洛色是否著有《教法史》进行了考证。

（一）二世热振活佛洛桑益西丹巴饶旦（ར་སྒྲེང་བློ་བཟང་ཡེ་ཤེས་བསྟན་པ་རབ་བརྟན།1759-1815）所著《来自蒙古等地显密要义相关诸题问答汇编》（སོག་ཡུལ་སོགས་ནས་མདོ་སྔགས་ཀྱི་གནད་རྣམས་ལ་དྲི་བ་ཕྱུང་བ་བྱུང་རིགས་རྣམས་ཀྱི་དྲི་བ་དྲི་ལན་ཕྱོགས་གཅིག་ཏུ་བསྡེབས་པ།）是一部关于佛法修行的问答录，其中有一名为沙布隆洛桑索南贝桑（ཞབས་དྲུང་བློ་བཟང་བསོད་ནམས་དཔལ་བཟང་།）的问题中提到："卫巴洛色《教法史》记载，古代藏王的名字以丁墀赞普（དིང་ཁྲི་བཙན་པོ）一类者居多。若将此类名字译成今天之藏文，是何意？"[5]

（二）智观巴·贡却丹巴饶吉（1801-1866）所著《安多教法史》中记载："卫巴洛色著有《大藏经》目录和《教法史》。"[6]

（三）至尊喜饶嘉措（1803-1875）所编撰的《部分稀有珍贵文献名录》（དཔེ་རྒྱུན་དཀོན་པོ་འགའ་ཞིག་གི་ཐོ་ཡིག）中记载："卫巴洛色著有《教法史》和《大藏经》目录。"[7]

同时，在当代学者丹·马丁（Dan Martin）教授所编撰的《西藏的历史：对

---

① 在一部名为《藏地人类之起源》（བོད་དུ་མིའི་རྒྱུད་འབྱུང་ཚུལ།）的文献中，曾提到"卫巴洛色的著作《日藏》（དབུས་པ་བློ་གསལ་གྱི་བགྲེས་བཅོས་ཉི་མའི་སྙིང་པོ།）中记载，天赤七王皆从天而降，因此（示寂后）返回天界而无遗体，犹如彩虹般消失"。但笔者在其所造《教法史》中未发现相似的内容，所以不敢断言引文中所提到的书名就是这部《教法史》。佚名. 藏地人类之起源［M］.（手抄本）：2.

② 在图录中，该书编者仍旧将这部书视为"《巴协》"，且认为是"元写本"，对此笔者不敢苟同。因卫巴洛色《教法史》成书于 1340 年，后来抄写者误认为是《韦协》，才出现了二种书混在一起的情况，而元朝亡于 1368 年，因此，笔者认为这部《巴协》的抄写时间应晚于元代。参见西藏自治区古籍保护中心. 西藏自治区第四批国家珍贵古籍名录图录［G］. 北京：民族出版社，2017：12；张传玺. 简明中国古代史［M］. 北京：北京大学出版社，2013：391.

③ "卫巴"意为西藏中部人；"洛色"是简称，根据卫巴洛色所造《佛藏目录》（བསྟན་འགྱུར་གྱི་དཀར་ཆག།），卫巴洛色的全名应该是"洛追色丹卓贝森格"（བློ་གྲོས་ཚུལ་ཁྲིམས་ཚོང་དཔོན་པའི་སེང་གེ）. 详见卫巴洛色. 佛藏目录［G］.（手抄本）：80a；卫巴洛色. 教法史［M］. 317.

一部鲜为人知的藏文历史文献：卫巴洛色《教法史》

于藏文文献的历史研究》（Tibetan Histories： A Bibliography of Tibetan-Language Historical Works）和康追·索朗顿珠编写的《西藏史籍名录》（བོད་ཀྱི་ལོ་རྒྱུས་དཔེ་ཐོ།）中亦有卫巴洛色著有《教法史》[8]这一信息。①

关于卫巴洛色的生平，目前未见有传记传世，仅在后来的史书中涉及纳塘古版《大藏经》整理、编目历史时才被人提及。如《青史》记载：

> 大善知识卫巴洛色系觉丹热智和尊巴嘉央（བཙུན་པ་འཇམ་དབྱངས།）二人的弟子。……此后，巴嘉央寄来大量财物和资具并传话，让卫巴洛色等造一完整的《甘珠尔》和《丹珠尔》供奉于吉祥纳塘寺。卫巴洛色强久益西（དགེ་བ་བློ་གསལ་བྱང་ཆུབ་ཡེ་ཤེས།）、译师索南沃色（བསོད་ནམས་འོད་ཟེར།）和强若·强久苯（བྱང་རོ་བྱང་ཆུབ་འབུམ།）三人通过极大的努力，搜集《甘珠尔》《丹珠尔》母本，善建后将其供奉在（纳塘寺的）绛拉康（འཇམ་ལྷ་ཁང་།）内。[9]

上文是目前所知关于卫巴洛色生平的全部内容，可惜这仅是其事迹的一小部分。卫巴洛色的著作除《教法史》外，在《哲蚌寺藏古籍目录》中还收录了 5 部作品的名录。②此外，目前笔者手中掌握的署名卫巴洛色的作品共有 19 部。③

至于《教法史》的成书年代，Dan Martin 教授推测为 14 世纪中叶；Leonard van der Kuijp 教授根据作者的生活时代，推断为"约 14 世纪早期"。[11]然而，根据文本所提供的史料，卫巴洛色《教法史》的著作年代为藏历第 6 饶琼铁龙年，[12]也就是公元 1340 年。

---

① 在《西藏史籍名录》中，收录了 3 篇由卫巴洛色所著历史文献的名录，其编号和名称分别是 0102 号"《大藏经》目录和《教法史》"（བཀའ་བསྟན་དཀར་ཆག་དང་ཆོས་འབྱུང་།）、0421 号《朗达玛灭佛后佛教的复兴》（གླང་དར་མས་བསྟན་པ་བསྙུབས་པའི་རྗེས་ཡང་དར་བའི་སྐོར།）和 1991 号《佛法在藏地的传播二章及朗达玛灭佛后佛教的复兴》（མདོ་སྨད་ཆོས་འབྱུང་བོད་ཀྱི་བྱུང་ཚུལ་ཆོས་གཞིས་གནས་ཤུལ་མང་བསྲུང་ཡང་དར་སྐོར།），其中 0102 号与《安多教法史》中的内容相一致；0421 和 1991 号的内容从表述上来看，并非书名，而是章节的名称，从所述内容与卫巴洛色《教法史》内容相比较，笔者发现，后两个编号应该就是卫巴洛色《教法史》某一章节的内容，而并非另外独立的史书。具体请参阅索朗顿珠. 西藏史籍名录［G］. 21，84，393.
② 《哲蚌寺藏古籍目录》中所收录的卫巴洛色作品编号为：ཅ་ཇ་35（016626）、ཅ་ཇ་36（016651）、ཅ་ཇ་45（016696）、ཅ་ཇ་47（016706）、ཅ་ཇ་52（016748）、ཅ་ཇ་52（016756）和ཅ་ཇ་560（019746），其中第 1 和 2、5 和 6 为同一作品的不同版本。参见百慈藏文古籍研究室编. 哲蚌寺藏古籍目录［G］. 北京：民族出版社，2004.
③ 笔者手中掌握的卫巴洛色的著作来源，一是目前收藏于西藏社会科学院图卡馆内的手抄本《佛藏目录》的复印件；二是百慈藏文古籍研究室编《噶当文集》第 3 部中所收录卫巴洛色的作品 5 部，其中 4 部源自哲蚌寺藏书；三是国际著名藏学家 E. Gene Smith 先生所创办的"藏传佛教资料中心"（TBRC）所提供的卫巴洛色的两部作品集，代码分别是 W2PD17520-I4PD1556-1-318 和 W2PD17520-I4PD1557-1-312。据笔者所知，目前关于卫巴洛色的作品，除了本文所探讨的《教法史》外，正式出版的有《宗义注疏库》（གྲུབ་པའི་མཐའ་རྣམ་པར་བཞག་པའི་མཛོད།）、《三十颂释》（སུམ་ཅུ་པའི་འགྲེལ་པ།）、《音势论释》（རྟགས་ཀྱི་འཇུག་པའི་འགྲེལ་པ།）和《古今词汇类别》（བརྡ་གསར་རྙིང་གི་རྣམ་དབྱེ།）。参见喜饶仁青、卫巴淦色，等. 宗义［G］. 藏族十明文化传世经典丛书：萨迦派系列（10）. 北京：民族出版社、青海民族出版社，2004：244-483；卫巴洛色. 三十颂释［M］. 音势论释［M］. 藏文文法汇编（1）. 成都：四川党建期刊集团、四川民族出版社，2014：15-50；卫巴洛色. 古今词汇类别［M］. 藏文文法汇编（25）. 成都：四川党建期刊集团、四川民族出版社，2014：1-12.

三、结构和基本内容

自 11 世纪佛教在西藏复兴以来,西藏的政治、经济、文化都受到了佛教的影响,史学亦然。11 至 14 世纪西藏史学的发展,不仅表现在数量上的丰富性,还表现在种类上的多样性。卫巴洛色《教法史》就是这一时期成书的一部重要的西藏佛教编年史,全书以时间的先后顺序,对佛教在西藏的传播历史进行了梳理。文本共分三个部分,内分若干章节。

第一部分题为《辨认妙法》(དམ་པའི་ཆོས་ངོས་བཟུང་བ།),虽缺开头部分,但从目前所掌握的内容来看,这部分其实是简略的"古印度佛教史",主要对三次集结佛藏的人物和所集结之内容进行了总结。从作者旁征博引的情况来看,当时西藏佛教界对古印度佛教史的认识,应有不同见解,这才迫使作者不得不引用大量佛典及藏地大师的著述。值得一提的是文中简述了作者在纳塘寺搜集、筛选、整理和抄写散落于西藏各地的佛经时的编目标准。①

第二部分题为《(佛法)在西藏的传播》(བོད་དུ་བྱོན་པའི་ཚུལ།),共分二章。第一章"佛法发展之基础(吐蕃)王统"(བསྟན་པ་འཁེལ་བའི་གཞི་རྒྱལ་པོའི་རབས།),这段内容极简地介绍了早期吐蕃的地域范围及族源;历代赞普的生卒年和吐蕃王朝崩溃后赞普后裔之谱系。第二章"详说佛法之盛衰"(བསྟན་པའི་འཁེལ་འགྲིབ་རྒྱས་པར་བཤད་པ།),分别以佛教的前、中、后弘期三个时段对佛教在西藏的传播进行总结。众所周知,目前学界对于早期西藏佛教发展的历史分期,以前、后弘期即"二段式"的分类法较为普遍,故卫巴洛色的"三段式"显得独树一帜,但这并非由他首创。根据目前笔者所掌握的资料来看,最早采用"三段式"分期的著作要属纳塘寺高僧觉丹热智(བཅོམ་ལྡན་རིག་རལ་ 1227-1350)所著《佛法兴盛庄严日光》(བསྟན་པ་རྒྱས་པ་རྒྱན་གྱི་ཉི་འོད།)。[13] 觉丹热智系卫巴洛色的上师,师徒二人皆为藏文《大藏经》最早版本"纳塘古版"编撰工作的主持者。[14] 卫巴洛色继承了上师觉丹热智的"三段式"分期法,在《教法史》中分"三节"对其进行了阐述。第一节佛教"前弘期",以吐蕃第 28 代赞普拉妥妥日年赞时期天降佛经于雍布拉康宫顶,即"年博桑瓦"的历史传说为起始,之后,讲述松赞干布(?-650)、赤松德赞、赤热巴巾(806-841)等支持佛教的"法王"如何兴佛之种种举措,至达磨吾东赞(803-864)灭佛至沃松时代藏地佛法湮灭、后以鲁梅为首的卫藏十人返回西藏中部地区传法,由此佛法

---

① 若需详解卫巴洛色编目标准,可从其另一著作《佛藏目录》中得到更加完整的其"编目标准"的诠释。这部卫巴洛色所造《佛藏目录》是《大藏经》最早版本纳塘古版的目录之一,是我们了解和研究藏文《大藏经》形成和发展的重要参考资料。参见卫巴洛色. 佛藏目录[G]. 手抄本,共 81 叶.

一部鲜为人知的藏文历史文献：卫巴洛色《教法史》

在藏地得以再次传播等情况。依照传统"二段式"的分期法，前、后弘期的分期是以达磨赞普"灭佛"为分水岭，但卫巴洛色《教法史》对前弘期的时间节点选择为鲁梅等卫藏十人的传法活动。从两种分期的节点选择上来看，"三段式"反而显得较为模糊。

第二节佛教"中弘期"，则以沃松之子贝阔赞（925-955）修建敏隆（སྨན་ལུང་།）等寺院为起始，之后对鲁梅等人及其弟子在西藏各地广建寺庙的信息进行了罗列，这段历史一般被称为"部派分裂"（སྡེ་པ་གྱེས་པ།）。从"中弘期"的内容来看，与前述前弘期之间无论是时间节点还是内容上都存在交集。笔者认为，这种"分期节点的不明确"正是"三段式"分期法后来遭到布敦·仁钦珠（1290-1364）等史家批评的原因之一。①

第三节佛教"后弘期"，以拉喇嘛益西沃叔侄修建古格托林和卡恰（ཁ་ཆར།）二寺等历史事件为起始，之后罗列了当时参与佛经翻译的印度班智达和藏地译师的名录。显然，卫巴洛色继承了觉丹热智"三段式"的分期法，但又没有完全采纳这种做法，他采用了一套"独特"的并不成熟的标准。虽然这种方法存在缺陷，但作为西藏史学发展的重要时期出现的一种"独树一帜"的分期方法，对后来"二段式"分期法的形成产生了重要影响。

第三部分题为《佛教住世之期限》（བསྟན་པའི་ཚད་བཀད་པ།），顾名思义，内容主要是对释迦牟尼创立佛教，直至佛教消亡的佛法住世时间进行计算。这是历代佛教史家一直争论的话题之一。卫巴洛色在《教法史》中，这一部分内容分为总说和别说。总说中，主要梳理了佛教经藏中的不同提法；别说，则罗列了藏地佛教史家对佛法住世期限所持的不同观点，并提出了己的看法。但是，他的观点遭到了史家

---

① 布敦大师对"三段式"的分歧方法持否定态度，他在《佛教史·大宝藏论》中指出："（觉丹）热智曾曰：'从十弟子到译师仁钦布未出世之前，卫藏并无讲经说法之制度，故为像法期；此后，由藏王担任施主，组织译师、班智达翻译佛经，为佛教中弘期；尔后，藏王未担任施主，而由俄译师等人翻译佛经，为佛教后弘期。'对这种说法（作者布敦）不能同意，因为承认有清净比丘律仪，与佛教像法期之说相互矛盾，也不能成立无讲经说法制度的观点。班智达孜纳弥扎曾向译师鲁坚赞、玉·格琼等人授戒，（玉·格琼等人）再授戒给喇钦，喇钦授戒给仲·益西坚赞，仲·益西坚赞授戒给鲁梅、鲁梅授戒给素·多吉坚赞，素·多吉坚赞有四位弟子，……，这些上师之间，对佛法之讲授从未中断。至于中弘期和后弘期之说，亦不能同意。这是因为一度无佛法，故无中断处。所谓前、后弘期之划分，是针对达磨赞普灭佛，卫藏地区数十年间根本无佛法，因此才有前、后弘期之划分。"参见布敦·仁钦珠．佛教史·大宝藏论[M]．北京：中国藏学出版社，1988：200；汉译参阅了蒲文成译本．布敦佛教史[M]．兰州：甘肃民族出版社，2007：127-128．

的批评。①

  从该《教法史》的文本结构来看，卫巴洛色是以西藏佛教发展史为"脉"而著。文本开头部分对印度佛教历史进行了梳理，但整体所述仍以"西藏部分"为重。卫巴洛色继承了早期西藏史学的传统，以"分段式"将全书划分章节，同时，按照时间的先后顺序安排结构，具有编年体史书的特点。

四、体例和叙事风格

  传统历史叙述的基本形式，主要有以时间发展顺序记叙历史的编年体和以人物为中心记叙历史的纪传体。[15]藏文历史文献因其内容等的特殊性，故而形成了自己独有的分类法。②纵观西藏史学，大部分史书出自佛教僧人之手，内容以记述佛教史为主，其中以"教法史"最为常见。③

  卫巴洛色《教法史》整体上以"编年体"形式展开，具体叙述时则以"人物"为中心，各章节荟萃了众多历史人物，并按年代先后顺序进行叙述。从史书总体所涉及的人物来看，主要分为两类，即历代赞普及其后裔和佛教高僧大德，其中赞普及其后裔的记述重点以佛教相关事迹为主。故，笔者认为这部《教法史》实则是编年和纪传的结合。此外，作者卫巴洛色在记述不同历史时，往往采用不同的叙事方式。例如第二部分的第一章"佛法发展之基础（吐蕃）王统"时，采用的是"王统记"的叙事方式，这与敦煌古藏文文献 P.T.1288《大事纪年》（དོན་ཆེན་གནད་བསྡུས།），[16]以及早期的两部王统记，即萨迦扎巴坚赞（1147-1216）和八思巴（1235-1280）分别所著《吐蕃王统》（བོད་ཀྱི་རྒྱལ་རབས།）极为相似。[17]

  同时，卫巴洛色《教法史》还采用了一种罗列"名录"的叙事方式。如在记述

---

① 巴卧·祖拉陈瓦曾对卫巴洛色关于佛法住世之期限的观点持否认态度，他指出："早期卫巴洛色等人曾依止汉地和西域的许多贤者听闻佛法，为何这些人都不知？！如果说是汉地早期之传统，那么请给出合理的原由；如果说是汉地后期之传统，当至尊得银协巴等（在世）时期汉、藏之间交流广泛，且有诸多精通汉语的藏地译师，为何这些人都不知？！"可见，藏族史家巴卧·祖拉陈瓦在佛法住世期限方面，并不赞同卫巴洛色等人的观点。参见巴卧·祖拉陈瓦. 吉祥时轮诀窍历算论著大集合详注·珍宝库［M］. 手抄本, 17a.
② 有学者将藏文历史文献分为：编年史、史册、教法史、王统记、世系史、传记、地理类、寺庙志、年表、名人录和全集等；也有学者将其分为：历史编年、教法史、宗教传记、自传和回忆录、书涵、闻法录和上师传承谱系；而最普遍的分类方法则是：王统记、传记、教法源流、法嗣传承、世系史、寺庙志和圣地指南等。上述几种分类方法，有的是从体例上区分，有的是从内容上区分，几乎涵盖了藏文历史文献的全部种类。参见王尧、沈卫荣. 试论藏族的史学和藏文史籍［J］. 史学史研究, 1988（2, 3）: 32-38, 41-49; José Ignacio Cabezón and Roger R. Jackson, "Editors' Introduction" Tibetan Literature: Studies in Genre, Snow Lion, Ithaca, New York, 1996, pp30; 东噶·洛桑赤列. 藏文文献目录学［M］. 北京: 民族出版社, 2004: 30
③ 从藏文历史文献的发展脉络上看，"教法史"这种史书类型最早形成于11世纪，后来随着历史的发展而不断发展，形成了不同时期不同风格的教法史著作。参见 Leonard W. J. van der kuijp, "Tibetan Historiography", Tibetan Literature: Studies in Genre, pp46.

历代赞普弘扬佛教功绩时，作者除交代历代赞普所建寺庙等信息外，还排列了当时参与译经的印度班智达和藏地译师的名字。该《教法史》的这种叙事方式言简意赅，毫无"浓墨重彩"感，与之后的史书常用细腻的笔触描述人物事迹形式大为不同。全书对于历史的记述"中规中矩"，亦无像后来史书那样不惜笔墨，极尽铺陈地塑造佛教高僧的高大形象。总而言之，卫巴洛色《教法史》虽囊括了教化功能性，但更加注重对历史的记忆。

史书最后部分采用了藏文历史文献的另一种类型"佛历"（བསྟན་རྩིས།）来叙述作者对于佛教住世期限的观点和撰写这部《教法史》的时间。① 这种在"教法史"中沿用"佛历"的叙事方式亦丰富了该史书的内容。②

从文风来讲，文本最大的特点便是"精简"，这种记述方式在当时较为盛行，如《古谭花鬘》（སྔོན་གྱི་གཏམ་མེ་ཏོག་ཕྲེང་བ།）和《大教法史·法幢》（ཆོས་འབྱུང་ཆེན་མོ་བསྟན་པའི་རྒྱལ་མཚན།）等。[18] 在卫巴洛色《教法史》中，我们可以看到作者仅用一页半十四行的内容来记述松赞干布的事迹；[19] 在叙述佛教"后弘期"时，作者将当时来到藏地参与译经的印度班智达和藏地本土译师的名字分两组进行排列，没有一字半句的展开。这种精简记述的史风，可视为早期西藏史学的一大特征。③

五、史料价值

卫巴洛色所造《教法史》的史料价值，主要体现在以下三点：

---

① 佛历，顾名思义，就是佛陀涅槃时间的推算，这是西藏历史文献中形成的一种特殊的文献传统，早在11世纪就已形成。随着时间的推移，关于释迦牟尼示寂的年代，在西藏形成了四个主要传统，分别是阿底峡传统、卡其班钦传统、萨迦传统和时轮传统。才旦夏茸大师认为"佛历"的分期方法有五类，分别是阿底峡传承、萨迦传承、热琼瓦传承、汉地檀香佛历传承和汉地古籍所述传承。关于佛历著作，目前较为熟知有钦·囊喀扎（མཆིམས་ནམ་མཁའ་གྲགས། 1210-1285）、卡其班钦释迦释日（ཁ་ཆེ་བཅེན་ཤཱཀྱ་ཤྲཱི། 1127-1225）、班钦索南扎巴（པཎ་ཆེན་བསོད་ནམས་གྲགས་པ། 1478-1554）、芒堆·鲁珠嘉措（མང་ཐོས་ཀླུ་སྒྲུབ་རྒྱ་མཚོ། 1523-？）和嘉木样·协贝多吉（འཇམ་དབྱངས་བཞད་པའི་རྡོ་རྗེ། 1648-1722）等所著之佛历文献。在Dan Martin教授的《西藏的历史：对于藏文文献的历史研究》中所编目的11至13世纪成书的佛历著作就达到8部之多，可见当时西藏的佛教高僧热衷于撰写佛历类文献。笔者未见卫巴洛色著有单独的佛历文献的相关记载，但他在《教法史》的最后部分对佛教住世期限进行了推算。参见 Dan Martin, Tibetan Histories: A Bibliography of Tibetan-Language Historical Works, pp26；芒堆·鲁珠嘉措. 佛历年鉴 [M]. 拉萨：西藏人民出版社, 1987：7-14；才旦夏茸. 藏族历史年鉴 [M]. 西宁：青海民族出版社, 1982：2.
② 据Vostrikov教授指出，最早在非"佛历"著作中沿用佛历之叙事方式的著作要属萨迦索南孜莫（བསོད་ནམས་རྩེ་མོ། 1142-1182）所著《佛法入门》（ཆོས་ལ་འཇུག་པའི་སྒོ།），该书成书于1167年，是专门记述学习佛法之次第的"教科书"。参见 A. I. Vostrikov, Tibetan Historical Lit-eratvre, Translated from the Russian by Harish Chandra Gupta, Published in 1994 by Curzon Press Ltd, pp101-103；萨迦索南孜莫. 佛法入门 [M]. 萨迦五祖全集对勘本（6）. 北京：中国藏学出版社, 2007：494-495.
③ 梁启超先生所提出的史家四长，分别是史德、史学、史识和史才。其中"史才"是指用剪裁、排列的方法对所掌握的材料进行整理、组织的能力，以及写人写事所用的字句词章，也就是所谓的文采。对史家而言，文采要注重简洁、飞动，而卫巴洛色在撰写《教法史》时，用极为简洁的语句叙述历史，虽称不上"飞动"，却别有特色。参见梁启超. 中国历史研究法补编 [M]. 北京：中华书局, 2010：16-34.

第一，《教法史》记载的历史较为完整，为研究吐蕃史及早期西藏佛教史提供了参考依据。吐蕃历史研究，学界除了仰仗被视为最基本资料的吐蕃金石铭文、简牍、敦煌古藏文文献和汉文史书以外，11世纪以来成书的历史文献也是重要的资料来源。尽管学界对出自僧人之手的史书褒贬不一，甚至认为充斥着"佛教史观"的史书不足为信史，但其所包含的史料价值却是毋庸置疑的，如《第吾贤者佛教源流》《娘氏佛教源流》《王统世系明鉴》和《贤者喜宴》等都是重要的史料。在卫巴洛色《教法史》中，同样专门设有"吐蕃史"，可与前述史书不同，卫巴洛色主要采用了"王统记"的叙述方法，即录入赞普家族谱系并穿插赞普生卒和执政时间。如在叙述吐蕃末代赞普达磨时，《教法史》载：

达磨（赞普）生于羊年，十六岁登上王位，三十二岁在拉萨被弑，也有人认为（达磨）被弑于昌珠。有人认为（达磨）至二十一岁间共执政一年半或两年半年；有人认为十八岁（执政）至被弑整整三年，而有人认为是一年半，更有人认为（其执政）十一年。[20]

引文中除了有达磨赞普生卒年，还记有其被弑地点和执政时间的不同观点。卫巴洛色并未给出自己的见解，却提供了重要线索。大部分史书记载，达磨赞普是在阅读碑文时被拉隆贝多射杀，[21]更有史家明确提出被弑的地点是在拉萨。[22]当代学者普遍认可后一种观点，[23]但是，随着对卫巴洛色《教法史》研究的深入，对于"达磨被弑地点"又有了另一种可能性，即昌珠。虽然这种说法史源不明，内容亦值得商榷，却丰富了我们对进一步认识某些历史问题的视域。

还有，通常藏文史书中鲜有关于吐蕃王朝前之吐蕃地域的记述，但在卫巴洛色《教法史》中却有所记载。①

第二，《教法史》中保存了部分已失传的珍贵史料。史料是研究历史的基础，有的史料得以充分利用，如敦煌古藏文文献；②有的史料，则需要我们有更多的耐心去发现和挖掘，如卫巴洛色《教法史》等。

卫巴洛色《教法史》广征博引，引用了大量史料，包括现已难得一窥的原始资

---

① 《教法史》载："作为珍宝黄金的产地，（早期）吐蕃的地域，东至汉地切玛绛谷容（ཤེ་མ་བྱང་གུ་རོང་）、南至印度朵贵昌仁容（རྩོད་འགུར་རིན་རོང་）、西至大食候夏甲曲容（ཏག་ག་རྒྱ་ཆུ་རོང་）、北至霍尔森姆桑卡夏日容（ཧོར་མོ་བཟང་ཁ་བཞི་རོང་）。又，接尼泊尔于夏巴甲曲容（བལ་པ་རྒྱ་ཆུ་རོང་）、接门于嘉斯崩巴容（མོན་གྱིས་སྦུང་བའི་རོང་）、接绛于佐达甲昌容（འཇོ་ལྟག་རྒྱ་ཆང་རོང་）、接象雄于贵贵聂隆容（ཧོད་ཧོད་གཉས་ལུང་རོང་），（上述）即为八处地界哨所所在。"参见卫巴洛色. 教法史 [M]. 275.

② 通过对敦煌古藏文文献的研究，不仅可探究藏文佛典的渊源流变，还是研究吐蕃佛教史的第一手材料；不仅是民族文化交流的重要见证，还可探索吐蕃语言文字的原始面貌。参见才让. 敦煌藏文佛教文献价值探析 [J]. 中国藏学，2009（2）：35-44；收录于同氏. 菩提遗珠：敦煌藏文佛教文献的整理与解读 [M]. 上海：上海古籍出版社，2016.

料，如《喇协》（བླ་བཞེད）。这一史书恐已失传，只是常在后来的史书中被提起。[24] 卫巴洛色在其《教法史》中先后两次引用了《喇协》的相关内容，如：

据《喇协》载，在（印度）王宫门前一名为达杜觉朵（དར་དུ་ཅོ་དོ）里供奉着如来舍利，故，（赤松德赞）派遣了四亿幻化的骑兵迎请了六升舍利，其中一捧量的舍利供奉于（桑耶寺）白色佛塔顶部，而（桑耶寺）围墙上的每一座佛塔均供有一粒舍利，其余皆供奉在其他所依处。还在恒河岸边竖立了记有时间的大石碑。[25]

（赤松德赞时期，出现了首批受戒出家的僧人）之后，又有三百六十人受戒出家。[26]

据《松巴佛教史》载："巴·色囊和巴·桑喜等人整理出的桑耶寺志分别置于僧伽、藏王、大臣那里，各有所加减，出现了《喇协》《杰协》（རྒྱལ་བཞེད）和《巴协》三册，后来文字亦有长有短。"[27] 可见《喇协》系《韦协》的不同版本。

库敦·尊追雍仲（ཁུ་སྟོན་བརྩོན་འགྲུས་གཡུང་དྲུང་ 1011-1075）所著《广史》（ལོ་རྒྱུས་ཆེན་མོ）是卫巴洛色《教法史》中多次被引用的另一部珍贵史料。① 在藏文历史文献中，如《大教法史·法幢》《贤者喜宴》和《西藏王臣记》等中曾提到或引用了这部史书，可见其重要性不言而喻。[28]

第三，《教法史》中对早期西藏佛教史采用的分期法，有利于我们构建西藏史学史。目前，西藏史学史研究无论是其成果质量还是数量上都处于起步阶段。笔者认为，除了要对史书个案进行研究外，综合性研究亦需引起重视。卫巴洛色《教法史》中，对早期西藏佛教史采用前、中、后"三段式"的分期法，这与目前学界普遍公认的"二段式"分期法之间形成了鲜明对比。从两种分期法形成的时间顺序来看，前者要早于后者；从分期标准来看，后者要比前者分期更加明确、成熟。从"三段式"演变发展成为"二段式"的历史过程，可以看出西藏史学发展变化的历史轨迹，有利于我们洞察早期西藏史家的史学思想及史学的发展规律。

参考文献：

[1][11]Leonard W. J. van der Kuijp, A Hitherto Unknown Tibetan Religious Chronicle: From Probably the Early Fourteenth Century, 四川大学中国藏学研究所.藏学学刊（7）[M].成都：四川大学出版社，2012：69-91，77-78.

[2]韦·色囊.韦协（藏文）[M].拉萨：西藏藏文古籍出版社，2010：259-318.

---

① 有一个生动的例子，据说西藏社科院的一位老专家听说在山南的某座寺庙中收藏着库敦·尊追雍仲的《广史》，故，当天下午驱车前往，晚上到达寺庙，后经查阅，并非此书，失望至极。

［3］西藏自治区古籍保护中心．西藏自治区第四批国家珍贵古籍名录图录［G］．北京：民族出版社，2017：12.

［4］［12］［19］［20］［25］［26］卫巴洛色．教法史（藏文）［M］//韦协汇编．龙康·平措多吉，编．拉萨：西藏藏文古籍出版社，2010：269-270，317，282-283，279，285，287.

［5］二世热振活佛洛桑益西丹巴饶杰．来自蒙古等地显密要义相关诸题问答汇编（木刻本）［G］//洛桑益西丹巴饶杰文集（2）：142a.

［6］智观巴·贡却丹巴饶吉．安多教法史［M］．兰州：甘肃民族出版社，1987：7.

［7］至尊喜饶嘉措．部分稀有珍贵文献名录（木刻本）［M］//至尊喜饶嘉措文集（7）．1974：205b.

［8］Dan Martin, Tibetan Histories: A Bibliography of Tibetan-Language Historical Works, Serindia Publications London,1997: 54; 索朗顿珠．西藏史籍名录［G］．拉萨：西藏人民出版社，2000：21.

［9］廓·循努贝．青史［M］．成都：四川民族出版社，1984：410-411.

［10］Dan Martin, Tibetan Histories: A Bibliography of Tibetan-Language Historical Works, pp54.

［13］觉丹热智．佛法兴盛庄严日光［O］（木刻本，共81叶）．

［14］〔日〕白馆戒云．雪域《大藏经》目录简史·纳塘忆歌［J］．真宗综合研究所纪要（20）：91-92；〔日〕辛岛静志．论《甘珠尔》的系统及其对藏译佛经文献学研究的重要性［J］．中国藏学，2014（3）：32；〔日〕辛岛静志．佛典语言及传承［C］．上海：中西书局，2016：374.

［15］谢玉杰，王继光．中国历史文献学（修订版）［M］．上海：上海古籍出版社，2015：111-120．赵国璋，潘树广．文献学大辞典［Z］．扬州：广陵书社，2005：498.

［16］王尧，陈践．敦煌古藏文文献探索集［G］．上海：上海古籍出版社，2008：3-20.

［17］萨迦扎巴坚赞．吐蕃王统（藏文）［G］//萨迦历史文献丛书．北京：中国藏学出版社，2009：12；八思巴．吐蕃王统（藏文）［G］//萨迦历史文献丛书．北京：中国藏学出版社，2009：115.

［18］第吴贤哲．大教法史·法幢（藏文）［M］．拉萨：西藏人民出版社，1987.

［21］萨迦·索南坚赞．吐蕃世系明鉴（藏文）［M］．北京：民族出版社，2005：237；巴卧·祖拉陈瓦．贤者喜宴（藏文）［M］．北京：民族出版社，2006：224.

［22］布敦·仁钦珠．佛教史·大宝藏论（藏文）［M］．北京：中国藏学出版社，1988：192.

[23]平措次仁．藏史明镜（藏文）[M]．拉萨：西藏人民出版社，2000：117-118.

[24]松巴·益西班觉．松巴佛教史（藏文）[M]．兰州：甘肃民族出版社，1992：304.

[27]松巴·益西班觉．松巴佛教史[M]．蒲文成，才让，译．兰州：甘肃民族出版社，2013：167.

[28]第吾觉赛．大教法史·法幢（藏文）[M]．拉萨：西藏人民出版社，1987：99；巴卧·祖拉陈瓦．贤者喜宴（藏文）[M]．北京：民族出版社，2006：241；五世达赖喇嘛阿旺洛桑嘉措．西藏王臣记（藏文）[M]．北京：民族出版社，1988：73.

纳西东巴文藏语音读苯教文献《吉祥经》译释[①]

和继全[②]

在纳西族东巴文献中，有一种比较特殊的东巴教典籍，纳西语称为 tər³³ʂi³³ʂu³³ 或 tər³³ʂi³³dzu³³。过去民间东巴祭司只知其读音而不知其意思，一般认为经文记录的不是纳西语而是藏语。丽江东巴文化研究所翻译《纳西东巴古籍译注全集》时，曾对 tər³³ʂi³³ʂu³³ 做过记音，但没有翻译。[1] 经笔者研究，发现这种文献实际是用纳西东巴文记音的藏语苯教《吉祥经》。

一、发现经过

东巴典籍 tər³³ʂi³³ʂu³³ 一般用于超度东巴的仪式中，其目的是把逝者的法力、福泽留下来。过去在纳西族地区流传较广，至今在少数一些纳西族村庄仍然在使用。从文本的角度来看，tər³³ʂi³³ʂu³³ 单独成册的较少见，往往与记录纳西语的经文内容共同构成一册文献，笔者所看到的大多数抄本都有这个特点。

美国哈佛大学藏本原属于丽江坝区的文献，经书名翻译过来就是《加阿明 1 法力经》，全书正文共 15 页，1 至 8 页记录的是纳西语，内容为东巴去世了，要把福泽留给家里等，9 至 14 页为藏语音读 tər³³ʂi³³ʂu³³，14、15 页为祝愿逝者家里东巴传承兴旺发达等。

丽江东巴文化研究所《纳西东巴古籍译注全集》第 73 卷内容有藏语音读 tər³³ʂi³³ʂu³³ 的文献，由和云彩读音、习煜华记音，未对内容进行翻译。内容、文献结构与哈佛藏本基本一致，前 7 页为纳西语，主要也是求福泽的内容，第 8 页至 12 页为藏语音读的经文 tər³³ʂi³³ʂu³³。第 13、14 页又为纳西语，内容为祈愿教门昌

[①]本文原载于《西藏大学学报》（社会科学版）2018 年第 1 期。
[②]作者简介：和继全，西南民族大学民族研究院副研究员，博士，主要研究究方向为东巴文字、文献和民族史。

盛等。书名翻译为《超度什罗仪式·加威灵·求福泽》。[2]

笔者看到香格里拉县白地村和学仁东巴的藏本，内容、结构与哈佛藏本基本一致，也是由记录纳西语的降福泽、藏语音读 tər³³ʂi³³ʂu³³、祝愿逝者家里东巴传承兴旺等三部分内容构成。

笔者还看到四川省木里县俄亚乡等靠东边的纳西族地方藏语音读 tər³³ʂi³³ʂu³³ 与竖经幡的经文合在一起。此处经幡指的是丧葬仪式上专门为死者竖一旗子，旗杆有松树做成，上拴经文。经幡在当地称为 tɑ²¹dzu³³，可能是藏语 བདར་ཤེས་ 的借词。竖经幡时念诵此部经书，内容由记录纳西语的竖经幡规程、不让亡灵停留在邪魔之地、藏语音读 tər³³ʂi³³ʂu³³ 等构成。

单独成册的 tər³³ʂi³³ʂu³³，笔者仅见三坝乡东坝村委会墨虎的抄本，此抄本目前收藏于西南大学历史文化学院。

笔者首先注意到文献名称 tər³³ʂi³³ 二音与藏语 བཀྲ་ཤིས་ "吉祥"的云南香格里拉藏语方言读音很接近，如最常见的藏族人名"扎西" བཀྲ་ཤིས་ 在香格里拉藏语方言里一般读作 tər³³ʂər³³。文献名的第三音节若读作 ʂu³³，极有可能是记录的是藏语 ཤོག "来"的读音。ཤོག "来"在香格里拉藏语方言里读作 ʂu⁵⁴，书名可以理解为"吉祥来"，或"招吉祥"。若读为 dzu³³ 的话，藏语含义不好理解，有可能记录的纳西语，dzu³³ 在纳西语里有"延伸""跟随"的含义，文献名称可理解为"吉祥延续""愿吉祥"。这样一种"藏语借词＋纳西语动词"搭配的书名方式在纳西语东巴文献中比较常见，如有本东巴文献就叫《卡吕东玛匹》，"卡罗东玛"为藏语借词，意思为"金轮面偶"，"匹"为纳西语，含义是"丢弃"。[3]笔者发现此文献内容大多数句子都是以 tər³³ʂi³³ʂu³³"吉祥来"结尾，故笔者姑且译为《吉祥经》。继而，笔者在文献中发现一些东巴文字读音与苯教专有的词汇极为相似，如丽江东巴文化研究院藏本[4]中发现东巴文⟨图⟩的读音与苯教圣地藏文 འོལ་མོ་ལུང་རིང་ "巍摩隆仁"的读音很接近。还有，类似的词汇妥噶国王、顿巴辛绕、曲姜杰姆等。所以确定东巴文藏语音读文献 tər³³ʂi³³ʂu³³ 记录的是苯教《吉祥经》。

二、字释、藏文还原和译文

确定文献的性质后，笔者选择美国哈佛大学藏东巴文藏语音读苯教《吉祥经》作为研究对象，经断句、切字、注音后，反复与苯教专家、藏语方言专家推敲，以东巴文原文、国际音标、所记录藏文、直译、意译对照的方式，比较准确地对原文进行了藏文还原与译释。限于篇幅，笔者将封面和前3页字释如下：

（一）《吉祥经》封面释义（见图1）

图1 《吉祥经》封面

⿕ 诵经的东巴祭司。不读音。

⿕ to³³mba³³ʂæ⁵⁵lər³³。东巴神罗,东巴教祖师。◌ ʂʅ³³,肉之形,假借为东巴神罗的第三音节。◌ to³³ 木板之形,假借为东巴神罗的第一个音节。

◌ ŋv⁵⁵ 超度的木偶之形,表超度。

◌ a 开口说话。

◌ mi³³ 火。两字连读为阿明,假借为东巴教第二祖师名阿明。

◌ ndzər²¹ 法力。

◌ tʂæ³³ 神轴画之形,假借为加持。两字连读为 ndzər²¹tʂæ⁵⁵,加持法力。

◌ 神灵的法力降下之形,不读音。其中 ◌ pər²¹ 为神灵。◌ ndzər²¹ 法力。

◌ 降下。

整句意为:超度东巴仪式的加阿明法力经。

(二)《吉祥经》第一页释义(见图2)

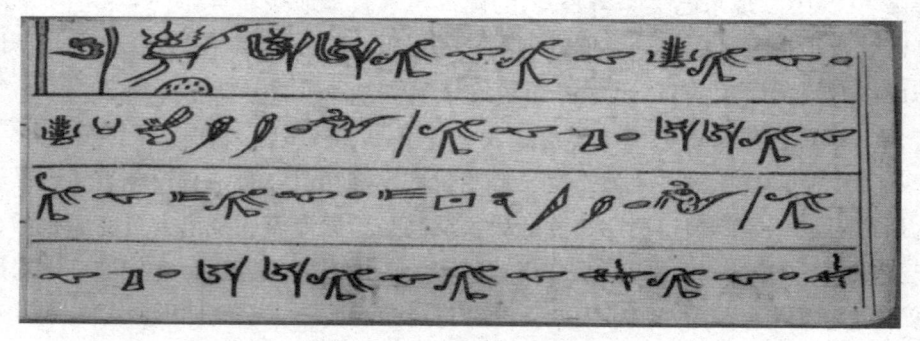

图2 《吉祥经》第一页

✍ 开始符号，不读音。

🕯 东巴持香祭祀之形，不读音。

🔯 藏文 ༀ 的转写。

🔯 藏文 ཨ 的转写。

🤚 tæ³³ 拉，记藏文 བཀྲ 的读音。

🤚 ṣi³³ 肉，记藏文 ཤིས 的读音。

🤚 tæ³³ 拉，记藏文 བཀྲ 的读音。

🤚 ṣi³³ 肉，记藏文 ཤིས 的读音。

🐃 no⁵⁵ 畜牧之神，藏语 གནམ 的读音。

🤚 tæ³³ 拉，记藏文 བཀྲ 的读音。

🤚 ṣi³³ 肉，记藏文 ཤིས 的读音。

◯ 分隔符号，不读音。

整句对译（见表1）：

表1 《吉祥经》第一页整句对译1

原文	🔯	🔯	🤚	🤚	🤚	🤚	🐃	🤚	🤚	◯
音标	o³³	a³³	tæ³³	ṣi³³	tæ³³	ṣi³³	no⁵⁵	tæ³³	ṣi³³	分格符号
藏文	ༀ	ཨ	བཀྲ	ཤིས	བཀྲ	ཤིས	གནམ	བཀྲ	ཤིས	
对译	嗡	啊	吉祥		吉祥		天	吉祥		
意译	嗡！啊！吉祥吉祥天吉祥。									

🐃 no⁵⁵ 畜牧之神，记录藏语 གནམ 的读音。

🐂 kho³³ 角。记录藏文 འཁོར 的读音。

🦌 lo³³ 红麂子。记录藏文 ལོ 的读音。

〰 tṣɿ³³ 水上画一横，会意拦水。记录藏文 ཚབ 的读音。

〰 dzi³³ 水。记录藏文 བརྒྱུད 的读音。

◯ 分隔符号，不读音。

🐍 zɿ²¹ 蛇。记录藏文 ཞི 的读音。

✎ ndy²¹ 木棍。记录藏文 བདེ་ 的读音。

✍ tæ³³ 拉，记藏文 བག་ 的读音。

✍ ṣi³³ 肉。记藏文 ཤིས་ 的读音。

✍ ṣu²¹ 铁，借斧头之形。记藏文 ཤོག་ 的读音。

○ 分隔符号，不读音。

整句对译（见表2）：

表2 《吉祥经》第一页整句对译2

原文	༄	༅	༆	༇	༈	○	༉	༊	་	༌	།	○
音标	no⁵⁵	kho³³	lo³³	tsŋ³³	dzi³³	分格符号	zŋ²¹	ndy²¹	tæ³³	ṣi³³	ṣi³³	分隔符号
藏文	གནམ་	འཁོར་	ལོ་	རྩིབས་	བརྒྱད་		ཞི་	བདེ་	བག་	ཤིས་	ཤོག་	
对译	天	金轮	八辐				根本		吉祥		来	
意译	招来天上八幅金轮之根本吉祥。											

༄ 藏文 ཨ 转写。

༄ 藏文 ཨ 的转写。

✍ tæ³³ 拉，记藏文 བག་ 的读音。

✍ ṣi³³ 肉。记藏文 ཤིས་ 的读音。

✍ tæ³³ 拉，记藏文 བག་ 的读音。

✍ ṣi³³ 肉。记藏文 ཤིས་ 的读音。

⌶ sa⁵⁵ 气。记录藏文 ས 的读音。

✍ tæ³³ 拉，记藏文 བག་ 的读音。

✍ ṣi³³ 肉。记藏文 ཤིས་ 的读音。

○ 分隔符号，不读音。

整句对译（见表3）

表3 《吉祥经》第一页整句对译3

原文	𖽀	𖽀	𖾙	𖾚	𖾙	𖾚	𖽿	𖾙	𖾚	○	分格符号
音标	a³³	a³³	tæ³³	ʂi³³	tæ³³	ʂi³³	sa⁵⁵	tæ³³	ʂi³³		
藏文	ཨ	ཨ	བཀྲ	ཤིས	བཀྲ	ཤིས	ས	བཀྲ	ཤིས		
对译	啊	啊	吉祥		吉祥		地	吉祥			
意译	啊！啊！吉祥吉祥地吉祥。										

𖽿 sa⁵⁵ 气。记录藏文 ས 的读音。

▭ pe³³ 门闩。记录藏文 པད་ 的读音。

ʀ ma³³ 藏文 མ 的转写。这里与 ʀ 藏文 མ 的字形差别较大，更像是藏文 ན，但笔者参照《纳西东巴古籍译注全集》第73卷372页《超度什罗仪式·加威灵·求福泽》的话，就会发现 ʀ 可能就是 མ 的误写。[5]

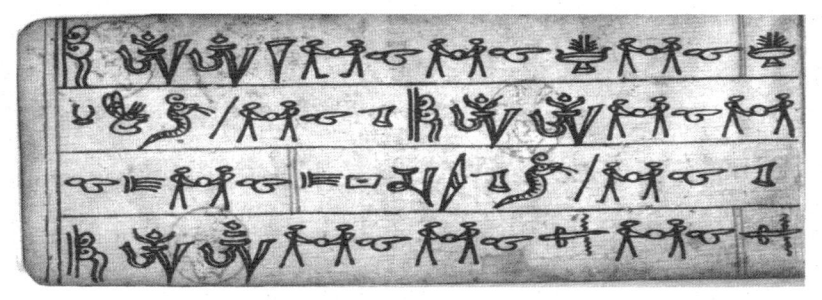

图3 《纳西东巴古籍译注全集》第73卷372页

𖼀 ndo²¹ 异象鬼之木牌。记录藏文 འདད་ 的读音。

𖼁 dzi²¹ 水。记录藏文 བགད་ 的读音。

○ 分隔符号，不读音。

𖼂 zɿ²¹ 蛇。记录藏文 ཞི 的读音。

/ ndy²¹ 木棍。记录藏文 བད་ 的读音。

𖾙 tæ³³ 拉，记藏文 བཀྲ 的读音。

𖾚 ʂi³³ 肉。记藏文 ཤིས 的读音。

𖾛 ʂu²¹ 铁，借斧头之形。记藏文 ཤོག 的读音。

◯ 分隔符号，不读音。

整句对译（见表4）：

表4 《吉祥经》第一页整句对译4

原文	〖图〗	〖图〗	〖图〗	〖图〗	〖图〗	〖图〗	〖图〗	〖图〗	〖图〗	〖图〗	〖图〗
音标	Sa55	pe33	ma33	ndo33	dzi33	分格符号	zɿ21	ndy21	tæ33	ʂi33	ʂu21	分隔符号
藏文	ས	པད	མ	འདབ	བརྒྱད		ཞི	བདེ	བཀྲ	ཤིས	ཤོག	
对译	地	莲花		八瓣			根本		吉祥		来	
意译				招来地上八瓣莲花之根本吉祥。								

〖图〗 藏文 ས 的转写。

〖图〗 藏文 ས 的转写。

〖图〗 tæ33 拉，记藏文 བཀྲ 的读音。

〖图〗 ʂi33 肉。记藏文 ཤིས 的读音。

〖图〗 tæ33 拉，记藏文 བཀྲ 的读音。

〖图〗 ʂi33 肉。记藏文 ཤིས 的读音。

〖图〗 tshŋ55 割断。记录藏文 ཚེ 的读音。

〖图〗 tæ33 拉，记藏文 བཀྲ 的读音。

〖图〗 ʂi33 肉。记藏文 ཤིས 的读音。

◯ 分隔符号，不读音。

整句对译（见表5）：

表5 《吉祥经》第一页整句对译5

原文	〖图〗	〖图〗	〖图〗	〖图〗	〖图〗	〖图〗	〖图〗	〖图〗	〖图〗	〖图〗
音标	a33	a33	tæ33	ʂi33	tæ33	ʂi33	Tshŋ55	tæ33	ʂi33	分格符号
藏文	ས	ས	བཀྲ	ཤིས	བཀྲ	ཤིས	ཚེ	བཀྲ	ཤིས	
对译	啊	啊	吉祥		吉祥		寿	吉祥		
意译				啊！啊！吉祥吉祥寿吉祥。						

（三）《吉祥经》第二页释义（见图4）

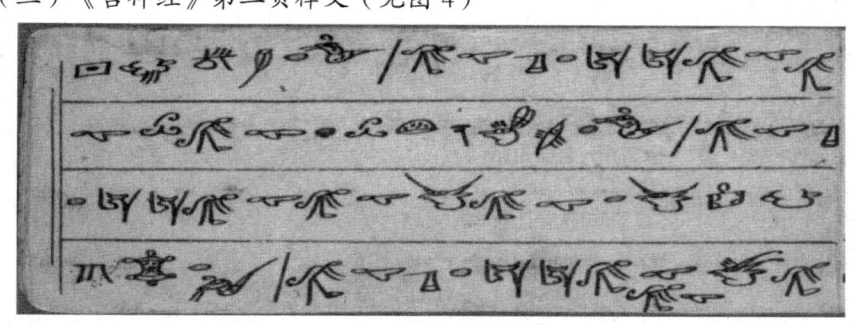

图4 《吉祥经》第二页

tshŋ⁵⁵ 割断。记录藏文 ཚོད་ 的读音。

pe³³ 门闩。记录藏文 དཔོན་ 的读音。

pv³³ 蒸笼。记录藏文 པོ་ 的读音。

so³³ 大秤。记录藏文 སངས་ 的读音。

dzi³³ 水。记录藏文 རྒྱས་ 的读音。

分隔符号，不读音。

zɿ²¹ 蛇。记录藏文 འི་ 的读音。

ndy²¹ 木棍。记录藏文 བདེ་ 的读音。

tæ³³ 拉，记藏文 བག་ 的读音。

ʂi³³ 肉。记藏 ཤིས་ 的读音。

ʂu21 铁，借斧头之形。记藏文 ཤོག་ 的读音。

分隔符号，不读音。

整句对译（见表6）：

表6 《吉祥经》第二页整句对译1

原文											
音标	Tshŋ⁵⁵	pe³³	pv³³	so³³	dzi³³	分格符号	zɿ²¹	ndy²¹	tæ³³	ʂi³³	ʂu²¹	分隔符号
藏文	ཚོད་	དཔོན་	པོ་	སངས་	རྒྱས་		འི་	བདེ་	བག་	ཤིས་	ཤོག་	
对译	寿	无量寿佛					根本		吉祥		来	
意译	招来无量寿佛之根本吉祥。											

▧ 藏文 ས 的转写。

▧ 藏文 ས 的转写。

▧ tæ³³ 拉，记藏文 བཀྲ 的读音。

▧ ʂi³³ 肉。记藏文 ཤིས 的读音。

▧ tæ³³ 拉，记藏文 བཀྲ 的读音。

▧ ʂi³³ 肉。记藏文 ཤིས 的读音。

▧ i⁵⁵ 溢出来。记录藏文 ཡུལ 的读音。

▧ tæ³³ 拉，记藏文 བཀྲ 的读音。

▧ ʂi³³ 肉。记藏文 ཤིས 的读音。

▧ 分隔符号，不读音。

整句对译（见表7）：

表7 《吉祥经》第二页整句对译2

原文	▧	▧	▧	▧	▧	▧	▧	▧	▧	
音标	a³³	a³³	tæ³³	ʂi³³	tæ³³	ʂi³³	i⁵⁵	tæ³³	ʂi³³	分格符号
藏文	ས	ས	བཀྲ	ཤིས	བཀྲ	ཤིས	ཡུལ	བཀྲ	ཤིས	
对译	啊	啊	吉祥		吉祥		地方	吉祥		
意译	啊！啊！吉祥吉祥地方吉祥。									

▧ i⁵⁵ 溢出来。记录藏文 ཡུལ 的读音。

▧ o³³ 谷堆。记录藏文 འོལ 的读音。

▧ mo³³，藏文 མ 的转写。记录藏文 མ 的读音。与上文一样，▧ 与藏文 མ 的字形差别较大，更像是藏文 ན，笔者参照《纳西东巴古籍译注全集》第73卷373页《超度什罗仪式·加威灵·求福泽》，认定 ▧ 为 མ 的误写。[6]

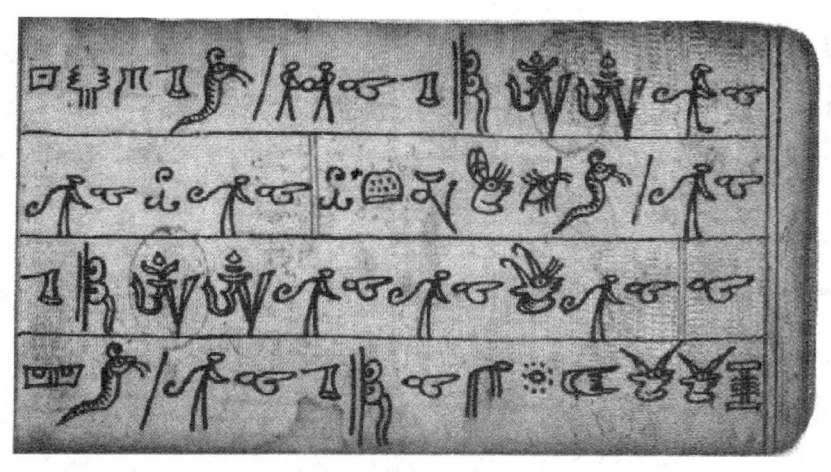

纳西东巴文藏语音读苯教文献《吉祥经》译释

图5 《纳西东巴古籍译注全集》第73卷373页

lo²¹ 红麂子。记录藏文 ཡུད 的读音。

lɯ³³ 牛虱。记录藏文 རེད 的读音。

分隔符号，不读音。

ʐʅ²¹ 蛇。记录藏文 ཞེ 的读音。

ndy²¹ 木棍。记录藏文 བདེ 的读音。

tæ³³ 拉，记藏文 བཀྲ 的读音。

ʂi³³ 肉。记藏文 ཤིས 的读音。

ʂu²¹ 铁，借斧头之形。记藏文 ཤོག 的读音。

分隔符号，不读音。

整句对译（见表8）：

表8 《吉祥经》第二页整句对译3

原文											
音标	I⁵⁵	o³³	mo³³	lo³³	lɯ³³	分格符号	ʐʅ²¹	ndy²¹	tæ³³	ʂi³³	ʂu²¹	分隔符号
藏文	ཡུལ	འོ	མོ	ལུང	རིང		ཞེ	བདེ	བཀྲ	ཤིས	ཤོག	
对译	地方	巍摩隆仁					根本		吉祥		来	
意译	招来圣地巍摩隆仁之根本吉祥。											

43

ཨ 藏文 ཨ 的转写。

ཨ 藏文 ཨ 的转写。

tæ³³ 拉，记藏文 བཀྲ 的读音。

ɕi³³ 肉。记藏文 ཤིས 的读音。

tæ³³ 拉，记藏文 བཀྲ 的读音。

ɕi³³ 肉。记藏文 ཤིས 的读音。

yu⁵⁵ 羊。记录藏文 ཡབ 的读音。

tæ³³ 拉，记藏文 བཀྲ 的读音。

ɕi³³ 肉。记藏文 ཤིས 的读音。

分隔符号，不读音。

整句对译（见表9）：

表9 《吉祥经》第二页整句对译4

原文	ཨ	ཨ								
音标	a³³	a³³	tæ³³	ɕi³³	tæ³³	ɕi³³	yu⁵⁵	tæ³³	ɕi³³	分格符号
藏文	ཨ	ཨ	བཀྲ	ཤིས	བཀྲ	ཤིས	ཡབ	བཀྲ	ཤིས	
对译	啊	啊	吉祥		吉祥		父族	吉祥		
意译	啊！啊！吉祥吉祥父族吉祥。									

yu⁵⁵ 羊。记录藏文 ཡབ 的读音。

dzə³³ 毽子。记录藏文 རྒྱལ 的读音。

bv³³ 锅。记录藏文 བོ 的读音。

ka³³ 藏文 ཀ 的转写。记录藏文 དཀར 的读音。

tho³³ 拓模。记录藏文 ཐོད 的读音。

分隔符号，不读音。

zɿ²¹ 蛇。记录藏文 ཞི 的读音。

ndy²¹ 木棍。记录藏文 བདེ 的读音。

tæ³³ 拉，记藏文 བཀྲ 的读音。

◌ ṣi³³ 肉。记藏文 ནས 的读音。

◌ ṣu²¹ 铁，借斧头之形。记藏文 ཤོག 的读音。

◌ 分隔符号，不读音。

整句对译（见表10）

表10 《吉祥经》第二页整句对译5

原文											
音标	yu⁵⁵	dzə³³	bv³³	ka³³	tho³³	分格符号	zղ²¹	ndy²¹	tæ³³	ṣi³³	ṣu²¹	分隔符号
藏文	ཡབ	རྒྱལ	པོ	དགྲ	ཐོན		ཞི	བདེ	བཀྲ	ཤིས	ཤོག	
对译	父族	国王		妥噶			根本		吉祥		来	
意译	招来父族妥噶国王①之根本吉祥											

◌ 藏文 ཡ 的转写。

◌ 藏文 ཡ 的转写。

◌ tæ³³ 拉，记藏文 བཀྲ 的读音。

◌ ṣi³³ 肉。记藏文 ཤིས 的读音。

◌ tæ³³ 拉，记藏文 བཀྲ 的读音。

◌ ṣi³³ 肉。记藏文 ཤིས 的读音。

◌ se²¹ 岩羊。记录藏文 གསས 的读音。

◌ tæ³³ 拉，记藏文 བཀྲ 的读音。

◌ ṣi³³ 肉。记藏文 ཤིས 的读音。

◌ 分隔符号，不读音。

整句对译（见表11）：

---

① 此处东巴文原文 疑为 之误，东巴经里东巴什罗的父亲名为"拉布妥噶"。

表 11 《吉祥经》第三页整句对译 1

原文	ᛋ	ᛋ	🝆	🝇	🝆	🝇	🝈	🝆	🝇	分格符号
音标	a³³	a³³	tæ³³	ʂi³³	tæ³³	ʂi³³	Se55	tæ³³	ʂi³³	
藏文	ཨ	ཨ	བཀྲ	ཤིས	བཀྲ	ཤིས	གནས	བཀྲ	ཤིས	
对译	啊	啊	吉祥		吉祥		神	吉祥		
意译	啊！啊！吉祥吉祥吉祥。									

（四）《吉祥经》第三页释义（见图 6）

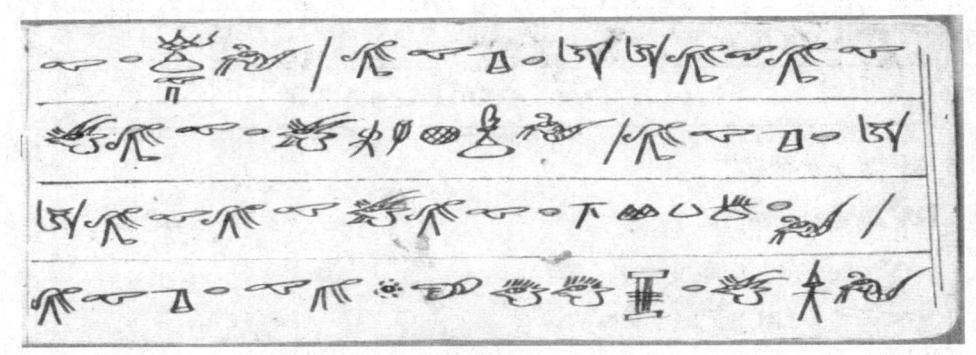

图 6 《吉祥经》第三页

to³³mba³³ʂæ55lər³³ 东巴什罗，东巴教教主（སྟོན་པ་གཤེན་རབ་）。

zɿ²¹ 蛇。记录藏文 འ 的读音。

ndy²¹ 木棍。记录藏文 བད་ 的读音。

tæ³³ 拉，记藏文 བཀྲ 的读音。

ʂi³³ 肉。记藏文 ཤིས 的读音。

ʂu²¹ 铁，借斧头之形。记藏文 གནས 的读音。

分隔符号，不读音。

整句对译（见表 12）：

表 12　《吉祥经》第三页整句对译 2

原文							
音标	to³³mba³³ʂæ⁵⁵lər³³	zq²¹	ndy²¹	tæ³³	ʂi³³	su²¹	分隔符号
藏文	སྟོན་པ་གཤེན་རབ་	ཞི	བདེ	བཀྲ	ཤིས	ཤོག	
对译	东巴什罗（顿巴辛绕）		根本	吉祥		来	
意译	招来东巴什罗（顿巴辛绕）之根本吉祥。						

ཨ 藏文 ཨ 的转写。

ཨ 藏文 ཨ 的转写。

tæ³³ 拉，记藏文 བཀྲ 的读音。

ʂi³³ 肉。记藏文 ཤིས 的读音。

tæ³³ 拉，记藏文 བཀྲ 的读音。

ʂi³³ 肉。记藏文 ཤིས 的读音。

se²¹ 岩羊。记录藏文 གསས 的读音。

tæ³³ 拉，记藏文 བཀྲ 的读音。

ʂi³³ 肉。记藏文 ཤིས 的读音。

分隔符号，不读音。

整句对译（见表 13）：

表 13　《吉祥经》第三页整句对译 3

原文	ཨ	ཨ								
音标	a³³	a³³	tæ³³	ʂi³³	tæ³³	ʂi³³	se⁵⁵	tæ³³	ʂi³³	分格符号
藏文	ཨ	ཨ	བཀྲ	ཤིས	བཀྲ	ཤིས	གསས	བཀྲ	ཤིས	
对译	啊	啊	吉祥		吉祥		神	吉祥		
意译	啊！啊！吉祥吉祥神吉祥。									

🐏 tshŋ⁵⁵ 羊。记录藏文 ཚ 的读音。

za²¹ 眬睞。记录藏文 ཟས་ 的读音。

dzŋ²¹ 水。记录藏文 ཆུལ་ 的读音。

mu²¹ 簸箕。记录藏文 མོ་ 的读音。

女神形象，不读音。

zι²¹ 蛇。记录藏文 ཞི་ 的读音。

ndy²¹ 木棍。记录藏文 བད་ 的读音。

tæ³³ 拉，藏文 བཀྲ 的读音。

ɕi³³ 肉。记录藏文 ཤིས་ 的读音。

ʂu²¹ 铁，借斧头之形。记录藏文 ཤོག 的读音。

分隔符号，不读音。

整句对译（见表 14）：

表 14 《吉祥经》第三页整句对译 4

原文	🐏									
音标	tshŋ⁵⁵	za²¹	dzŋ³³	mu²¹	zι²¹	ndy²¹	tæ³³	ɕi³³	ʂu²¹	分隔
藏文	ཚ	ཟས་	ཆུལ་	མོ་	ཞི་	བད་	བཀྲ	ཤིས་	ཤོག	符号
对译	茨绕吉姆（曲姜杰姆）				根本		吉祥		来	
意译	招来茨绕吉姆（曲姜杰姆）之根本吉祥。									

藏文 ས 的转写。

藏文 ས 的转写。

tæ³³ 拉，记藏文 བཀྲ 的读音。

ɕi³³ 肉。记录藏文 ཤིས་ 的读音。

tæ³³ 拉，记藏文 བཀྲ 的读音。

ɕi³³ 肉。记录藏文 ཤིས་ 的读音。

山羊。记录藏文 མོ་ 的读音。

tæ³³ 拉，记藏文 བཀྲ 的读音。

ʂi³³ 肉。记藏文 ཤིས་ 的读音。

○ 分隔符号，不读音。

整句对译（见表 15）：

表 15 《吉祥经》第三页整句对译 5

原文	𖼀	𖼀	𖼁	𖼂	𖼁	𖼂	𖼃	𖼁	𖼂	○
音标	a³³	a³³	tæ³³	ʂi³³	tæ³³	ʂi³³	Tshŋ55	tæ³³	ʂi³³	分格符号
藏文	ཨ	ཨ	བཀྲ	ཤིས	བཀྲ	ཤིས	ཚེ	བཀྲ	ཤིས	
对译	啊	啊	吉祥		吉祥		寿	吉祥		
意译	啊！啊！吉祥吉祥寿吉祥。									

下 格巴文，汉字"下"的变体。记录藏文 རྒྱ 的读音。

kha⁵⁵ 竹篮。记录藏文 དགར 的读音。

py³³ 升。记录藏文 སྲུན 的读音。

so³³。记录藏文 གསུམ 的读音。①

○ 分隔符号，不读音。

zɿ²¹ 蛇。记录藏文 ཞི 的读音。

ndy²¹ 木棍。记录藏文 བདེ 的读音。

tæ³³ 拉，记藏文 བཀྲ 的读音。

ʂi³³ 肉。记录藏文 ཤིས 的读音。

ʂu²¹ 铁，借斧头之形。记藏文 ཤོག 的读音。

○ 分隔符号，不读音。

整句对译（见表 16）：

---

① 有纳西族东巴认为 རྒྱ་དགར་སྲུན་གསུམ 白鸟三兄弟是指位于四川稻城县的三怙主神山。

表 16 《吉祥经》第三页整句对译 6

原文	⚝	⚝	⚝	⚝	分格符号	⚝	⚝	⚝	⚝	⚝	分隔符号
音标	ɕə²¹	khə⁵⁵	py²¹	so³³		ʑ²¹	ndy²¹	Tæ³³	ɕi³³	su²¹	
藏文	བྱ་	དཀར་	སྤུན་	གསུམ་		ཞི་	བདེ་	བཀྲ་	ཤིས་	ཤོག་	
对译		白鸟三兄弟				根本		吉祥		来	
意译					招来白鸟三兄弟之根本吉祥。						

⚝ ʂ³³ 肉。所记录藏文不详。

⚝ mbv³³ 爬。所记录藏文不详。

⚝ by²¹ 面粉。所记录藏文不详。

⚝ la²¹ 手。记录藏文ལ的读音。

⚝ y²¹ 猴。记录藏文ཡང的读音。

⚝ y²¹ 猴。记录藏文ཡང的读音。

⚝ phe²¹ 麻布。记录藏文འཕེལ的读音。

⚝ 分隔符号，不读音。（见表17）

表 17 《吉祥经》第三页整句对译 7

原文	⚝	⚝	⚝	⚝	⚝	⚝	⚝	⚝
音标	ʂ³³	mbv³³	by²¹	la²¹	y²¹	y²¹	phe²¹	分格符号
藏文	གཤིན་	ཐོད་	（不详）	ལ་	ཡང་	ཡང་	འཕེལ་	
对译	（不详）	（不详）	（助词）		反复		洒	
意译				不断洒在（不详）上				

⚝ se³³ 岩羊。记录藏文གཤིན的读音。

⚝ dv²¹ 魔。记录藏文དུད的读音。

⚝ ʑ²¹ 蛇。记录藏文ཞི的读音。（见表18）

表 18　《吉祥经》第三页整句对译 8

原文	![图]	![图]	![图]				
音标	se³³	dv²¹	ʐɿ²¹	(ndy²¹)	(tæ³³)	(ʂi³³)	(ʂu²¹)
藏文	གསེར	དུང	ཞི	(བདེ)	(བཀྲ)	(ཤིས)	(སོག)
对译	金海螺		根本		（吉祥）		（来）
意译	招来金海螺（之根本吉祥）						

为了能够了解到东巴文藏语音读苯教《吉祥经》的内容，笔者将哈佛大学燕京图书馆藏本内容翻译如下：

唵！啊！吉祥吉祥天吉祥，招来天上八幅金轮之根本吉祥；啊！啊！吉祥吉祥地吉祥，招来地上八瓣莲花之根本吉祥；啊！啊！吉祥吉祥寿吉祥，招来无量寿佛之根本吉祥；啊！啊！吉祥吉祥地方吉祥，招来圣地巍摩隆仁地方之根本吉祥；啊！啊！吉祥吉祥父族吉祥，招来父族妥噶国王之根本吉祥；啊！啊！吉祥吉祥神吉祥，招来东巴什罗（顿巴辛绕）之根本吉祥；啊！啊！吉祥吉祥神吉祥，招来茨绕吉姆（曲姜杰姆）之根本吉祥；啊！啊！吉祥吉祥寿吉祥，招来白鸟三兄弟之根本吉祥。

不断洒在（不详）上，招来金海螺之根本吉祥；不断洒在（不详）下，招来金鱼之根本吉祥；不断洒在（不详），招来金刚杵之根本吉祥；不断洒在（不详）之后，招来宝瓶之根本吉祥；不断洒在（不详）上面，招来吉祥结之根本吉祥。不断洒在（不详）身上，招来……之根本吉祥；不断洒在（不详）之前，招来莲花之根本吉祥；招来……之吉祥；招来成千上万佛的吉祥……；招来……吉祥……；招来……之吉祥。

三、小结

东巴文藏语音读文献过去"纳西东巴只会读，不会讲，不知义。"[7]主要原因是鲜有精通东巴文、藏文两种文字，且熟悉两族宗教文化者。东巴教与苯教关系密切，关注者多，但从东巴文献角度研究成果较少，主要原因也是对东巴文藏语音读文献解读的困难。本文献是笔者刊布的继东巴文藏语音读佛教《皈依文》[8]及东巴文雍中苯教三大真言[9-11]等之后的又一份东巴文藏语音读文献。与真言不同的是，本文献是首次还原并翻译的东巴文记音的苯教文献。

东巴文藏语音读苯教《吉祥经》作为用一种民族的文字系统记录另一种民族语言的特殊文献，从语言文字的角度来说，也极具研究价值。如文中少数东巴文实际是直借字藏文，像东巴文 ◌ 借字藏文 ◌，◌ 借自藏文，◌ 借字藏文字母 ◌ 等。又如文中用东巴 ◌ [tər³³] 记藏文 ◌ 的读音，保留了舌尖后音 [tʂ] 读为舌尖前音 [t] 的香格里拉藏语方言特点。又如用东巴文 ◌ [ʂi³³] 记藏文 ◌ 的读音，以及用东巴文 ◌ [ʂu²¹] 铁记藏文 ◌ 的读音保留舌面前音 [ɕ] 读为舌尖后音 [ʂ] 的香格里拉藏语方言特点。用东巴文 ◌ [zɿ²¹] 记录藏文 ◌ 的读音则是保留了舌面前音 [ɕ] ◌ 在有前加字时读为舌尖后音 [z] 的香格里拉藏语方言特点。

由于涉及多种宗教、语言文字和方言问题，以及语言变异、文化变迁等情况，对纳西东巴文藏语音读文献的藏文还原、翻译、研究难度极大，需要团体协作。本文所译释的内容难免错误，仍有一些句子尚未能破译。本文旨在抛砖引玉，求教于方家。

参考文献：

［1］［2］［4］［5］［6］丽江东巴文化研究所. 纳西东巴古籍译注全集（第73卷）［M］. 昆明：云南人民出版社，2000：363-376，363，373， 363-376.

［3］丽江东巴文化研究所. 纳西东巴古籍译注全集（第21卷）［M］. 昆明：云南人民出版社，2000：1-18.

［7］和志武. 纳西东巴文化［M］. 长春：吉林教育出版社，1989：45.

［8］和继全. 纳西东巴古籍藏语音读经典初探［J］. 西藏大学学报（社会科学版），2013（2）：78-82.

［9］和继全. 东巴文本教八字真言的发现及考释［J］. 中西文化交流学报，2013：89-93.

［10］和继全. 东巴文本教十五字真言"都支斯"的发现即考释［G］// 比较文字学研究（第二辑）. 重庆：西南师范大学出版社，2017：110-114.

［11］和继全. 东巴文雍中本教九字真言"阿嘎萨列"的发现及考释［G］// 藏羌彝走廊研究（第一辑）. 北京：光明日报出版社，2017：62-66.

苯教《章格经》与东巴教《多格飒》文献之比较研究[①]

仇任前[②]　洲塔

以往有关藏族与纳西族关系研究的学术成果，集中于藏族与纳西族的历史关系、宗教文化、语言和民俗几个方面。研究认为，藏族和纳西族同属古代的氐羌系民族；纳西东巴教与藏族苯教有着特别紧密的联系；纳西语和东巴文中存在许多藏语借词；纳西和藏族交错杂居地区，两个民族的民俗文化涵化现象比较普遍。其中在讨论苯教与东巴教的关系时，纳西族学者白庚胜的《藏族苯教对东巴神话的影响》[1]一文指出："'东巴'一词在纳西语中不可解释其意，而在藏语中它是'智者'之意。"另外，东巴教教祖丁巴什罗亦与苯教教祖登巴喜饶为同一人物。东巴神话中的优玛、署、休曲不仅与苯教中的威尔玛神（wer ma）、卢（klu）、金翅大鹏（bya khyung）一一对应，而且它们的形象及其神话都是传自藏族苯教及其神话的。白庚胜的另一篇文章《〈黑白战争〉与〈叶岸战争〉比较研究》[2]通过东巴经典与苯教文献的比较研究，认为《叶岸战争》与《黑白战争》在结构、战争双方及其关系性质、战争起因、战争过程、作品立意等几个方面都有惊人的对应。这种对应不应该看作是偶然的，而应该视为具有某种源流关系，即纳西族的《黑白战争》受到了藏族《叶岸战争》之影响。杨福泉在《敦煌吐蕃文书〈马匹仪轨作用的起源〉与东巴经〈献冥马〉的比较研究》[3]中提到：很多国际东方学家、藏学家已发现，藏族的本土宗教苯教与纳西族东巴教有非常密切的关系，通过研究东巴教，可以探索苯教的原始面貌。东巴经也是研究喜马拉雅周边地区受苯教影响的民间宗教的珍贵文献，因为在东巴教中，可以看到不少古老的苯教

[①]本文原载于《西藏大学学报》（社会科学版）2017年第3期。
[②]第一作者简介：仇任前，兰州大学西北少数民族研究中心博士研究生，甘肃民族师范学院讲师，主要研究方向为藏学、人类学。

文化因素。国内纳西学界通过东巴文献和已有的苯教研究成果，对东巴教和苯教关系做了不少的探讨，相比之下，藏学界对苯教和东巴教文献的比较研究较为缺乏。藏族和纳西族都有着丰富的古籍文献，这是我们开展学术研究的宝贵资源。苯教典籍和东巴文献中有许多可以比较的文本，其中，甘川地区流传的民间苯教中有关"章格"的文献和纳西东巴教中的"多格"文献之间，可以互证、互识。

民间苯教文献中的"章格"（drang rgan），有时写为"章堪"（drang mkhan），它在民间苯教的神灵体系和宗教话语中扮演着主持公道、判明是非的角色。笔者在翻阅《纳西东巴古籍译注全集》时，发现在东巴经典中也有一位判明善恶黑白的"多格神"，有时也译为"端格"或"东格"，它在东巴经典中常常与尤玛战神一起出现。 纳西学者戈阿干指出"'多格'，象形文形符表现为一猛禽——鹰隼形象。先前有人把它翻译为'雷神'，也属'护法神'或'战神'一类。"同时他认为"多格"的形象，应当是纳西东巴从苯教那儿引进的[4]。但是，他未指出"多格"具体与苯教中的哪一位神对应。白庚胜先生[5]也曾指出：多格神应当是一位苯教战神，因为多格神之名多为藏语，无法用纳西语加以解释，只是限于目前所挖掘的苯教资料有限，尚未发现与之相对应的神灵。本文是在对苯教文献和东巴教文献整理、分析的基础上，对苯教的"章格"和东巴教的"多格"两个神灵的比较研究。

一、《章格经》与《多格飒》文本概述

《甘肃宕昌藏族家藏古藏文苯教文献》收录有14篇《章格经》，《甘肃青海四川民间古藏文苯教文献》中有6篇《章格经》，基本上都是与垛仪轨有关。笔者在舟曲搜集整理民间苯教文献时，发现5篇章格文本。翻检各种抄本的《章格经》，其中以舟曲曲告纳乡莫洛村苯教师杨丹巴家保存的《章格经》（drang mkhan shen vbyed bzhugs so）别字较少，内容完整，因此本文以舟曲莫洛村发现的抄本作为主要的文献依据和阐述对象。

《纳西东巴古籍译注全集》中有关端格的文献有5篇：①《禳垛鬼仪式·迎请端格神和优麻神，捣毁术鬼寨和摧毁术鬼地，给嘎劳神洗秽气》[6]；②《请端格神·请本丹神·本丹水的出处和来历》[7]；③《驱妥罗能特鬼仪式·迎端格战神》[8]；④《驱赶抠古鬼·迎接端格神》[9]；⑤《超度吊死者迎请端格神·煮本丹神水》[10]。

在《东巴经典选译》[11]一书中收录翻译有一篇《多格飒》，标题下方，译者注为"判明善恶的多格天将"。从《纳西东巴古籍译注全集》中的5篇有关端格文献的命名，我们看到"端格"的前缀，总是用"请""迎请""迎接"等动词，再联系《章格经》，我们推测《多格飒》中的"飒"，应该是藏文文献中请神时经常用的词"嗦"（gsol，祈请、迎请）的音译。

二、《章格经》与《多格飒》的结构及内容

（一）文献开头讲述章格与多格的职能

民间苯教关于祈请神灵的文献，其开头一般是向祈请的神顶礼，并祈请神灵降临，章格的文献也基本如此，祈请章格神之后便是赞颂。在东巴文献中多格是人（或神）鬼之间的判明者。通过表1，我们可以看到两位神灵所扮演的角色及其特点。

表1 章格与多格的角色及职能

篇首	《章格经》	《多格飒》
角色与职能	善于辨明神鬼的是章格。善于辨明黑白的是章格，善于辨明敌友的是章格，善于辨明善恶的是章格，善于辨明洁污的是章格，善于辨明真伪的也是章格。	白和黑之间，有个判明者，不是太阳月亮，便不能判明。晨和夜之间，有个判明者，不是参星和商星，便不能分明。人和鬼之间，有个判明者，不是英明多栳天将呀，便不能分明。

（二）章格与多格的出处和来历

在文献开头或中间穿插讲述神的出处（skyes rgyud）和来历（grol phul）的习惯，在民间苯教文献中比较常见。有句话出现频繁，是这样讲的："叙说出处的话（功德）比玛沁邦日山高，叙述来历的话（功德）殊胜无边无际"（skyes rgyud bshad na spom ri mtho, grol phul bshad na mu məd bzang）。

章格和多格因什么而来，其系谱是怎样的？通过表2，可以得知，章格是为了调解神鬼人三者之间的矛盾而来，他的兄弟雅拉达珠，一般被尊为恰神之王（phywa rje）。所以，我们可以把章格归为恰神体系的神祇。《甘肃宕昌藏族家藏古藏文苯教文献》第十九册[12]提到360种章格，而纳西东巴经文中经常提到的多格神有360个，这种说法应该是虚指。白庚胜先生断定，"多格的这一卵生模式以及谱系显然是苯教式的，它必有所本，否则不会如此严整。"[13]。

章格文献提到"最初世间什么也没有，之后从什么也没有中产生些许混沌，混沌之中产生世间的风，再从风之中产生神鬼人三者，再加上尚姆瓦（sring mo ba）为四。神叫叶斯赤吾（ye srid vphurl bu），人叫雍仲智哇（gyung drung gru ba），鬼叫岸米拿布（ngam mi nag po）。"[14]由此，我们可以看出苯教文化中对世界的认识：世界的形成离不开"风"这一原动力。宕昌苯教文献在叙述鹰战神的起源时，有"世间六风"的提法，"从最初的空无中产生些许混沌，再从中产生世间六风，白风中产生白色的蛋，白色的蛋变化中，产生白色海螺鹰的男神，蓝风中产生蓝色的蛋，蓝色的蛋变化，产生蓝色玉鹰的扎拉神，紫色的风中产生紫

色的蛋,紫色的蛋变化,产生紫色鹰神,黄色的风中产生黄色的蛋,黄色的蛋变化,产生黄色鹰的扎拉神。"[15]文献中列举了四种不同的鹰战神是由白风、蓝风、紫风、黄风等四种风和相应的蛋产生。阿旺嘉措在讨论司巴苯教的宇宙观时参照了迭部地区的司巴苯教经典《蒿鸟祭》,其中也有"世间六风"的说法。"起初什么也没有,随后出现有,出现霜状露状潮湿,三者结合后出现埵资楚,这便是司巴六风。所谓司巴六风者,实为司巴好坏中,从中产生人神鬼,白光中出现了神(拉尼嘎波),蓝光中出现了人(孟米黑头),黑光中出现了鬼(阿米那波),人、神、鬼是这样出现的,神代表好、鬼代表坏,人则表示中。"[16]拉巴次仁先生在谈苯教有关世界起源的观点时,援引的苯教经典《斯巴卓浦》说道:"很早很早以前,南喀东单却松王拥有五种本原物质。赤杰曲巴法师从他那里把它们收集起来,放入自己的体内,然后轻声默念:'哈',由此产生了风。当风以光轮的形式飞快旋转之时就产生了火。风吹得愈猛,火烧得愈旺,热水和冷气产生了露珠。在露珠上出现了微粒,这微粒被风搅起飞来飞去,堆积成山。世界就是这样由赤杰曲巴法师创造出来的。"[17]通过这些不同的苯教文献,我们可以知晓在苯教的传统中世间万事万物最初的形成都与风这个本源的能量密不可分。

（三）讲述仪轨先例和灵验故事

举行仪轨之前,讲述以前有关这个仪轨的先例和灵验故事的传统,可以追溯到敦煌古藏文苯教文献。褚俊杰先生在解读P.T.1042苯教丧葬仪轨时指出:"讲述仪轨故事(rabs或smrang)在吐蕃人的宗教生活中占有重要地位。苯教卷子在叙述一个主要的故事涉及到某种仪轨时常常要插入一段有关这种仪轨的先例,这在苯教文献中被称作cho-rabs、rabs(仪轨故事)或smrang(仪轨述说)。吐蕃先民认为,只有讲述这种仪轨的先例(dpe-srol)之后,这种仪轨的灵验才能得到保障。这实际是一种语言崇拜。"[18]

在东巴教《多格飒》文献中,我们没有看到像苯教文献中讲述仪轨先例的描述,但是从表3中,我们看到赤贫户在丢牛后,首先选择"绳结打卦"的方法,如未见效,才祭祀祈请多格神。"绳结卦"(ju thig),是一种古老的苯教习俗,在恰辛苯四大卦术中,助世绳结卦排位第一,公认为直接源自辛饶米沃且大师本人[19]。从多格神的故事,我们发现在祈请该神之后,它主要是通过天上打雷,来惩罚那些"邪恶者",这或许也是把多格神翻译为"雷神"[20]的原因之一。同时,我们从《多格飒》"天地两兄妹,结缘做一家"的说法,可以发现纳西族早期社会遗留下的血缘兄妹婚观念。

《章格经》的故事中,在祭章格神时都是用"七种粮食"进行供奉,这与汉语语境中平常俗称的"五谷"有所不同。法国著名藏学家石泰安先生在其名著《西藏的文明》一书中讨论吐蕃人的祖先时，也曾提到："他们（吐蕃人）的先祖是观音菩萨的化身，此佛出于一片大慈大悲之心，为他们带来了'七种粮食'（青稞、小麦、大米、芝麻、豌豆、荞麦、芥菜）。这样一来，他们才在雅砻地区的索塘一带开垦了第一批农田，那些猴人才逐渐获得了人形。"[21] 用"七种粮食"供奉神祇的说法，在民间苯教文献中不胜枚举，这应该是早期农业地区的藏族先民对农业生产知识的一种总结。这或许也说明，此种宗教仪式或信仰，最初流传于从事农业的族群当中。

（四）文献结尾

通过表4，从《章格经》的结尾看到祭祀章格神的主要目的是，祈请他镇压鬼怪、抑恶扬善，使人安居乐业，并再次赞颂章格神，与开头相呼应。《多格飒》的末尾，主角由多格变为一位类似"英雄祖先"的人物，他射死牦牛和老虎，从鬼地偷来火种，为神和人带来了光明。

祈请神灵明辨洁净和污浊，将它们一一分开，是因为古人认为神和鬼、甘露和毒药、洁净和污浊混杂一起是危险的，他们希望对事物进行分类和秩序化，才是安全健康的。犹如人类学家玛丽·道格拉斯所说的："污垢从本质上讲是混乱的无序状态。污垢冒犯秩序，去除污垢并不是一项消极活动，而是重组环境的一种积极努力。"[22] 而祭祀章格神的过程，就是净化污浊，重新恢复秩序。

三、文本解析

（一）相似点之一："章格"和"多格"的职能相同

"章格"，在藏族的民间苯教中称为"斯巴章格"或"阿章格"，是世间的证人和调解人。而《蝙蝠经》[23]中记载"世间三大证人"（srid pa gzu bo rnam gsum）为蝙蝠、神石（塞多）和金头白猴。在《赛米经》中有"世间四大证人"[24]的说法，但是没有列出具体名称。因此可以将民间苯教文献《蝙蝠经》里的"世间三大证人"：蝙蝠、神石和金头白猴加上"斯巴章格"，组合为雍仲苯教《赛米经》里的"世间四大证人"。"多格"在汉译的纳西东巴文献和纳西学者的研究中有"端格""东格"等几种译法，他也是神人之间的判明者，经常与优玛以战神的形象出现，镇压鬼怪。《甘肃青海四川民间古藏文苯教文献》出现"章格畏玛"（drang rgan wer ma）的称呼[25]，由此看来在民间苯教文献中，也可以将"章格"归为战神的一类，因为他的职能经常也是惩罚做坏事的敌人，抑恶扬善，保护施主等。

（二）相似点之二："章格"和"多格"的起源与分类相同

不同版本的民间苯教文献对于章格出身的说法，有些差别。宕昌苯教文献里面"章格的祖父是白海螺山，祖母是低处的玛瑙湖，父亲是雅拉达珠（yab bla bdal drug），母亲是色尔尊赤姆（gser btsun vphrul mo），这二者结合在一起，产生参尼钦布（mtshang snyan chen po）和姆尊桑姆（mo btsun bzagn mo），这兄妹二人的父亲是仁青桑布石（rin chen bzang po rdo），母亲是齐玛尊玉（g·yu mchis sma rtsus），斯巴参尼钦布和扎曼姆尊桑姆，这二者在挖凿的岩石上相结合，产生世间章格三兄弟，即年章格，白章格，塞章格。"[26] 纳西东巴文献中"多格"的来历，是这样讲的："白海螺高山，出多格祖父；黑珍珠大海，出多格祖母。金黄色高山，出多格祖父；玉绿色大海，出多格祖母。飞骥达者聪绕呀，是多格之父；神鸟超曲呀，是多格之母。优老顶多呀，是多格之父；明哲合母呀，是多格之母。用凿打高岩，用锄挖大海，司巴吉布睡岩头，司巴吉母睡岩脚；他们俩人做变化，到了不足期的九个月零十三日的那一天，生出九个贤能的儿子，生出九个贤慧的女儿，三百六十位多格相继出世。"[27] 我们看到不管是《章格经》还是《多格飒》，它们在讲神的祖父时，都曾提到祖父出自白海螺山，祖母在藏文文献中说出自玛瑙湖，而东巴文献中说出自珍珠海。另外，两种文献都提到世间的一位男子和一位女子在岩石之上相结合，产生章格或多格，其相似的叙述结构和共同点，显而易见。

（三）相似点之三："章格"和"多格"的灵验故事相同

阅读民间苯教和东巴文献，我们从中可以管窥藏族和纳西族之间社会经济文化交流的信息。苯教文献中记载："以前，（藏族）商人在路上把白毛毡丢失了，商人之间发生口角，求助于莱坞，祭祀章格神。在祭祀章格神的那晚天降雪，商人的犏牛没有草料可吃，死在雪地上，解剖了犏牛后，从肚子里发现商队领头的白毛毡。"对于这个故事，东巴文献中是这样说的："以前，藏族马帮聪本（藏语"tshong dpon"的音译，指商队的领头）九弟兄，露宿时丢失一床白毛毡。那床白毛毡，被长角黑犏牛吞吃了。九弟兄去捉盗贼，找也找不着，走到九股道的交叉口，打开獐皮炒面袋，用净面净饭，敬献给多格。多格领受了，三天三夜天阴阴，九天九夜下大雪。长角黑犏牛，吃不到山草，枯肠枯胃饿死了，九弟兄，去宰割犏牛，从犏牛胃里，找到那床白毛毡。聪本九弟兄，个个拿藏刀，把天地间的秽鬼脏鬼镇压下去了。"其中"藏族马帮九弟兄"，是历史上曾穿梭于茶马古道上的众多商队的缩影之一，反映了藏族和纳西族之间社会经济文化交流的事实。在商业贸易当中，人与人之间不可避免地会产生一些纠纷，而章格神擅长于判明是非，解决争端，对他的崇拜可能在商人群体中较为流行。文章开头已提到纳西学者在论著中曾指出纳西东巴的多格神应当是从苯教引进来的[28]。通过上述民间苯教和纳西东巴文献的比较，可以推断纳西族的多格神很有可能源于民间苯教中的章格，并由"茶马古道"上的"马帮兄弟"从藏区带到纳西族地区，并逐渐本土化，最终融合到纳西东巴教的神灵体系之中。

结论

分析《章格经》和《多格飒》两部文献的结构、内容、故事主题、叙述风格，我们发现二者之间有着惊人的相似和相同之处。可以肯定地说，犹如东巴教的优玛（Yuoma）战神，是苯教畏玛（Werma）战神的变体，纳西族东巴教的多格神，其原型同样来自藏族苯教。苯教对东巴教的影响涉及宗教宇宙观、神灵体系、祭祀仪轨、宗教法器等多方面。国内外研究纳西学的学者，普遍认为纳西东巴教与藏族的苯教有着特别密切的关系。有学者指出："早期苯教的形成是复杂的，它的雏形是产生于青藏高原诸多部族中的原始宗教，流行于西藏、青海等广大地区的不同民族中，后来在各个民族中有了不同的发展和变异。"[29] 在中国西南地区的藏族、彝族、羌族、普米族、纳西族等藏缅语族当中流传着丰富的有关民间宗教的文本，通过开展文本之间的比较研究，不仅有助于理解西南少数民族之间文化交流互动的关系，也将有利于拓展中国西南地区的民族宗教研究的视野和方法。如同杨福泉先生的展望，"可以预料，随着洋洋大观一千多卷本的《纳西东巴古籍译注全集》的陆续问世，对藏纳两族古文献的比较研究将为藏学和纳西学展示出卓具学术魅力的前景，充满难解之谜的敦煌古藏文写本中所隐含的古奥内容也将会得到新的印证。"[30] 近年来，《彝族毕摩经典译注》[31]《中国少数民族原始宗教经籍汇编：毕摩卷》[32]《甘肃宕昌家藏古藏文苯教文献》和《甘肃青海四川民间古藏文苯教文献》的相继出版，为西南少数民族宗教古籍文献的比较研究提供了更加有利和充分的条件。

参考文献：

[1][2][5][13] 白庚胜. 白庚胜纳西学论集[G]. 北京：民族出版社，2007：129，162，162，156.

[3][30] 杨福泉. 敦煌吐蕃文书《马匹仪轨作用的起源》与东巴经《献冥马》的比较研究[J]. 民族研究，1999（1）：91-100.

[4][20][28] 戈阿干. 戈阿干纳西学论集[G]. 北京：民族出版社，2007：332，332，342.

[6] 东巴文化研究所. 纳西东巴古籍译注全集（第28卷）[M]. 昆明：云南人民出版社，2000：211-280.

[7] 东巴文化研究所. 纳西东巴古籍译注全集（第50卷）[M]. 昆明：云南人民出版社，2000：109-140.

[8] 东巴文化研究所. 纳西东巴古籍译注全集（第54卷）[M]. 昆明：云南人民出版社，

2000：345-368.

[9] 东巴文化研究所．纳西东巴古籍译注全集（第64卷）[M]．昆明：云南人民出版社，2000：203-274.

[10] 东巴文化研究所．纳西东巴古籍译注全集（第84卷）[M]．昆明：云南人民出版社，2000：137-162.

[11][14][27] 和志武．东巴经典选译[M]．昆明：云南人民出版社，1998：46-54，46，46.

[12] 洲塔，洛桑灵智多杰．甘肃宕昌藏族家藏古藏文苯教文献（第19册）[M]．兰州：甘肃文化出版社，2011：352.

[15] 洲塔，洛桑灵智多杰．甘肃宕昌藏族家藏古藏文苯教文献（第24册）[M]．兰州：甘肃文化出版社，2011：201.

[16] 阿旺嘉措，唐茜．司巴苯教的宇宙观初步探讨[J]．青藏高原论坛，2015（1）：1-3.

[17] 拉巴次仁．藏族先民的原始信仰——略谈藏族苯教文化的形成及发展[J]．西藏大学学报（社会科学版），2006（1）：76-80.

[18] 褚俊杰．吐蕃本教丧葬仪轨研究——敦煌古藏文写卷P.T.1042解读[J]．中国藏学，1989（3）：15-34.

[19] 曲杰·南喀诺布．苯教与西藏神话的起源："仲"、"德乌"、和"苯"[M]．向红笳，才让太，译．北京：中国藏学出版社，2014：319.

[21] 石泰安．西藏的文明[M]．耿昇，译．北京：中国藏学出版社，2012：32.

[22] 道格拉斯．洁净与危险[M]．黄剑波，刘博赟，卢忱，译．北京：民族出版社，2008：2.

[23] 洲塔，洛桑灵智多杰．甘肃宕昌藏族家藏古藏文苯教文献（第3册）[M]．兰州：甘肃文化出版社，2011：305.

[24] 章杰尊巴．赛米（藏文版）[M]．北京：中国藏学出版社，1991：78.

[25] 洛桑灵智多杰．甘肃青海四川民间古藏文苯教文献（第8册）[M]．兰州：甘肃文化出版社，2012：49.

[26] 洲塔，洛桑灵智多杰．甘肃宕昌藏族家藏古藏文苯教文献（第2册）[M]．兰州：甘肃文化出版社，2011：40-42.

[29] 杨福泉．论唐代吐蕃本教对东巴教的影响[J]．思想战线，2002（2）：53-57.

[31] 楚雄彝族自治州人民政府．彝族毕摩经典译注[M]．昆明：云南民族出版社，2007.

[32] 黄建明，巴莫阿依．中国少数民族原始宗教经籍汇编·毕摩卷[G]．北京：中央民族大学出版社，2009.

法藏敦煌西域文献《丧礼服制度》写本残卷考索[1]

乔辉[2]　张小涓

唐代礼图之作存世不多，文献可见者仅杨垂《丧服图》（卷数不详）、张镒《三礼图》九卷、杜佑《唐礼图》十五卷。《法藏敦煌文献》P.2967文书载有《丧礼服制度》一卷，该卷是从贞元中淮南节度使杜佑所上新制《唐礼图》十五卷中节选的，此为传世文献中唯一可见的杜佑礼图内容。姜伯勤先生《敦煌社会文书导论》之《P.2967丧礼书对〈开元礼〉的变通》[1]中曾对此件文书有过介绍，吴丽娱先生《唐礼摭遗——中古书仪研究》之《丧服制度》（I）[2]对此文书亦有说明，然此残卷依然有不少问题有待考释。笔者不揣浅陋，试结合前人的研究对《丧礼服制度》残卷再行考索。

一、《丧礼服制度》说略

法Pel.chin.2967《丧礼服制度》一卷乃杜佑《唐礼图》之残文。该卷书写体式乃"右图左书"，与传统的"左图右书"式有异。《敦煌遗书总目索引》命名此卷为"小册子，丧服图"，《法藏敦煌西域文献》则定其名为《丧礼服制度》。汉魏六朝以来，《丧服图》作大都亡佚，笔者以为杜佑《丧服图》实为唐代大历中杨垂《丧服图》（已亡佚）之后的又一重要礼图文献，对唐代丧服形制的研究有着一定的意义。

此件写本为双页对折小册子形式，前后均残。今存七页，但以单页计为十二页，共七十一行文字，每隔数行配有相应插图一到两幅，共有十七个插图。从写卷内容可以知道文字是对丧衣各部所作的制度说明，内容以《大唐开元礼》、《仪礼·丧

---

[1] 本文原载于《西藏大学学报》（社会科学版）2014年第1期。
[2] 第一作者简介：乔辉，西安科技大学人文与外国语学院讲师，博士，主要研究方向为古典文献学史。

服》及郑注为主、兼引魏晋六朝礼学家葛洪、崔灵恩、崔凯等作进行说解。这些图文使我们对唐代丧服形制可以进行全面考察。据卷首残存文字，我们可以大致看出此卷的来历以及此卷与《唐礼图》的关系：

误为古今服变广狭制，以致差谬。今见淮南节度使杜佑进上新制《唐礼图》十五卷，其有《丧礼服制度》一卷，精麄不差，轻重合宜，当穷本书理，深得其宜。故持此以匡时要。

由残序知此《丧礼服制度》乃《唐礼图》之一卷，据文书行文及残缺的文字内容，其内容非《唐礼图》原文。由"今见"、"故持此"等行文之文辞，文书的撰者当为与杜佑同时代之人。

进上《唐礼图》之人乃淮南节度使杜佑，然考之史志目录及其它文献皆无杜佑撰《唐礼图》说。《旧唐书》卷一四七《杜佑传》言杜佑出身仕宦，乃中唐政治家，撰成二百卷著作《通典》，其中礼典一百卷，可见杜佑对礼制既精通又颇为重视，实为唐代礼学家。《丧礼服制度》内容所言绖冠裳裙等服制和衣制与《通典》内容接近，故杜佑撰《唐礼图》有理。吴丽娱曾言"《唐礼图》十五卷，顾名思义即知是为礼配图之作，那么，如果是杜佑所作，则与《通典》一书应当是互补和一致的。查杜佑上《通典》在贞元十七年，则《唐礼图》之上也应在此前后，其最晚应不超过贞元十九年。由于《旧唐书·经籍志》乃五代转录开元盛时四部书，不记此书是很自然的。但是宋人欧阳修、宋祁所修之《新唐书·艺文志》也未见记载，说明此书至少五代或宋时已佚。"笔者以为其言有理，宋人聂崇义《三礼图集注》征引六家礼图总图，唯独不引杜佑《唐礼图》，原因亦在于此。《唐礼图》的撰写时间当在杜佑任淮南节度使期间，据《杜佑传》、卷一三《德宗纪》言，杜佑任淮南节度使在贞元五年末至贞元十九年之间，即789年到803年之间，《唐礼图》的撰写当在此时。

就礼图性质而言，杜佑新制《唐礼图》十五卷，其卷数和名称显示此礼图当为唐代"三礼"总图，《丧礼服制度》即为唐代《丧服图》别图，此写本《丧服图》与《三礼图集注·丧服图》"倚庐"之"唐大历年中有杨垂撰《丧服图》"并为唐代《丧服图》之重要礼图别图文献。由残序言"持此以匡时要"，可见新制《唐礼图》在当时的地位之高。法藏敦煌文献中的《唐礼图》残卷内容对研治唐代丧服制度及丧服图样有着重要的样本价值，对礼图文献有重要的史料补苴作用，实为礼学史上的一部重要礼书。

法藏敦煌文献P.2967《丧礼服制度》言新制《唐礼图》，曰"新制"实相对"旧制"而言，此处的旧制《唐礼图》当为张镒撰《三礼图》九卷。《旧唐书·张镒传》

卷七十五言"张镒，苏州人，朔方节度使齐丘之子也……交游不杂，与杨绾、崔祐甫相善。大历五年，除濠州刺史，为政清净，州事大理。乃招经术之士，讲训生徒，比去郡，升明经者四十余人。撰《三礼图》九卷。"，张镒约在770年左右撰《三礼图》，早于杜佑《唐礼图》的撰作时间，故张镒礼图在前，杜佑礼图在后。《隋志》卷三二载张镒《三礼图》九卷，聂崇义《三礼图集注》屡引张镒《三礼图》，可见唐代礼图的代表作为张镒《三礼图》，其在当时也是有一定影响力的。故杜佑之前的旧礼图即为张镒《三礼图》。从另外一个意义来说，曰"新制"意味着对旧礼图的革新，我们结合此卷具体内容来谈其"新"处。

二、《丧礼服制度》内容考索

丧服制度包括服制和衣制。服制是历来变化最多，亦最为礼家所关注的问题；中古丧服礼之变革在相当程度上也是通过服制来反映。衣制则是由丧制和服制所决定，服制轻重和丧制长短以及服丧期间祥、禫变除各节对衣制都有影响。[3]

法藏敦煌《丧服图》写卷中共涉及五服所需的绖、冠、缨武、缌、衰衣、负、中、辟领、裳等形制。我们结合相关内容对这些部分择要考索。

（一）绖（首绖、腰绖）

按《开元礼》云："苴麻首绖大九寸，左本在下，绳缨，十三月小祥，别除之，五分首绖，去一以为腰绖。大七寸二分。绞重两结相去各四寸。"（今人并无制也。）妇人绖如男子，又有绞带。按《仪礼·丧服传》郑注云："首绖象绳布冠类，以国也。"又云："苴麻大扼，扼围九寸。谓自中指至大指为扼。"此言中之制，其降杀大小乃通人之形，亦不先九寸为限。如童子当室者亦取小童中指至大指。如之……。

牡麻首绖大七寸二分，半布为绞带（杖周与不杖周绖带与三年同）。大功首绖大五寸七分，长殇及未成人皆九月，绖以绳缨。……葛洪《丧服变除》云："今之孝子，腰绳即绞带，其来久矣。"郑司农云："麻在首及在腰皆为之绖。绖，实也。"又《三礼义宗》云："男子重首，女子重腰。"绖服之法先除重义，具丧礼，此不备载之。

按：据光绪十二年氏公善堂校刊本《大唐开元礼》卷一百三十二，首段"苴麻首绖"为斩衰三年绖带之制，次段"牡麻首绖"为齐衰三年之制。勘之校刊本《开元礼》，"苴麻"后脱"绖带"二字，"绳缨"后脱"五分"二字。"十三月小祥，别除之"为齐衰三年节制，与斩衰之制不符，此乃衍文。"绞重两结相去各四寸"之"重"，《开元礼》作"垂"，据文意，"重"乃"垂"之形讹。"各"字，《仪礼·丧服》郑注、《开元礼》、《通典》皆无，"各四寸"即为"八寸"，与"四寸"相距一倍，文中注言"今人并无制"，"各四寸"说或为唐代丧服制度之例。然唐代《贞观礼》、《开元礼》及张镒《三礼图》辑佚本皆无此说，笔者以为"各四寸"

与"垂两结"相砥砺，故"各四寸"说阙疑存之。《仪礼·丧服》"苴绖杖绞带"郑注："首绖，象缁布冠之缺项。"胡培翚正义："郑以吉时缁布冠，别有缺项以固冠。"[4]"绳布冠"当为"缁布冠"，"绳"乃"缁"字形误，此乃传抄所致讹误。"以国也"，据《丧服传》胡培翚正义言，当为"以固也"。"苴麻大扼"，十三经注疏本《仪礼·丧服传》"苴绖大搹"郑注："盈手曰搹。搹，扼也。中人之扼围九寸。""扼"、"搹"、"搤"乃古今字之别。"此言中之制"当为"此言中人之制"，"中"后脱一"人"字。

"牡麻首绖"乃齐衰绖带之制，"大七寸二分"后，"半布为绞带"前，《开元礼》有"左本在上"语，此与苴麻之制"左本在下"所言相异，"上、下"之异乃"苴麻"、"牡麻"绖之形制相异之处，即：苴绖乃从额前绕项后，复至左耳上，麻尾加在麻根之上；牡麻绖乃从额前向左围向头后，麻尾藏在麻根下，麻根搭在麻尾之上。然《开元礼》"左本在上"与十三经注疏本《仪礼·丧服传》"齐衰三年"之"牡麻绖，右本在上"完全不同，据郑注及胡培翚正义言"左下为父，右上为母"为男女内外尊卑之别。据古礼言丧服之制先男后女，故齐衰之"牡麻绖"亦当男在先，为"左本在下"，《丧礼服制度》不言"左本在下"实为承前省略。故《仪礼·丧服传》、《开元礼》言失当。"未成人"，开元礼、通典、丧服图、五服图解皆不言"未"；据文辞及文意，"长殇"即17-19岁，其后当为"成人"方符合上下文意，"未成人"实则衍一"未"字。"大功首绖大五寸七分，长殇及未成人皆九月，绖以绳缨"，据《仪礼·丧服》，"绳缨"仅为"斩衰"之制，"齐衰"、"大功"、"小功"等皆为"布缨"。"腰绳即绞带"，"绞带"古代丧制斩衰服所系之带，绞麻为绳而成。《仪礼·丧服》："丧服，斩衰裳，苴绖杖、绞带。"郑玄注："绞带者，绳带也。"贾公彦疏："绳带也者，以绞麻为绳作带，故云绞带。"《礼记·奔丧》："袭绖于序东，绞带反位，拜宾成踊。"孙希旦集解："绞带，绞苴麻为之。吉时有大带，有革带，凶时有要绖，象大带，又有绞带，以象革带也。"《晋书·舆服志》："革带，古之鞶带也，谓之鞶革，文武众官牧守丞令下及驺寺皆服之。共有囊绶，则以缀於革带。""腰绳即绞带"，文献无说，然与文意相符，腰绳即腰带。"腰绳"乃俗语，此说或与唐代传统的礼学庶民化倾向有关。"腰"，十三经注疏本《仪礼》皆作"要"，"要"、"腰"古今字。残卷征引东晋葛洪《丧服变除》、梁人崔灵恩《三礼义宗》内容各一条，清人马国翰《玉函山房辑佚书》、黄奭《汉学堂丛书》、王谟《汉魏遗书钞》等引二书内容皆无此二条，故《丧礼服制度》所载葛洪、崔灵恩言实为重要辑佚之材料，可补苴清代学者所未备。由上，《丧礼服制度》内容虽较为简略，然在辑佚、校勘方面有着重要的史料价值。

（二）武、總

按《开元礼》云："斩衰之冠，正服、义服冠同六升。右缝通屈之二条绳为武。垂下为缨。所为条属於经上。"今都无无此绳缕，武之制於义乖。全童子已下当室者则免而仗之也。用妇人以六升布为總。總用束发，今无此制。今幞头或得其义耳。

按：《仪礼·丧服》："苴杖，竹也；削杖，桐也。杖各齐其心，皆下本杖者何，爵也。无爵而杖者何……童子何以不杖，不能病也。"故"全童子已下当室者则免而仗之也"之"仗"当为"杖"。《丧服》："其长殇皆九月，缨绖；其中殇七月，不缨绖。"郑玄注："绖有缨者，为其重也。自大功以上绖有缨。以一条绳屈之。小功以下绖无缨也。"《丧服》："丧服，斩衰裳，苴绖、杖、绞带，冠绳缨，营屦者。"贾公彦疏："云冠绳缨者，以六升布为冠，又屈一条绳为武，垂下为缨。"胡培翚正义："武，谓冠卷……冠以梁得名，冠圈谓之武……非若后世之帽，尽举头而蒙之也。吉冠之梁，两头皆在武上，从外向内，反屈而缝之，不见其毕。丧冠外毕，前后两头，皆在武下，自外出，反屈而缝之，见其毕。"《通典·礼六十五》"丧礼杂制"条曰："丧冠条属以别吉凶，三年之练冠亦条属，皆右缝。"杜佑注："别吉凶者，吉冠不条属也。条属者，通屈一条绳若布为武，垂下为缨，属三冠，像太古丧事略也。"《丧礼服制度》言"二条绳"与《丧服》郑注、贾疏，《通典》杜佑注所言有异，胡培翚《仪礼正义》据前人说言武乃一条绳，其两头下垂据丧礼言。武乃二条绳说，当为唐代具体丧服制度内容，此乃古礼"一条绳"说之演变。宋人聂崇义《三礼图集注》卷十六"冠绳缨"云"绳缨条属注云属犹著也。通屈一条绳为武，垂下为缨，著之于冠也"，[5] 可见，"两条绳"说当为唐礼图所专有，宋时一仍古礼"武乃一条绳"说。据文意，"今都无无此绳缕"当衍一"无"字。

"總"，《仪礼·丧服》"传曰：總，六升，长六寸"。郑注："總六升者，首饰象冠数。长六寸，谓出紒后所垂为饰也。"又《礼记·内则》郑注云："總，束发也。垂后为饰。"《释名·释首饰》："總，束发也，总而束之也"。《说文·纟部》："總，聚束也。"段注："聚束也，谓聚而缚之也。悤有散意，纟以束之。礼经之總，束发也。禹贡之總，禾束也。引申之为凡兼综之偁。"可知，"總"乃女子束发之头饰，其形乃后垂状。《丧礼服制度》"總"之形乃圆形，礼图文献无，唐制"總"图有存图之功。《丧礼服制度》言"總用束发，今无此制"表明唐代"總"制已然消失，与古礼有异。《仪礼·丧服》"女子子适人者为其父母……布總"，胡培翚正义："布總，兼子与妇言之……今案：《檀弓》：南宫縚之妻，为姑總八寸。郑注云：齐衰之總八寸余。"古礼，男、女皆著布總；唐代，该制消亡，以类似于"總"之"幞头"取而代之。据《唐会要》言，唐时幞头为男子的主要首服，明人刘绩《三礼图》卷二之"縱"言"俺,幓头也。自关以西秦晋之郊曰络头,南楚江湘之间曰帞头,自河以北赵魏之间曰幓头……覆结谓之帻巾,或谓之承露",[6]其图类似今之头巾,与《丧礼服制度》"縱"之"圆形"完全相异。可见,"縱"制在唐代已经发生根本性改变,这也是唐代丧礼制度的革新之一,明代礼图"縱"之形制或承《丧礼服制度》"幞头"说。

（三）负

负在背上,谓负板也。广一尺,下至胫,适领一寸。又云辟领一尺六寸,谓辟领一边开四寸,量之有八,别一尺六寸也。

按:《仪礼·丧服》"负,广出于适寸。适,博四寸,出于衰。"郑玄注:"负,在背上者也。适,辟领也。负出于辟领外旁一寸。"贾疏:"以一方布置于背上,上畔缝著领,下畔垂放之,以在背上,故得负名。"胡培翚正义:"负出于辟领外旁一寸者,据下辟领并阔中,總尺六寸,负之,两旁各出辟领一寸,则尺八寸也,此言其广也。"《大唐开元礼》卷一百三十二言"负在背者,适,辟领也。负出于辟领外旁一寸"。由上,负乃丧服背上的一块方布。上端缝在领上,下端垂放,因在背上,所以称为负。然《丧礼服制度》言"负"乃"在背上"、"下至胫",则"负"之形制由背上至胫部,并非固定在背上。此说与古礼所言有异,当为"负"之形制之延伸。《武威汉简》之"丙本《丧服》"言"负广出于适,寸适,博四寸,出于（衰）,衰长四寸,博六寸,衣带下尺衽二（尺有五寸）",[7]《仪礼·丧服》"衽二尺有五寸"郑注:"衽所以掩裳际。"故"负"之下限亦在"裳"之两旁,非"下至胫"。可见,唐代《丧服图》之"负"图与汉制有异。朱熹《仪礼经传通解》续卷第十六《仪礼丧服图式》言"负,亦名负板。用布方一尺□□□六寸,缀於背上,领下垂之"。朱氏所言"缀於背上"与唐代图式大致无二,可见汉、唐、宋三个时期的礼图样式的些微差异体现了礼图的变化。

"适领一寸"后,"又云辟领一尺六寸"前,《开元礼》作"辟领广四寸,则与辟中八寸两之为尺有六寸",此可补苴"辟领"之广制。据郑注《丧服》"适,辟领也",故"适领一寸"当有脱文,无"适领"一说。

三、结语

法藏《丧礼服制度》是敦煌卷子中所见关于唐代丧衣制相对规范和完整的著作。此卷与《通典》和《开元礼》相比,图文并茂,解说更加直观形象,较之杨垂《丧服图》,该卷相对完整。就某种意义来说,此《丧礼服制度》为唐中期以后丧衣服制礼式的代表。尽管《丧礼服制度》因传抄乃致文字有部分讹误,其作为目前仅存的唐代《丧服图》的样本价值凸显无疑,宋代、明代《丧服图》或因袭其说,或变更其说。

《丧服图》内容出自杜佑《唐礼图》，就其中的革新内容来看，《唐礼图》当有不少与前代礼图之作相异之处。这种创新，首先体现在其礼图的命名上：《唐礼图》的命名是以朝代取名，言外之意这是唐代专有的礼图，这也是不同于以往礼图的一大创新，是礼书的一大创造。其次体现在礼图的内容方面：《丧礼服制度》残卷中的"经"、"中"、"武"、"總"、"负"等制与古礼有异，宋明礼图图式与此残卷图式亦有不同，这足以说明其礼图内容、图式均是有唐一代所特有的。吴丽娱先生以为《丧礼服制度》残卷是以唐朝朝廷礼制为核心，辅以吉、宾、军、嘉、凶五礼，给予了本朝特有礼制的一部著作。我们以为其说有大而化之之嫌，《唐礼图》当是一部依托于公礼而又寄情于私礼的一部"庶民化""社会化""人情交际化"的礼图专著。之所以这样说，原因就在于唐代重视礼学发展以及"礼学下移"的"全民化"倾向所呈现出的不盲从守旧、勇于革新、与时俱进的精神。随着《贞观礼》、《显庆礼》、《开元礼》、《开元后礼》、《曲台新礼》、《元和新定书仪》等的修订，丧服制度作为五礼之"凶礼"的核心内容亦发生了不同寻常的变化，形成了丧服制度史上的一个发展高峰。然相关的礼图著作却寥寥不多，特别是存世的丧礼服图的著作更是罕见，这一现象颇让人费解。日本学者副岛一郎在《从"礼乐"到"仁义"——中唐儒学的演变趋向》中曾言"虽说唐初承续着六朝礼学的传统，但它也随即急速地衰废。那么，六朝以来的丧服学如此急剧衰退，其原因何在？我想其原因之一是唐朝制定贞观礼等而改变了古礼，尤其是增改了丧服。"[8]这一说法有一定道理，但还需进一步考察。

参考文献：

[1] 姜伯勤．敦煌社会文书导论[M]．台湾：新文丰出版公司，1992：22-24．

[2] 吴丽娱．唐礼摭遗——中古书仪研究[M]．北京：商务印书馆，2002：417-433，443-449．

[3] 丁凌华．中国丧服制度史[M]．上海：上海人民出版社，2000：16-19．

[4]〔清〕胡培翚．仪礼正义[M]．北京：商务印书馆，1937：3．

[5]〔宋〕聂崇义．三礼图集注[M]．上海：上海古籍出版社，1989：219．

[6]〔明〕刘绩．三礼图[M]．上海：上海古籍出版社，1989：332．

[7] 甘肃省博物馆、中国科学院考古研究所．武威汉简[M]．北京：文物出版社，1964：135．

[8]〔日〕副岛一郎．从"礼乐"到"仁义"——中唐儒学的演变趋向[J]．学术月刊，1999（2）．

元明时期藏族史学中的文献目录学与档案管理意识[①]

孙林[②]

一、藏族文献目录学传统的形成

目录学是一种知识的分类学，主要是将已经成文字的著作、文献（包括手写书卷）进行分类与登记，方便管理与使用。从史学史的角度说，目录学是我们评判一个民族或地区的史学所具有的学术价值观和学术科学思维水平的一个凭据。因为任何民族的文化在其产生和发展过程中都离不开小到语言上的对于具体客观事务和非具体事务的概念方面的术语性的分类、大到对于整体事务的归纳、概括、定性等等，这可以充分反映人类的逻辑思维能力。分类本来就是人类认识自然、认识社会的一种高级思维活动，就人类的逻辑思维发展史来看，全人类的逻辑思维都是共同一致的，但由于人类存在语言上的差异，因而在对于外在事务的认识过程中形成不同的知识体系。虽然全人类的知识体系有着总体的共同一致性，但不可否认，语言差异所导致的知识分类的不同在各民族之间是普遍存在的，人类文化上的区别也是由此而出。因此，我们可以说，对于任何民族的文化的认识完全可以从研究该民族的知识分类学入手，这不仅在逻辑研究中是一个重要的手段，在其他学科的研究中也同样如此。目录学严格说是拥有文字的民族关于其文字记载的文献的分类学，从目录学中我们不仅可以认识到一个拥有文字的民族有着怎样的科学思维和态度，而且也可以认识该民族的学术发展状况。所以，目录学并不简单就是一般人所理解的属于文献的管理的"小学"，而是有着深厚文化积淀的可以"以小见大"的学科。

在古代，目录学一般产生于一些档案部门、图书部门的历史学家、文献记录和

[①]本文原载于《西藏大学学报》（社会科学版）2005年第3期。
[②]作者简介：孙林，西藏民族大学教授，博士，主要研究方向为文献学。

管理人员之手，古代许多国家和地区都具有其独具特色的目录学传统，比如古代中国，早在周代就已经建立了一整套文献分类和管理的体系，各种文书与甲骨文都有不同的分类与管理办法。

在西藏，目录分类工作早在吐蕃王朝时期就已经产生，并形成自己的特色。这个特色就是，由于吐蕃王朝时期宗教文献数量居多，因此吐蕃的文献目录学主要集中于对佛教文献的认识、分类和管理。从这以后，藏族传统目录学的基本面貌就大致定型。据历史记载，在公元8世纪，吐蕃赞普赤德松赞在位时，让译经师完德贝则热支达和却吉宁波完德贝吉伦布等人将存于旁塘噶麦佛殿的佛经按照8个音阶为1颂、300颂为一卷的方式计算，准确地登录了旁塘保存的佛教经典章节篇目，是为吐蕃第一部目录著作《旁塘目录》[1] 此后，类似的目录著作又有贝则和昆·鲁易旺松波编订的《丹噶目录》、完德贝则对清浦宫的经典进行清点编成《清浦目录》。总的看，吐蕃时期是吐蕃的目录学形成时期，当时在官方的支持下主要是对佛教经典进行编目，由于佛教自身在长期的发展中早已有自己的一套著作分类体系，主要以经、律、论为核心，依照教派、传承对其著作进行分类和编目。因而吐蕃时期的目录学在建立之初基本有一个现成的体系做参照，所以一开始就比较完备。不过，藏族的目录学的真正发展是在元朝及其以后的时期。

元朝统一中国后，西藏社会稳定，经济文化都呈现新的面貌。宗教在这个时期也获得发展。当时，随着藏传佛教发展的需要，西藏的一些高僧学者开始对各地所藏文献进行总体的分类登记。1312年，元朝仁宗皇帝迎请纳塘寺的格西嘉木噶拔希为上师，嘉木噶拔希又请自己的老师觉丹热智出山，组织一批有名学者对西藏各地能找到的大藏经原本进行搜集校订，编制了《大藏经目录论典广说》和该目录的简本《甘珠尔目录太阳之光》。此后，蔡巴·贡嘎多吉任蔡巴万户长时，组织人精心抄写了一套完整的甘珠尔，有260函，请著名的布敦大师进行校订，蔡巴本人则编成《新造佛说甘珠尔之目录——白册》。元以后，明清两代以及西藏地方统治者对于佛教的文献典籍和目录学比较重视，多次刊刻或组织人力抄写大藏经。在1410年明朝初期，明皇帝派太监侯景到藏区纳塘迎请了一部甘珠尔，在南京以此为底本刻印了南京版的大藏经，并有相应底目录配套，1431年，江孜第悉热丹贡桑帕巴以纳塘本为底本，写抄一套金汁本甘珠尔，该套大藏经底目录由大译师投杰贝编制。1594年（万历二十二年），在明中央的支持下，在北京将大藏经甘珠尔完整地刊刻出来，同时还刊刻了42函的丹珠尔，请噶玛巴六世红帽系活佛却吉旺秋校订。随后却吉旺秋又在丽江土司的邀请下，研究了几种甘珠尔的版本后，选定以琼结秦达瓦孜的甘珠尔为底本，为丽江土司刻印了一部甘珠尔（共108函）并编制了目录

《丽江土司所造存于理塘大寺的佛说甘珠尔目录》（1614年完成）。元明以后，西藏的文献目录学的继续发展基本仍然沿着这样的传统的既定轨道运行着，并到清朝中期逐渐完备，出现一些藏书量巨大的寺院的藏书目录和上师全集目录。

二、藏文文献目录学的传统分类方法

根据著名藏族学者东嘎·洛桑赤列的研究[2]，再结合我们对于藏文传统文献学的认识，我们认为藏文古籍目录学的传统分类法大致是薄融口下的原则：

①大类划分按照传统的甘珠尔与丹珠尔进行。

②中类划分按照经、律、论、密宗八部和大五明、小五明的学科进行。

③小类划分按照一些高僧大德的著作门类进行，一般以史传和全集形式出现。

大类划分，根据布敦大师、蔡巴大师等人的做法，基本是沿袭了来自佛教的传统方式，将宗教典籍归为不同的类别，一般佛教文献的传统划分是依据经、律、论三部进行的，在这个基础上，西藏发展出佛教两大文献结集，即甘珠尔和丹珠尔。甘珠尔本意为"佛语部"，主要收录佛教经典，即经和律两种。由于在西藏，各教派都修习显宗和密宗，因此就有显、密宗不同的经、律，甘珠尔中收录的这些文献这两种都有，在编排上大致将二宗分编，具体就是根据佛教文献的传统分类法，将经、律具体分出7类：戒律、般若、华严、宝积、经集、涅槃、密宗。其中密宗又按照密宗自己的文献传统分出胜乐、时轮、大轮、瑜伽、行部等等门类。丹珠尔意为"论部"，主要收录有关历代佛教高僧大德对于佛教经律典著（即佛语或佛陀的教诲）的注释、阐述、立论以及相应的宗教实践方式如仪轨、赞颂、咒语等等文献。在具体分类上，由于丹珠尔收录的文献彼此差异比较大，所以又将一些文献按照五种学科来划分，这就是大五明：内明、因明、声明、工巧明、医方明。另外对于与声明、医方明等相关的学科又划出五种类别，即小五明：修辞学、辞藻学、韵律学、戏剧学、星象学。无法归入甘珠尔和丹珠尔的一些著作，如历史著作，就单独作为一类。拉卜楞寺的藏书目录基本就是按照这种方式分类。在后来，一些学者对于传统的藏文图书分类进行专门研究，也提出了不同的分类体系，见表1。

表1　藏文文献目录学的分类方法

拉卜楞寺藏书总目录分类	喜饶嘉错活佛的图书分类	东嘎·洛桑赤列依据传统分类提出的改进分类法	
甘珠尔	历史和传记类	甘珠尔	抄本和印本
丹珠尔	菩提道次第修心	丹珠尔	抄本和印本
医方明	中观	内明	声明学四大著述之注释藏汉文对照文法

拉卜楞寺藏书总目录分类	喜饶嘉错活佛的图书分类	东嘎·洛桑赤列依据传统分类提出的改进分类法	
声明、两文对照	现观庄严论	工巧明	尺度经熏香配方工巧明各种
韵律学	俱舍论	医方明	续部及注释药书译注产科零散著作
工艺学	律经	诗歌	正文和注释例句公文书信
星象学	释量论	辞藻学	正文和注释零散
汉历	宗派	韵律学	正文和注释例句
诗歌	密集	戏剧学	剧本音乐论著元音字母
书信	阎摩敌	星象学	历算类译著各种零散图样
辞藻学	胜乐	历史类	王统记传记佛教源流法嗣世系寺庙志护照
戏剧学	时轮	目录	总目录印刷厂目录图书目录
文法	大轮	性相学	释量论现观庄严论中观俱舍论律经
佛教源流史	喜金刚	教派	
传记	各种	菩提道次第修心	菩提道次第修心阅读指导
全集	修行轮	新密咒	续部注释修行轮讲义手册
性相	声明	旧密咒	续部注释修行轮讲义手册
律经	藏文	全集	各种教派分开和不分开
俱舍论	诗歌	各种零散著作	各种不全类之汇集
中观	辞藻学		
现观庄严论	工艺学		
释量论	韵律学		
菩提道次第修心	戏剧学		
密咒	星象学		
密集	医方明		
阎摩敌	全集		
胜乐			
时轮			
大轮			
黑忿怒金刚			
瑜伽部			
行部事部			
灌顶及随许			
手册			
旧译			

按照传统的习惯，上表的分类的排列是有一些讲究的，东嘎·洛桑赤列教授对此的解释是：甘珠尔的排列次序与佛陀讲经的次序相符，即初转四谛法轮，二转无性相法轮，三转分别法轮，然后对于少数有根器的弟子讲密宗的教法，其次序是以说法对象的资质为依据。在排列丹珠尔时，次序与此不同，是按照论著的内容在佛法中的地位的高低为序，首先是颂词，然后是密宗类四续部、现观、经部、唯识、律、本生、书信、因明、声明、辞藻学、诗歌、医方明、工巧明、宗教故事、藏地著作、祈愿等。喜饶嘉错大师的目录将历史传记放在最前面，这是因为他认为了解先辈佛陀、菩萨、贤哲、君臣们的历史，以他们为榜样，能使人建立争取自己一生远大前途的决心。然后是道次和修心，这是因为在闻思广大经典方面显得智力低下的人们阅读这些后，能懂得调伏自己的心性。然后是五部大论和密续经典，这是因为他认为智慧广大而具备条件的人们主要应该学习大乘和小乘的共同的中观和大乘独有的般若、指引小乘之道的俱舍论、大小乘二者的根本戒律、作为佛教经典入门的释量论、摄集这些教义的教派理论、讲解大乘深意的密宗等。而印度和藏语的声明学、小五明等，能附带学习则更好，如不能学，对于决心修法者也不能算是缺陷。[3]

在这几个分类中，我们可以看到传统的分法对于历史类著作的划分相对比较简单，多仅有传记和教法史两种。只有东嘎教授在研究了传统的历史著作的体裁后，提出了7个类别。总体上说，传统的文献目录分类主要考虑宗教的因素，所以有关宗教的文献分类比较细致，非宗教文献则基本粗略划分，不作更深入的研究。但这并不是说藏族传统学术史中就没有著述体裁的"规则"或标准。事实上，有关藏文历史著作的体裁分类，我们通过东嘎教授的研究以及他所提供的体系，再结合一些我们所见到的文献的书名，同时比较各种藏文著述，发现传统上也有习惯的称谓，比如我们经常可以见到的一些书名就冠以王统记（rgyal-rabs）、传记（rnalrtl-thar）、佛教源流（chos-vbyung）、宗义书（grub-mthav）、法嗣（gdan-rabs）、世系（gdung-rabs）、寺庙志（dkar-yig）、护照（lain-yig）、地理志（gnas-yig）、史册（deb-ther）、编年史（lo-rgyus）、年表（revu-mig）、名录（ming-grang）等叫法或著作性的名词术语。这些名词有的是约定俗成地作为著作的书名而渐渐成为人们都知道的一种著作类别，以年表（revu-mig）为例，其藏文意思本是"山羊的眼睛"，引申为"格子"，这个名称如果单从字意是很难想象它与历史著作的表格之间有联系，由于藏文图书的表格常常是简单的双格形式，因而人们用该词来形象地称谓各种历史年表。再比如护照（也被翻译为"路引"）原本是指行路指南书，它主要是为宗教徒朝圣用，有点象今天的旅行手册，具有很强的实用性，后来一些介绍宗教胜迹的著作也常常冠以这个名称。藏文史书中有的体裁还受到外民族的影响，比如史册，藏语的 deb-ther 据考证此词来自波斯语 data 意为文件、书本、记录。王尧等学者认为该词可能在元朝时由蒙古传入，因为蒙语中常有此词出现，对应的汉文音译是"迭卜贴儿"，象藏族史书《红史》蒙古文献就将之称为"忽兰迭卜贴儿"（"忽兰"蒙语意为"红色"）《青史》蒙语叫"阔阔迭卜贴儿"。史册在具体著述中可以以王统记为主，兼述教法史，如《红史》，也可以与教法史为主兼论王统史，如《青史》这种体裁并没有严格的限制。一般在综合述及王统、教法、教派和一些家族世系等，作者往往会冠以这个书名。

三、藏文文献的图书编目与管理

在藏文文献目录学的实际应用方面，通常由于寺院是藏文文献主要的收藏的场所，所以寺院藏书、编制目录以及对文献的管理是西藏传统目录学的主体。在长期的实践中，藏族学者积累了不少经验，并且形成了一些操作规范。比如，对于图书的顺序编排多依照藏文字母进行。字母的使用一般主要体现在学科分支、各分支的类型以及具体的书目顺序上。在具体操作上每个图书馆都不尽相同。共同的仅是字母编排的主要顺序是先用 30 个辅音字母即 ka、kha、ga、ang、da、ta、tha、na 等，然后是这 30 个分别加上元音（主要是 i、u、e、o）符号的字母，共有 120 个，再加上前面的单纯辅音字母，总计 150 个。这些基本够用。比如上表中拉卜楞寺的编目法，《拔协》一书可以做如此编排：第 13 种"na 类 ga 册。"这种编排法在管理上有它的好处，因为每个寺院或私人的图书馆都有自己一套编排体系，外来人员在借阅藏书时，对于这些字母所代表的分类不清楚，必须由管理人员来协助，由此可以避免图书的丢失。另外，管理人员对于藏文文献一书多名的情况要了解。一书多名是来自印度的著述传统，并在西藏成为普遍的现象。主要原由是印度以及西藏的学者们有一个长期约定俗成的传统或习惯，即完成一部著作后，要为之取一个既能体现本书内容、性质、类别又具有吉祥意义的书名，因而这种书名往往很长。由于一般人甚至包括许多学者都很难记住这些长书名，所以人们会给这些书再起一个短的简化书名，比如《纳塘版丹珠尔目录》的全名是：《佛说宝贝教语三界庄严神幻大乘之目录——记录奇幻大海之钥匙》，人们常常将之简称为《甘珠尔宝贝教语目录》或《纳塘版丹珠尔目录》。《贤者喜宴》的全称是《显明诸转正数法轮者的来历——贤者喜宴》，一般简称为《贤者喜宴》或《洛扎教法史》。简化书名一般是由外人所起，所以并不规范，常常会有针对同一本书的不司叫法。目录登记中还需要熟悉学者们的一人多名的情况。藏族学者大多有数个名称，一般有俗名与法名，还有笔名和专用的笔名以及秘密名。比如五世达赖法名为洛桑嘉错，他在自己的大部分作品的跋语中还自称"萨霍尔族所出说法僧阿旺·洛桑嘉错"，但当他撰写佛教旧密乘大圆满和本尊作品时，又使用与该宗派教语相符合的专用笔名"萨霍尔班第·岗夏让卓"，在自己的密传中，他又用了"萨霍尔所出多闻班第斯伦协巴杂"这个秘密名字。在学习声明后，老师还会为学生起笔名，五世达赖的通用笔名是"仓色·协贝多杰"，主要在诗歌创作和为高僧大德的传记写作使用。[4] 实际的操作过程中，传统的目录学在提要、版本（包括底本、译本、抄本、印本）、图书大小（卷、函、页、章节数）等方面都有考虑，拥有完整的目录，包括管理目录（即图书总目录）和使用目录（即查找目录和相对应的安置于具体图书上的标签）。另外，在图书的保管方面，传统做法一般是重要的或珍贵的书籍（尤其是好的抄本）都使用上好的木质书夹，将书上下平整的夹住，再用夹板腰带系好，最后用丝绸或质量上好的棉布包裹好。丝绸包书的方式可用于一部书，也可用于多部著作，这一般是根据页数来决定。据研究，包书这种存书的方式来自印度，但在西藏经过长期实践，也有了自己的一套通行方式。在藏文献目录学中，一般包书与经函是一样的类别，按照页数多少分三种：大包中的书页有500-700页（有一部或多部著作）；中包的书页有300-400页左右；小包在150-200页左右，100页以下的不能单独打包，既便是单独的著作，也被视为与章节相同的类型，必须与其他类似的著作或"章节"一起打包。对于包的管理，根据东嘎教授的研究，是比较细密的，一个包的标签差不多要有7种符号：章节符号、经函字母符号、横楣顺序符号、纸页符号、边框符号、书夹腰带符号、包书布的符号。

　　值得我们注意的是，在藏文正规的书名中，从一些关键词可以反映本书的分类和所属情况，比如《纳塘版丹珠尔目录》的全称书名，如上所列，在这个书名中，有几个关键词汇：宝贝教语、目录、奇幻大海、钥匙。这几个词实际已经点出本书的性质和所属类别。宝贝教语是指佛陀的教义，即佛教三藏中的经、律，也即"丹珠尔"的代名词。目录自然指本书的性质为丹珠尔书目的汇编。奇幻大海是指书籍或知识，因为书籍是知识海洋的汇聚处。钥匙一词点明本目录的功用，同时又表明本书的重要性，在历史上，藏族学者曾经受中原文献学传统的影响，在书名上有一些约定俗成的通行术语，比如将一本历史书取名为"……宝镜（明镜）"，这类书在性质上便属于概览、简写本、纲要一类的著作，如历史著作《智者喜乐瞻部洲明鉴》（即《汉藏史集》）、《王统世系明鉴》（《西藏王统记》）《善逝宗教源流晶镜史》（《土观宗教源流》）等等。[5]

　　另外，据东嘎教授的研究，藏文目录学还有一个传统，即在登录全集目录时会按照佛教各教派分类，而且这种分类也适用于教法源流史撰写中的分类和全书的编排顺序。一般所遵循的传统习惯是依照教派产生的顺序进行：首先是密宗上下两部分的伏藏；然后是噶当派三部传承；然后是萨迦派的俄尔、贡、宗三个支派；然后是噶举派的四大支、八小支；然后是格鲁派，按照卫、藏、阿里、安多、蒙古地区的顺序。

　　总的来看，藏族传统文献目录学在元明时期形成规模，在对学科、知识的分类上有自己独特的原则和规范。就历史学这个方面来说，历史著作总体上在其文献分类中被归为两大类：即教法源流和传记，但实际上王统史有时也被视为一大类。除此而外，在具体的实践中，历史著作还具有一些约定俗成的名称，形成习惯上的体裁类别，如我们上面说到的史册、编年史、世系、法嗣、寺庙志、地理志、护照、年表、名录等。这些体裁有的虽然在传统的目录学大的分类中没有被开列出来，但实际上在许多藏书处它们也都被看作历史著作的体裁，被归于历史传记一类。藏文献传统目录学比较重视实践，在实际的操作中有其科学、合理的地方，但也存在不足之处，即各藏书处（寺院、官方图书馆、私人图书馆等）基本是各用自己的一套规则，彼此不大交流，更没有人从学术的角度进行总体的理论研究。当然，缺乏理论总结同时也是藏族传统学术史上一个普遍存在的现象，也就是说，藏族文化在数千年的发展中，形成多种学科，有不少学科如医药学、星算学、因明学、声明学等等都有长期的理论研究体系，但也有不少传统的学科几乎没有人进行总体的理论性的研究和总结。文献目录学就属于这种仅侧重于对文献的管理上，而没有系统的理论总结。在西藏和平解放以前，几乎没有人意识到这个问题，后来喜饶嘉错进行过一些研究，但不够系统，在80年代，经藏族学者东嘎·洛桑赤列多年探索，终于从理论上全面阐述了这个传统的知识门类的一些规范和原则，弥补了这方面的空白，为以后进一步展开研究打下基础。东嘎教授的目录学分类法总体上是对传统分类的总结，而且在各学科门类之下的一些分支科目的安排上显得相当合理。在他所提出的学科分类表中，我们不仅可以了解传统的学科分类情况，而且还能从这种分类中了解藏民族传统科学的整体状况，比如工艺学门类，我们从上表中就能知道除了绘画上已经具有的理论著作《尺度经》（又译为《度量经》）外，还有一些工艺类著作如《熏香》以及有关各类工艺技术的"配方"等。戏剧学门类中我们也能看到既有戏剧学必不可少的"剧本"这种文献的存在，还有与戏剧有关的音乐论著和语言学的理论著作。

参考文献：

[1] 东嘎·洛桑赤列. 藏文文献目录学（上）[J]. 西藏研究. 1987（4）：123.
[2][3][4][5] 东嘎·洛桑赤列. 藏文文献目录学（中）[J]. 西藏研究. 1988（2）：113-125，117-18，120，124.

藏文大藏经的翻译传播与藏文文献目录学的发展[①]

王黎[②] 刘虹

藏文大藏经在翻译和传播过程中，对藏文目录学的形成、发展和成熟起到了巨大的推动作用。本文对藏文大藏经的形成及其对藏文目录学发展所起的催化作用以及造成这种现象的原因进行了分析。

一、藏文大藏经概述

佛教源于印度，公元前3世纪印度佛教开始向外传播，一向南传至斯里兰卡，形成了巴利语系的大藏经；二向北传至西域各国经古丝绸之路传入我国汉地，公元7世纪传入我国西藏。松赞干布时期创制藏文，开始了佛典的藏译活动。自此，藏文《大藏经》与汉文《大藏经》、巴利语《大藏经》流传于世界，自成体系。

藏文《大藏经》，是译成藏文的佛经典籍和佛经论著总集，分为《甘珠尔》《丹珠尔》两部分。《甘珠尔》称为"正藏"，是翻译佛语的译文，即为佛祖释迦牟尼语录译文；《丹珠尔》称为"续藏"，是对佛经注疏和论著的译文，即佛教徒和佛学大师所作论述及注疏的译文，包括经律的阐释、密宗仪轨以及五明杂著等。自松赞干布时起，经历代高僧的翻译、校正、整理、精心甄别至14世纪最终完成，其内容丰富、结构严谨。其中收录的佛经典籍大部分是8、9、11、13世纪时直接从梵文翻译的，弥补了不少汉文大藏经中没有的内容，因此倍受国内外学术界的重视，对研究藏传佛教、藏族语言、文学、艺术、天文、历算、医药、建筑等具有十分重要的价值。[1]

[①]本文原载于《西藏大学学报》（社会科学版）2014年第2期。
[②]第一作者简介：王黎，四川乐山师范学院人事处，研究员，主要研究方向为文献学。

二、藏文大藏经的翻译传播对藏文目录学发展的影响

（一）吐蕃藏文佛经典籍和佛教著述的翻译促使藏文三大佛经目录形成

7世纪，松赞干布派心腹大臣吞弥·桑布扎前往印度学习文字。吞弥·桑布扎到印度后，广拜名师，学习梵文、声明学，同时学习佛教经典，游学7年整，大增学识，学成归来，并带回大乘佛典。吞弥·桑布扎一回到吐蕃，在松赞干布委托下开始创制藏文。吞弥·桑布扎以梵文为参照并结合藏语的实际情况，潜心研究，创造性建立了完备的藏文字体系，使藏文翻译佛典成为了可能。

吞弥·桑布扎创制藏文不久，就和自己的弟子以及汉族僧人大天寿和尚等一起，翻译了《宝云经》《宝箧经》《月灯》等部分佛经，开创了用藏文翻译佛经典籍的先河。这时期藏文佛典的翻译主要着眼于推行和传播藏文字，其翻译文体还未确立，因此译本存在词不达意、质量不高的现象。因此藏学学者普遍认为松赞干布时期的佛典翻译无论是影响还是规模都不是很大。

公元8世纪初，赤德祖赞继位，重新与唐朝联姻，迎娶金城公主进藏，并派大臣到唐朝去求取佛典，唐朝皇帝赠予千部金粉书写的经典。种种史料表明，赤德祖赞时期，吐蕃王室重新开始崇尚佛教，并翻译了一部分佛经。然而，王室态度的转变引起了当地苯教徒的警觉，并予以抵制，致使佛典翻译事业受阻。[2]

8世纪中叶，赤松德赞继位，大力弘扬佛教，采取了翦除反佛大臣，派大臣到长安取佛经，迎请汉僧，从印度迎请大佛学家静命和莲花生大师，建立藏传佛教第一座寺庙——桑耶寺等措施。桑耶寺的创建、藏僧的出现，标志着藏传佛教在西藏的建立，同时也打开了吐蕃大规模传播佛教的局面。佛经的翻译事业从此得以迅速发展，迎来了兴盛期。为了更好地传播佛教，发展藏传佛教，赤松德赞在桑耶寺开设了专门从事佛经翻译的译经院；为确保佛经翻译质量，制定了整套严密细致的译师选拔制度，对翻译程序和规则进行了进一步的规范，并从人、财、物、政策等各个方面予以扶持。由于王室对翻译事业的支持，一时间整个佛教典籍不论大小乘教显密宗、禅教尽量吸收，兼收并蓄，盛极一时。根据《丹噶目录》记载，所收经论约有700余种。这时期藏译佛典因其大部分印度原本已失传而显得弥足珍贵，具有很高的历史价值。

8世纪末，赤德松赞为提升藏传佛教的地位，鼓励大量译经，推广佛教成果，召集印度、克什米尔、藏区等各地的译师对译经进行了全面的汇集、审定和编纂，并对诸多译语进行统一和规范。

佛经典籍的大规模翻译、整理，为藏文目录学体系的形成创造了条件。公元9世纪，赤德松赞搜集整理并统一了山南地区佛典，对前译经论进行了校改，编订成

函并规定其经文的数量、篇幅及规模,命译师将存放于旁塘宫的佛经按一颂为八个音节,一卷为三百颂分函造册,辑成了藏文佛经典籍的第一部目录《旁塘目录》。此后,译师完德贝则、昆·鲁易旺波松等人把存放于东塘丹噶宫的佛经和论著译成藏文,并经校勘、订正制成《丹噶目录》。之后完德贝则又将存放于青浦宫的所有佛经、论著编辑成《青浦目录》,至此,藏文佛经文献的三大目录产生。旁塘、丹噶、青浦三大目录基本上包含了藏文早期的佛经文献。这些佛典目录成为指导阅读藏文早期的佛经文献、检索佛典的重要工具。

(二)元朝藏文《大藏经》的翻译、编撰、分类、整理促使藏文文献目录学的发展

公元 9 世纪中叶,朗达玛灭佛,佛教在吐蕃遭到毁灭性打击,佛教典籍也遭空前浩劫。公元 10 世纪,藏传佛教"后弘期"到来,阿里、安多等地率先举起复兴藏传佛教的大旗,西藏各地相继出现了宁玛、萨迦、噶当、噶举等教派。各大教派在佛教经典的翻译、阐释、注疏工作中培育了一批学识渊博的佛学和译经大师。他们新译了大量未翻译过的佛教典籍,并对吐蕃时期翻译的经论进行了校订改正。[3]

据《布顿佛教史》记载,这一时期藏地出现了 198 位著名的大译师,仅从印度来的高僧就有 70 多位,佛经典籍翻译总量高达 2000 多种。佛经典籍大规模翻译和系统的分类整理,为藏文目录学形成创造了条件。随着藏文大藏经分类编目、藏文大藏经目录的编制,藏文文献目录学得到迅速的发展。先后出现了《纳塘大藏经目录》《布顿大藏经目录》(录《宗教源流宝藏》末尾)《夏鲁丹珠尔目录》《蔡巴甘珠尔目录》《乃东丹珠尔目录》。

藏文大藏经的第一次集结是元仁宗时期。1312 年,纳塘寺格西嘉木噶拔希邀请上师觉丹热智,与译师索南沃赛等人一起将西藏各地凡能找到的经、律、密咒佛经原本进行搜集和分类编排,并进行了认真的校对,由觉丹热智编写大藏经目录——《论典广说》、甘珠尔目录——《太阳之光》(目录简说)。其学生洛色绛曲益希也编辑了简要目录《甘珠尔》、《丹珠尔》。后按格西嘉木噶拔希要求,以现已编成的目录为准编成了一套完整的大藏经,与原本一起存放在纳塘寺,这样第一部完整的藏文《大藏经》写本产生。因其是在纳塘寺编制,所以又叫纳塘版《大藏经》。以后各种版本的藏文《大藏经》均在旧纳塘版基础上形成,因此,纳塘版《大藏经》的编制意义重大。

在纳塘版《大藏经》的基础上相继出现了以下几种藏文大藏经及其目录手抄本。1322 年夏鲁派创始人布顿·仁钦大师著《佛教史大宝藏论》一书,并在该书尾部编写了藏文大藏经"甘珠尔"、"丹珠尔"总目,这是藏族历史上第一次将大

藏经分为《甘珠尔》和《丹珠尔》。

从此藏文大藏经的内容基本定型，对后世藏文《大藏经》的编纂产生了重大影响。这部总目，是布顿大师在"丹噶"、"青浦"、"旁塘'三大目录和"纳塘甘珠尔目录"的基础上，增加了各寺未编入的译本和后期译本而成。这部目录全面反映了元朝及元朝之前西藏佛教典籍翻译的全貌，并且因所利用的几种重要目录现已无法看到，更显其无与伦比的重要性，在藏族史上具有划时代的意义。[4]1323-1348年间蔡巴·贡噶多杰请布顿大师校订后编撰《蔡巴甘珠尔》，后来的纳塘新版、德格版、北京康熙版的《甘珠尔》都是依据这个版本。

1334年布顿大师在夏鲁寺，对旧纳塘版《丹珠尔》校订、增补、删除重复部分后，编写《夏鲁丹珠尔》（124函）。布顿大师收集了40个寺院里后世的经论、经疏、译经，翻译了无译文和尚未翻译完的经论，在旧纳塘版基础上，增加了1000种未收录的章节，并将其编写成目录。

1362年，以《夏鲁丹珠尔》为底本，大司徒绛曲坚赞出资，编纂了一套共202函的大藏经，史称《乃东丹珠尔》。

从以上五种藏文大藏经目录不难看到，佛经文献的大量翻译，藏文《大藏经》的编排、分类、整理，促使藏文文献目录学系统的形成与发展。

（三）明、清藏文大藏经的刊刻传播促使藏文文献目录学完善与成熟

大约11世纪中期开始，随着藏传佛教的发展，藏传佛教中诸多单独承袭的教派渐渐形成为藏区几个较大的宗教派系，由于几大教派所传承修持的密法不同，因此他们往往是以所在的寺院、地区、家族为中心，拥有当地的宗教、政治、经济特权，甚至成为这一地区政教合一的统治集团。继宁玛派后，藏传佛教中最早形成的噶当派，11-12世纪形成的希结派、觉域派，以及最晚形成的格鲁派都是显教派别；宁玛、萨迦、香巴噶举、塔波噶举、觉囊、夏鲁派等是密教派别。各派由于其传承和修持的密法不同，在宣传和弘扬本派教义时，表现在各派流传于世的佛教典籍的内容以及编排结构各具特色，从而使各派在编制不同版本的《大藏经》时形成了框架、结构、佛经内容不尽相同的版本目录。

藏文大藏经版本目录学源于元末，兴盛于明清。刊刻藏文大藏经自明代开始，之后，随着藏传佛教文化的发展，藏文大藏经的版本多达十几种。元朝对藏区全面施政，使分裂割据的藏区出现了统一安定的局面，经济迅速发展，文化空前繁荣。雕版印刷术广泛应用，藏区较大的寺院均建起了印经院，印刷了大量的藏文大藏经等典籍。明清时期（1368-1911年），中央政府和西藏地方政府对佛教典籍、目录学非常重视，藏文大藏经得以多次刊刻，促使大藏经版本目录学得到极大的发展。

这时期共有15种版本的大藏经刊印，同时产生了15种版本目录，即：《永乐版大藏经目录》《江孜"天邦玛"目录》《万历版大藏经目录》《理塘版甘珠尔目录》《北京版甘珠尔丹珠尔目录》《拉萨版丹珠尔目录》《卓尼版大藏经目录》《德格版甘珠尔目录》《纳塘版甘珠尔目录》《德格丹珠尔目录》《纳塘版丹珠尔目录》《卓尼版丹珠尔目录》《拉萨版甘珠尔目录》《拉嘉甘珠尔目录》《蒙古库伦甘珠尔目录》。其中，以北京、纳塘、卓尼、德格版较为著名。[5]

1410年，明成祖朱棣派太监侯显到藏区请回藏文《甘珠尔》底本，在南京刊刻了藏文大藏经《甘珠尔》，史称永乐版《甘珠尔》，是第一部刻本藏文大藏经，底本是《蔡巴甘珠尔》古写本，从此开启了藏文大藏经的刻本时代。

1431年，"江孜'天邦玛'本"甘珠尔目录问世，将不能出寺院的禁书揭示出来，这是寺院藏书半开放的第一步，具有一定的进步意义。

1605年明朝（万历三十三年）在北京刻印了完整的藏文《甘珠尔》，同时刊刻的还有《丹珠尔》42函。所依底版是永乐版《甘珠尔》，由噶玛巴红帽派系六世活佛却吉旺秋校订。

1623年，在噶举派红帽派系第六世活佛却吉旺秋主持下，刻印了理塘朱印版《甘珠尔》（108函），这是藏区首次刻印甘珠尔。

1683年清康熙帝（康熙二十二年）以夏鲁寺写本为蓝本，在北京刻印了全套《甘珠尔》，称北京版大藏经，也称康熙版，又称"嵩祝寺版"，共计1055部。1724年雍正帝（清雍正二年）刻印了全套藏文大藏经《丹珠尔》，由赞颂部、经疏部、秘经疏部三部

分组成，另附补遗、西藏撰述，共计3523余部。有藏、汉、满、蒙古四种文字的总目录。

1721卓尼土司莫索公保以永乐版、纳塘版、西藏版写本为底本，主持刻印了一套完整的大藏经《甘珠尔》，称卓尼版大藏经，其函数与理塘版相同。1753年，卓尼土司丹尚才让以德格版为底本主持刻印了《丹珠尔》大藏经，并由二世嘉木样·晋美旺布编写了目录《丹珠尔目录如意宝贯》，是刻本时期藏文丹珠尔的最后一种版本。

1729-1733年，由四川德格土司丹巴次仁出资以理塘版为底本，在德格印经院刻印了德格版《甘珠尔》。1737-1744年，德格土司丹巴次仁以夏鲁寺的《丹珠尔》为底本，刻印了德格版《丹珠尔》。该版本增补了不少新的论著，对原有的多版本《丹珠尔》进行了校订。

1730-1732年由颇罗鼐·索南多杰主持以旧纳塘版为基础刻成《纳塘甘珠尔》，称纳塘新版大藏经。1741-1742年以第司·桑杰嘉措写本为底本刻印了《纳塘丹珠尔》。

1927年，在十三世达赖喇嘛倡导下，喜饶嘉措大师以纳塘新版为底本，参照德格等其它版校勘后刻印拉萨版《甘珠尔》。

1814年青海拉嘉寺活佛洛桑达杰主持，刻印拉嘉版《甘珠尔》（以德格朱印版为底本）。

1908年在由第八世哲布尊丹巴、切仓巡努顿珠拉莫二人倡导，以德格版为底本，刻印《蒙古库伦甘珠尔》，存放于蒙古人民共和国大库伦寺。通过对以上大藏经《甘珠尔》、《丹珠尔》目录的比照我们不难发现，各个版本的大藏经在编排部类的次序、经论的函数以及内容上都有所不同。这种差异与不同在《丹珠尔》部分尤为突出，具体表现就是各种版本在主要内容、部类编排次序上大多数依据蔡巴和布顿版，但经论部分函数不同，并在后期的版本中，又陆续增加了一些新的内容，一时期大藏经版本目录出现了《甘珠尔》目录多于《丹珠尔》目录的现象，这就说明明清时期刊刻的各种版本的大藏经，在蔡巴和布顿大师编目的基础上进行了补充，使目录更加成熟与完善。

虽然，到1737年时编排的德格版《丹珠尔》目录中仍在加入新内容，但这一时期刊刻的藏文大藏经目录底本较为完善。同时，十五种大藏经版本目录的存在反映了明清时期藏文目录学在藏文大藏经的传播与刊印过程中走向成熟，走向完善。

三、藏文大藏经影响藏文目录学发展的原因分析

藏文大藏经的传播与翻译，对藏文目录学的发展产生了重要影响，其原因如下。

（一）藏族地区统治阶级弘扬佛法、信奉佛教，中央政府扶持佛教，重视佛教文化发展。

大藏经的翻译与传播大多出于历代统治者的政治需要。佛教传入吐蕃后，为藏地的统治阶级所接受和推行。为巩固政权、弘扬佛法、教化民众，吐蕃统治阶级大量翻译佛典，到赤松德赞时期形成藏区佛经翻译的高峰期，为藏文大藏经和佛经目录的编制打下了基础。藏地统治阶级在开展大规模的佛经典籍翻译活动时，开始了佛经典籍的分类和编目工作，促使了藏文目录学的形成。

特别是元朝统一中国后，历代中央政府利用佛教对藏区的影响来巩固对藏区的统治，政治上大力扶持佛教，经济上给予优厚政策，译经成了政府行为，政治上强大的后盾，经费上充裕的保障，确保了藏文大藏经的翻译与传播。明清时期，大藏经多种版本的刻印和编目同样受到中央政府、地方政府的支寺与关注，藏文大藏经的翻译与传播得到了更大规模的发展，永乐、万历、康熙、乾隆时期分别在南京、北京刊刻了永乐版、万历版、康熙版、乾隆版大藏经。中央政府还积极颁赐佛典。1411年，明朝将在南京刻印的藏文大藏经颁赐各寺珍藏。在大藏经大规模的刻印

过程中，作为文化分支的藏文目录学也得到迅速的发展。由此可见，元、明、清中央政府对藏族地区佛教的扶持及尊崇，对藏传佛教典籍的重视，赢得了藏族地区宗教上层阶级的衷心拥护，一定意义上对藏文目录学的发展、成熟和完善起到了保驾护航的作用。

因此，藏文目录学在藏文大藏经的翻译与传播中，进一步完善和走向成熟，翻译与编目二者的自然结合，使文献目录学原理在藏文佛经典籍目录的编制过程中得到了深度的运用和发展。

（二）藏文大藏经在翻译与集结的过程中，造就了一批具有渊博学识的佛学大师，这些佛学大师在对大藏经翻译与集结的过程中，对藏文大藏经进行了校订、修订、编目，成为藏民族最重要的翻译家、目录学家。

据藏学家的研究，仅吐蕃时期，先后参加佛经文献翻译的门徒就超过千人，贤达者上百位，如吞弥·桑布扎、觉若·鲁意坚参、噶瓦·白泽、尚·益西德等。

布顿大师是夏鲁派的创始人，博学、精通五明，渊博的知识使他30岁就开始在藏传佛教寺院从事翻译、著述、讲经和编制、校订大藏经等工作。1322年撰写了举世闻名的著作《佛教史大宝藏论》，该书全面地反映了元及元以前西藏翻译佛经典籍的全貌，布顿大师在书尾编制了著名的藏文大藏经《甘珠尔》《丹珠尔》总目录，第一次将藏文大藏经合编在一起。

总目录内容除经律论外，还有因、声、医方、工巧明等。类目的上位与下位区分明显，层次分明。在目录的编排上，布顿大师采用的是部类区分法、次序排列法。按佛经原文的翻译以及佛经注疏和论著的翻译分为《甘珠尔》《丹珠尔》两大类，再按论述的内容划分为显密宗外加密宗总续8类。8类外按因、声、医方、工巧、小五明类分，小五明又分为

修辞、辞藻、韵律、戏剧、星象学共计9类著述，另分全集、零散著作两类，《甘珠尔》、《丹珠尔》总目共分19大类。[6]

之后，布顿大师又编制了《续部总录》《论典目录·如意摩尼自在王璧》《论典目录·如意摩尼宝匣》。在这几种目录中，布顿大师对原有佛经译典中的编次、卷数、分类，旧目录的著录进行了考订、修正。经布顿大师编制、考订、修正后的完整而系统的佛经典籍目录，成为后世各种版本《大藏经》的底本。他所创造的分类法，成为后世编订藏文大藏经目录定本。

集翻译家、佛学家、目录学家为一身的布顿大师以其深广的学术思想、目录学思想参与到目录实践活动中，使藏文目录学"辨章学术，考镜源流"，其目录学思想丰富的内涵和有序的组织排列，揭示了藏文佛典精深的学术内容和亘古的文化

渊源。

通过布顿大师，我们看到了在藏文大藏经翻译传播历史过程中成长起来的藏族佛学大师、翻译家、目录学家们在藏文大藏经翻译传播过程中，为创制推行藏文目录学所做出的巨大贡献，正是他们的翻译学、目录学实践促使了藏文目录学的发展、成熟、完善。

（三）藏文大藏经在形成的过程中构建了自己的目录学体系，这种体系深刻地影响了藏文目录学的发展。

佛教有自己的文化系统，藏文大藏经是藏传佛教文化的重要载体。可以说大藏经是藏文目录学发展的催化剂。藏文大藏经成了藏民族使用本民族文字书写的有系统的早期最大部头的著作。译经促使佛经典籍目录的产生，并发挥了重要作用，成了非常实用的工具。

纵观藏文目录学体系，藏学佛经文献目录大体有以下几种分类法。

喜饶嘉措大师的分类。历史和传记类、菩提道次第修心、中观、现观、庄严、俱舍论、律经、释量论、教派；密集、阎摩敌、胜乐；时轮、大轮、喜金刚、各种修行轮、声明；诗歌辞藻学、工艺学、韵律学、戏剧学、星象学、医方明全集共21类。

拉卜楞寺分类。甘珠尔、丹珠尔、医方明、声明、韵律学、工艺学、星象学、诗歌、辞藻学、戏剧学、文法、佛教源流史、传记、全集、性相学、菩提道次第修心、密咒共17类。

中国藏学研究中心图书馆的分类。甘珠尔部：律经经藏俱舍论续部零；丹珠尔部：律经经藏俱舍论续部零医方明；全集部：显宗密宗明处类法事，综合部：佛教教义；明处类法事大藏经行本、苯教部；大藏经甘珠尔部大藏经丹珠尔部散著作共20类。

东嘎洛桑赤列教授的分类。甘珠尔、丹珠尔、声明、工巧明、医方明、诗歌、辞藻学、音乐律学、戏剧学、星象学、历史类、目录、性相学、教派、菩提道次第修心、新密咒、全集、各种零散著作共19类。

以上类目的编排基本遵循以下规律：将甘珠尔与丹珠尔立于类目之首；按照经律论密宗八部和大五明小五明的学科进行分类；按照史传全集形式分类。[7]

从以上藏文文献目录分类看，藏文大藏经目录体系为藏文目录学的精髓所在。因此，藏文目录学中的分类、编目体系深深地打下了藏文大藏经分类编目的印记。

参考文献：

[1] 桑吉扎西. 藏文版大藏经概述 [J]. 法音, 2003 (2).

[2] 才项多杰. 吐蕃时期的佛经翻译述略 [J]. 中国藏学, 2009 (4).

[3][5]余光会.藏文文献目录学的发展历程[J].四川民族学院学报,2012(1).

[4]李冀诚.西藏佛教夏鲁派祖师布顿大师及其著述[J].西藏民族学院学报,1989(4).

[6]东·华尔丹.略论藏族历史上布顿大师对藏文文献目录学的贡献[J].图书馆理论与实践,2010(6).

[7]王黎,朱俊波.论藏学佛经文献目录的发展及其历史意义[J].图书馆,2013(1).

论《旁塘目录》的编纂及其学术价值[①]

徐丽华[②]

《丹噶目录》《青浦目录》和《旁塘目录》合称吐蕃佛经三大目录。其中，《丹噶目录》因收入《大藏经》而广为流传，其余两书自布顿之后无人引用，隐没了600多年，2002年在西藏发现14世纪写本《旁塘目录》，而《青浦目录》至今杳无音信。三大目录均为研究吐蕃佛经、翻译、整理、编目、分类等方面的主要史料。为便于叙述，本文将三大目录简称为《丹目》《青目》和《旁目》。

一、编纂过程

《旁目》一卷，抄本，噶哇百则等编，14世纪写本，梵夹装，页面长40cm，宽7.6cm，27叶，白徂体墨书，页8行，间有多处朱墨旁注。藏纸，页面略有水渍，书品极佳，书法上乘。今藏西藏自治区博物馆。布顿大师编《大藏经目录》时曾参考三大目录，司都曲吉迥乃于1733年编《甘珠尔目录》时提到《旁塘目录》和《丹噶目录》，未提及《青浦目录》。东噶·洛桑赤列教授在1986年发表《藏文文献目录学》时也未提及《旁塘目录》存佚之事。

在编纂三大目录之前，噶哇百则等学者尊赤松德赞令整理三座皇家寝宫收藏的典籍，并抄录出有类目、书名、卷数和颂数的书目卡，经再次校对后编成目录，于是有了三大目录。

《旁目》的编纂步骤大致分三步：第一，据"旧目录"和书目卡进行校勘；第二，核对每一种译经的责任者、颂数、卷数；第三，删多补缺，即通过新编目录与旧目录比对，删除一书两译的版本，并增补后译经，最后编成目录书。[1] 现存抄本是根据一长卷子转抄的。长卷的卷首卷尾有插图，序、正文和后跋在插图之间。卷子为竖式卷子（立轴），左起横书，从上往下舒展。抄本中的一个旁注说"在另一

[①]本文原载于《西藏大学学报》（社会科学版）2015年第3期。
[②]作者简介：徐丽华，中央民族大学图书馆研究馆员，主要研究方向为文献学。

种《旁塘玛》中则指《曼荼罗烧施》《擦擦》《圣地游指南》《期供供品摆法》《扎第哈热之仪轨》《圣观世音自在供养仪轨》和《吉祥天女供养仪轨》。"这个注释说明《旁目》有多种抄本。

二、编纂时间

赤松德赞至赤祖德赞热巴坚执政时期，佛教获得赞普支持，设吐蕃、于阗和敦煌三大译场（译经院），尤其是吐蕃本部的译场有多个分译场，因译经越来越多，出现了重译、格式不统一、术语杂乱、译语晦涩等现象。于是在学者的建议下，赞普下令编纂《翻译名义集》、《声明要领》和"三大目录"，以改变这些现象。其中，《旁目》由译师噶哇百则、班第却吉尼波、译师班第德威扎、班第伦波等于"戌年"编纂。

《旁目》[2]所载"戌年进旁塘宫寝宫编纂"和"有赤热巴坚赞普在雅隆东边旁塘噶美寝宫时编纂之说"（后一句是后人加的旁注，字迹与全书字体一致，可能是抄书者所补）。这两句话似乎在说明"赤热巴坚之前有《旁目》，但也有在赤热巴坚时代编纂之说"。此外，这句话还告诉我们，早在14世纪初，该书的编纂时间就有不同说法了。

赤松德赞（742年生，796年卒，755-780年在位）执政的前半期是开始大规模译经阶段，处于积累佛经数量的过程，还谈不上编目，甚至译经中的重译、名词术语不统一、一书两译等问题也尚未凸现。到后期，经过几十年的翻译，译经数量增多，翻译中存在的各种问题不断增加。此时编纂翻译准则和规范术语之举已属必然。因此，"（赤松德赞执政时期）于辰年，整理丹噶寝宫中的佛经，并由班第百则、班第隆益旺波等译师，将吐蕃境内所译佛经，按书名、卷数、颂偈数，经审定后编为目录。"由此诞生了第一本目录书——《丹目》。《布顿佛教史》载："……本著作以显密经典及其注疏和印度、喀什米尔、金洲、楞伽州、邬仗那、萨霍尔、尼泊尔、里域、汉土（的显密经典及其注疏）以及吐蕃学者所撰所译之《东塘丹噶宫目录》、其后的《桑耶青浦目录》、再后的《旁塘噶美目录》，后期的《纳塘译经目录》、大译师所译和所著目录、隆麦（楚称西饶）等人所著《显密经典分类和并列目录》等为依据，并在此基础上补充后期译本和所见各寺院书目中所有未收者，而又符合正量的诸教典，最后编成本书目录。本书弃而不用的书目不多，如果能够找到无垢教典（真正的佛经），可尽量补入。"[3]据此所言，《旁目》是最后完成的目录。目前，除《旁目》写本有"戌年"编目的时间外，不见其他资料。布顿大师是学富五车的大家，又曾用这三部目录校勘佛经和编纂大藏经目录，故其排列的先后顺序应该是正确的。《智者喜宴》也认为《丹目》编于赤松德赞时期，《青目》

和《旁目》随后编完。

《旁目》中写于框外的墨注"其中六十卷据《丹噶玛》补校"一句,字迹与正文一致,可以断定是同一抄书员的手迹。此墨注说明《旁目》参考了《丹目》,证明编纂《旁目》时《丹目》就已存在。再如"记为七卷而实有二千零二十颂"、"记为四卷而实有一千零二十一颂"、"记为五卷实有一千四百颂"等《旁目》的校勘记,有力地证明了编纂《旁目》时,对《丹目》和《青目》进行了校勘。再有,《丹目》的篇幅数量用"颂数折合卷数"和直接用"颂数"、"卷数"的方法著录,其中,《丹目》百分之六七十的条目都用"颂数折合卷数"的方法著录。"颂数折合卷数"就是在颂的具体数目后再写上折合成卷的数目,此法文字冗长,既占版面又无实际意义。此法在《旁目》中只有四五处,且多在书首,显然是发现此法没有什么意义之后弃而不用的,并采取了直接著录"卷数"和"颂数"以及"卷数加颂数零头"的方式。这是《旁目》编于《丹目》之后的又一个例证。

根据"赤松时之旁塘寝宫书目《丹噶玛》,后期的《青浦玛》和《旁塘玛》均妥善收藏于库房"[4]分析,这三大目录在赤祖德赞热巴坚之前已经编完,但仍然不清楚《旁目》的具体成书年代。《桑耶寺简志》载:当时,在桑耶寺译馆内译经者除吐蕃"七试人"、天竺的寂护、无垢友、佛密等译师外,还有……,这些来自各地的译师在扎觉加噶林翻译三藏教典,此时所译佛经目录,先后编制为《丹噶玛》、《青浦玛》和《旁塘玛》。[5]但是,司都曲吉迥乃认为《旁目》编纂于赤德松赞色那列金云时期:"前弘期,法王色那列金云(赤德松赞)在位时,译师班第百则热智达、曲吉旺波等人按'8字1句,4句1偈,300偈为1卷'的方法编纂《旁塘目录》。此为吐蕃首次汇集译经《甘珠尔》。"[6]此后众多学者附和此说。如前所说,赤松德赞组织百余名译师,用了二十多年时间翻译佛经,其译文应该不少,《丹目》收744种(包括两书、三书合一著录条目),这虽然是经过多次增补修改过的定本,看不出最初《丹目》的规模,但数量只会多不会少。二十多年翻译744种佛经,应该是没有问题的,何况当初的佛经大多篇幅不长。因此,为避免重译而编纂译经目录应该是顺理成章的事。《佛教史大宝藏论》载:"《佛母般若波罗密多十万颂广释》这部经释在《旁塘目录》中说'是经由藏王赤松德赞之手完成的',但在此前的旧目录《丹噶玛》中则说是'由当肯遮舍完成的'。"[7]这个记载也证实了《丹目》是早于《旁目》的旧目录,再说《旁目》的译跋篇幅和收书1049种(其中有部分重复的条目)的数量都比《丹目》多,还有从分类层次、经论数量和编辑方法上都明显优于《丹目》,这些都说明后者吸收前者优点,呈现出青出于蓝而胜于蓝的结果。此外,莲花持明著《莲花生大士全传》第五篇《不灭虹身》载:"真正的翻译事业是在桑耶寺建成前后开始的。赤松德赞采取了几个确实的步骤，做了充分的准备工作。首先，他选派了一大批青年学者分别到汉地和印度、于阗去学习；其次，从汉地及天竺迎请一些著名佛教学者来藏传法、讲学。第三，就是在此基础上建立译场，认真地进行翻译事业。当时参加翻译工作的人很多，陆续培养，人才辈出，前后相望。译场设在王宫和桑耶寺附近的三座宫殿之内，而翻译出来的经文就贮藏在那里，按宫殿所藏分别编出目录，这就是有名的三大目录。"德格版《丹目》卷末载"佛语经藏、注释论典皆以偈、卷统一编排并校对，于辰年在丹噶宫编成目录"。据此，《中华大藏经〈丹珠尔〉对勘工作述要》一文认为"《布顿教法史》认为此目录编制于赤松德赞之时，并视之为诸目录之首。如此，编制此目录之辰年应为木辰年即公元825年。"[8] 此处认定《丹目》编于赤松德赞之时，但又把"辰年"推算到825年，而赤松德赞生卒有两说，一是755年生，780年死；一是742年生，797年死。目前尚无延长至825年之说。日本学者御牧克已认为："藏王赤德松赞（776-815）时代，……当翻译的经典积累到一定的程度时，对其进行编目就成为一件自然的事情。公元824年，首先出现了《丹噶目录》，接着又相继出现了《青浦目录》《旁塘目录》。《丹噶目录》由百则、南卡尼波、隆益旺波等编纂。……该书在西藏的传播应该是从赤松德赞王统治下形成的，但是，根据图齐教授的考证来看，他似乎定为公元812年。然而，根据山口瑞凤的研究，完全可以有证据证明该目录是在赤热巴坚统治时期的公元824年完成的。"[9] 持此观点的还有芳村修基等学者。824年和825年之间仅一年之差，属计算方法问题，实属一种观点。此外，日本学者立花秀孝认为是848年。

以上关于《丹目》编纂于824年、825年和848年等观点，均与布顿大师的记载相悖，故不采纳。按布顿大师之说，三大目录编纂于赤松德赞时期，其中《丹目》编于"辰年"（788年），《青目》编纂的具体时间不详，《旁目》编纂于"戌年"。在赤松德赞期间有五个"戌年"，即火狗年（746年）、土狗年（758年）、金狗年（770年）、水狗年（782年）和木狗年（794年），其中前三个属早期，刚刚步入译经阶段。第四个水狗年之后的土龙年（788年）是编《丹目》的时间。因此，编《旁目》的时间应为木狗年（794年）。著名学者土登彭措考证，此"辰年"应为土辰年，即公元788年。日本学者佐藤长也认为编纂于赤松德赞时代之788年。既然《丹目》编于788年，《旁目》编于794年，《青目》应该编于788年至794年之间。这个时期，赤松德赞（742-796）和赤德松赞色那列金云（776-818）都在世，只是执政时间不同而已，如果只谈编目时间，既可以是赤松德赞时期，也可以是赤德松赞色那列金云时期。另外，范德康教授认为《旁目》之"赞普巴顿丹中观注疏 六十颂附备忘录"中的"巴顿丹",可能就是"乌东赞"。[10]当然,《旁目》有多个版本,不能排除后人补充的可能性。但是,如果"巴顿丹"即"乌东赞",那么《旁目》不会是第一部,只会是最晚的一部。因此,这也说明了《旁目》编纂时间较晚的可能。

这里不采纳司都曲吉迥乃等诸多学者观点的理由是:布顿大师亲见并使用三大目录校勘译经和编纂《大藏经目录》,其真实性不容置疑。再者,《贤者喜宴》也主张此说。布顿大师和巴卧·祖拉陈瓦大师均为古代著名学者,他们掌握的史料肯定比较丰富和接近实事。他们在使用三大目录时,应该是经过认真考证之后才做出的论断。

还有《丹目》中的许多译经的篇幅,在《旁目》中得到增加,如:《丹目》的《圣无尽意所说经》二百颂,《旁目》增至七卷;《丹目》的《圣伽耶山顶经解说》一百八十八颂,《旁目》增两颂;《丹目》的《圣吉祥天女一十二名》八颂,《旁目》增九十二颂;……,《旁目》的题名也更接近14世纪《甘珠尔》的经题。

另,《贤者喜宴》所载:(赤热巴坚时期)"先前神子之父王时代,在译自汉、黎、俞维(天竺)、霍、卡切等地佛经里出现了许多晦涩、难以理解和难学的词汇。故尼吾的学者阿兹热雅杂纳米扎、索热扎布迪、达纳希拉、博迪米扎、吐蕃学者达玛达希拉等人,根据从大小乘翻译出来的佛典,按符合天竺中部的语言翻译,使众人易于学习和接受,并下令今后翻译不准违反此规则,为别出多余者而编制了目录。"[11]此处编制"目录"的前提是"出现了晦涩难懂难学的语言",因此,这个"目录"应该是一部词汇方面的著作,而不是目录书。赤热巴坚时期进行厘定译语,并完善《翻译名义大集》和《声明要领》,故此处之"目录"当指二书之一。

《旁目》序言载:"经大校对师审定编制的佛典旧目录"。这句话印证了《中华大藏经《丹珠尔》对勘工作述要》关于"(《旁塘目录》)此虽被视为《甘珠尔目录》、《丹珠尔目录》编创之始,但在《莲花遗教》所记班智达、译师之典籍目录译跋中,第八十六章列有桑耶寺身密所依佛像之目录,第八十七章列有外法相乘之佛经语典及注释论典之译跋,第八十八章简列有所译内外密乘典译跋,可知在赤松德赞之时即开始了佛语经典及注释论典编目"的论点。说明旁塘宫内还有一本"旧目录",但是否指《丹目》或《青目》呢?在《旁目》正文中已经使用《丹噶玛》一词,说明《丹噶玛》已是《丹目》的简称。因此,序言中如果需要用《丹目》,作者不可能不用简单明了的《丹噶玛》,而去写一句冗长的话来说明这个"目录"。再说《丹噶玛》、《青浦玛》和《旁塘玛》都是以藏书地点命名的目录书,不但简略且易记易写,编者绝不会抛开这个现成而简易的书名不用。如是,这个"旧目录"并非指三大目录,可以肯定是一本无名目录书,是否与《莲花遗教》中所载"早期目录书"有关，待考。如是，三大目录显然不是最早的目录书，倒是这本"旧目录"有可能是最早的，遗憾的是无此书的任何资料。另外，《旁目》中的"佛经题名（书名）用三书对照，只有少量不同，其中两个相同者为多，故置于正文中"、"二书中无者写于别处"、"其他译跋中所载佛经书目出自旧典，二书中无者"等文字中的"三书、二书、一书"均指目录书，这些目录书无疑是指《丹噶玛》、《青浦玛》和《旧目录》。这些重要文字更能够说明《旁目》是在其他目录书基础之上编纂而成的。总之，赤松德赞时期所编三大目录在牟尼赞普至赤祖德赞热巴坚乃至禄东赞之后，都在不断修订和增补。因此，不管是《丹目》还是《旁目》，所收目录中都有赤松德赞之后的译经目录。

三、书名和责任者

抄本《旁目》封面有两行文字，即："旁塘之首"和"法王和诸译师所编先前藏于雅隆旁塘噶美之甘丹经典要目"。前者写在书名页的书名框内，框下方为敷彩莲花座，书名框位于页面中央，这种敷彩莲花座书名框在12、13世纪非常流行。书名框和框内文字证明这是书名，12、13世纪或者更早的书名后有写"དབུ་བྱུགགས།"的习惯。此处的"旁塘之首"从字面看不出书名和内容，但实际上包涵着"此为旁塘目录卷首"的意思，是原来的书名。而写在"旁塘之首"下面的"法王和诸译师所编先前藏于雅隆旁塘噶美之甘丹经典要目"，指明了书名（《先前藏于雅隆旁塘噶美之甘丹经典要目》）和责任者（法王和诸译师），是一个标准题名，但可以肯定这是后人所添加的题名。在《旁目》正文中无"旁塘目录"、"旁塘玛"等字样，但人们一直习惯这样称呼。究竟这个书名是如何产生的呢？就目前所见资料中，最早记录该目录书的是布顿大师，他在《佛教史大宝藏论》中记载了三大目录的全称（《颇章东塘丹噶目录》、《桑耶青浦目录》、《旁塘噶美目录》）和简称（《丹噶目录》དཀར་ཆག་ལྡན་དཀར་མ།、《青浦目录》མཆིམས་ཕུའི་དཀར་ཆག和《旁塘目录》འཕང་ཐང་མ།）。此后，各种论著中才出现"旁塘目录"和"旁塘玛"等简称。布顿大师的这种简称是藏文古籍的一大特色，从7世纪就已经有这个做法了。这部目录书是14世纪的抄本，与布顿大师为同一个时代。此时，大家使用的书名简称可能就是布顿大师使用的这个简称，而"旁塘目录"、"目录旁塘玛"和"旁塘玛"也是当时使用的简称。从吐蕃时期到现在，藏族学者都善于在论著中引用简略的书名简称，从来没有引用原书名的习惯。

四、内容

本书是一部皇家御制书目，收录旁塘宫所藏1049种佛经和论疏著作目录（本文补充和修改了《藏文旁塘目录研究》的数据）。该书分序言、正文和后跋三部分。

序言前半部分介绍了一幅绘有释迦牟尼、阿难、龙树、弥勒菩萨、无著、护寂、陈那、班智达菩提萨埵、莲花生、比玛拉米扎、班智达伽玛拉西拉、大禅师摩诃耶纳、毗婆尸佛、尸弃佛、毗舍浮佛、拘留孙佛、迦那迦牟尼佛、迦叶佛等人和几个没有名号的班智达的群像图，但只记录了画上的人物，并未介绍色彩、人物姿态和画法。序言后半部分介绍了噶哇百则等人于"戌年"根据旁塘宫内先前学者编制的书名卡片和一本旧目录，对宫内典籍进行了校勘，经剔除一书两译和补缺之后编纂成《丹目》的经过。

正文即佛经及其注释的目录。佛经是释迦牟尼佛的论著，内容包括圣般若波罗蜜多、华严经类、大宝积经、译自印度之大乘、译自唐朝之佛典、圣小乘小品、大经、法门类、小品经典、密宗之怛特罗、大小陀罗尼仪轨、五大陀罗尼、圣陀罗尼大小、律部、真言心髓等；注释即学者对佛经的注释，内容包括先前教师和国王对圣佛的赞颂、赞普赤松德赞所撰典籍、赞普赤松德赞撰零散经论、吐蕃阿阇梨撰典籍等。

后跋如序言一样，先用文字描述了一幅有益西旺波、威·赤谐桑西达、璋·嘉热勒瑟、拉托特年赞、松赞干布、赤松德赞、赤德松赞、热巴坚、噶哇百则、班第益西德等人的图画，而后以一首《阿毗达磨七论》七言诗结尾。从序言和后跋得知，本抄本是根据前后有画像中间有目录的一个大纸卷抄写的，可见此前的《旁目》是卷子，而非梵夹装。

《旁目》所著录是题名，绝大部是一种一条，但也有一个题名包括多种书的情况，如"《备忘录二种》"、"《修法四种》"、"《×××和注释》"等等。如果一条算一种，数量为1049种，但其中有重复的条目。

五、编纂方法

《旁目》序言中交待了编纂时间（戌年，788年）、藏书地点（旁塘寝宫）、编纂者（噶哇百则、班第却吉尼波、译师班第德威扎、班第伦波等）和编纂步骤（经分门别类，比对目录，剔出一书两译，补缺，按卷偈颂数量编排）。通过分析目录正文的内容来说明其具体的分类、编排和著录情况。

（一）分类顺序：《旁目》分17大类，大类下有的设多级类目，有的没有。

1. 大乘经类：般若部；华严经（大方广经）；大宝积经；大经部；小经部；般若部小品；译自汉土之大乘经。2. 小乘经：大经部（མདོ་ཆེན་པོའི་ཆེར་ལ）；大经部（མདོ་ཆེན་པོར་གཏོགས་པ་ལ）；法门类；小经部。（2.1和2.2重复，原文如此。）3. 密宗：密宗；大陀罗尼；圣陀罗尼大小品；真言心髓略抄。4. 百八名号、赞颂、吉祥颂、祈愿等：一百零八颂；赞颂；吉祥颂；各种愿文。5. 律部。6. 各类经典之注释。7. 译自汉土之零散佛经。8. 中观部（中观论）。9. 唯识论。10. 小乘论典。11. 因明。12. 诸阿阇梨所撰佛典书翰。13. 先前之阿阇黎和国王的圣佛赞书目：赞颂类；龙树撰述书目；阿阇梨玛底孜智撰述书目；赞普赤松德赞所撰典籍目录。14. 未校未审之已译佛经和论典译著目录及未译全的书目未审校之经部和经部注疏；未译全之经部和律部书目；校订之经论书目；未译全的经论书目；未译全之因明类书目。15. 佛经题名用三书对照，只有少量不同，其中，二书相同者居多而置于正文中。一书中有而两书中无者，均单独著录于此；一书中有而两书中无者均著录于此；两部旧典目录中无，而班第勋努尼波书中所得书目；其他译跋中所载佛经书目，旧典目录中有而两部目录中未收的书目；律部书目；经论书目；译跋未收而实有之书目。16. 陀罗尼经。17. 诸阿阇梨撰述目录：译自印度之经典目录；译自汉土之经典；佛经和因明及赞普赤松德赞之撰述书目；诸译跋；三密续。

（二）编排顺序：根据正文目录的编排情况看，每一类书目基本上都按"大前小后"排列的，即把卷数多的排在前、卷数少的排在后。据此，可将其编排原则归纳为"大卷在前小卷在后和卷在前颂在后"，简称"大前小后"。如：1.《般若部》。《圣般若波罗蜜多十万颂》三百卷、《圣般若波罗蜜多二万五千颂》二万五千颂即八十三卷附一百卷、《圣般若波罗蜜多一万八千颂》一万八千颂即六十卷、《圣般若波罗蜜多一万颂》一万颂即三十三卷、《圣般若波罗蜜多八千颂》八千颂即二十六卷……。2.《大宝积经》。收《大宝积经》类佛经8种，基本按"大卷在前小卷在后"的方法排列，但其中又插有个别不按"大卷在前小卷在后"原则排列的情况，如：《三律仪轨》三卷半、《大宝积经》（蕴经）二卷半、《光护品》二卷、《弥勒狮子吼》四卷、《弥勒菩萨所问本愿经》一卷、《大宝积经优波离会经》二卷、《大宝积经护国所问大乘经》三卷半……3.《经藏》。《经藏》类佛经按"大卷在前小卷在后"和"从卷到颂"的原则分23组排列，即二十五卷至十一卷、十卷、九卷、八卷、七卷、六卷、五卷、四卷、三卷、二卷、一卷半、一卷多、一卷、不足一卷、二百颂、半卷、百颂、九十颂、八十颂、七十颂、六十颂、五十颂和六十颂部。如第1组：二十五卷至十一卷。基本上按从大到小原则排列，但其中插有个别不按顺序排列的情况，如：《圣薄伽梵智方广经究竟无边宝大乘经》二十五卷；《贤劫经》二十六卷；《大宝积经菩萨藏》二十卷；《圣三摩地王经》十五卷；《大宝积经菩萨见实会》十五卷；《方广大庄严经》十八卷等。

（三）著录方式：1. 题名基本按简称著录，但也有少数书名很像字数多的原书名，如《圣密意决解大乘经弥勒品抄出》阿阇梨益西宁波撰（今简称《密意决解大乘经》）。但这种无简称的书名较少；责任者按—00000；颂偈卷数量用0000。2. 著录格式以"书名＋颂卷数"为主，但还使用了九种不同格式，如：书名＋作者＋卷数、书名＋注释＋备忘录＋卷数、被注释书名＋注释＋责任者＋卷数、责任者＋书名＋卷数、责任者＋书名＋注释＋卷数、省略原书名＋只有注释名（即省略被注释的书名）、书名＋注释＋卷数＋责任者、多个书名著录为一条、书名与卷数之间用"啦"连接。《旁目》绝大部分书名和卷数之间有分隔符，少数没有，而这种在书名和卷数之间用"ལ"连接的情况并不能说明"卷"和"颂"是书名的一部分，如 མདོ་སྡེ་རྒྱལ་པོ་སྤྲིན་ཆེན་པོ་ཞིའཆིགས་པ་ཐེག་པ་ཆེན་དང་གསུམ་དོ་ལོ་ཀ་བདུན་བཅུ།（《经王大云大乘经一品》二卷半又七十颂）、རྟེན་ཅིང་འབྲེལ་འབྱུང་བའི་མདོ་དང་རྣམ་པར་བཤད་པ་དང་བཅས་པ་ལ་ཤློ་ཀ་ལྔ་བཅུ་རྩ་བཞི།（《缘起大乘经及其注释》五十四颂、དམིགས་པ་བརྟག་པའི་རབ་ཏུ་བྱེད་པ་ལ་ཤློ་ཀ་བརྒྱད།（《所缘观察论》八颂等，尽管书名和卷数合一，但翻译时一定要分开，但也有一些书名和卷数合一并约定俗成的特例，如：འཕགས་པ་ཤེས་རབ་ཀྱི་ཕ་རོལ་ཏུ་ཕྱིན་པ་འབུམ་པ། ཤློ་ཀ་འབུམ་སྟེ། བམ་པོ་སུམ་བརྒྱ་བ།（《圣般若波罗蜜多十万颂》十万颂即三百卷）、འཕགས་པ་ཤེས་རབ་ཀྱི་ཕ་རོལ་ཏུ་ཕྱིན་པ་བརྒྱད་སྟོང་པ། ཤློ་ཀ་བརྒྱད་སྟོང་སྟེ། བམ་པོ་ཉི་ཤུ་རྩ་བཞི།（《圣般若波罗蜜多八千颂》八千颂即二十四卷）སྒྲ་སྦྱོར་བམ་པོ་གཉིས།（《语合二卷》）等。以上九种著录格式说明《旁目》格式上存在一些随意性，还有的只写"卷"和"颂"，没有具体数字，此类情况较多，如：《禅定经》卷、《祈愿经》卷、《圣宝云经注》颂等，这类情况在《般若经》中比较突出外，其他类中较少出现。

（四）图书量词及其具体数据。《旁目》序言虽未交代"卷、颂"的具体数量，但当时已有"8字1句，4句1颂（偈）、300颂1卷"的规定，故该书也应该是照此执行的。其图书量用"卷、颂"直接表述，如"半卷、一卷、一卷多、一卷半、二卷多、二卷半、三卷半、四卷半、六卷半、七卷半、十一卷半、一卷半又五十颂、二卷半又七十颂、一百颂、六颂半、十三颂半、二十一颂半、三十七颂半、五十一颂半、小品、零散、若干卷、若干颂"，此法简单明了。但开头也沿用了《丹目》的"颂数换算卷数"的方法，如：ཤློ་ཀ་བརྒྱད་སྟོང་སྟེ། བམ་པོ་དྲུག་ཅུ་རྩ་བཞི།（八千颂即六十四卷）、ཤློ་ཀ་བརྒྱད་སྟོང་སྟེ། བམ་པོ་ཉི་ཤུ་རྩ་བཞི།（八千颂即二十四卷）、ཤློ་ཀ་ཉིས་སྟོང་ཆིག་བརྒྱ་དྲུག་ཅུ་འབྱུང༌། བམ་པོ་བདུན་དང་ཤློ་ཀ་དྲུག་ཅུ།（二千一百六十颂即七卷又六十颂）、ཤློ་ཀ་བདུན་བརྒྱ་སྟེ། བམ་པོ་གཉིས་དང་ཤློ་ཀ་བརྒྱ།（七百颂即二卷又一百颂）、བམ་པོ་གཅིག་སྟེ། ཤློ་ཀ་གསུམ་བརྒྱ།（一卷即三百颂）等。

（五）装帧。梵夹装，打磨纸，黄丝栏，封面书名框有敷彩莲花座图案。

（六）符号、文字缩写。标点符号有云头符、章节符、结尾符、补充字句符。缩写字词不多，仅有琉璃、全部、等、颂等。大写数字和藏文数码并用，如བམ་པོ་གཅིག་དང་ཤློ་ཀ་བརྒྱད།（1卷又八颂）、ཤློ་ཀ་བཞི་བཅུ།（四十颂）、ཤློ་ཀ་ལྔ་བཅུ།（五十颂）等。还有少量数码顶替文字，如"ལས་བརྒྱ་རྩ་གཅིག"（《业一百零一》）"དེ་ཉ་

གཞགས་པའི་བད་སྐད།"（《如来声明》）、"སེམས་འཁོར་བ་མདོ་ཚམ་དུ་བཤད་པ་སྣ་ག"（《心轮回略说三种》）。全书只有少量笔误和遗漏。

六、学术价值

《旁目》写本是一部较早的佛教典籍目录书，汇集了8世纪由梵译藏的大部分佛教典籍目录和吐蕃学者的部分注疏论著目录。不但在藏文大藏经的集结和编纂大藏经目录方面有巨大贡献，在藏传佛教文献专科目录学领域和西藏目录学史上也占有重要的一席之地。

三大目录为编制世界著名的藏文大藏经完成了前期的准备工作，学界一直推崇《丹目》开"经"、"论"之先河，将其视为编纂藏文大藏经的开端。[12] 其实在《丹目》和《旁目》中虽然没有明确指出哪些是"佛语部"，哪些是"论疏部"，但根据目录内容分析，两书都是按"佛经"和他人对"佛经的注释"两部分编辑而成的。《旁目》继承了《丹目》和《青目》的传统，对佛经、佛经注释、其他文献、文献来源等作出了比较细致的分类。其学术价值大致如下：

（一）把佛经分为"佛语部"和"论疏部"。在《旁目》正文中未见"甘珠尔"和"丹珠尔"字样，但书名"先前法王和诸译师所编藏于雅隆旁塘噶美之甘丹经典要目"中提到"甘丹"一词，这是"甘珠尔"和"丹珠尔"的简称。目次中虽无"佛语部"和"论疏部"的字样，但在类目中把佛典和吐蕃学者的著述分得清清楚楚，一目了然，即前半部分排列的目录均属"佛语部"内容，后半部分为"论疏部"内容，与《丹目》的做法一致，完全继承了《丹目》的分类思想，为编纂《甘珠尔》和《丹珠尔》奠定了基础。

（二）设置多级类目。如大乘经设7级，密宗设4级等。

（三）分析著录。在书目中使用分析著录的方法对于了解书籍源流、版本、作者、成书时间、内容、分类等意义重大。该书在这方面做了大量工作，如："未经校对的经论"、"经论译余卷"、"旧典中无，而班第勋努尼波书中所得者"、"其他译跋中所载佛经书目"、"出自旧典者"、"二书中无者"、"译名未收书目"等。此法充分表现了专科目录的优点和特征，如：说明版本新旧的"《大乘经庄严论备忘录》，其旧译《备忘录》"、留待考证的"《佛说法集经》七卷，其中有一品待考"、说明所属类目的"《圣观自在千手千眼陀罗尼经·八广光明咒》"（前为类属，后为书名）等。三大目录之后，诸藏文佛经目录都采用了这种分析著录方法，其中最突出的是布顿大师所编《大藏经目录》（《布顿目录》），此目不仅采用了详细的分析著录法，还利用多种目录书进行了全面校勘，为研究佛经者提供了绝好的参考资料和版本考证结果。

（四）佛典来历。《旁目》中所设"译自印度之大乘经目录"、"译自汉土目录"、"译自'黎'之佛经目录"等，明确了翻译之书的来源，为考辨版本源流提供了历史资料，这种编法为后人追寻"原始之本"和研究翻译史提供了可靠的依据。如："《法大母注释》译自汉文、《入楞伽经集义》三卷译自汉土、《莲花集义注释》二卷译自汉土"等。

（五）校勘记录。《旁目》中的"未经校对的经论"、"经题名"、"旧典中无者"、"二书中无者"、"未收书目"等，都是版本校勘的记录，注明了版本异同、出处、一书两译、未译书目等情况，实属开创了藏译佛经版本校勘著录之先河。用多种目录书和原文校勘，进行补遗工作，如："《圣般若波罗蜜多一万八千颂》八千颂（其中六十卷依据《丹噶玛》补校）六十四卷"、"《圣般若波罗蜜多八千颂》八千颂（编入二十六卷和一百颂）二十四卷"等。

（六）译著者之著作目录。《旁目》所载"先前阿阇梨和国王对圣佛的赞颂（目录）"、"摩哑哩制吒阿闍梨撰（典籍目录）"、"诸阿阇梨撰（典籍目录）"、"赞普赤松德赞撰典籍目录"等，提供了当时主要译师和学者关于佛学方面的论著目录，为研究这一时期的本土著述提供了最好的史料。如："《圣佛随念注释·诸阿阇梨撰三种》二卷、赞普赤松德赞撰零散经论、《赞普穆帝赞撰圣密意决解广释》、《阿阇梨喜饶尼波撰圣密意决解注释弥勒品备忘录》、《阿阇梨益西德撰圣贤行愿备忘录卷》"等。

（七）译跋。《旁目》专设"译跋"，收录吐蕃学者所撰译跋和备忘录。从"译跋"得知当时翻译佛经都有写译跋的传统，还可了解译经人和译经数量。此外，未收书目、未译书目、未校书目、译跋书目等等，为我们提供了诸多书目，是寻查典籍存佚的极好资料。

（八）著录规则。其目录格式、人名音译、意译、语序、敬语、佛学术语等方面成为翻译和编目的范例。

（九）文献查询。《旁目》是吐蕃时期编纂的登记式书目（条目式书目），可按类查询，方便快捷，是吐蕃时期的佛学典籍工具书，也是研究吐蕃时期的文献发展、大藏经形成、学术动态等方面不可或缺的重要工具书。

参考文献：

[1][2]噶哇百则,等.旁塘目录 声明要领二卷（藏文版）[M].北京：民族出版社,2003：2,4.

[3]布顿.布顿佛教史（藏文版）[M].北京：中国藏学出版社,1988：187,190,212.

[4][11]巴卧·祖拉陈瓦.智者喜宴（藏文版）[M].北京：民族出版社,1986：198.

[5]桑耶寺简志（藏文版）[M].拉萨：西藏人民出版社,1987：18.

[6]司都曲吉迥乃.大藏经《甘珠尔》总目（藏文版）[M].成都：四川民族出版社,1989：302,303.

[7]郭和卿译.佛教史大宝藏论[M].北京：民族出版社,1986：250.

[8]中国藏学研究中心大藏经对勘局.中华大藏经《丹珠尔》对勘工作述要[J].中国藏学,2000（1）.

[9]〔日〕御牧克,周炜译.藏文佛典概观[G]//国外藏学研究译文集（第11辑）.拉萨：西藏人民出版社,1994.另,尕藏加在《吐蕃佛教》（宗教文化出版社,2002.）中也认为"赤祖德赞时期,大约在公元824年,编纂出第一部佛经目录《丹噶目录》,继之编纂了《青浦目录》和《旁塘目录》"。

[10]范德康.11世纪的西藏：重燃佛教复兴之火[EB/OL].四川大学中国藏学研究所网站,http：//www.zangx.com/cms/cangxuewenku/2010-09-16（2013-04-08）.

[12]尕藏加.吐蕃佛教[M].北京：宗教文化出版社,2002：179.

吐蕃时期的藏文文献编纂问题[①]

夏吾李加[②]

　　公元1世纪前后,佛教首次传入吐蕃。4世纪,佛教经典文献正式传入雪域藏区。7世纪,正式翻译成藏文。直到9世纪,经古印度、中原等地的班智达、高僧和历代藏族译师的共同努力,将梵文、汉文、于阗文等文种的主要佛教经典译成藏文,并先后编纂了《观自在显密二十一部》和多种《十万般若》写本。这一阶段所翻译的佛教典籍为主的所有文献目录编入《丹噶目录》《旁塘目录》《钦普目录》三大目录之中,这三大目录的编纂,在我国文献目录学史上占有一席之地,为后来学者炯丹柔贝热智系统编纂《甘珠尔》和《丹珠尔》丛书打下了基础。可是,近些年有些学者对吐蕃时期的文献翻译和编纂工作的真实性提出了一些不符合历史事实的质疑,针对这一问题,笔者采用方家咨询和多方参阅文献的研究方法,撰写拙文,旨在解答他们的疑问。若有不妥之处,恳请方家批评指正。

一、佛教文献的传入

　　公元1世纪前后[1],随着印度孔雀王朝的缔造者阿育王向周边地区全面推进佛法的传教运动,佛教首次传入吐蕃。然而受到苯教的顽强抵制,当时的佛教未能在吐蕃落地生根,仅在民间流传观世音信仰。

　　公元4世纪,佛教经典文献正式传入吐蕃宫廷,对吐蕃文化的多元发展注入了新鲜血液。对这一时期佛教文献及其相关法器的传入方式,藏文各种历史文献的记载虽有不同,但藏族现代史家一致认可的是《奈巴教法史》的观点。[2] 该书写到:"赞普·拉陀妥日年赞60岁时,由班智达·李太斯和吐火罗(tho-gar)译师罗僧措二人邀请印度的班智达·罗欣给国王讲授佛法,由于当时藏区没有文字而未能成功,但把《忏悔百拜经》、《宝箧经》、《佛说大乘庄严宝王经心要六字真言》、

[①]本文原载于《西藏大学学报》(社会科学版)2008年第4期。
[②]作者简介:夏吾李加,西南民族大学哲学学院研究员,主要研究方向为藏传佛教与藏族文化。

一肘高的金塔一尊、枳巴玛尼雕碗等请到吐蕃雍布拉康敬献于赞普，并嘱托道：若能敬礼、转经、供奉、祈愿此物，必将如愿加持。吾等在此守候亦无法开展利济之业，故决定离开，说完便离开吐蕃，前往汉地了。所谓从天而降，乃是纯属苯教徒之假托。对此国王称其'玄秘灵物'，供放在宝桌之上，以查曼珠宝碗中盛满酥油等圣水供养，并虔诚敬礼、转经、供奉、祈愿，使赞普到了60岁时又生出新牙、白发变黑，皱纹消失，容颜柔嫩，童颜再现，延寿到120岁，并神奇治疗了其曾孙失明的病症，使之重见天日。从此，臣民的生活有了吉祥富足的景象，社稷和边疆日益俱盛。后期创建桑耶寺时，将'玄秘灵物'装藏在桑耶寺白塔之内。"[3]我们抹去以上史料中"神秘色彩"的一面，用世俗的视角分析，仍然看得出当时佛教文献的传入对吐蕃社会的深远影响，而非像石硕教授所谓的"这些物品在当时可能并无特别的影响，只是在后人的追忆中被它们的作用大大渲染和夸大"[4]。

这显然是不符历史事实的主观臆断，对此，我们从以下四个方面探讨佛教文献传入吐蕃后的影响：第一、"玄秘灵物"不但是在赞普·拉陀妥日年赞时期出现延长寿命等功德，而且他的王孙仲年德日赞普对王子达布年塞如何医治眼睛失明的一番遗训[5]中着重强调供奉"玄秘灵物"，从中也能看出后期历代赞普对首传佛教文献的重视程度和信奉现象。第二、根据藏族历史文献记载，佛教和苯教两种教法史中对同一问题的评价和论述不尽相同，尤其对二者兴衰时期的历史事件的看法大相径庭，但在"玄秘灵物"的问题上苯教历史文献[6]却与佛教文献的记载基本相同，并明确写到"拉陀妥日年赞时期，虽然未能广传佛法，却出现口诵观世音心咒的观世音系列的传承体系"[7]。由此可见，当时的社会影响非同一般，不但出现了文献等相关佛教法器，还出现诵经祈愿的仪轨，并非"大大渲染和夸大"。第三、佛教从公元4世纪传入吐蕃以后，在苯教势力"一手遮天"的环境中，一直没有废弃或者失传，通过供奉等仪轨继续流传，直到公元8世纪末创建桑耶寺时作为装藏神物，从中足见"玄秘灵物"的社会功效和信众基础。第四、据《藏医史》和《宇妥·元丹贡布传》等史料记载，"印度局希仙人的高足·王子布喜噶协和婆罗门智索玛之女布拉噶泽二位医师前往吐蕃民间通过行医传播印度医学时，遇见一位背负患病的母亲出门远行的少女时，问道：'尔等吐蕃是否有上师？佛？法？医学？医师？……'，少女答道：'上师有观世音；佛有无量光佛；法有六字真言……'。事后，拉陀妥日年赞听闻此事后，遂请二位医师到雍布拉宫赐予黄金等珠宝，并把公主·益吉瑞恰许配给布喜噶协医师为妻，生有一子，名为东格陀觉坚。两位印度医师在吐蕃生活的几年内给东格陀觉坚等人讲授医学，并留下《把脉总论》《服食辟谷总论》《药方总纲》《针灸总论》《外科医疗总论》，以及各专科的理论注疏和实践诀窍后离开吐蕃，返回印度。东格陀觉坚成为拉陀妥日年赞和赤年松赞两代赞普的御医"。由此，可得出以下结论：（一）拉陀妥日年赞时期佛教文献不仅传入宫廷，而且在民间已经有一定的影响，尤其对夏察·扎西坚参的《西藏苯教源流》中提出的"口诵观世音心咒的观世音系列的传承"是一个有力的旁证。（二）当时除了佛教文献之外，还有医药学等方面的文献传入。（三）从印度学者前来吐蕃传医治疗，通婚生子，培养后继人才的实情来看，至少吐蕃王室与印度的文化交流早已有之。故此，西藏社科院的仲布·才让多杰[8]和中央民族大学的才让太[9]两位先生分别提出，早在吐蕃第一代赞普·聂赤赞普或第七代赞普·桑赤赞普前后佛教已经传入吐蕃。（四）布喜噶协医师与公主通婚，给公主·益吉瑞恰和东格陀觉坚两位母子为主的吐蕃人讲授印度医学理论，培养成两代赞普的御医，无疑这些医药学理论均为古印度梵文为载体的文献，讲授传导必须学习梵文。并非像石硕教授所说"不识文字，不知其义"[10]。通过以上分析，可以看出：公元4世纪的吐蕃是一个具有开放性和包容性的进步社会，使佛教和医药学为代表的印度古文明的成果文献得以传入吐蕃，绝非"佛教从拉脱脱日年赞时开始传入西藏是不足取的"[11]谬论。这时候主要在王室、贵族、大臣等上层统治阶级之间传播和发展，为松赞干布开始全面接受和传播佛教文化和建立译经院[12]打下了良好的社会基础，使佛教逐渐代替苯教思潮而成为时代的主潮，从此，吐蕃社会进入了一个崭新的历史纪元。

二、佛教文献的翻译

自拉陀妥日年赞至松赞干布之间，历经3个多世纪的文献收藏和整理，到了公元7世纪，在松赞干布的倡导下，邀请印度的班智达·格萨日、婆罗门·象噶日、阿阇梨·李先、尼泊尔的释拉曼泽、克什米尔的达那塔、汉地的和尚摩诃达瓦等周边国家和地区的学者，由吐蕃的吞弥桑布扎、达玛郭刹、阿雅阿罗噶、益喜巴、拉隆多杰白等组成的几十位译师主持翻译了《忏悔百拜经》、《宝箧经》、《十万般若》、《医药学》为代表的佛教、医学[13]、法律[14]等方面的经典文献几十部。对此，石硕教授却提出："据史料记载松赞干布时期所译佛经系《宝云经》、《宝箧经》、《十万颂般若经》等，但这些译本'今无一存'"[15]，可笔者在德格版《甘珠尔》第100（dkar-chag）函的第132叶阴面第二行的译跋中明确看到："《忏悔百拜经》由吞弥桑布扎翻译"，为了进一步确定它的真实性又翻阅拉萨雪版《甘珠尔》，从中也如是记载（拉萨雪版《甘珠尔》第100（dkar-chag）函的第454叶阴面第七行的译跋）："《忏悔百拜经》由吞弥桑布扎翻译"。难道这些还不足以说明这些译本的真实存在吗？此外，藏文《大藏经》每卷文献后面撰写"译跋"的传统始于赤松德赞之后，故此吞弥桑布扎等早期译师的译著后面未标翻译人员的名称而不易辨认的疑惑也就迎刃而解了。再者，松赞干布时期翻译的文献数量相当多，时隔久远，使后期厘定和编纂者对早期很多译者的姓名也无法考证，由此未标明译师姓名的文献仅仅在《甘珠尔》的《般若部》中就出现了22部，《宝积经部》中有6部，《经藏部》中有78部，《续藏》中出现了203部，共有309部。其中相当一部分译著应属松赞干布时期的译著，否则我们无法解释，例如德格和拉萨雪两个版本的《十万般若》没有"译跋"，这又与藏文史料中记载吞弥桑布扎等译师曾译有《十万般若》完全吻合，这有可能是松赞干布时期的译著，否则必有"译跋"，因为《十万般若》在佛教典籍中的地位与其他佛经无法比拟，若是后期初译的文献，不可能不加"译跋"。如果说在《布敦佛教史》上写有"相传三百卷的《十万般若》有娘康巴·郭恰、毗卢遮那、羯曲周、象益西德等六种译跋"[16]，也只能从以下几个方面论证《十万般若》为吞弥桑布扎翻译。第一、布敦大师也不确定初译者为何人，使用"相传"二字来说明没有明文作为实据。第二、布敦大师明确写到"有六种译跋"，可只举出四人或者四种"译跋"，还有两种或者两种以上的"译跋"并没有列举，想必包括了吞弥桑布扎等人的"译跋"，因为后期出现了译著后面附录"译跋"的传统后，译者和编审者很清楚。第三、布敦大师写到的"六种译跋"，并非全属新译，而是指在吞弥桑布扎的初译基础上进行的改译、译审、厘定等过程，正如《八千般若》在藏文文献编纂史上经历了吐蕃时期三种版本的改译、大译师·仁青桑布的一次改译和一次译审、仲敦巴·嘉伟迥乃的四次审定、俄大译师·洛丹喜饶的译审等约十次谨慎而漫长的改译、审定过程，更何况《十万般若》篇幅比《八千般若》大12.5倍。特别在公元9世纪时期编纂的《旁塘目录》[17]中两处注释性地写到"旧译"二字，一般文献中出现"旧译"二字或许不能说明什么问题，可出现在《旁塘目录》之中，尤其是"旧译"二字部分归类在"赤松德赞论著部"，说明这些文献早于赤松德赞时期，这又对松赞干布时期的译著提供了实物性的有力佐证，因为松赞干布和赤松德赞这一历史阶段未出现大规模的翻译活动。

三、《观自在显密二十一部》的编纂

公元7世纪，不仅翻译了多种学科的经典文献之外，还编纂了《观自在显密二十一部》丛书，这一套属于藏传佛教发展史上始译的部分汇编丛书。按照汉传佛教《大藏经》的编纂史来看，当属藏文文献编纂史上首编的《大藏经》丛书的开始，也属于藏传佛教后期编纂《甘珠尔》的雏形。《观自在显密二十一部》丛书中收集的有："《宝箧庄严经》《千手千眼陀罗尼》《莲藏经》《十一面经》《十一面陀罗尼》《不空羂索经》《不空羂索后经》《最胜莲花经》《自在轮经》《密乘仪轨续》《如意牟尼陀罗尼》《大悲及时经》《光明庄严经》《莲髻续》《六字经》《妙法莲花经》《白莲花经》《无量瀑流经》《光明游戏经》《百八佛号经》《佛说极现名相经》"[18]等佛教经典文献，可石硕教授通过所谓的考辨竟然又得出这样的结论："至于松赞干布时代所译佛经是否后世史籍所载那样多达'二十一种显密经续'，则颇值得怀疑，其中很可能存在后世的附会和夸张"[19]，更奇怪的是石硕教授从《智者喜宴》中一一引用"二十一部"的书目后，却没看见该书中同一页上紧接着写到的："其中除了《光明庄严经》、《无量瀑流经》、《光明游戏经》和《佛说极现名相经》四部经典虽未遗存于现行的《甘珠尔》之外，将《密乘仪轨续》译为《不空羂索仪轨细经》一样，只是译本的不同而已，其余'观自在显密十七部'都已编纂在《甘珠尔》"[20]等内容。

只要我们翻阅藏文《大藏经》，《观自在显密二十一部》的所有文献完整地编纂于其中，而且都是在松赞干布时期所译。当然，不管是吐蕃还是后弘期的译著，每逢文字厘定都要进行相应的改译和修订，我想这种惯例每个国家和民族都一样，不可能只对同时间出现的新书进行文字改革，以往的古籍一概不动。由于篇幅的原因《观自在显密二十一部》具体在《甘珠尔》的哪函、哪叶、哪行等问题，笔者不加细论，详情在《东噶藏学大辞典》中明确写到："这些文献（观自在显密二十一部）的书目在《智者喜宴》中有详细记载，其中大部分在《甘珠尔》的'经藏'（tsa）函中，《妙法莲花经》在《甘珠尔》的'经藏'（ja）函……"[21]，等等。

故此，从事藏学研究工作，不认真翻阅藏文原著当然会出现"目前尚无直接证据"和"颇值得怀疑"的误断，并对历史上真实存在的翻译事件和目前确实遗存的译著等问题，也误认为是"后世的附会和夸张"。又如："藏传量论"中的重要组成部分《摄类学》的创始人恰巴·曲吉僧格的巨著《摄类学·断除暗意》自公元12世纪问世以来，一直保存和流传在藏区各大寺院，并由西藏百慈藏文古籍研究室整理，汇编到《噶当文集》第八函之第434—627页之间，共有长条96叶，于2006年6月由四川民族出版社正式出版。可剧宗林教授等声称："恰巴·曲吉僧格所写的《摄类学》（又称"摄义辩论"，称谓不统一）一书已经不存"[22]，等等。并认为是自己的一大发现，这实属不做调查，妄加揣测之谬论。这样以来，松赞干布时期有组织地翻译《观自在显密二十一部》，系统编纂成丛书，还完整遗存于现行各种版本的《甘珠尔》之中，绝非王森先生声称的"相传松赞干布时，已有译经，但其译本均已不存，确否待考"[23]。这些都是无可争辩的历史事实。并且，《观自在显密二十一部》中既包括了显宗、也包括了密宗经典，这自然成为后期编纂《甘珠尔》时分类显密二宗的大纲。

四、《十万般若》的编纂

通过历代吐蕃赞普大力扶持，佛教得到了空前的发展，到了8世纪末，佛教文献的译著竟达数千卷。其中《般若部》文献的译著数量不仅最多，而且是整个佛教哲学的支撑点。所以，从赤松德赞开始，掀起了编纂《十万般若》丛书的热潮。

公元8世纪中期，多种《般若》文献的编纂体系非常庞大。据《德格甘珠尔编纂史》记载，"留存于印度的中转法轮时期的般若部文献，全部翻译成藏文。在前弘期，隆康巴·郭恰译师前往印度留学背诵了《十万般若》，返回吐蕃后通过背诵的文本一一改译，编纂成丛书，被称为'般若背诵本'；赞普赤松德赞虔信大乘佛教，用自己的血液和白色山羊的乳汁混合而撰写成书，共有4函，史称'般若赤本'，相传装藏于拉萨贡格砖塔中；贝·曼泽释和娘·恩达瓦若二位把印度的梵文版作为蓝本，改译《十万般若》，用赞普赤松德赞的燎发灰焦和白色山羊的乳汁混合写成，共有4函，史称'般若青本'。由于赤、青这两套般若写本的篇幅冗长，使文章结构、编纂方式、词组的搭配、偈句的断章等方面存在不规范的问题。因此，由大译师·毗卢遮那通过校勘、删改、新增、审订，最后编纂成'般若夏卓写本'，现今保存在曲普（今西藏山南扎囊桑耶区）。随后每代吐蕃赞普都有编纂《十万般若》丛书的传统，发动灭佛运动的赞普朗达玛也曾编纂过一套般若，史称'般若黄本'。还有吐蕃平民编纂的《十万般若》竟达19函"[24]。可见吐蕃时期文献编纂事业非常兴盛，上至王公大臣，下至平民百姓，尤其民间编纂的文献数量最多，足以说明公元8世纪以后佛教已经渗透到民间，并非石硕教授论证得那样"前弘期佛教缺乏民众基础，普及程度也有限"[25]。

另外，据史料[26]记载，赤松德赞每天用完午膳后，习惯邀请一位比丘给他念颂一桶纸卷（shog-drIl）。在《东噶藏学大辞典》中也记载："赤松德赞时期，所有译成藏文的文献以纸卷的版式馆藏，9600词编纂成一卷成册"[27]。足见这时候的藏文文献的外形主要以纸卷的版式出现，正如敦煌出土的藏文文献中有相当一部分的版式也是纸卷[28]，而不全是我们现在通用的藏文长条版式。

五、佛教文献的系统编纂和编目

（一）《丹噶目录》

公元814年，为了今后的翻译界有个统一翻译标准和方法，便规定了三大翻译标准和四大翻译方法，避免错译、漏译、误译等，按照第四十代吐蕃赞普·赤德松赞（776—815）的诏令，由噶瓦·白泽和昆·李旺波等大译师在总结前人翻译经验的基础上编著了《声明要领二卷》，其中收集9千多梵藏对照词。其次，从文献学的层面汇编了《丹噶目录》，其中编纂了3915.40卷文献的书目、作者、译者、学科分类等内容。这些文献未编目整理前馆藏在丹噶宫中，故而命名为《丹噶目录》。从现有文字记载的史料来看，《丹噶目录》既是藏族历史上的第一部目录，也是藏族第一部目录编纂史，因此，大译师噶瓦·白泽成为藏族历史上首次开创编纂文献目录的学者。基于这个原因，《声明要领二卷》和《丹噶目录》被后期的诸《丹珠尔》版本编纂于杂部之中，德格版《丹珠尔》收藏于杂部的（cao）和（jao）[29]函中，足见它在藏族文化发展史上的地位。从藏文最早的《丹噶目录》来看，将佛学经典分门别类为27门，其中的分类和卷数等详细内容如表1。

表1 《丹噶目录》对佛学经典的分类

序号	部（sde-tshan）	帙（chos-tshan）	卷（bam-po）	偈（sho-lo-ka）
1	大乘般若部	16	517.74	165274
2	大乘方广经部	6	227.3	68130
3	大乘宝积经	48	150.5	45151
4	大乘经藏杂部	169	547.25	164074.5
5	大经部	9	5.68	1705
6	译自汉地的大乘经藏部	24	118.13	35440
7	小乘经藏部	46	152.27	45682
8	密乘续藏部	13	109.05	32714
9	五大陀罗尼	5	6.2	1860
10	陀罗尼广略杂部	101	25.59	7678
11	一百零八种佛号部	10	4.3	1290
12	礼赞部	19	4.91	1474
13	祈愿部	12	3.75	1124.5
14	吉祥法门	7	0.58	173.5
15	律藏部	23	730.67	219200
16	说一切有部	9	30.67	9199

序号	部 (sde-tshan)	帙 (chos-tshan)	卷 (bam-po)	偈 (sho-lo-ka)
17	大乘经藏注疏部	51	347.54	104263
18	译自汉地之经藏注疏部	8	123.87	37160
19	中观部	33	157.01	47102
20	三昧禅定部	8	8.88	2665
21	法相部	40	315.91	94773
22	大乘论述部	32	68.44	20533
23	小乘注疏部	9	145.33	43600
24	因明部	25	36.68	11005
25	赤松德赞论著部	7	14.17	4250
26	未完厘定部	2	未记	未记
27	未完译著部	8	30	9000
合计		740	3915.40	1174620.5

其中有 740[30] 百部帙，3915.40 卷（bam-po）[31]，1174620.5 偈句（sho-lo-ka）[32]，共计 37587856 词（tsheg-khyim）。

（二）《曲普目录》和《旁塘目录》

公元 9 世纪，为了进一步系统地编目整理佛陀释迦牟尼的语录和历代印度贤哲的注疏，依照第四十一代吐蕃赞普·赤然巴金（806—841）的敕令，先后仍由噶瓦·白泽和曲吉宁布、白吉能布等大译师将所有佛教经典文献分别编目整理成《曲普目录》和《旁塘目录》，这两本目录名称的由来，仍然沿用了文献收藏地点的名称。其中《旁塘目录》现已馆藏在西藏博物馆，2003 年 12 月由民族出版社正式出版，并非像王森先生和许红梅馆员写到的："今日仅存丹噶目录一种"[33] 或 "钦浦目录和旁塘目录今已不存"[34]。《曲普目录》由国家古籍机构和民间收藏家正在搜索，亟待发现。这两个《目录》编纂的主要特点是沿用《丹噶目录》的每本译著的书目、章节、偈句、作者、译者、原文的语种等编纂方式，并进一步细化，增加了新译的文献，详细内容见表 2。

表2　《曲普目录》和《旁塘目录》对佛学经典的分类

序号	部（sde-tshan）	帙（chos-tshan）	卷（bam-po）	偈（sho-lo-ka）
1	大乘般若部	17	3615.27	1084582
2	大乘方广经部	5	140	42000
3	大乘宝积经	9	23	6900
4	大乘经藏部	131	596.5	178950
5	经藏杂部	54	25.29	7588
6	般若杂部	14	1.001	300.5
7	译自汉地的大乘经藏部	12	93	27900
8	小乘经藏部	11	105	31500
9	属于大乘经藏部	10	5.4	1620
10	法门部	5	1.8	540
11	法门部	5	1.8	540
12	大乘经藏杂部	34	11.52	3457
13	密乘续藏部	4	18.5	5550
14	陀罗尼广略部	14	11.03	3310
15	五大陀罗尼部	5	8.53	2560
16	陀罗尼广略杂部	89	18.99	5697.5
17	附录陀罗尼杂部	9	0.72	217
18	一百零八种佛号部	136	4.9	1490
19	吉祥法门	7	0.58	175
20	祈愿部	13	3.52	1056.5
21	律藏部	19	406.94	122084
22	经藏杂部之注疏	48	133.25	39975
23	译自汉地之经藏注疏部	7	95	28500

序号	部（sde-tshan）	帙（chos-tshan）	卷（bam-po）	偈（sho-lo-ka）
24	中观部	29	152.24	45672
25	法相部	30	273.29	81987
26	小乘注疏部	15	171.95	51585
27	因明部	28	33.43	10031
28	众论师注疏部	25	67.74	20323
29	礼赞部	16	5.46	1640
30	赤松德赞论著部	10	14.06	4220
31	未完厘定部（经藏及其注疏）	5	24.92	7477
32	未完译著部（经藏及律藏）	11	186	55800
33	未完厘定部（诸论师之注疏）	10	27	8100
34	出自一书之孤本部	8	5.8	1741
35	出自其他译跋之散本部	3	19.83	5950
36	无译跋之经藏部	21	23.47	7042
37	译自汉地及于阗的陀罗尼部	2	未记	未记
38	译自印度的陀罗尼部	28	15.29	4589
39	译自汉地的陀罗尼部	5	77.01	23103
40	吐蕃君臣之论著	117	110.96	33288
41	三陀罗尼部	83	103	30900

（三）两大目录的差异

两大目录对吐蕃时期翻译的文献进行系统的整理编目，参与编纂的人员又没有大的变动，故而其内部结构和理论框架大体一致。可这两大目录在不同历史时期编纂而形成，这一阶段又是吐蕃翻译史上的顶峰时期。两者必有一定的差异，这一差异对我们今天研究吐蕃时期的翻译现状、文献编纂、文化转型、价值趋向等方面，具有非常重要的历史意义。具体见表3。

表3 《旁塘目录》和《丹噶目录》的差异比较

序号	部	帙	卷	偈	目录名
1	经藏杂部	54	25.29	7588	旁塘
2	般若杂部	14	1.001	300.5	旁塘
3	属于大乘经藏部	10	5.4	1620	旁塘
4	法门部	5	1.8	540	旁塘
5	陀罗尼广略部	14	11.03	3310	旁塘
6	说一切有部	9	30.67	9199	丹噶
7	大乘经藏注疏部	51	347.54	104263	丹噶
8	经藏杂部之注疏	48	133.25	39975	旁塘
9	三昧禅定部	8	8.88	2665	旁塘
10	大乘论述部	32	68.44	20533	旁塘
11	众论师注疏部	25	67.74	20323	旁塘
12	附录陀罗尼杂部	9	0.72	217	旁塘
13	未完厘定部（诸论师之注疏）	10	27	8100	旁塘
14	出自一书之孤本部	8	5.8	1741	旁塘
15	出自其他译跋之散本部	3	19.83	5950	旁塘
16	无译跋之经藏部	21	23.47	7042	旁塘
17	译自汉地及于阗的陀罗尼部	2	未记	未记	旁塘
18	译自印度的陀罗尼部	28	15.29	4589	旁塘
19	译自汉地的陀罗尼部	5	77.01	23133	旁塘
20	吐蕃君臣之论著	117	110.96	33288	旁塘
21	三陀罗尼部	83	103	30900	旁塘

这三部旷世巨著不管是翻译理论方面，还是文字改革和规范化，以及双语对照辞典方面都对后来藏文文献编纂的系统化及其发展提供了较高的基点，特别对文献学领域的编目整理、分门别类、版本鉴别、对勘校雠等方面，提供了丰富的理论依据，使这一方法论一直贯穿整个藏文文献编纂史，直到今天。

参考文献：

[1] 张怡荪. 藏汉大辞典（下册）[S]. 北京：民族出版社，1993：31-963197.

[2] 奈邬班智达·扎巴莫兰罗珠. 古昔教言·花鬘（又名奈巴教法史）[M]. 拉萨：西藏藏文古籍出版社，1990：14-15.

[3] 石硕. 松赞干布时期佛经翻译的问题考辨[J]. 四川大学学报（哲学社会科学版），1999（3）：103.

[4] 巴俄·祖拉陈瓦. 智者喜宴（上册，藏文）[M]. 北京：民族出版社，1986：170.

[5] 芭·单杰桑泊. 本教源流宏扬明灯（藏文）[M]. 北京：中国藏学出版社，1991：158—159；夏察·扎西坚参. 西藏本教源流（藏文）[M]. 北京：民族出版社，1985：198—199.

[6] 夏察·扎西坚参. 西藏本教源流（藏文）[M]. 北京：民族出版社，1985：198—199.

[7] 觉吾·伦珠扎西，等. 宇妥·元丹贡布传（藏文）[M]. 北京：民族出版社，1982：61—65//第司·桑吉嘉措. 藏医史（藏文）. 兰州：甘肃民族出版社，1982：212—213.

[8] 仲布·才让多杰. 关于佛教最早传入西藏之年代考略[J]. 中国藏学（藏文版），2003（2）：17—23.

[9] 才让太. 佛教传入吐蕃的年代可以推前[J]. 中国藏学（汉文版），2007（3）：3—8.

[10] 石硕. 松赞干布时期佛经翻译的问题考辨[J]. 四川大学学报（哲学社会科学版），1999（3）：104.

[11] 王森. 西藏佛教发展史略[M]. 北京：中国社会科学出版社，1997：3.

[12] 才旦夏茸. 藏文文法（藏文）[M]. 兰州：甘肃人民出版社，1980：33.

[13] 第司·桑吉嘉措. 藏医史（藏文）[M]. 兰州：甘肃民族出版社，1982：150；强巴赤列. 藏族历代名医略传（藏文）[M]. 北京：民族出版社，2000：24—35.

[14] 巴俄·祖拉陈瓦. 智者喜宴（上册，藏文）[M]. 北京：民族出版社，1986：184.

[15] 石硕. 松赞干布时期佛经翻译的问题考辨[J]. 四川大学学报（哲学社会科学版），1999（3）：107.

[16] 布敦·仁钦竹. 布敦佛教史（藏文）[M]. 北京：中国藏学出版社，1988：216.

［17］西藏博物馆．旁塘目录；声明要领二卷［M］．北京：民族出版社，2003：56—57．

［18］巴俄·祖拉陈瓦．智者喜宴（上册，藏文）［M］．北京：民族出版社，1986：182—183．

［19］石硕．松赞干布时期佛经翻译的问题考辨［J］．四川大学学报（哲学社会科学版），1999（3）：107．

［20］巴俄·祖拉陈瓦．智者喜宴（上册，藏文）［M］．北京：民族出版社，1986：182—183．

［21］东噶·洛桑赤列．东噶藏学大辞典［S］．北京：中国藏学出版社，2002：1045．

［22］剧宗林．藏传佛教因明史略［S］．北京：民族出版社，1994：76．

［23］王森．西藏佛教发展史略［M］．北京：中国社会科学出版社，1997：15．

［24］司徒·曲吉穹乃大藏经〈甘珠尔〉总目录（藏文）［M］．成都：四川民族出版社，1989：247—148，306．

［25］石硕．达磨灭佛对佛教在藏区传播趋势的影响［J］．中国藏学，1996（2）：42．

［26］木雅公布先生．略论藏文〈大藏经〉发展史［J］．中国藏学，1990（3）：7．

［27］东噶·洛桑赤列．东噶藏学大辞典［S］．北京：中国藏学出版社，2002：2003．

［28］陈践，王尧．敦煌本藏文文献（藏文）［M］．北京：民族出版社，1983．

［29］东噶藏学大辞典［S］中写道"：编纂于德格《丹珠尔》杂部的（dza）函"，疑为编辑和校勘工作中的失误．北京：中国藏学出版社，2002：132．

［30］本文中列举《丹噶目录》的部、帙、卷、偈等数据，笔者以德格版的杂部（jo）函中的《丹噶目录》为依据可木雅公布．略论藏文〈大藏经〉发展史［J］．中国藏学，1990（3）：8"北京民族文化宫馆藏的一本手抄本《丹噶目录》中有723部帙，这是译成藏文的佛教经典文献编纂丛书的首举。"二者的帙部统计数出现了17个帙部的出入，笔者虽然通过多方渠道搜索北京民族文化宫馆藏的《丹噶目录》写本，因为他们馆藏的很多文献已经原璧归赵，现无法得知其下落。

［31］卷（bam po）：每卷通常有300偈句。

［32］偈句（sho lo ka）：每偈句通常有四句，每一句通常有7至9词，本文根据德格《甘珠尔编纂史》、《东噶藏学大辞典》和木雅·公布的《略论藏文〈大藏经〉发展史》中的标准，以8个词为计量单位。

［33］王森．西藏佛教发展史略［M］．北京：中国社会科学出版社，1997：15．

［34］许红梅．藏文大藏经形成的历史概述［J］．敦煌学辑刊，2007（1）：142．

基于数字档案馆建设理念的西藏藏文档案文献遗产数字化资源共建研究[①]

华林[②]　石敏　李帅

　　藏族先民在历史上创造了古朴博大的民族文化，留下了丰富的藏文档案文献遗产，在载录藏族文化，传承藏族古代文明方面作出了重要历史贡献。基于多元属性，除档案馆外，藏文档案文献多以古籍、文物和史料等形式，广泛为图书馆、博物馆、民委古籍办、民族研究所、文化馆、纪念馆和史志办等单位收藏[1]。受机构体制设置、物权所有等因素限制，散存藏文档案文献原件集中保护较为困难。2013年，国家档案局局长杨冬权在全国数字档案馆（室）建设推进会上的讲话提出："用15年左右的时间，建成以数字资源为基础、安全管理为保障、远程利用为目标的数字档案馆（室）体系。"[2]基于此，以数字档案馆建设为理念，探讨散存藏文档案文献遗产的数字化资源共建问题，为其集中保护提供新的思路。该问题学术界进行过相关研究，如《西藏历史档案数字化整理工作》（桑杰肖）[3]、《腾飞的西藏档案事业》（自治区档案馆）[4]对藏文历史档案数字化建设的技术与方法进行探讨；边巴片多等的《西藏自治区文化信息资源共享工程建设与思考》[5]、德萨的《网络环境下西藏地区藏文信息资源共享可行性研究的意义》[6]涉及西藏藏文数字化信息的共建共享问题；周卫红的《基于Unicode的藏文文献数字图书馆的构建——以美国藏传佛教资源中心数字图书馆（TBRC）为例》[7]则对藏文文献的数字化资源建设技术与标准等问题进行研究。探寻藏文档案文献数字化资源共建问题，对新形势下做好这一珍贵文化遗产的集中保护与发掘利用工作有参考价值。

---

①本文原载于《西藏大学学报》（社会科学版）2017年第1期。
②第一作者简介：华林，云南大学历史与档案学院教授，主要研究方向为民族档案研究、档案管理研究等。

基于数字档案馆建设理念的西藏藏文档案文献遗产数字化资源共建研究

一、藏文档案文献遗产资源数字化共建学理分析

（一）藏文档案文献的多元属性为其数字化资源共建提供了理论依据

2005年，国务院颁布《关于加强文化遗产保护的通知》，从《通知》对文化遗产内涵外延的界定评析来看，藏文档案文献、古籍和文物等都可归属于文化遗产的范畴[8]。档案本质特征是原始性，并具有历史文化价值。从文物视角看，文物"是过去人们直接使用的实用性物品，如器具、衣服、建筑物等等，当然也包括重要的历史文件，这些有历史文化价值的东西必然会有相当程度的原始记录作用"，"是与档案在内涵上最为相近的概念"[9]。因此，许多民族文物可视为民族实物档案。从古籍视角看，"中国少数民族古籍是指中国55个少数民族在历史上所形成的古代书册、典籍、文献和口传古籍"[10]，这些古籍文献也多具有原始性。如最具历史文化价值的民族经卷受书写和印刷条件的限制，多数由少数民族喇嘛、毕摩、和尚、东巴等直接撰写而成，具有其形成的原始性，是珍贵的手稿档案，具有民族古籍和档案的双重属性。在实践方面，鉴于藏文档案文献的多元属性，除档案馆外，广泛为图书馆、博物馆、民委古籍办、民族研究所、文化馆、纪念馆和史志办等单位收藏。鉴于此，以国家综合档案馆为核心，将图书馆、民委古籍办、民族研究所和博物馆等作为共建单位，共同开展藏文档案文献遗产数字化资源共建工作有其理论依据。

（二）社会记忆构建与保护理念为其数字化资源共建提供了建设契机

1992年，联合国教科文组织发起"世界记忆工程"，这一保护工程关注的是文献遗产，具体而言就是手稿、图书馆和档案馆保存的任何介质的珍贵文件，以及口述历史的记录等，其目标就是采用最适当的手段保护具有世界意义的文献遗产，并鼓励对具有国家和地区意义的文献遗产进行保护。在此背景下，1996年，国家档案局成立"世界记忆工程"中国委员会，开始对中国濒危档案文献遗产进行调查。2000年，成立由文献、档案、古籍、史学界等专家组成的"中国档案文献遗产工程"国家咨询委员会，启动"中国档案文献遗产工程"，其主旨是实施系列计划，确定、保护、管理和利用中国档案文献遗产[11]。从社会记忆保护视角看，藏族社会记忆的保护以其文献遗产为主要对象，也就是要以各种有效的手段和方式，保护档案馆、图书馆和博物馆或其他组织、个人收藏的藏族文献遗产。藏文档案文献遗产是藏族文献的重要构成部分，其数字化资源共建工作应关注到散存在图书馆、民委古籍办、博物馆和民族研究所等单位藏文档案文献的保护问题。以"世界记忆工程"实施为契机，开展藏文档案文献数字化共建工作，对保护藏文档案文献遗产，完整地构建与传承藏族社会记忆有现实意义。

二、数字档案馆藏文档案文献遗产数字化资源共建有利因素

（一）全国文化信息资源共享工程的实施

2002年，由文化部和财政部共同组织实施"全国文化信息资源共享工程"，应用现代科技，将中华民族优秀文化信息资源进行数字化加工整合，通过文化信息资源共享工程网络体系，实现文化信息在全球范围内的共享[12]。2004年，西藏自治区启动文化共享工程，运用信息技术，将经过加工整合的地方特色文化数字资源和全国优秀文化信息资源相结合，建成网络体系，以卫星接收、互联网传输、本地镜像、移动存储和刻录资源光盘发放等多种形式，实现数字文化信息资源的共建共享[13]。2003年，"全国文化信息资源共享工程卫星三级站"在西藏建成开通。2007年，西藏自治区图书馆全面投入到省区级信息资源共享分中心和7个地区（市）分中心的建设中，完成西藏省区级分中心的建设与联网，开始网站建设，实现网络平台、资源建设、用户服务等实质性运行[14]。2010年，国家科技图书文献中心（NSTL）拉萨服务站的开通和2012年西藏自治区"数字图书馆推广工程"的启动，加大了地方特色资源建设力度，提升了西藏地区数字图书馆整体发展水平，为向公众提供个性化、多样化、全媒体数字图书馆服务提供保证[15]。全国文化信息资源共享工程的实施，从藏文特色资源建设、网络平台的搭建，以及数字化资源的社会共享等方面，为藏文档案文献数字化资源共建共享工作提供了现实契机。

（二）藏文信息数字化技术的成熟与发展

在藏文数字化方面，主要有中国藏学研究中心和航天部701所推出的藏文文字处理及激光编辑排版印刷系统，后与潍坊华光合作开发出的华光书林藏文排版和激光照排系统；中国计算机软件与技术服务总公司、北京大学计算机研究所、中国民族语文翻译中心等联合研制并推出的北大方正藏文书版系统；中国藏学研究中心扎西次仁负责的"珠穆朗玛Unicode藏文字体"项目研发出的"珠穆朗玛基于Unicode的系列藏文字体"等。在藏文操作平台方面，2007年，微软公司向全球市场同步发布最新操作系统Windows Vista，这是在全球范围内第一个全面支持藏文的计算机操作系统。Windows Vista中的藏文是完全基于由我国研究、提出并制定的藏文编码字符集国际标准ISO10646和与之相一致的国际标准Unicode。国际编码字符集Unicode标准及元数据标引规范Dublin Core标准的制定都为藏文信息资源共享的实现提供了技术支持[16]。在藏文数字化资源建设方面，2001年，国家民委投入200万元在西北民族大学建设"藏文信息技术重点实验室"，主要项目有：甘肃省自然基金"藏文古籍数字化保护技术研究"、国家语委科研项目"馆藏少数民族文献信息库建设"等[17]。此外，美国国会图书馆藏文信息库、美国西藏佛教

中心藏文信息库、拉孜现代藏文数字图书馆、雪域数字图书馆、日本真宗研究所；国内的百慈藏文古籍研究室格鲁派文集数据库等好的技术和方法[18]，对藏文档案文献遗产数字化资源建设工作有借鉴作用。

（三）丰富的藏文档案文献遗产资源储备

在资源储备方面，档案馆、图书馆、博物馆、民委古籍办等单位都收藏有丰富的藏文档案文献。如1959年，西藏自治区档案馆在中央人民政府支持下，从原西藏地方政府机构和拉萨地区的部分贵族、僧俗官员、寺庙拉章以及上层喇嘛等处征集到大量藏文历史档案。迄今，已经接收、征集藏族历史档案共有300余万件，建成一个自成体系、齐全完整的藏文档案文献遗产资源宝库[19]，为进一步开展其数字化资源共建工作奠定了基础。在图书馆系统，西藏自治区图书馆现有藏文典籍10万函；西藏社会科学院图书馆有藏文图书6万册（函）；西藏大学图书馆藏书量为22万册，以藏文图书为主。此外，西藏农牧学院图书馆、西藏自治区党校图书馆也收藏有部分藏文文献，上述五家图书馆的藏文文献藏书量达30多万册（函）[20]。西藏自治区博物馆珍藏藏文经卷等古籍2500函，并保存有司徒之印、五世达赖喇嘛之印等藏文印信，以及木刻、金文等大量藏文实物档案。西藏各大寺院也珍藏有丰富的藏文典籍，最多的是布达拉宫，收藏3万余函，多存放在各殿橱柜中[21]。

三、数字档案馆藏文档案文献数字化资源共建理念与策略

数字档案馆是一种实体概念，是全方位实现信息化的新型档案馆，它包括服务数字化和档案馆其他业务职能的信息化，实现了数字化馆藏的存储、维护、传输和提供利用，以及文档接收、征集、整理、著录、鉴定、编研、维护、保管、迁移等各项工作的信息化。数字档案馆主要有基于信息共享的数字档案馆和基于本馆信息化的数字档案馆等两种类型。其中，前者主要是由图书馆或档案馆等机构发起而由其他文献信息机构参与的项目。如美国伊利诺斯数字档案馆由该州的图书馆和行政部门联合建设和维护，参加者有15个机构，除伊利诺斯州档案馆外，还包括两所学校，一个历史研究会和一个博物馆等。这一数字档案馆构建的核心部分是数据库和网站建设，主要目的是在网上为用户提供有关该州历史和现状的信息，同时为项目参加机构向伊利诺斯数字档案馆上传数据提供工具[22]。数字档案馆藏文档案文献数字化资源共建理念就是以自治区档案馆为建设主体，由自治区文化信息资源共享工程领导小组进行领导、组织和协调，依托文化信息共享工程，和相关藏文档案文献共建单位形成共建机制，组织开展藏文档案文献数字化资源共建共享工作。建设策略如下：

（一）建立共建共享联动机制

2005年，西藏自治区人民政府下发《关于成立西藏自治区文化信息资源共享工程领导小组的通知》，成立了以自治区副主席、文化厅、发展改革委员会、财政厅、西藏图书馆等为成员单位的领导小组，为西藏共享工程的顺利开展提供了有力的组织保证[23]。鉴于此，首先建议依托西藏自治区文化信息资源共享工程领导小组，组建西藏藏文文献数字化资源共建共享委员会，主要职责为：一是确立藏文文献数字化资源建设的原则、方法和政策，用以指导其资源共建工作；二是对各个建设单位的藏文文献数字化资源建设工作进行组织和协调，以保障这项工作的稳定发展；三是规范和标准制定工作，制定藏文文献数字化资源建设的技术标准，用以规范其资源共建工作；四是联动开发工作，对共建单位藏文文献的开发工作进行规划指导，避免重复开发，提高利用效率。其次，依托藏文文献数字化资源共建共享委员会，以项目实施的方式，组成项目实施领导小组，开展藏文档案文献遗产数字化资源共建工作。其工作内容包括：一是确立平台单位，依据资源储备建设、网络平台、信息技术和保护技术等条件，确立数字化档案馆建设平台；二是组建共建联盟，由各个参与单位组成共建联盟，共同开展藏文档案文献遗产资源共建工作；三是制订规范和标准制，依据国家档案数字化和藏文文献数字化标准，构建藏文档案文献数字化资源建设标准体系；四是开展共建共享工作，组织共建单位开展藏文档案文献数字化资源共建与共享工作。

（二）建设数字化档案馆平台

建议由自治区档案馆为建设平台，其优势有：一是政策法规。2002年以来，国家档案局发布《全国档案信息化建设实施纲要》，提出"建立一批电子文件中心和数字档案馆，实现档案信息资源社会共享"的总体目标；印发《数字档案馆建设指南》，明确数字档案馆建设的具体内容；发布《档案事业发展"十二五"规划》，提出要"加快数字档案馆建设步伐"。同时还陆续制定了一系列相关标准，为数字档案馆规范建设提供了保障[24]。二是资源储备与建设。西藏自治区档案馆已经接收、征集藏族历史档案共有300余万件，其中，90%以上是藏文档案。自2009年西藏自治区档案馆实施信息化建设至今，已完成档案数字化近30万卷，藏文档案资源数据库已初具规模[25]。三是管理软件的研发。西藏自治区档案馆根据藏文档案文种、载体和规格等方面特点，自主研发"西藏历史档案管理系统"软件，获得2010年度全国档案局优秀科技成果奖三等奖[26]。该软件的研发实现了藏文档案文献的数字化管理，奠定了数字化档案馆的建设基础。四是数字化档案馆初具规模。其标志为建成西藏档案办公网、西藏档案信息网、西藏档案政务网等"三网"和档案基础

基于数字档案馆建设理念的西藏藏文档案文献遗产数字化资源共建研究

数据库。"三网一库"的建设,标志着在西藏建成了一个覆盖档案工作各个环节,囊括档案信息资源接收、收集、征集、采集、整理、保管、鉴定、统计、利用、编研全过程,并链接自治区、地(市)、县、立档单位等多级档案部门的信息资源共享系统[27]。

(三)构建资源建设标准体系

标准体系建设就是依托西藏藏文文献数字化资源共建共享委员会,依据国家档案文献数字化规范,以及藏文文献数字化标准,从著录格式、标引规则、数据指标、符号表达与转换、流通规则,以及软件和硬件系统的兼容性等方面[28],制定藏文档案文献数字化资源建设各项标准,形成标准体系,用以规范其数字化资源建设工作。可依据的国家档案文献数字化标准有:电子文件的接收与管理标准规范,如GB/T18894-2002电子文件归档与管理规范、DA/T46-2009文书类电子文件元数据方案、DA/T47-2009版式电子文件长期保存格式需求等;档案数字化工作标准规范,如DA/T31-2005纸质档案数字化技术规范、DA/T 53-2014数字档案COM和COLD技术规范等;数字档案资源库建设标准规范,如GB/T20163-2006中国档案机读目录格式、DA/T13-1994档号编制规则等。可依据的藏文文献数字化标准有西藏自治区藏语文指导委员会办公室主持完成的藏文编码字符集、键盘、字模的国家标准;西藏完成的大型藏汉双语机载词典(12万条),以及为藏、汉、英机器翻译所需的藏语语法属性电子词典和大规模藏语真实文本数据[29];中国民族图书馆先巴依据汉语文古籍著录标准编写的《藏文元数据著录标准化研究》(初稿)等,这些标准为藏文档案文献数字化资源建设标准体系的构建奠定了基础。

(四)推进特色数据库的建设

藏文档案文献特色数据库建设工作就是各个共建单位,依据所藏藏文档案文献资源储备及其建设标准体系,构建藏文历史档案、藏文古籍、藏文医药文献或藏文文物等专业特色数据库。如自治区档案馆自2009年实施信息化建设至今,已完成桑珠颇章、觉细列空、孜聂仓、乃琼等四个全宗,及《噶厦全宗》等历史档案的全文录入工作,在藏文历史档案专题数据库建设工作中取得显著成果。在图书馆系统,2006年,西藏社科院着手梵文贝叶经普查工作,目前已普查登记近6万叶、约12万面,1000多函(种)的贝叶经,并完成部分经文的数字化。2014年10月6日,西藏大学与中国藏学研究中心签署"合作开展藏文文献数字化项目协议",将推出一个集古籍、藏文期刊、历史档案等内容为一体的世界级的"藏文文献资源中心"。西藏藏医学院完成800余部藏医药传统文献的数字化和在线检索工作,现已在学院校园网络开放,不久后将正式对外发布。西藏古籍保护中心色昭办公室由色拉寺、大昭寺联合设立，该机构平均每日完成10部古籍文献的数字化工作，涉及佛经、因明学、历史、文学等领域。2010年7月，西藏自治区古籍保护中心正式启动古籍普查保护工作。目前，已经全面开展普查数据的录入、上报和管理工作，建立西藏古籍综合信息数据库，已形成《西藏古籍联合目录》。迄今，已完成的数字化藏文古籍成果有《西藏古籍研究教程》《拉萨古籍目录》、三批《国家珍贵古籍目录》《藏传佛教直贡噶举古经文藏汉对照丛书目录》（附该丛书所有150部电子书）等[30]。在文物系统，2013年，西藏投入经费843.5万元，启动可移动文物普查工作。目前已完成布达拉宫、西藏博物馆等1305处国有单位文物收藏情况调查，采集文物数据114167件，并对105494件各类珍稀文物进行数字化建档保护[31]。

（五）数字化资源共享与开发

其一，藏文档案文献特色资源数据库的移交保存。藏文档案文献数字化建设的最终成果是特色资源数据库，各个共建单位建成的特色资源数据库，无论是藏文古籍数据库、藏文医药数据库，或是藏文文物数据库等，从数字档案原始性本质特征看，都是珍贵的藏文数字档案文献遗产，建议移交到自治区数字档案馆进行资源汇总，并依据GB17859-1999信息安全技术计算机信息系统安全保护等级划分准则、GB/T24363-2009信息安全技术信息安全应急响应计划规范、GB/Z24364-2009信息安全技术信息安全风险管理指南、GA/T671-2006终端计算机系统安全等级技术要求等，采用异地备份等方式珍藏保护。其二，维护共建单位的信息享有权力。《中华人民共和国档案法》第21条规定："向档案馆移交、捐赠、寄存档案的单位和个人，对其档案享有优先利用权，并可对其档案中不宜向社会开放的部分提出限制利用的意见，档案馆应当维护他们的合法权益。"[32]鉴于此，自治区数字档案馆除对移交的藏文特色数据库进行安全保护外，应维护共建单位在数字化权、著作权、隐私权和开发权等方面的合法权益。其三，多平台开发利用藏文数字化档案文献。本着信息资源共建共享和维护建设单位权益的原则，建议采用多平台开发的方式发掘利用藏文数字化档案文献遗产。首先，由西藏藏文文献共建共享委员会进行评估、协商，在维护建设单位权益的同时，确定可公布的藏文数字化档案文献的级别与内容。其次，自治区数字档案馆以发掘馆藏藏文数字化档案资源为主，与西藏信息资源共享分中心同时公布可公开的专题数据库，以及其他特色数据库的分布单位与检索途径。再次，各个共建单位依托本单位网站平台，以及特色数据库，采用提供查询目录、专题汇编，举办展览以及开展宣传和文化教育等方式，开发藏文档案信息资源，为西藏经济文化建设和社会稳定发展提供利用服务。

基于数字档案馆建设理念的西藏藏文档案文献遗产数字化资源共建研究

参考文献：

[1]华林.文化遗产框架下的西部散存民族档案文献遗产保护研究[J].档案学通讯，2013（3）.

[2][24]杨冬权.在全国数字档案馆（室）建设推进会上的讲话[J].中国档案，2013（11）.

[3]桑杰肖.西藏历史档案数字化整理工作[J].西藏档案，2013（2）.

[4][25]自治区档案馆.腾飞的西藏档案事业[N].西藏日报（汉），2014-06-09（4）.

[5][13]边巴片多，杜磨舟.西藏自治区文化信息资源共享工程建设与思考[J].西藏大学学报（自然科学版），2012，27（2）.

[6][16]德萨.网络环境下西藏地区藏文信息资源共享可行性研究的意义[J].西藏大学学报（汉文版），2007，22（2）.

[7][17]周卫红.基于Unicode的藏文文献数字图书馆的构建——以美国藏传佛教资源中心数字图书馆（TBRC）为例[J].情报资料工作，2012（1）.

[8]国务院关于加强文化遗产保护的通知（国发2005［42］号）[EB/OL].（2015-12-22）[2017-01-09].http：//www.gov.cn/gongbao/content/2006/content_185117.htm.

[9]冯惠玲，张辑哲.档案学概论[M].北京：中国人民大学出版社，2006：13.

[10]国家民委文化部.关于进一步加强少数民族古籍保护工作的实施意见[EB/OL].（2008-02-04）[2017-01-09].http：//www.seac.gov.cn/gjmw/zwgk/2008-02-04/1201572165269742.htm.

[11]毛福民.关于成立中国文献遗产工程委员会的提案[N].中国档案报，2012-03-09（2）.

[12]张彦博，刘刚，王芬林.全国文化信息资源共享工程的创新实践[J].数字图书馆论坛，2007（1）.

[14][28][29]李子，张淼，邓玲.构建西藏自治区文献信息资源共享体系的几点思考[J].西藏科技，2011（2）.

[15]赵艳萍，赵晓红.西藏地区数字图书馆建设思考——基于智慧图书馆建设[J].新西部（理论版），2014（29）.

[18]米玛次仁.西藏地区藏文文献信息资源分布与利用现状分析——资源共享联手共建的实践与思考[J].西藏大学学报（汉文版），2007，22（3）.

[19]中华人民共和国国务院新闻办公室.西藏文化的发展[R].中华人民共和国国务院公报，2000（26）.

[20]阿华.论藏文文献的开发和利用[J].中国藏学，2000（4）.

[21]先巴.藏文典籍及其收藏[J].收藏，2010（1）.

[22]于丽娟.国外数字档案馆建设概况[J].中国档案，2003（3）.

[23] 丹珍卓玛, 杜磨舟, 扎西杰保, 等. 西藏文化信息资源共享工程建设发展中存在的问题与对策 [J]. 西藏研究, 2014 (1).

[26] [27] 洛桑南杰. 立足西藏实际做好档案工作 [J]. 中国档案, 2011 (11).

[30] 白玛卓玛. 西藏古籍保护开启"数字化"时代 [EB/OL]. http://www.chinanews.com/cul/2014/10-28/672401.shtml (2014-10-28) [2017-01-09].

[31] 许万虎. 西藏10万余件珍稀可移动文物完成数字化建档 [EB/OL]. http://www.tibet.cn/culture/news/1468543483136.shtml, (2016-07-15) 2017-01-09.

[32] 中华人民共和国档案法 [EB/OL]. http://61.135.203.75/xxgk/2010-02-08/content_1704.htm, (2010-02-08) 2017-01-09.

西藏地区藏文文献信息资源共享
可行性机制研究[1]

更尕易西[2]

一、引言

21世纪是全球信息化的时代，是知识经济占主导地位的时代。在新的千年里，随着计算机技术和通信技术的突飞猛进，尤其是Internet的出现，人类社会信息化进程逐步加快，信息资源的数字化、信息传输的网络化正以崭新的面貌改变人们的生存环境和生活状态，每个民族、每个行业、每个组织都面临着生存与发展的巨大压力、面临着新的挑战和新的机遇，要么固守传统，不思变革而被时代遗弃，要么革新图强而发展。作为藏族社会文献信息的主要集散地西藏自治区各级图书馆毫无例外地面临着这种挑战与机遇。

"藏文已有近三千多年的历史"[1]用藏文记载的经典文献、古籍著述和译作浩如烟海。藏文自创造以来，无论过去作为藏民族文化传承的主要载体，还是现在作为藏区传播科技知识的主要工具，甚至将来作为信息化社会中一个民族的主要标识符，其独特的人类文化价值和在广大藏区所发挥的巨大作用是不可估量的。

自从进入计算机和网络为主题的信息时代，信息资源已成为人类社会最重要的财富。人们对信息与知识的需求剧增，使得作为文献信息提供基地的图书馆的地位空前提高，图书馆在推动国家经济发展、文化知识普及、国民素质提高等诸多方面的作用愈来愈突出。同时，社会对图书馆的要求与期望也越来越高。在这样的环境下，古老的藏文字正面临着一场能否跨入信息时代的考验。综观国内外语言文字信息处理技术的发展历史和现状研究情况，可以清楚地了解到众多开发机构和研究部

---

[1]本文原载于《西藏大学学报》（社会科学版）2007年第3期。
[2]作者简介：更尕易西，现为西藏大学文学院副教授，主要研究方向为藏族现代文学和藏文文献研究。

门把藏文字母的操作系统以及编码字符集、收入技术、字形描述与生成、存储、编辑、排版、字频统计和藏文字母属性库等问题已经解决；藏语信息处理层面所需的机器翻译、信息检索、信息提取、文本校对、文本分类、自动摘要以及藏文文字识别和语音识别的后处理等技术也在进行研究和开发当中，事实说明这些技术问题已经不是藏文化发展的难题了。然而，我们更加清楚地看到藏文或者藏文化能否跨入信息时代的关键是能不能解决好藏文字所记录下来的文献信息资源通过网络技术广泛地运用，向国内外读者共建共享问题。因此，藏文文献和信息资源的共建共享，就显得尤为重要，明显说明了共建共享问题是直接关系藏文和藏文化命运的一件大事，同样，全世界的藏学文献读者都在渴望着有一个高水平的共建共享环境，以满足其对博大精深的藏文文献信息的迫切需求，其重要意义是不言而喻的。

　　对于西藏来讲，地处祖国的西南边陲，由于历史和自然等方面的原因，西藏的经济、文化、教育、科技等均处于不发达状态。要实现西藏特色经济的跨越式发展，离不开和百姓的生活有紧密联系的藏文信息资源及时、准确的提供与利用，这必须首先实现西藏信息化的跨越式发展。所以，建立藏文数字化图书馆和探讨藏文资源共享问题的重要性对青藏高原的政治、经济、文化的发展有直接性的关系。

　　文献信息资源共享是指在一个地区，一个国家，乃至整个世界范围内所有的文献信息资源被广大用户充分地分享和广泛地使用。"早在20世纪60年代以前，尽管全国各地区、各部门之间开展过文献协调采集，联合编目，馆际互借等有关共建共享方面的一些工作，但仅仅是属于以文献为载体传递知识的共享形式的早期阶段。如书本式的联合目录，编制时间长，书录品种有限，检索范围窄，时效性差。馆际互借通过'存取'而不是'拥有'来获取馆外信息，由于受当时通讯、交通等条件的限制，因此需求的信息和互借的文献传递速度慢，效率低。"[2]20世纪90年代以来，随着计算机技术，现代通讯技术和数字信息技术在图书馆的广泛应用，使资源共享产生了质的飞跃，图书馆面临的信息环境发生了极大的变化。文献载体的多样化和网络环境的形成，使信息的传播突破了时空的局限，改变了传统图书馆通过书目式联合目录、卜片目录、上门查询、电话询问和采用邮寄等方式获知其它馆的书目信息。改变了采用邮寄的手段传递图书文献复制品的落后方式。"一个建立在网络化基础上的具有完全意义上的高水平的文献资源共知共建共享的宏伟蓝图已成为现实，如中科院、北大、清华大学成功地实现了在MFC上的联机联合编目，联机公共检索和馆际互借，特别是利用互联网将文献信息资源以最短的途径最快的速度传递给终端用户。"[3]图书馆自动化、网络化的建设，使文献资源共享在更广泛的范围内得以实现。

对于藏文文献共建共享问题，鉴于目前几乎看不到反映藏文资源共享方面最新研究进展的综述性文章，相关领域的研究进展只是散见于各专业文献当中。因此，对藏文文献资源共享问题的研究方面所需的机制问题做一个全面的分析也是非常重要的。

二、西藏地区实现藏文文献信息资源共建共享中目前存在的问题

（一）藏文信息化建设的基础条件薄弱

西藏自治区内的信息生产能力与信息传播、储存、处理等能力和其他省市相比，不难看出以下"三点主要差距：一是数据库及专利申请在全国处于十分落后的地位；二是人均所拥有的图书馆、文化馆的数量少；三是高等学校在校生人数、企事业单位拥有技术人员的数量、邮电网点、邮电业务量等指标均低于全国平均水平。"[4] 由此可见，西藏地区藏汉文为载体的各类文献信息化还很落后，信息的传播、储存、处理等设施条件很薄弱。

从信息化建设的业务上看，"西藏目前只能提供基础业务中的基本业务，特别是应用业务方面基本上是空白。从收入比例来看，全国平均水平已经达到5%，而西藏只有1%，收入绝对值与全国其他最低省份相比，差距不是倍数，而是一个数量级。"[5] 可见西藏信息化持续发展的困难。这几年，西藏的信息化建设虽有很大的发展，可由于技术人才的匮乏和技术落后的现状问题，信息资源的开发与利用水平很低。

特别在信息资源开发必备的软件问题，具有西藏特色或者藏文文献为特色的信息资源运用软件几乎没有见到，还没有形成西藏本土性的开发队伍和力量。为此，西藏应急需发展拥有西藏自主知识产权的信息产品；急需建设公众网络机构。否则，信息资源共享问题无法探讨。

特别需要关注的是，实现在网络环境下的文献信息资源共享必须依赖稳定的文字处理平台、统一的规范标准和可靠的语言知识资源，三者相辅相成，缺一不可。二十几年来，藏文信息处理在各个方面得到了长足的发展，取得了不少成绩，但因为没有统一的规划，藏文操作系统形成了混乱的状态。DOS时代的藏文操作系统，都是利用BASIC语言、TOTOR软件等在应用软件层面实现的，而不是操作系统层面实现。出现华光藏文操作系统和北大方正藏文操作系统后，基于DOS的藏文操作系统基本上与汉文操作系统同步实现了本地化工作。但没有实现广泛运用的大众化操作系统。进入WINDOWS时代，藏文操作系统的开发有了一定的进展，可由于现有系统都没有采用国际标准编码，无法支持INTERNET藏文信息交换，更不能考虑到英汉文在系统底层面实现兼容处理和其他应用软件的支持。各个图书资料结构各用各

的操作系统，无法实现统一的共享平台，为此，2006年之前所用的藏文操作系统比较混乱。

2007年1月是个对藏文信息化事业有很大意义的日子，微软公司向全球市场同步发布了其最新操作系统Windows Vista和Office2007办公软件。这是对全球的消费者提供一个更好地应对当今及未来数字时代所遇到的挑战的软件解决方案。Windows Vista是新一代PC、应用程序、硬件和设备的核心。"Windows Vista让人们在任意时间、任何地点使用电脑的时候都能享受更便捷、更安全的PC体验、更好的互联性能以及更强的电脑娱乐。为用户带来了全新的体验。Windows操作系统升级至Windows Vista理由有无数个：触手可及的数字生活，更好的互联性能，更强的娱乐性能，更安全、更可靠等等。"[6]WindowsVista是迄今为止在全球范围内第一个全面支持藏文的计算机操作系统。在此之前，没有任何一个操作系统从系统一级支持过藏文。基于国际标准藏文编码字符集，实现了对藏文的支持，意义深远。WindowsVista对藏文的处理能力达到了与英文和汉文相同的级别。英文和汉文能做什么，藏文就能做什么。从藏文打字录入到藏文排版处理、藏文电子邮件收发、藏文网站建设、藏文应用软件的开发、藏文课件的制作等等。从此，藏文在计算机世界里将畅通无阻，使古老的藏文在信息时代重新焕发出新的活力。

在此之前，在国内外有几十种藏文编码和输入法，但没有一个是基于国际标准藏文编码字符集的，各走各的技术路线，没有统一的研制组织和统一的制度管理。这种万"码"乱跑的混乱局面，给广大藏文计算机用户带来了极大的不便。由于编码不同，用户之间无法传送和交换数据文件，也无法开发藏文急需的应用性软件。严重阻碍了藏文信息技术的发展和藏文信息化的建设。"依靠微软强大的技术实力和服务能力，Windows Vista将帮助我们结束计算机世界中藏文编码混乱不堪的局面，在全国乃至全世界范围内统一藏文编码和藏文软件。为我国藏文的信息化建设开创新局面。凭借Windows开放的字体应用机制，不同的藏文字体将雨后春笋般地出现。藏文用户将不再局限于只能使用一两种单调的藏文字体。藏文缺字问题是目前所有藏文字处理系统挥之不去的一个严重问题。值得一提的是，Windows Vista中不存在藏文缺字问题。任何藏文和梵文转写文，甚至既不是藏文也不是梵文转写文的拉字丁，均可以轻松录入和处理。"[7]

可以毫不夸张地说,藏文编码体系国家标准和藏文编码字符集国际标准的通过，藏文操作系统的共同化，标志着藏文开始步入信息时代，为藏文在以计算机和网络为主体的信息化社会中实现信息处理和交换打下了坚实的基础，使藏文资源信息共享问题在信息时代焕发出新的活力。

（二）数据库建设状况欠佳

西藏地区目前文献自动化整体水平还比较低。由于数据库建设缺乏统一的领导和统一规划协调，使现有的数据库规模小、范围窄、标准化程度低。一是包括寺院在内的各藏文文献图书馆的书目数据库大多是自建自用，相互沟通较少，在国内一些公司独立开发的几十种自动化集成系统绝大部分缺乏联合编目和馆际互借的功能，更没有涉及到藏文文献的编目技术；二是由于藏文文献在经济发展和社会研究方面的利用率不高，从事图书事业的部门和研究人员所做的工作类型单一，品种不足；三是已有的目录系统或运用方式质量水平不高。各馆自建的藏文目录数据库一般都未进行主题标引，运用格式不完全一致，缺乏统一的规范标准；四是所编目出来的目录数据过于庞杂，甚至有的馆自行其是，盲目上马，重数量，轻质量；五是藏文信息资源数字化技术尚不成熟，图书馆文献资源网络化、数字化建设进展缓慢。由于西藏各大地区原始印刷型文献信息占主导地位，要想将馆藏藏文文献全部数字化，实际上还有很大的不足之处。

（三）观念与管理方式滞后

即狭隘的本位主义，地域行业部门意识是制约资源共建共享健康发展的潜在阻力。在观念上，缺乏合作创新意识，片面强调馆藏文献数量或馆舍规模，求大求全，造成了文献收藏的低水平大量重复；在行动上，重藏轻用，不予人，不求人，即使资源匮乏，资金短缺，也不愿意通过资源共享来解决问题。

明显看出，生活在西藏的社会各界没有把信息资源与能源、材料同样看做是西藏经济和社会发展的基础性、战略性资源。在信息化建设中，重硬件、轻软件，重建设、轻应用，重网络、轻信息的现象十分普遍，造成了信息设施的利用率低，政府和群众对信息网络资源的使用、发展信息产业的信心不足。特别是推进信息化建设和发展信息产业的行政手段不够强硬。有关部门在信息化建设管理体制中缺乏政策、规范、立项等方面的调空手段和权威，不能满足藏文信息化建设和藏文文献信息共享事业发展的需要。

（四）体制落后

在西藏藏文共享事业的建设中，必须研究、发展和开发具有藏文化特色，符合国内外各族读者需求的信息技术，应从西藏的实际出发，开发藏文文献共享最需的信息技术。目前，西藏藏文信息资源共建共享事业所担负的相关结构传统的组织管理体制和运行机制严重地阻碍着资源共建与共享。体制上的多头领导，条块分剂，各自为政。馆与馆之间难以配合，藏书建设无协调计划，信息检索无联合目录。馆际互借没有好的办法。图书馆分别隶属于不同的管理部门。各个系统的图书馆必须履行主管部门所赋予的职责并根据本馆的性质和任务不断充实馆藏，然而不论付出多大努力，任何馆依靠自身的藏书也无法最大限度地满足读者日益增长的广泛信息需求。尽管是计算机检索，但许多馆在计算机上只能查到本馆的藏书目录，网上共同使用的目录几乎没有，缺乏统一的规划和管理，使资源共享的整体功能难以正常发挥。

（五）无法律保障

文献信息资源共建共享是一个跨地区、跨行业、跨学科的工作，但目前面临的问题甚多，尤其是在市场经济体制下，一切活动都必须按规则进行。文献信息资源的管理也不例外。如保护知识产权，鼓励知识创新，防止文献资源的重复建设，仅依靠人们的思想觉悟和事物的一般运行方式来解决问题，效果是非常有限的，必须通过一定的法律、法规才能使问题得到真正的解决。而西藏目前文献信息资源共建共享的立法几乎还是空白。

三、基于网络技术的藏文文献信息资源共享的机制

当前，正处传统图书馆向现代图书馆转型的重要时期。过去片面强调馆藏数量，现在则看重馆藏资源的开发力度和文献资料的利用效果。那种只藏不用或计算机的应用仅限于本馆文献资源利用与自身的管理服务等狭隘的小农本位思想和运行模式已远远不能适应时代发展的要求，而实现全球性的资源共享，为全人类提供丰富、准确、快捷的文献资源，利用网络环境，分担网络的责任和义务以及先进的管理手段和服务功能已成为衡量一个图书馆工作好坏的主要内容。因此，面对未来的图书馆，它首要解决好藏文信息资源和文献资源共享的机制问题是非常重要的。

（一）藏文文献信息资源共享机制的基本要素

藏文文献信息资源共享机制是指藏文文献信息资源共享的决策者借以贯彻其决策意志的机制。它所面对的基本问题是如何启发或挖掘藏文文献资源共享的活动中参与者的需求，并使之与决策的目标和谐共存。动力问题的核心是一个当事人按照自己的愿望推动另一个当事人去行动的问题。从决策过程分析，推动或施加影响的方式包括：改变行动、事件、目的或观念等，这些方式构成了动力机制的基本要素。

（二）藏文文献信息资源共享的核心机制问题

从西藏地区藏文文献资源共享规划的产生背景分析，通过建立教学资源的共享，既可避免低水平重复建设，提高资金的有效利用率，同时达到在相同的资金投入情况下，实现不同的规模扩张，同步提高各馆的工作效益和工作质量。而要实现藏文文献资源的科学有效共享，其核心是建立管理和运行的保障机制。

1、管理机制

西藏地区各大院校和藏文文献中心的资源各有所长，具有不同的学科优势、专业优势、课程优势和设备优势，虽然地处一区，但是隶属不同的办学主体和馆藏模式。要实现它们之间资源建设的统一规划，务必建立一个有政府、院校、行业、企事业单位成员参与的游离于各校和各个相关结构的顶层管理机构，负责组织、协调、推动工作，制定有关藏文文献资源共享的政策、规划和具体操作方法，协调资源共享中的重大问题，保障藏文信息资源共享有序合理地进行。

2、运行机制

西藏地区园区建设，实行"统一规划建设、分层管理协调、市场经济运作"的运行模式。主要包括以下三个方面：（1）统一规划。在综合实训基地建设中，根据各院校和机构专业设置特点，由具体机构申报、集中评审、统筹规划、多元融资、政府扶持，通过资源整合，确定综合实训基地建设项目。（2）分层管理协调。联席会议授权各协作小组根据规章制度协调处理一系列相关事务。（3）市场经济运作。采取实训项目收费、社会培训收费、技术服务收费，明确投入与效益的对等关系；开发若干产品形成"自造血"功能，不断完善资源共享的经费保证。

3、保障机制

由于各藏文文献中心的办学主体不同、层次不同、类别不同、专业优势不同、文化积淀不同，因而其管理政策与管理模式也不尽相同。在这种情况下，要保证文献资源共享的公平性、合理性、可操作性，则必须健全和完善组织机构、制度建设、政策保障、投入机制等方面的各种保障措施，建立一个较为宽松的政策环境、和谐的工作环境、开放式资源信息网络，健全和完善市场经济动作机制，努力争取吸纳社会资金的投入。这不仅能增强我国文化政策法规的透明度，而且其本身也是我国藏族优秀文化融入全球化进程的重要环节。

（三）冲破传统观念的束缚，走资源共建共享之路

要实行藏文文献所藏图书馆的现代化和资源共建共享，关键是人的观念的转变和技能知识的更新。在资源共建共享的进程中，图书馆要尽早由传统角色向现代角色转变。即找准自己的角色定位，不再仅仅是向读者提供原件、传递文献书籍，而是以开发和传递信息的内涵为己任。因此，要加大宣传力度，提高人们对资源共知共建共享重大意义的认识，牢固树立共享观念，彻底摒弃在此问题上的保守主义、本位主义，打破条条框框的限制，建立一个"相互协调、布局合理、结构优化、共同联合"的文献资源保障体系。

（四）加强宏观调控，搞好数据库的建设和管理

藏文文献信息资源共建共享是一个跨地域、跨部门、跨行业的大文化工程，必须由政府出面成立一个具有统一规划，协调开展工作的监管机制。以便尽快改变条块分割，各自为政的管理体制。并从推进藏文网络资源共享的要求出发，共同搞好数据库的建设和管理。加强数据库的标准化、规范化；加强全文数据库、数字化数据库、多媒体数据库的开发和利用；建立健全书目网络系统。不论是传统的长条纸质文献还是现代电子文献以及网络化媒体都必须在统一的组织领导和协调下制定出信息资源共建共享的整体规划机制，确定统一的标准及资源共享的原则。发挥图书馆的整体优势，走"分散建库、集中联库、分散服务、资源共享"的合作建库的道路。在西藏，上级部门和相关单位要解决好推进藏文信息化建设的组织结构健全、领导到位、政策落实和关系理顺等重大问题。政府部门必须制定有利于信息化建设，信息产业发展，信息技术教育和信息化人才队伍建设的特殊政策。同时，各级政府部门要强化对信息化建设的管理与调控。

（五）制定有关法律法规，使资源共享有法可依，有章可循

藏文信息和文献资料的共建共享是时代发展和国际市场接轨的需要。随着信息化的社会来临，网络图书馆的建立和数字图书馆的出现，鉴于"信息高速公路"资源共享方面出现的如作者著作权、版权、网络安全、信息控制方面的一些新问题等，国家要尽快制定我国有关的法律法规，建立一部切实可行的图书馆法律。图书馆作为重要的信息化产业，立法工作刻不容缓，通过政策和法规建立一种利益平衡机制，以促进藏文文献资源共建共享的实现。

目前，西藏自治区全区的图书馆事业还处于起步阶段，六地一市尚无一个藏文文献信息中心。因此，开展藏文信息和藏学文献资源共享，仅仅依靠西藏的图书馆是不行的，需要西藏所有的图书情报单位联合起来，发挥馆藏资源优势，依靠政府规定的法律系统，积极主动地为西藏教育系统、科研机构提供文献信息资源服务，才能加快藏文信息资源共享事业。

（六）建立文献资源保障体系和共享措施，开展采购协调、联合编目、联机检索

1、信息资源共享的最终目标是将社会文明从传统的农业文明社会、工业文明社会转变为信息文明社会。它一方面是用信息化的方式去生产大量的信息产品；另一方面是用信息技术改造传统文化和特色风俗，把传统文化和特色风俗改造成信息化时代的特色，以提高传统文化和特色产业的市场竞争力。因此，民间成立了各种大小型资源共享性组织，可务必成立跨系统的协调机构。民间组织缺乏行政的权威

性，要么发动不起来，要么流于形式，发挥不了真正意义上的协调作用，所以需要由政府出面成立具有行政权威的协调机构。

2、建立共知共享的联合目录。联合目录主要是为读者提供检索途径，没有联合目录就谈不上实现资源共享。图书馆自动化系统是网络建设的重点，而共享编目则是重点中的关键。以联机的方式创建一个联合目录，以便用户准确、快捷地查到各馆的相关资料。必须从藏文化的现实出发，应成立以自治区图书馆为中心的全藏区联合藏文文献编目机构。除组织编制全国性的联合目录外，还应建立全区的目录中心以及开发地区性的联合目录。有了图书馆网络，国内图书馆一些共性的业务，如馆藏藏文文献的全文数字化，文献采购，标引，编目等，可由大型图书馆牵头，各个网络成员分工协作完成。这样既可节省人力物力，又可避免重复劳动，还可以通过书目数据共享的馆际互借来实现资源共享。

3、巩固和完善与信息化建设相关的标准为了更好地实现西藏地区藏文文献信息化的

建设，需要对现行的有关信息化的法规进行修改与完善。例如藏文文献的基础目录建设规划、资源共享管理、信息资源开发等方面还都未作出规定。藏文应该从自身的实际情况出发，在国家法律的指导下，制定藏文信息化建设的地方法规，并制定出与藏文文献共享事业的建设相关的政策、技术应用标准和规范等。使其在信息化建设中，积极发挥推动、协调和规范的作用，以保证藏文信息化建设得以健康、快速、有序的发展。

（七）加快信息化、网络化建设

图书馆自动化、网络化的建设，使包括藏文在内的文献资源共享在广泛范围内得以实现。现代信息技术为信息资源共知共建共享提供了重要的技术支持，开发利用网络信息资源，创建一个独具特色，开放性的文献信息数据库和网络化结构。由于网络环境给图书馆信息服务带来了巨大的变化。传统图书馆的资源共享主要体现在馆藏文献的借阅上，而现代图书馆的借阅主要是通过网络来实现资源共享。网络信息服务的内容十分丰富，加之图书馆对网络信息进行深层开发，这就更加广泛地满足了读者的需求，因此，加快信息化、网络化建设是促进图书馆事业发展，也是藏文文献信息资源共建共享的信息服务社会化、全球化必不可少的条件之一。文献信息资源共建共享是人类共同奋斗的目标。也是21世纪图书馆事业发展的现实要求和必由之路。要提高文献的利用率、减少重复劳动，节约大量宝贵时间，就要求图书事业尽快完成从传统图书馆向现代图书馆管理过渡，用高效自动化管理取代低效的手工操作，利用计算机网络进行联机检索，提高馆藏资源的利用率，形成与整

个社会信息资源共享而又循环的新型图书馆模式。为广大读者提供快捷、高效、大范围的各项藏文信息资源服务，从而更加充分地发挥图书馆的职能和作用。

结语

综上所述，要重视藏文信息资源共建共享建设。要充分发挥博大雄厚的藏文文献在建设和谐文明的事业中起到作用，以信息化建设带动西藏传统文化和地方特色文化的发展。要组织力量研究解决藏文化在应用信息技术中存在的具体困难，针对藏文信息资源的特点，开发相应的系统软件和应用软件。

参考文献：

［1］才旦夏茸．藏文文法［M］．兰州：甘肃民族出版社．1983：15.

［2］程焕文，潘燕桃．信息资源共享［M］．北京：高等教育出版社，2004：123.

［3］李培．数字图书馆员立及应用［M］．北京：高等教育出版社，2004：78.

［4］［5］胡京波，阿华．西藏信息化建设的现状与对策［J］．中国藏学，2003：112，112.

［6］［7］扎西次仁．微软发布藏文最新操作系统［J/OL］．藏人文化网．https://www.tibetcul.com/news/qt/19495.html.2007-03-25.

试论网络环境下西藏地区藏文
文献信息资源共享[1]

德萨[2]　扎西玉珍　更尕易西　益西次旺

以西藏地区藏文文献信息资源的共建共享为目标，实现全区性的藏文文献信息资源共享，可以有效地解决藏文文献信息资源不足、建设成本高、藏文资源分布不均衡等问题，更好地满足读者需求，促进西藏地区藏文信息的传递和利用。目前，西藏地区藏文文献信息资源共享发展还比较滞后。影响着西藏地区藏文文献信息资源的共建共享和开发利用。在信息化条件下，面对日益激增的信息需求，我们必须大力推进西藏地区藏文文献信息资源共享的发展，以有限的藏文信息资源最大限度地满足用户需求。

从实际情况出发，西藏地区藏文文献信息资源共建共享的指导思想应该是，充分开发不同读者所需要的各种类型的藏文文献信息资源；尽快实现西藏地区藏文文献信息资源共享；加快构建符合自身实际、体现自身特色的藏文文献信息资源保障体系。网络环境下实现西藏地区藏文文献信息资源共享是一项长期、艰巨而复杂的系统工程，不可能一步到位，必须从观念、规划、立法、政策、资金、人才、机构、技术、设备等方面多管齐下，才能实现既定的目标。

一、网络环境下西藏地区藏文文献信息资源共享可行性分析

虽然网络环境下西藏地区藏文信息资源共享面临着诸多问题与困难，然而困难与机遇并存。目前无论外文还是汉文或蒙文等其他少数民族文字信息资源共享都积累了许多经验，且与藏文有相似之处，外文与汉文在这方面已经相当成熟。我们只要积极运用这些技术，与国内外先进的公司合作，结合藏文自身的特点和藏文文献

---
[1]本文原载于《西藏大学学报》（社会科学版）2012年第3期。
[2]第一作者简介：德萨，西藏大学图书馆副研究馆员，主要研究方向为藏学文献信息资源。

的特点，开发出相应的应用软件，并取得观念、规划、政策、体制、法律、技术、人才、设备、资金、服务等全方位支撑，网络环境下西藏地区藏文信息资源共享是可行的。西藏地区藏文文献信息资源共建、共享发展已具备了相当有利的条件。

（一）社会环境及舆论环境可行性分析

随着计算机技术、通讯技术和网络技术的迅速发展，国际、国内信息高速的建设与利用，为大规模的信息系统、图书馆系统的发展提供了环境和条件，为网络环境下的西藏网络信息科技进步资源的整合、共享提供了物质基础和可能性。

党中央、国务院一直高度重视信息化工作。发布了《2006-2020年国家信息化发展战略》，《战略》提出了我国信息化发展的九大战略重点：推进国民经济信息化；推行电子政务；建设先进网络文化；推进社会信息化；完善综合信息基础设施；加强信息资源的开发利用。在党中央的高度关注下，我国的信息化发展建设正在进入一个快速推进的新阶段。正是在这种形式和网络环境下，国家一直以来对藏文信息化建设非常重视，2006年以来藏文信息化建设方面已取得不少科研成果，为藏文信息资源实现共享奠定了技术基础（见表1）。

表1 藏文信息化课题研究状况

主要负责人	承担单位	课题名称	课题支持单位	支持经费（万元）
欧珠	西藏大学工学院	藏文监测软件的研究与实现	信息产业部	10
欧珠	西藏大学工学院	跨平台藏文输入法	信息产业部	100
欧珠	西藏大学工学院	互联网浏览器藏文化改造与藏文网站制作与管理工具的研发	信息产业部	100
欧珠	西藏大学工学院	藏文大字符集编码标准研制	信息产业部	50
尼玛扎西	西藏大学现代技术教育中心	藏文办公软件及发明产品化	信息产业部	50
尼玛扎西	西藏大学现代技术教育中心	基于藏文编码国际标准和扩充集A、B（准）国家标准的藏文windows平台《阳光藏文windows平台5.0》	信息产业部	10
尼玛扎西	西藏大学现代技术教育中心	面向西藏农牧区的现代远程教育示范工程	美国微软总部RFP项目奖励资助	48
欧珠	西藏大学工学院	西藏大学汉藏在线翻译多媒体电子词典开发及产业化	自治区发展和改革委员会	150

主要负责人	承担单位	课题名称	课题支持单位	支持经费（万元）
尼玛扎西	西藏大学现代技术教育中心	三款藏文手机	西藏电信	12
欧珠	西藏大学工学院	藏文键盘布局国家标准	信息产业部	85
欧珠	西藏大学工学院	信息技术藏文编码字符集扩充集A	国家标准化管理委员会	
欧珠	西藏大学工学院	信息技术藏文编码字符集扩充集B	国家标准化管理委员会	
欧珠	西藏大学工学院	信息技术藏文编码字符集（基本集及扩充集A）24*48点阵字吾坚琼体	国家标准化管理委员会	
王维兰	西北民族大学藏文信息研究所	《藏文智能输入研究》	国家自然科学基金项目	12
王维兰	西北民族大学藏文信息研究所	《基于神经网络的残缺唐卡图象修复技术研究》	国家民委项目	8
大罗桑朗杰	西藏大学工学院	藏汉在线翻译多媒体电子词典	国家发改委	300

从表1可以看出，国家对于藏文信息化建设非常重视与支持，而这些基础性的研究成果中，很多课题水平已经达到国家标准和国际标准，为西藏地区藏文文献信息资源共享建设打下了扎实的基础。

当前社会环境及舆论环境对实现文献资源共享十分有利。1999年初由北图召集的全国文献信息资源共建共享协作会议更是有力地推动了图书馆界跨系统、跨地区、跨行业联合。来自全国公共图书馆、高校图书馆、科技情报所等系统124个图书情报单位共同在北京签署了《全国文献信息资源共享倡议书》和《全国图书馆馆际互借公约》，表明"相互合作、资源共享"已日益受到国家重视，并成为全国大多数文献收藏单位的共识。这为藏文文献信息资源的共建共享事业打下了很好的基础。

（二）文献资源可行性分析

西藏是藏民族的发源地，历史悠久，有着丰富、独特的藏文文献。目前我区不少图书馆（资料室）藏有相当数量的藏文古籍珍品、本地区原始文献资源。如西藏图书馆古籍珍品有3500函，古籍类长条书有6600函；西藏社科院古籍珍品较少，约50函，古籍类长条书有2525函；西藏博物馆藏有古籍珍品2500多函，还有西藏大学图书馆、藏医学院图书馆等都有一定数量的特色文献。在全世界范围内仅在西藏地区能看到和查阅这些孤本、绝版、古籍珍品等独具特色的藏文文献。藏文文献古籍卷帙浩繁，种类繁多，它生动而真实地记录了藏族人民的历史发展进程，具有重要的历史价值和文化价值。对藏民族悠久文化的先进部分进行收藏、整理、数字化加工和发布，是保护藏文化的最好形式，同时也为藏文文献信息共享建设提供了得天独厚的条件。

（三）技术可行性分析

目前以微软的 VISTA 为代表的藏文操作系统已经形成，藏文识别技术和检索功能也有深入研究，并在开发当中。就图书馆界而言，上世纪末初步构建了全国高等教育文献信息资源保障体系，现在继续完善并构建各省市自治区范围内的文献信息资源保障体系，形成了全国各省市、自治区直至基层学校的完整保障体系。西藏自治区内各图书馆在此背景下，成立了"西藏自治区图书馆学会"，目的是建立文献信息共建共享事业，并开展新的业务，但由于底子薄、基础差、起点低、资金少，这一组织目前总体水平距离国内先进水平还有很大差距，开展的工作也有限。

国际、国内许多专家、学者、软件公司都对藏语言文字的信息化处理问题进行研究，已经取得了不少研究成果。藏文软件平台也有很多种，如同元、班智达、刚坚、阳光、华光、北大方正，国外的桑布扎、莫兰还有微软的 VISTA 等。2007 年 1 月微软公司向全球市场同步发布了其最新操作系统 WindowsVista 和 Office2007 办公软件。这为全球的消费者提供一个更好地应对当今及未来数字时代所遇到的挑战的软件解决方案。微软新的操作系统是迄今为止在全球范围内第一个全面支持藏文，并且符合 Unicode 国际编码标准的操作系统。汉文和英文计算机技术能达到的功能现在藏文也能够达到，藏文信息技术的发展的基础问题得到解决。从此，藏文在计算机世界里将畅通无阻，古老的藏文在信息时代重新焕发出新的活力。

另在藏文文献信息数据库建设方面，国内有百慈藏文古籍研究室格鲁派文集数据库、拉孜现代藏文数字图书馆、雪域数字图书馆。国外的藏文文献数字化较完善的如美国国会图书馆的藏文信息库、美国西藏佛教文献中心的藏文信息库、日本真宗研究所等。

可见技术问题已经不是阻碍藏文信息资源实现共建、共享的难题了。随着 Internet 技术的不断更新和藏文软件的规范化运行，以及藏文信息资源网络化、虚拟化日益加强，西藏地区藏文文献信息资源共享将会得到突破性的进展。

二、对网络环境下西藏地区藏文文献信息资源共享建设的战略思考

（一）提高对藏文文献信息资源共享建设重要性的认识

共建、共享是提高资源利用效率，使现有资源充分发挥效益的重要措施，需要各相关单位转变观念、提高认识、加强合作。西藏地区各个图书馆对这种互助合作

的藏文文献信息资源共享的重要性与合作形式要有深刻认识。通过观念的转变，使西藏地区图书馆界及相关主管部门牢固树立起资源共享的观念，调动全区各馆参加藏文文献信息资源共建的积极性。在资源丰富、单独建设成本高的今天，走联合协作发展之路是发展趋势。图书馆领导要更新观念，实行开放办馆，联合发展。要重视藏文资源共享的建设，加快藏文文献资源共享建设步伐，大力发展藏文资源信息共享联盟。明确认识图书馆藏文信息共享体系是实现藏文文献信息资源共享和互利互惠组织形式，是当今西藏地区图书馆的发展方向，积极开展图书馆藏文信息资源共享建设，推动西藏各地区图书馆事业发展。

（二）制定统一的建设规划和目标

由于传统印刷技术和现代印刷品种的区别，很多藏文文献的收藏与共享、开发与利用方式和现代纸质文献有很大的区别，因此要从藏文文献开发的全局出发，制定一个包括图书馆藏文文献信息资源开发的内容、建设标准、开发使用、资源共享和发展方向的规划目标，用这一规划对信息资源建设进行统一管理、统一协调，最终建立起多级信息资源保障体系。同时，在工作中加强相关措施，避免重复建设、多头建设，使藏文信息资源建设有重点、有计划地稳步前进。只有这样才能发挥图书馆藏文文献信息资源效益的最大化。

（三）制定藏文文献资源共享政策和法律法规

在网络技术的前提下，藏文文献信息共享的任务十分艰巨，情况复杂。尤其是数据库的建设投资多、回收期长，有一定的风险性，需要在政策上给予倾斜。这就要求有关部门出台藏文信息资源建设与开发的相关政策，如投资政策、技术政策和产业政策等，为信息资源建设提供一个良好的环境条件，保障藏文文献信息资源建设工作的顺利进行。另外，完备的法制建设是图书馆信息资源优化整合的行动指南和工作保障。藏文文献和国内其他民族的文献信息开发一样，要想实现良性循环，还需用法律来规范信息资源建设行为，实行规范化管理。

目前国内还没有一个统一的藏文文献版权保护法律法规，规范藏文文献的版权和拥有者的权益，这对长远的藏文文献资源共享事业建设非常不利。信息资源集成后既要保证信息的安全和信息资源拥有者的权益，又要能使用户方便地完成数据检索和传输。这就要从法律道德、基础设施、网络机构、网络设备、软件系统、网络管理、密码体制等各方面入手，构造基于环境安全、网络安全和密码安全三个层次的完善的信息安全体系。

资源共享的最终结果应是为个人信息消费者、社会各级政府部门、企事业单位、社会服务机构等提供一个信息交流、内部协作、强化规范管理、提升原有资源价值的平台,以实现信息资源的高度共享和增值服务,因此,上述各项事业并不是各自孤立的,而是一项一体化工程。

三、网络环境下西藏地区藏文文献信息资源共享的对策

(一)大力支持及加大建设资金投入

西藏地区藏文文献信息资源共享的研究及探讨还处在初始阶段,这种状况与我区丰富的文献信息资源实际不相适应,严重影响了西藏地区藏文文献信息资源共建共享活动的开展,制约了藏文文献信息资源作用的发挥。

信息资源共建共享工作的发展离不开政府的支持,作为社会公益性服务行业,藏文资源共享建设的资金主要靠政府投资。发展藏文资源共建共享需要持续稳定的资金支持,没有政府的大力支持,西藏全区性藏文资源共建共享建设将难以维持。因此,为了保证信息资源共享工作顺利进行,政府要制定相关政策法规,在财政税收和知识产权等方面给予藏文资源共享建设相应的优惠政策,鼓励全区各图书馆积极加入藏文资源共享建设。政府和各部门的支持和参与使西藏地区藏文资源共建共享建设工作在组织上、财力上获得有力保障,是西藏地区藏文文献信息资源共建共享健康发展的必要条件。

由于对发展藏文信息共建共享认识不足,许多地区、行业对发展藏文文献信息资源共建共享不够重视,投资少,经费短缺,严重制约了西藏地区藏文文献信息共建共享的发展。发展西藏地区藏文文献信息资源共建共享,政府要加大投资力度,尤其是软硬件基础设施的投资,同时还要确保藏文信息共建共享发展有持续、稳定的资金来源。在积极争取政府投资的基础上,还应寻求社会各方的支持,吸引社会各界赞助和民间投资。通过各种途径获取资金,才能确保共建共享发展有稳定和持续的资金来源。

(二)加强信息资源共享的标准化、规范化建设

西藏全区性发展藏文文献信息资源共建共享的目的是通过互助合作来实现最大范围的藏文文献信息资源共享。统一的技术标准和规范化的工作流程是各建设单位协作中藏文文献信息资源传递的保证。发展西藏地区藏文文献共建共享要求各建设单位要加强标准化、规范化建设,在整合现有藏文文献资源的过程中,要保证数据的规范化、标准化。积极做好馆藏藏文文献书目数据库建设,开发专题数据库和特色数据库,通过协作、统筹规划,共同进行数据库建设。

目前,藏文信息化建设经过十几年的努力,虽然取得了不少成绩,但与英文和汉文文献资源建设发展的速度相比,还是相当落后的。主要表现在,西藏地区藏文文献资源数据库建设不完善,各馆使用不同藏文软件的数据标准。如各馆自建的藏

文目录数据库一般都未进行主题标引，运用格式完全不一致，缺乏统一的规范标准；编目的目录数据过于庞杂，重数量、轻质量，这些实际问题严重阻碍了西藏地区藏文信息资源共建共享发展之路。

实现西藏地区藏文文献信息资源共享，必须统一建库标准，规划统一的网络系统，以确保以后能很好地进行藏文资源整合和传递。各建设单位建立藏文文献信息资源共享体系，可以从以下几个方面进行考虑。

首先，指定统一的藏文操作系统平台。如WindowsVista是新一代PC、应用程序、硬件和设备的核心，可以作为各建设单位共用的操作系统平台。

其次，确定统一的藏文书目数据库标准。建设单位应加强协调，研究确定统一的数据库标准，这是资源共享的重要前提。有消息称，北京金盘软件公司为实现藏文文献书目信息检索，将在金盘图书馆集成管理系统软件基础上开发一个藏文书目检索系统的软件。采用统一的数据库标准，将大大促进藏文文献书目共建共享工作。

第三，加强网络藏文数据库建设。网络建设会在很大程度上提高数据库的利用率和传递效率，将孤立的数据库真正实现联网共享。建设中也应注意标准统一的问题，如西藏大学图书馆正使用北大方正的apabi软件来实现藏文数字化。

（三）加强组织机构建设

长期以来，由于西藏地区藏文文献信息资源建设工作在管理上的条块分割，在全区范围内，各图书馆由于主管部门不同，利益关系不一致，工作之间的协作难以有效实施。跨部门、跨单位的图书馆联盟组织，由于利益主体的多元化，只有政府才能实施有效组织管理。建议在政府的直接领导下，政府的信息化部门和自治区图书馆学会联合建立一个全区性信息资源管理的职能机构，负责全区藏文文献信息资源建设、布局、共享及管理与协调。其主要职能有：制定系统藏文文献信息资源建设规划，确定藏文文献信息资源中心和各成员馆，以形成一个专业的藏文信息支撑体系；制定有关网络体系内部藏文信息资源共享的规章制度和管理制度；筹措资源建设和共享的资金；负责同相关藏文信息机构和系统建立业务联系，并推动本系统资源进入西藏全区性共享体系；负责网络体系的分工与协调，管理与藏文信息资源建设有关的日常事务，包括藏文信息人员的继续教育和硬件系统的规划和配置等。

（四）建立一支高素质的馆员队伍

西藏地区藏文资源共建共享发展离不开一支高素质的馆员队伍。为达到资源共享的目的，信息处理、信息交流、信息服务等工作都是由人来完成的，一个高效率的图书馆联盟运作离不开高素质的图书馆员。西藏地区藏文文献信息机构突破传统的手工服务的同时，更应注重新技术、新手段的应用，特别是计算机科学和图书馆学知识结合得较为密切的那部分知识，是现代信息环境下的信息人员必须具备的，如图书管理系统知识、电子出版物检索知识、网络资源开发知识等等。必须清醒地认识到，西藏地区藏文资源共建共享建设工作的顺利实施，必须组建一支高素质的、能熟练掌握现代信息技术、网络通信技术，特别是藏文数字化技术、藏文信息存贮技术、藏文数据库技术的人才。

第一，树立以人为本的管理观念，把对人的能力的培养和积极性的发挥放在头等重要的位置。

第二，制定队伍建设规划，采取"分步走"的办法，用几年的时间努力完善队伍建设，提高队伍整体素质。除了馆员自身加强学习外，还可以加大西藏地区图书馆、研究机构、资料室现有的藏文图书从事人员的培训力度，学习计算机科学知识、网络通信技术等。如1997年西藏自治区图书馆已成立全区图书业务培训中心，充分开展培训工作、拓宽培训内容，每年将可以进行一到二次的全区业务技术人员短期培训。

第三，多种渠道完善队伍建设。图书馆不仅单靠区内短期培训，还可通过讲座、报告会，如西藏大学图书馆与四川大学图书馆等内地图书馆联合，不定期地采取"请进来，送出去"的办法进行馆员培训和再教育，提高馆员业务能力和现代信息技术水平。同时还要积极引进既懂藏文、图书馆业务，又懂计算机的高级人才，建立一支高素质的馆员队伍，以促进西藏地区藏文文献信息资源共享发展。

（五）建立功能完备的藏文信息检索系统

西藏地区藏文文献信息自动化整体水平还比较低。现有的自动化图书馆集成管理系统软件中，没有一个能兼容藏文的系统软件。西藏大学图书馆从2000年就已经开始运用图书馆集成管理系统软件，该系统不能兼容藏文，无法实现藏文机读目录检索，导致藏汉不能同步实现书目联机共享信息、网上馆际互借等现实问题，成为制约藏文文献书目检索共享建设的瓶颈。

网络环境下，全文数据库、多媒体资料等多种电子信息资源和各类有序化的网络信息资源已替代纸本图书和期刊文献。目前藏文的国际编码已经出台，数字化建设刚刚开始，还有许多新的课题和基础工作等待研究和完善，如藏文数字化各种标准规范建设，基于藏文平台的开发软件，工具软件等，与国内外先进的公司合作是藏文能够快速实现信息化的有效方法。国内现在中文信息共享中已经积累了相当多的经验，例如北大方正的apabi、清华同方的超星数字图书、万方数据库等已经相当成熟，软件开发公司应该积极运用这些技术结合藏文自身的特点开发藏文软件。

实现藏文数字化，重在开发、完善几个方面的软件：一是藏文文献书目信息共享系统，藏文书目信息即馆藏藏文文献资源。随着计算机技术的发展，机读目录数据库已经基本取代了卡片目录，实现联机共享编目信息、公共书目远程检索和网上馆际互借。二是检索型藏文文献信息共享系统。随着网络技术的发展，大量的藏文文摘题录数据库以 WEB 方式提供网上检索，各藏文文献信息机构可采用西藏各地区本地利用和远程虚拟利用相结合方式，通过各种联合形式访问网络藏文文献数据库。三是全文藏文文献信息传递系统。建立数字藏文文献，即在藏文文献信息资源网络的公共平台上加强数字化建设。逐步实现藏文文献数字化信息系统互联互通，为用户提供较为丰富的便于检索的全文藏文数据库、多媒体资料等多种电子藏文信息资源和各类有序化的网络藏文信息资源。

（六）调整藏文文献信息收藏体系

现代科技的发展，改变了印刷型文献一统天下的局面。先进的机读目录、光盘数据库正在取代部分印刷的资料，随着图书馆自动化、网络化的发展，特别是多媒体技术的应用，非印刷品载体已是人们获取社会知识和信息简捷快速的途径。因此，西藏地区要立足现实，在着力进行藏文印刷型载体文献收集的同时，及时收集和保存各种藏文数据库以及缩微品、机读磁带或磁盘、光盘等电子出版物，收藏时要着重考虑藏文软件兼容性和通用性。网络环境的发展使西藏地区传统图书馆有了丰富的藏文信息资源保障，拓展了广泛的服务空间。西藏地区各图书馆将不必再为购书经费短缺而苦恼，可以用有限的经费购买读者需要的、常用的、有特色的藏文文献，使人们关注的"有效收藏"成为可能，而其余馆藏则应充分运用虚拟馆藏来最大限度地满足藏文学习者及藏学研究与发展。

参考文献：

［1］边吉．西藏环境状况的数据与事实［J］．中国西藏，2004（5）．
［2］许燕．网络环境下图书馆文献资源建设的相关问题研究［J］．图书馆论坛，2005（1）．
［3］贾卫红．网络环境下图书馆的信息资源建设［J］．中州大学学报，2002（3）．
［4］杨峰．网络环境下区域性科技信息资源的共建共享［J］．科技情报开发与经济，2004（10）．
［5］张书晗．图书馆网络信息资源建设论略［J］．四川图书馆学报，2004（6）．
［6］刘喜茹．谈网络环境下的期刊资源建设［J］．河北青年管理干部学院学报，2004（3）．
［7］王汉元．数字图书馆信息资源建设探讨［J］．现代情报，2004（11）．
［8］楚存坤．网络时代高校图书馆的信息资源建设明［J］．晋图学刊，2004（6）．
［9］张萍．网络环境下的图书馆资源共享［J］．河南广播电视大学学报，2006（1）．
［10］陈鄂生．新时期高校图书馆数字资源合作建设初探［J］．现代情报，2006（1）．
［11］黄筱玲．我国文献信息资源共建共享若干问题的思考［J］．图书馆学术论坛，2006（2）．

协荣仲孜的文献记述与田野记录[1]

觉嘎[2]

协荣仲孜（ཞལ་རོང་འབྲོང་རྩེད།），意为"协荣地方的野牦牛嬉戏"。协荣（ཞལ་རོང་།）是地名，意为"明镜的谷地"或"水晶谷"，那里有个村落叫做协冲（ཞལ་གྲོང་།），意为"明镜的村落"或"水晶村"。据说，在该村周边能够找到作为地名和村名缘由的水晶石。[3]协荣仲孜的表演者世代居住该村，世系传承。协冲村辖属西藏自治区拉萨市曲水县才纳乡，地处青藏高原腹地的拉萨河谷下游，约在北纬29.4度、东经90.1度的位置。仲孜（འབྲོང་རྩེད།）意为"野牦牛嬉戏"，也可译作"野牦牛舞"或"野牛舞"。通常看到的完整书写方式有两种："协荣仲孜"或"协冲仲孜"（ཞལ་གྲོང་འབྲོང་རྩེད།）。多用前者，本文亦按前者记述。

按照传统，协荣仲孜表演需要七人。在一位被称为阿热瓦（ཨ་རག）的长者的引领下，两头野牦牛分头出场表演。每头野牦牛由两人装扮，共需四人，其方式与汉族传统的狮子表演相类似。协荣仲孜表演要有鼓钹（རྔ་སྦུག）的衬奏，由一人击鼓，一人敲钹；或一人持鼓，另一人同时击鼓敲钹（此时演奏者的左手端一钹片朝上，右手同时持钹片和鼓槌向下和向前敲击），其形式与藏族传统戏剧阿吉拉姆（ཨ་ཅེ་ལྷ་མོ）表演中的伴奏形式基本相同。

协荣仲孜的仪式性表演有着喜庆色彩和助兴功能，对庆典仪式起到烘托气氛、吉祥祈福的作用。

协荣仲孜的表演无论从服饰道具、装束造型等方面，还是从念诵韵白、表演动作等方面以及鼓钹节韵、唱腔音调等方面，都能显示出鲜明的地域特色和民族风格。

类似藏族传统戏剧阿吉拉姆的开场，协荣仲孜的表演在鼓钹的衬奏下，身穿白

---

[1] 本文原载于《西藏大学学报》（社会科学版）2019年第4期。
[2] 作者简介：觉嘎，西藏大学艺术学院教授、博士生导师，博士，主要研究方向为作曲与作曲理论、民族音乐学。
[3] 据萨拉·次旺仁增先生说，在协冲村附近能够找到水晶（2017年1月26日，西藏古韵藏戏团藏历新年联欢晚会后的晚宴交谈）。

色氆氇并头带白面具的阿热瓦手持彩箭（མདའ་དར།）出场并领舞'两头野牦牛成双表演，时而甩头，时而腾跃，时而抖身，时而打滚，时而角兆哈达，时而点头行礼，时而对角互顶，时而一同歇息等等。表演的各种动作大都构成对称造型，效果俱佳。

除了仪式性表演，协荣仲孜也表演《牧男牧女》（འབྲོག་པ་འབྲོག་མོ།）等具有故事情节的戏剧片断。但仪式性表演是协荣仲孜的主要功能，也是其表演世代相传的主要因素。

一、文献记述中的协荣仲孜

（一）戏剧脚本中的遗存

在阿吉拉姆戏剧出场（འདོན།）的猎人（རྔོན་པ།）唱段中，有这样一段含义略有差异的唱词，第一种是："在协冲村的后山，有土地神的柏树，如此宜人的香气，飘向天上的神界"（ཞལ་སྲོང་རྒྱབ་རི་ལ་འཁོད་པའི་ཨ་ཁྱུ་ཞིང་གི་ཤུག་པ། དྲི་མཆོག་ཞིམ་པ་དེ་ནི། སྟེང་ཕྱོགས་ལྷ་ཡུལ་དུ་ཁྱབ་སོང་།）；[①] 第二种是："后山生长的树木，那是苍翠的柏树，如此宜人的香气，飘向天上的神界"（ཞིང་དེ་རྒྱབ་རི་ལ་འཁོད་པའི་ཨ་ཁྱུ་ཞིང་གི་ཤུག་པ། དྲི་མཆོག་ཞིམ་པ་ལ་དེ་ནི། སྟེང་ཕྱོགས་ལྷ་ཡུལ་དུ་ཁྱབ་སོང་།）。[1] 前者的指意较为具体，说在协冲这个村落的后山不仅生长有柏树，而且被誉为土地神的柏树；后者的意思较为宽泛，只是说后山生长的树木是被誉为神树的松柏。事实上，在协冲村的后山确实生长有柏树，现在也能看到。（见图 1、2）

图 1　协冲村的后山　　　　　　　　图 2　后山上的柏树
（2009 年 5 月 1 日）觉嘎摄　　　（2009 年 5 月 1 日）觉嘎摄

一个值得重视的信息是：柏树作为香气宜人的煨桑料，在阿吉拉姆戏剧的开场中得到渲染是很自然的事情。但如果强调的是作为具体地点的协冲村的后山的话，

---

① 按照桑达多吉教授的解释，这里的 ཨ་ཁྱུ（"阿酷"）是指 བཙན།（"赞"）即池上的神（2017 年 1 月 26 日，西藏古韵藏戏团藏历新年联欢晚会后的晚宴上的交谈）。

那么特指这个地点的原因又是什么呢？作为藏族传统戏剧重要体裁的阿吉拉姆与作为拉萨雪顿节必须献演的仪式性表演体裁协荣仲孜之间是否存在某种渊源关系呢？从表象上看，除了鼓钹的伴奏形式和念诵的节韵以及唱腔的音调具有相似性外，阿热瓦的表演动作也与阿吉拉姆表演中的某些动作具有相似之处。因此，对于上述线索还应予以必要的关注和重视并加以深入研究。

（二）传统壁画中的描绘

类似协荣仲孜表演的著名壁画主要有两幅：一幅在桑耶寺（见图3），另一幅在大昭寺（见图4）。虽然对于两幅壁画的绘制年代有不同判断，但壁画中的阿热瓦和两头野牦牛以及敲鼓击钹的表演形式却与流传至今的协荣仲孜表演形式可谓同出一辙。这也是人们特别关注这两幅壁画的重要原因，希望通过这两幅壁画对于协荣仲孜，乃至扎西雪巴等白面具表演形式的形成年代和传承脉络寻得更为清晰的线索。

图3 桑耶寺壁画（转引自《中国民族民间舞蹈集成·西藏卷》）

图4 大昭寺壁画（转引自《中国戏剧志·西藏卷》）

（三）其他文献中的记载

1. 在一篇题为"关于西藏戏剧与觉木龙戏班"的文章中写道：日喀则、山南、拉萨等地有十二个戏班，即觉木龙戏班（རྐྱང་མོ་ལུང་ཞྭ་མོ་ཚོགས་པ）、仁布江嘎尔戏班（རིན་སྤུངས་རྒྱལ་མཁར་ཞྭ་མོ་ཚོགས་པ）、香常扎西孜戏班（གདངས་གྲགས་བཀྲ་ཤིས་མོ་ཚོགས་པ）、昂仁迥日吾齐戏班（ངམ་རིང་འཇུང་རི་བོ་ཆེ་ཞྭ་མོ་ཚོགས་པ）等四个大戏班和山南琼结宾顿扎西雪巴（སྐྱོ་ཁ་འབྱོངས་རྒྱལ་སྦྲང་བདུན་བཀྲ་ཤིས་ཞོལ་པ）、雅隆扎西雪巴（ཡར་ལུང་བཀྲ་ཤིས་ཞོལ་པ）、山南热聂卡扎西雪巴（ཞོ་ཁར་ཤྙན་ཀ་བཀྲ་ཤིས་ཞོལ་པ）、尼木塔冲扎西雪巴（སྙེ་མོ་དར་སྒྲོང་བཀྲ་ཤིས་ཞོལ་པ）、尼木伦珠岗扎西雪巴（སྙེ་མོ་ལྷུན་གྲུབ་སྒང་བཀྲ་ཤིས་ཞོལ་པ）、堆龙浪孜扎西雪巴（སྟོད་ལུང་སྣང་རྩེ་བཀྲ་ཤིས་ཞོལ་པ）、堆龙措麦扎西雪巴（སྟོད་ལུང་མཚོ་སྨད་བཀྲ་ཤིས་ཞོལ་པ）、协冲仲孜（ཞོལ་གྲོང་འབྲོང་རྩེད）以及贡布卓巴（ཀོང་པོ་བྲོ་པ）等。

按照以上"十二个戏班"的表述来看，不仅把协荣仲孜划归戏剧的范畴，而且还归类到白面具一类。另外，文中有段括弧里的说明，也应值得关注：琼结宾顿扎西雪巴是五世达赖喇嘛时期比较著名的白面具表演者，后夹出现了把白面具表演者都统称扎西雪巴的习俗。[2] 这一表述与"1622年为了庆祝五世达赖喇嘛灵童的确认，由琼结雪村一户人家的七兄弟戴着白面具表演了类似折嘎的祝颂赞词而从此有了琼结卡卓宾顿扎西雪巴（འཕྲེང་རྒྱས་ཁ་བྲོ་བྱིན་བདུན་བཀྲ་ཤིས་ཞོལ་པ）的称谓"的记载相一致。[3]

2. 边多先生在《当代西藏乐论》中收录的辞条中写道：协荣仲孜意为协荣地方的野牦牛歌舞，是流传在拉萨河沿岸农村的一种古老的传统歌舞艺术形式。这种歌舞由两头披戴野牦牛皮的"野牛"在一位头戴面具的阿热瓦的带领下表演。根据桑耶寺的壁画，该艺术形式具有悠久历史。自从五世达赖喇嘛时期之后，人们把这一艺术形式作为古老吉祥的象征，每年都在雪顿节上演出。协荣仲孜表现的主要内容是赞颂野牦牛不屈不挠的奋斗精神。协荣仲孜的音乐结构简单，具有当地农村音乐的风格特色。[4]

3. 按照20世纪末的集成记述：协荣仲孜的表演及伴奏需要七人，全部是男性。野牦牛两头，每头由两人装扮；阿让（ཨ་རང་）或阿热瓦，即领舞者一人；击鼓、敲钹者各一人。野牦牛分雌雄，雄野牦牛叫达姆青曲杰，是阎魔王的化身；雌野牦牛叫巴登玛索尔玛，是吉祥天母的化身；阿让称乃琼扎拉庆姆，是白哈王的化身。协荣仲孜的牛衣是在长约300厘米、宽约200厘米的黑布上缝制一排排牦牛毛制成（此处的描述可能有误：尽管后来出现了西藏藏剧团等使用的用黑布制成的牛衣，但据考证，协荣仲孜表演一直沿用由牦牛毛制成的传统牛衣，而不是黑布缝制的牛衣——笔者），靠牛尾处插一根约15厘米的木棍，将牛尾捆扎在棍子上。阿热瓦的着装与邻近地带山南果谐表演时的着装基本相同。[5] 阿热瓦手持彩箭。彩箭的做法是：将5根细竹用白色哈达绑扎在一起，用黄、绿、红、白、蓝五色哈达围圈扎束而成。长约50厘米。[6]

协荣仲孜在表演时，阿让的道白这样描述协荣仲孜的历史：我阿让和两头雌雄野牦牛参加过桑耶寺的落成典礼，参加过康松桑康林的落成典礼，也参加过布达拉宫的落成典礼……等等。[7] 其表述形式类似折嘎（འབས་དཀར་）表演时的道白，而其内容既与桑耶寺和大昭寺的壁画内容似乎一致，也与《西藏王统记》中记载的在桑耶寺落成典礼上人们"扮饰牦牛狮子虎"的记载相类似。[8] 所以说，阿热瓦的这种道白是一种发端于意愿的后撰呢？还是一种口口相传的实史？这一问题也应加以深入研究。

4. 丹增次仁先生在《西藏民间歌舞概说》中写道:"协荣"是"明镜般的村庄"之意。它是拉萨古城西南曲水县的一个优美的自然村落。"仲"指野牦牛。"孜"是舞或玩耍的意思。它是协荣人表演的一种舞蹈,人们称它"协荣仲孜"。虽然不很普及,但在广大藏区人所共知,是唱腔、道白、舞蹈三合一体的歌舞形式。"仲孜"在西藏其他地区也有,但最有名的当属"协荣仲孜"。[9]

5. 按照西藏自治区群众艺术馆和西藏自治区非物质文化遗产保护中心编纂的《西藏自治区非物质文化遗产传承人图典》记述,国家级非物质文化遗产项目协荣仲孜国家级代表性传承人桑珠出生于1959年,男,西藏曲水县人。他从30岁开始学习协荣仲孜的表演技艺,被认定为该技艺第八代传人。协荣仲孜每年都会受邀在拉萨雪顿节等大型庆典上演出,还要在当地的望果（འོང་སྐོར།）节上表演。协荣仲孜是一种集唱腔、道白、舞蹈于一体的艺术形式,表演欢快、热烈、粗犷、豪放,表达喜庆、圆满、欢乐、吉祥的内容,表现藏族人民勤劳、勇敢、智慧、善良的特质,深受藏族群众喜爱。协荣仲孜作为形式独特、历史悠久的艺术形态,其表演古朴自然,服饰和道具等体现出独特的民风民俗。近年来,协荣仲孜先后获得多个表演奖项等各种荣誉。桑珠作为传承人,自2002年开始培养新的传承人,将传自父辈并自己几十年的实践中积累的艺术精髓传授给年轻一代,使得协荣仲孜这一特殊的艺术形式后继有人,不断传承。[10]

二、田野记录中的协荣仲孜

（一）传承人口述

根据协荣仲孜第八代传人桑珠（བསམ་གྲུབ།）先生口述:关于协荣仲孜有这样的传说。据长辈讲,五世达赖喇嘛阿旺罗桑嘉措从琼结地方迎请到拉萨时,途中刚好需要翻越协冲村南面的嘎拉山,但山顶积雪,无法通行。就在此时,阿热瓦和两头野牦牛出现在五世达赖喇嘛跟前。达赖喇嘛问道:你们是干什么的?阿热瓦回禀:我阿热瓦小牛称扎拉钦布（དྲག་ལྷ་ཆེན་པོ།）,住在协荣村,雄野牦牛叫堂坚曲杰（དམ་ཅན་ཆོས་རྒྱལ།）,雌野牦牛叫白丹玛索玛（དཔལ་ལྡན་དམག་ཟོར་མ།）,我们野牦牛能够把山顶的积雪推走。果然,经过阿热瓦和两头野牦牛的努力,终于开通了翻越雪峰的道路。为了纪念和颂扬野牦牛的功绩,五世达赖喇嘛阿旺罗桑嘉措邀请协荣仲孜每年参加一年一度的拉萨雪顿节献演并成为传统,自此协荣仲孜名扬四方。在雪顿节的第一天拂晓前,先到布达拉宫献演一场,然后到哲蚌寺献演一场,再到罗布林卡献演一场,以此象征雪顿节的吉祥开幕。雪顿节闭幕的最后一天还要献演一场,以示雪顿节圆满结束。接下来可以在拉萨的贵族宅院登门献演几天,然后回到协冲村参加当地的望果节表演活动,以祈福风调雨顺、五谷丰登、吉祥如意!由此结束一年的表演任务。[①]

其实，以上口述内容与集成记述的内容是基本一致的，因为集成记述的是协荣仲孜第七代传承人扎斯（ཕ་སྐྱལ）的口述，而扎斯是第八代传承人桑珠的姑父。由此体现出了口传心授、一脉相承的传承脉络。

（二）服饰与道具

除了用于伴奏的鼓和钹，协荣仲孜的服饰道具主要指阿热瓦的服饰道具、野牦牛的头饰（འབྲོང་མགོ）和当地人称为帐篷（སྦྲ）的野牦牛的衣套（འབྲོང་ཆས）等。

作为协荣仲孜伴奏乐器的柄鼓和大钹，其形制和规格与阿吉拉姆戏剧中使用的鼓钹相同。但从早期壁画上看，过去的柄鼓应该比现在使用的鼓要薄很多，也可能比现在使用的鼓轻一些；钹的使用则似乎没有发生变化，基本属于较大尺寸的那种。

协荣仲孜的阿热瓦头戴白色面具（འབག་དཀར་པོ），上身穿白色衬衣（ཏོག་འཇུག་དཀར་པོ），下身穿白色裤子（གོས་ཐུང་དཀར་པོ），外套白色氆氇藏袍（ཕྱུ་པ་དཀར་པོ），腰系红腰带（སྐེད་རགས་དམར་པོ），脚穿藏式靴子（ལྷམ་སྒྲོག་ལོ），其着装与折嘎（འབྲས་དཀར）的着装基本相同。阿热瓦的面具与扎西雪巴（བཀྲ་ཤིས་ཞོལ་པ）的面具相似，甚至相同，包括面具的颜色、形状、纹样和配饰等。阿热瓦的道具是彩箭，但该彩箭比阿吉拉姆戏剧开场中猎人手持的彩箭更长、更细，近似折嘎艺人手持的棍子（འབྲས་རྒྱུག）（见图5）。

图5　协荣仲孜演员（2008年10月11日）觉嘎摄

[①] 桑珠采访录。桑珠（1959—），男，藏族，西藏曲水县人，国家级非物质文化遗产项目协荣仲孜国家级代表性传承人。采访时间：2019年7月16日；采访地点：曲水县采纳乡协冲村国家级非物质文化遗产项目协荣仲孜传习基地。

野牦牛的衣套由牛头、牛衣、牛尾、裤腿、靴子组成。其中，牛头制造较为复杂，基本程序是：先做牛头形泥模，裱糊多层纸，干后脱模，然后彩绘成牛头并装牛角，牛角上挂哈达，缀红色牛毛穗，沿牛颈缝长毛。野牦牛扮演者下身穿黑色氆氇或布匹料的裤腿上缝缀牦牛毛，脚穿黑色软底长靴。

野牦牛的牛衣是由黑色牦牛毛编织而成。以目前存留在协荣村的一套古老牛衣为例：长250厘米，宽185厘米，上面缝制一排排牦牛毛；牛衣的中前端留有宽25厘米、深10厘米的半圆形缺口（周长约60厘米），在缺口的两个边角各装有一根系带，以便与颈部的牛头衔接并栓套；从牛衣后端靠中间的75厘米处是牛尾的位置，此处留有5厘米的缝口，要插一根约20厘米长的木棍，木棍的一端捆扎约40厘米长的牦牛尾，其木棍部分用于演员在牛衣内抓住摆动，牛尾部分露在牛衣外，随衣内木棍的摆动而甩动。这套牛衣是由一岁牛犊的尾巴毛编织的，据说已有数百年的历史，真可谓文物级的精品、孤品。这两套牛衣不仅本身具有重要的研究价值，而且对协荣仲孜表演在特定社会历史条件下的功能、地位等的研究也具有重要意义。

在西藏牧区，出生满一年的小牛犊叫做"雅茹"（ཡ་རུ།），此时小牛犊的尾巴毛要修剪一次，通常修剪成上下两节的梯形状或类似黄牛尾巴的直条状。这种修剪除了具有一定的象征意义，表示小牛犊已满周岁，还将裁下的小牛犊尾巴毛用来编织精细、耐磨的生活用具。因为一岁小牛犊的尾巴毛属于羊水泡过的胎毛，这样除了具有牦牛毛本身不怕紫外线的功能外，还具有不怕潮湿、不怕腐烂、不怕生虫的特点，并具有纤维精细而易于揉动的特点，适合作为牛衣用于协荣仲孜的表演。前述那套旧的牛衣总重12.25公斤，即12250克，两套总重24500克，①按照一个小牛犊修剪的尾巴毛平均50克计算，应该需要490头小牛犊的尾巴毛。这对于当时来说，只有通过差役等途径才能凑够。由此看来，对于协荣仲孜的表演应该说很早以前就得到了极大重视。

需要补充的是，关于上述那套牛衣的辨识过程还有一段小小的故事。2008年10月11日，笔者在曲水县才纳乡协冲村考察协荣仲孜时注意到了那里用于表演的旧牛衣（见图6）。但这两套牛衣因为"文化大革命"期间被看守树苗的农民用来遮风挡雨，已有多处被石头碾压后破损。笔者仔细查看这套牛衣后，判断是用牦牛的腹部长毛（ཅུད་པ།）编织的，于是决定从牧区弄一些此类编织料赠送给协冲村，用来制作新牛衣，为保护和传承传统牛衣及其制作工艺尽一点自己的心意。当笔者从当雄牧区弄来几捆牦牛长毛编织的料送到桑珠先生家里后，发现当地农民不善于

---

① 为了准确起见，2019年6月23日通过桑珠先生再次确认了这两套旧牛衣的重量。

图6 协荣仲孜表演（2008年10月11日）觉嘎摄

缝制此类编织材料。就在这种情形下，2009年5月1日笔者请来生活在当雄牧区的表弟，一同来到协冲村，实地测量那套旧牛衣，准备按此尺寸制作新牛衣。当桑珠先生从箱子里拿出那套旧牛衣的一瞬间，笔者的表弟惊叹地说道："啊！这是一岁牛犊的尾巴毛编织的，非常不容易！"由此得知原来这套牛衣是由如此特殊的材料做成的，也得知一岁小牛犊的尾巴毛除了纤维精细，可以编制比较薄的料，由此减轻重量，最重要的是知道了一岁小牛犊的尾巴毛是泡过羊水的胎毛，所以不怕被雨水打湿后发霉腐烂，便于长期保存。

后来，按照这套牛衣做了两套牛衣并赠送给了桑珠先生，村里也购买了另外四套类似的牛衣，用于协荣仲孜的表演。

（三）当下的表演

协荣仲孜作为历史悠久的仪式性表演艺术，其表演一方面延续传统习俗：除了在拉萨雪顿节开幕式献演，还要为本村的望果节表演；另一方面也出现了一些新的变化，除了作为非物质文化遗产代表项目参加各种展演，还要按照各级政府的安排，为各种庆典活动表演。前者属于传承，是传统习俗的延续；后者属于发展，是与时俱进的产物。其实，作为传承部分的表演也发生了一些变化。就以拉萨雪顿节的献演为例，目前一般在雪顿节开幕的那天早晨在哲蚌寺展佛现场表演即可。除此之外，既不必在布达拉宫表演，也不用在雪顿节闭幕时表演。唯独不变的是本村望果节期间的表演。相比之下，作为非物质文化遗产代表项目参加各种展示性表演已经成为常态，包括作为国家级非物质文化遗产代表项目的各种展示性表演和作为自治区级非物质文化遗产代表项目的各种展示性表演等。由于国家和自治区等各级政府特别重视优秀传统文化的保护和传承，包括协荣仲孜在内的各类优秀传统艺术以各级各类非物质文化遗产的名义得到了有效保护和传承，那些以家族形式世系传承的表演人员和表演技艺也同样得到了有序传承，其身份地位受到应有尊重，其独特技艺得到原真传承，成为中华民族特色文化保护地得到有效保护的重要的特色文化载体。

时隔十年之后的2019年7月16日，笔者又一次来到了协冲村考察协荣仲孜，那天恰逢协冲村的望果节。我们一行受到了桑珠先生等的热情接待。与十年前不同的是，此次接待我们的地点既不在村委会，也不在桑珠先生的家里，而是在国家级非物质文化遗产项目协荣仲孜传习基地。一间宽敞明亮的房间，门口挂有白底黑字藏汉两种文字的传习基地竖条木制门牌，房内墙壁上挂满了匾牌、奖状、小件道具等物件，其中"国家级非物质文化遗产协荣仲孜"的匾牌非常醒目，是中华人民共和国国务院公布、中华人民共和国文化部颁发的，颁发时间是2011年5月。同时，房间东侧长条柜架上摆满了野牦牛衣套和牛头等大件道具，有条不紊。其中那套旧的牛衣立刻跳入笔者视线，依旧与众不同，相比之下笔者赠送的那套以及后来购置的其它四套不仅显得粗糙一些，也显得厚重许多。

我们坐在房间西侧的长椅上，边喝酥油茶，边与传承人桑珠先生交谈，了解协荣仲孜的传承脉络和目前状况。桑珠先生介绍完传承脉络后讲道：目前协荣仲孜传承情况很好，除了依照传统形式表演，还增加了出场野牦牛的数量，由原来的两对扩充为六对，而协冲村小学的表演则可以同时出场十对野牦牛一并演出，很受村民和游客欢迎。说到这里桑珠先生显得格外兴奋，他希望今天的表演给我们留下好的印象。就在此时，从室外传来了鼓钹的声响。这鼓钹的序奏作为招徕观众的信号，通过望果节表演场地的音响系统传遍整个村落。这样，大家都知道演出很快就要开始了。当我们从房间出来时，现场的观众席已是座无虚席，于是我们绕道来到了观众席后面的停车位，从车前架起摄像机脚架拍摄并站着观看表演。

首先是由国家级非物质文化遗产项目协荣仲孜国家级代表性传承人桑珠领衔的仪式性表演。按照传统仪轨，在鼓钹的衬奏下桑珠先生饰演的阿热瓦和另外四位村名扮演的两头野牦牛悉数亮相，野牦牛身披的是那两套旧的牛衣，显得古朴自然。阿热瓦声音洪亮，叙诵流畅，领舞洒脱自如，唱腔富有韵味；两头野牦牛威武雄壮，表演端庄大方，极具仪式感。当表演圆满结束，阿热瓦和两头野牦牛行礼退场时，观众中响起热烈掌声。

通过现场采风，以及此前的多次考察了解到，协荣仲孜的音乐主要有五类：第一类是鼓钹序奏，第二类是出场音乐，第三类是念诵音调，第四类是唱腔音调，第五类是主要鼓点。虽然种类不算很多，但音乐各具特色，且极富表现力。

谱例1是序奏音乐，鼓和钹的节奏相同。

谱例1

谱例2是出场音乐，鼓和钹的节奏相同。其中，包含两小节自由反复的前四小节是出场的音乐；后五小节是出场结束后致行礼的音乐。

谱例 2

谱例3是念诵音调，没有鼓钹伴奏。该音调以羽音和商音两个五声性上下邻音支持的宫音为框架，虽然只有三个音，但调式结构清晰，为F宫调式；整个音乐音域跨度不大，在纯四度范围内，但音乐风格鲜明，节奏形态丰富。同时，这段音乐结构清晰，通过五小节的引入后，进入多句结构的主体部分，音调分句与念诵内容紧密结合，最后是念白形式的两小节结尾。这段音乐是协荣仲孜最重要的音乐类型之一，在协荣仲孜表演中出现两次。其中另一次的念诵内容由"我阿热瓦和两头雌雄野牦牛参加过桑耶寺的落成典礼，参加过康松桑康林的落成典礼，也参加过布达拉宫的落成典礼"等构成。

谱例 3

大意是：

啊哈！啦色啦色啦色！

美丽的大地到了盛夏，

杜鹃鸟唱起优美的歌，

天上呈现五色的彩虹，

大地铺满盛开的鲜花。

世界的中心，

祥瑞的圣地，

雪顿的节日，

吉祥的日子。

雌雄野牦牛和我阿热瓦，

来自五冠山[1]下的协冲村，

按照传统的习俗和仪轨，

来到了吉祥的庆典仪式。

---

① 五冠山是指协冲村东边从南向北延伸的山峰，是协冲村后山的组成部分。

谱例4是唱腔音乐，上声部是唱腔音调，下声部是鼓钹伴奏，鼓和钹的节奏相同。该唱腔音调由上下两句构成，虽然音调简洁，但结构清晰，框架结实。第一句是起句，包含全部唱词内容；第二句是起句的呼应和强化，唱词内容相同。整个唱腔音域不宽，在纯五度范围之内，为五声G宫调式。这段音乐也是协荣仲孜最重要的音乐类型之一。

谱例4

大意是：

啊哈，这小牛！

谱例5是主要鼓点，鼓和钹的节奏相同。协荣仲孜鼓钹节奏的变化与表演的不同场段有关，属于主要节奏类型为基础的延展与缩减形式，具有一定的即兴特征。

谱例5

仪式性表演结束后，便是协冲村小学的同学们表演的协荣仲孜。（见图7）小朋友饰演的小阿热瓦从容出场并从舞台的侧翼引出了一头、两头、三头……，整整十头野牦牛鱼贯而出，瞬间将表演场域变得热闹非凡。小阿热瓦动作轻盈，声音清脆，无论是表演动作还是韵腔风格都掌握得很好；二十名小朋友饰演的十头野牦牛在阿热瓦的引导下，时而腾跃，时而打滚，时而角挑哈达，时而对角互顶，小朋友灵巧的身体使表演显得生动活泼，呈现出了与成年人的表演截然不同的意趣，仪式与祈福兼具的协荣仲孜此刻被小朋友们表演成了颇具炫技意味的一群小牛犊的集体嬉戏，演出精彩纷呈，展现出了协荣仲孜后继有人的美好情景，给人带来特别的欣喜和欣慰感，表演受到了观众的热烈欢迎。需要说明的是，表演中小朋友们身披的野牦牛衣套是用布匹材料缝制的，这样除了能够满足"批量生产"的需求，还具有轻便、易于表演的优点。

图7　小学生表演的协荣仲孜（2019年7月16日）觉嘎摄

就在小朋友们刚刚退下舞台，观众的掌声与喝彩声尚未完全消散时，鼓钹声再次响起，传承人桑珠先生再度登场。在他的引领下，六头体格健硕、毛色釉亮的野牦牛登场亮相。（见图8）此时，现场又响起了热烈的掌声。这一环节的演出除增加了四头野牦牛，其它程序和内容全部按照传统仪轨表演。但增加演员的发展变化却很有效果，给观众带来了极大的视觉冲击。后来得知，最后的这场表演既是对十年前笔者赠送和帮助购置的那些野牦牛衣套在后来的演出实践中运用的一次专门展示，也是协荣仲孜这一传统表演艺术形式在服务当代社会文化过程中的一种与时俱进的新的状态的呈现，体现出了优秀传统文化的创造性转化和创新性发展的具体成果。对此，包括传承人、演员以及村领导和村民在内的各界人士都非常重视。

当全部表演结束之际，在现场观众的掌声和喝彩声中，乡村领导、学校校长、企业老板以及村民代表等争先上台，向参加演出的鼓钹演奏员、阿热瓦以及野牦牛饰演者在内的全体演员敬献了洁白的哈达，对演员们的精彩表演深表谢意，对演出圆满成功表示热烈祝贺。

至此，协荣仲孜在本年度的传统仪式性表演已全部圆满完成。

图8 出场六头野牦牛的协荣仲孜（2019年7月16日）觉嘎摄

参考文献：

[1] 群培. 西藏传统阿吉拉姆戏剧八大剧本汇编（藏文）[M]. 拉萨：西藏自治区群众艺术馆，西藏自治区非物质文化遗产保护中心（内部资料），2016：9.

[2] 政协西藏自治区委员会文史资料编辑部. 西藏文史资料选辑之二（藏文）[M]. 成都：四川出版集团、四川民族出版社，2009：500.

[3] 雪康·索朗达杰. 雪康·索朗达杰论文集（藏文）[G]. 拉萨：西藏人民出版社，2009：82.

[4] 边多. 当代西藏乐论[M]. 拉萨：西藏人民出版社，1993：424.

[5][6][7] 中国民族民间舞蹈集成编辑部. 中国民族民间舞蹈集成·西藏卷[M]. 北京：中国ISBN中心出版社，2000：240-241，232，236-237.

[8] 萨迦·索南坚赞. 西藏王统记（藏文）[M]. 北京：民族出版社，1981：214-215.

[9] 丹增次仁. 西藏民间歌舞概说[M]. 北京：民族出版社，2014：206.

[10] 西藏自治区群众艺术馆，西藏自治区非物质文化遗产保护中心. 西藏自治区非物质文化遗产传承人图典[M]. 拉萨：西藏藏文古籍出版社，2017：158.

我国藏戏研究文献综述[1]

孔繁秀[2] 冯云

藏戏，藏语称"阿吉拉姆"，它是我国少数民族中历时最为久远、流传最为广泛的剧种，有着极为丰富的文化内涵，是中华民族戏剧宝库中不可多得的瑰宝[1]。本文以国内最全面的重要评价数据库"中国学术文献网络出版总库（CNKI）"为主要统计数据来源，以"藏戏"为检索词作了普查性检索，并参考已经整理的"藏戏研究文献资料索引"、"藏戏研究文献资料索引（补遗）53篇"、"国内藏戏研究资料目录"等对检索结果进行了相互补充、比勘印证、归并统计，得出自1941年至2013年间共发表有关藏戏研究期刊论文380篇，博士、优秀硕士学位论文33篇。在统计的基础上，采用文献计量方法，对藏戏研究论文数量、进展趋势及其作者、期刊分布以及博、硕士学位论文发表状况等进行基于量化的分析，试图揭示该领域的研究成果及发展趋势，总结过去，展望未来，以期为藏戏的研究提供借鉴和参考。

一、基于论文年代的分析

通过统计得知，1941年至1979年，在期刊上公开发表的相关研究文章共有16篇，这些文章多是对藏戏演员的介绍，或是对藏戏内容进行评论等。以高平在1956年发表的《访藏戏名演员扎西顿珠》，1959年东川发表的《记藏戏及〈文成公主〉》和集文发表的《评藏戏"文成公主"》等为代表。这一时期尽管国内藏学界对藏戏进行研究的人不多，有学术价值的文章也较少，但在藏戏文献资料的搜集和整理方面，取得了可喜的成绩，对藏戏的宣传和推广起到了一定的作用。

20世纪八、九十年代，涌现出很多有关藏戏研究的文章，藏戏研究逐渐进入兴盛时期。1980年至1989年，共有论文70篇；1990年至1999年，共有86篇，

---

[1]本文原载于《西藏大学学报》（社会科学版）2014年第1期。
[2]第一作者简介：孔繁秀，西藏民族大学图书馆研究馆员，主要研究方向为图书馆学、藏学文献。

论文数量呈增长趋势，研究的主要内容包括藏戏的起源、剧种和流派、艺术特征、面具艺术、表演和音乐、藏戏的现状及发展等，研究领域进一步扩大，对藏戏的探讨进入较深的研究层面，很多领域填补了学术研究的空白。藏戏研究开始受到重视，这主要得益于当时社会背景下的民族宗教政策的贯彻以及民间文化保护政策的全面施行。20世纪八十年代，党的民族宗教政策开始全面贯彻落实，抢救、发掘和研究传统藏戏以及如何继承、发展和创造现代藏戏的工作又一次提上日程，并迅速形成高潮；国家重点科研项目《十大文艺集成志书》也开始编纂，其中包括《中国戏曲志·西藏卷》，实际上就是"西藏藏戏志"，甘、青、川、滇、藏等五省区"藏戏志"随即撰写，为藏戏的研究打下了坚实的基础并开辟了广阔的天地[2]。1986年拉萨雪顿节的恢复，题材丰富、流派纷呈、不拘一格的藏戏演出，给散居于各藏区的藏戏研究者提供了一个沟通、交流的平台[3]。为适应藏戏研究发展的新形势，全国性的藏戏研究学会也在此时酝酿建立，并召开了首届藏戏研究年会，为藏戏研究提供了组织保障。1987年8月于雪顿节期间又举行五省区藏戏研究学会第二次年会，邀集了北京、上海和四川以及西藏各有关方面专家学者、藏戏艺人，中国人民大学、西藏大学、西藏社会科学院的教授、研究生，日本在中国的进修生等30余人在拉萨进行了藏戏观摩和学术研讨活动。研讨会上，专家学者提出了许多学术课题，如我国藏区民族戏曲地方剧种的问题，藏戏名称规范化问题，藏戏剧种音乐的问题，传统藏戏与西方现代戏剧之比较问题，传统藏戏所具有的特殊研究价值和现代的审美价值的问题等等，通过研讨，开阔了研究视野，拓展了研究领域，并启迪了探索的思路，为今后加强藏戏研究奠定了基础[4]。这一时期，随着对藏戏调查工作的进一步深入以及藏戏研究学会的推进，藏戏研究进入深化发展阶段，国内藏戏研究不仅开了学术意义的先河，而且在理论上也有所突破。

  进入21世纪以来，公开发表论文180多篇，不仅论文篇数增多，并且逐渐呈现出多元化的理论发展趋势。主要涉及藏戏历史渊源、藏戏剧目、藏戏美学、藏戏面具、发展与保护、戏剧比较等方面，使藏戏研究得到了进一步的长足发展。中国艺术研究院作为"中国民族民间文化保护工程国家中心"于2003年2月正式挂牌启动，"中国民族民间文化保护工程国家中心"的成立显示出国家对传统戏曲、民间文艺保护的重视和有关政策的正式实施。"2003年全国藏戏发展学术研讨会"的召开，标志着系统的民族民间文化保护工作正在全面展开。与会的藏、汉专家代表就藏戏的历史起源及其艺术特征、藏戏的继承和发展、藏戏与宗教、民俗、说唱、歌舞及其他姊妹艺术之间的关系、藏戏在中国民族戏剧中的价值与地位等议题进行了深入的探讨。正如西藏自治区文化厅厅长江央在讲话中指出："本次会议是在深入贯彻党的十六大和中央第四次西藏工作座谈会精神,贯彻落实热地副委员长和自治区主要领导关于繁荣文艺重要指示,实现西藏文化跨越式发展的重要时期召开的一次全国性学术会议,是我国藏戏学术、理论探索的一次集中研讨活动"[5]。特别是2006年,藏戏被列入国务院、文化部公布的第一批国家级"非物质文化遗产名录";2009年,藏戏成功入选世界"非物质文化遗产代表作名录",藏戏的现状和保护研究再一次引起了人们的关注,研究有了广阔的发展前景[6]。

二、基于论文作者的分析

对论文作者分布及其构成情况进行分析,可以有效了解该领域的主要著者与核心著者群,有利于读者了解该领域作者的研究情况,促进学术研究与交流。在所调研的论文中,以第一作者为统计对象,发表1篇论文的作者居多数,发表3篇以上的作者有20余人。其中,相关论文发表数量最多的是西藏民族艺术研究所的刘志群先生,他从藏戏起源、藏戏剧种、藏戏艺术、藏戏现代化与发展以及戏曲与藏戏的比较等多方面,撰写发表了50余篇视角新颖、见解独到的学术论文,在藏戏研究中做出了卓越贡献。此外,刘凯先生、青海民族大学的曹娅丽女士等,以他们为主的老一辈藏戏研究专家、学者,开创了藏戏研究的先河,并开辟了新的研究领域,取得了丰硕成果,为世人所瞩目。尽管藏戏研究具有一定数量的研究群体,但其发文量较低于其他学科领域的核心作者发文量,大部分作者对藏戏的研究尚处于初始的探索阶段,且较为分散,还未形成一支相对稳定的、学术水平较高的研究团队,藏戏的研究在学界有待进一步成熟和完善。从作者单位分布来看,论文作者大多数为高等院校和各地方艺术研究所、研究院、藏剧团的研究人员等;从研究的关注度来看,不同时期的研究侧重点有所不同,研究成果的数量不断起伏变化,特别是近年来,在藏戏渊源、剧目、美学、面具、保护和传承等方面的探讨进入了较深层次的理论研究;从研究方法来看,主要涉及文化学、宗教学、人类学、历史学、民俗学等多个领域,呈现出多元化、多视角的研究格局。例如,徐睿、胡冰霜等从社会学的视角开始探讨藏戏群体整合功能,他们在《浅谈藏戏的群体整合功能》一文中以"八大藏戏"为分析样本,用整合理论和集体意识等概念作为分析手段,探讨藏戏群体整合功能的可能性及表现[7];万代吉试图用人类学方法研究藏戏,她在《人类学研究方法在艺术研究中的运用——以拉萨市堆龙德庆县加热村觉木龙藏戏调查为例》一文中认为人类学方法中提倡的客观性、科学性、对文化相对主义的运用,可以使对藏戏的研究更加科学和客观[8];彭敏在《西藏藏戏中的非言语符号传播方式》一文中从传播学的视角去探究藏戏非语言符号在西藏文化传播中的地位和作用等[9]。

统计中发现，藏戏科研基金项目近年来数量逐渐增多，并从一定层面上反映了藏戏研究的深化以及国家对藏戏研究的重视。2005年以来，已有数位作者承担科研基金资助课题，其中经过严格评审和筛选申报的国家基金项目，其基金资助论文大多具有新颖性和较高的学术水平，很好地展现了藏戏研究的前沿动态。如重庆师范大学谢真元承担有2005年度国家社会科学基金项目"藏、汉戏曲文化之比较研究"、西藏民族学院李宜主持的2011年度国家社会科学基金重点项目"西藏藏戏形态研究"、青海民族大学曹娅丽申报的国家社会科学基金艺术类项目"青藏高原藏戏遗产的保护与研究"和国家哲学社会科学基金项目"唐蕃古道文化遗产的人类学研究"、西南民族大学杨嘉铭的国家社会科学基金项目"西南少数民族面具文化及其保护利用"、西藏自治区民族艺术研究所刘志群的国家文化部艺术基金资助的课题，还有省级、校级等其他资助课题。相信学界通过课题立项等系统地展开研究，藏戏研究将会取得繁荣发展。

三、基于论文期刊分布的分析

从论文期刊分布分析，藏戏研究论文不仅发表于各种艺术专业期刊上，还大量分布于各高校学报、民族学等学科期刊上，经统计，共有100多种期刊刊登有藏戏研究论文。刊载较多的期刊为《西藏艺术研究》、《四川戏剧》、《西藏研究》、《西藏民族学院学报》、《青海戏剧》、《民族艺术》、《中华艺术论丛》、《民族文学研究》、《青海民族大学学报》、《中国戏剧》、《戏剧艺术》、《西南民族大学学报》、《戏剧艺术》等，其中西藏自治区民族艺术研究所主办的《西藏艺术研究》刊载藏戏研究论文最多，《西藏艺术研究》是在原《艺研动态》的基础上，为适应新的形势，经自治区有关部门批准创办的。该刊贯彻"双百"方针和"两为"方向，发表有关的理论研究文章，为藏学研究工作者，尤其为藏戏研究工作者提供了展示自我、交流才华的平台，为续承、发展西藏民族文化艺术，繁荣民族文化做出了应有的贡献。以上表明，藏戏研究领域的核心期刊正在形成。

四、基于博、硕士学位论文的分析

博、硕士学位论文通常接近或处于学科前沿，选题具有一定的广度和深度，对于博、硕士学位论文的分析研究，可以了解和把握目前我国藏戏研究领域的前沿进展。笔者通过"中国博士、优秀硕士学位论文数据库（CNKI）"、"CALIS中文学位论文数据库"、"国家图书馆学位论文数据库"等数据库，统计出有关藏戏研究博士、优秀硕士学位论文共有32篇，其中，博士论文4篇，优秀硕士论文28篇。最早获得优秀硕士学位论文的是2002年普布昌居的《论传统藏戏表现形态的宗教性与世俗性》，文章认为藏戏是融宗教性与世俗性为一体的戏剧艺术，为藏戏表现形态的准确定位进行了一些尝试性的探索，同时为藏戏研究提供了新的视角和思路[10]。从2002年起每年都有藏戏研究的学位论文，且自2007年起逐年增多，呈明显的增长趋势。从学位授予单位来看，共有16个单位，其中中央民族大学最多9篇，其次是西藏大学5篇和西北民族大学4篇。涉猎学科专业有民族学、音乐学、舞蹈学、藏语言文学、中国少数民族艺术、中国少数民族语言文学、美术学、藏学等多个学科专业。如中央民族大学桑吉东智的硕士论文《论安多藏戏的发展状况与文化特点》[11]及博士论文《乡民与戏剧：西藏的阿吉拉姆及其艺人研究》、中央民族大学高翔的博士论文《"觉木隆"职业藏戏及唱腔音乐研究》、西安美术学院冯作辉的硕士论文《论藏戏艺术对西藏题材油画创作的借鉴意义》、中央民族大学陈怡琳的硕士论文《藏戏近几十年来的变迁》、中国人民大学秦奕的硕士论文《藏戏的传承与发展——以拉萨市"雪"藏戏队为例》、中国政法大学郑丽的硕士论文《藏戏的法律保护研究》、西藏大学央珍的硕士论文《藏族的雪顿节与古希腊的雅典戏剧节之比较》、青海民族大学杨菊的硕士论文《藏戏与古希腊悲剧的比较研究》、西藏大学加拉的硕士论文《论藏戏——"阿吉拉姆"的起源及其艺术特征》等等。这些学位论文从艺术研究、音乐舞蹈、戏曲比较以及传承与发展等不同的角度深入研究，将有利于最新学术成果的社会确认、交流和相互借鉴，有利于科学研究的持续发展，具有重要的学术价值。可见，在嘉雍群培、罗桑开珠、多布杰、苏发祥、资华筠、苏自红、倪宗武、更堆培杰等专家学者的精心培养下，涌现出了一批年轻的具有高学历的藏、汉民族研究者，产出了为数可观的优秀硕士论文和博士论文，藏戏研究取得了可喜的成果。

结语

通过以上对藏戏研究论文的计量分析，1970年以来国内藏戏研究论文逐年增加，特别是近几年论文数量呈明显上升趋势，在老专家学者的精心培养下，涌现出了一批年轻的学者，产出了一些优势的硕士和博士学位论文，取得了可喜的成果。藏戏研究在国内已具备了一定的实力，奠定了较好的基础。专家学者对藏戏的研究上世纪七十年代之前未能突破描述性研究，进入上世纪八十年代之后，才有了真正意义上的理论研究，不仅建立了藏戏发展体系及藏戏剧种和流派等研究体系，而且注重实际调查与理论研究的结合，以大量的事实资料为依据，形成具有创新性的观点，在前期研究成果的基础上进行纵向深入，视角新颖，论证深入，特别是近几年，藏戏研究得到前所未有的发展。

藏戏研究人员主要来自高校和各地艺术研究所、研究院和藏剧团等，尽管目前已初步形成了一支藏戏研究队伍，出现了研究藏戏的若干群体，但目前尚未形成研究实力很强的核心作者队伍，未来期待有更多的本专业领军人物加入到藏戏的研究队伍中来，期待有更多的研究成果出现。藏戏研究论文不仅发表于各种艺术专业期刊上，还大量分布于各高校学报、民族学、藏学专业学术期刊及人文社会科学其他专业的100多种国内公开出版的期刊，藏戏研究领域的核心期刊已基本形成，但高质量、高水平的学术论文为数依然不多。随着藏学研究热在中国和世界范围内的掀起，藏戏研究必将在更广泛的基础上取得更为迅速的发展，立不断创新思路、体制和机制，培养和造就更多的藏戏艺术人才，不断发掘藏戏艺术宝贵的文化资源潜力，使藏戏艺术这一民族文化瑰宝与时俱进，发扬光大。

参考文献：

[1] 觉嘎．藏戏综述[J]．乐府新声（沈阳音乐学院学报），2009（1）:51-58.

[2] 李宜．20世纪国内藏戏研究综述[J]．西藏研究，2010（4）:112-120.

[3] 赓续华．藏戏艺术的博览会——一九八六年雪顿节侧记[J]．艺研动态，1987（3）:16-19.

[4] 刘志群．藏戏学术喜结硕果——1987年雪顿节五省区藏戏研究学会第二次年会活动纪实[J]．艺研动态，1988（1）:62-70.

[5] 李悦．雪域高原上的盛会——2003年全国藏戏发展学术研讨会综述[J]．戏曲研究，2003（3）:44-49.

[6] 邱棣，方小伍．浅析非物质文化遗产藏戏的保护与传承[J]．四川烹饪高等专科学校学报，2009（3）:37-39.

[7] 徐睿，胡冰霜，秦伟．浅谈藏戏的群体整合功能[J]．西藏研究，2003（2）:56-61.

[8] 万代吉．人类学研究方法在艺术研究中的运用——以拉萨市堆龙德庆县加热村觉木龙藏戏调查为例[J]．阿坝师范高等专科学校学报，2011（3）:13-15.

[9] 彭敏．西藏藏戏中的非言语符号传播方式[J]．西藏发展论云，2012（3）:37-40.

[10] 普布昌居．论传统藏戏表现形态的宗教性与世俗性[D]．福州：福建师范大学，2002.

[11] 桑吉东智．论安多藏戏的发展状况与文化特点[D]．北京：中央民族大学，2006.

藏区教堂音乐文献述要[①]

孙晨荟[②]

在中国西藏、云南和四川交界地带的康巴藏区，生活着一批特殊的以藏族为主、混杂纳西族、怒族、白族、独龙族、傈僳族等多个少数民族的天主教徒。这是罗马天主教会在中国藏区上溯17世纪早期下至20世纪50年代传教的历史遗存，这片区域如今也归属大香格里拉、藏彝走廊、茶马古道和西南丝绸之路等称谓之内，至今仍保留和建设着约30座左右大小不等的天主教堂。在其中一些主要的教堂之内，幸存一批一百多年历史的文献，包括多个海内外传教会的中外文报刊杂志、传教士书信、英法拉丁等多国语言的外文名著和书籍和教堂音乐文献等，但尚无人发掘整理。其中的教堂音乐文献不仅有19世纪梵蒂冈、比利时和法国等国出版的教堂音乐及礼仪用书，还有极少的19世纪末至20世纪上半叶中国本地天主教会出版的音乐和礼仪用书，最为少见的是一种藏文四线谱的教堂音乐乐谱和藏文天主教经本。笔者在历时两年的实地考察中，初略整理了这批音乐文献，将其主要分为传统的拉丁文圣歌谱本和本地化的藏文圣歌谱本两类进行述要，中文圣歌谱本暂不列入其内。

一、拉丁文圣歌谱本

拉丁文圣歌谱本是罗马天主教会传统的音乐文本，自天主教传入藏区以来，传教士便在这方土地唱响流传千年的格里高利圣咏，现在一些老教徒还会吟唱风格纯正发音地道的拉丁文圣咏。当年的传教士究竟带了多少种拉丁文圣歌谱本进来，又在中国各地又使用了多少，此类资料几乎没有。在四川藏区的调研中，笔者有幸参与整理到一批19世纪末至20世纪初拉丁文和法文版的格里高利圣咏拉丁文圣歌谱本以及带有歌谱的礼仪用书，多由法国、罗马和梵蒂冈印刷出版，另几本由国内各地天主堂出版。这些谱本大部分破损严重，但提供的珍贵信息得以揭开百年前滇藏

[①]本文原载于《西藏大学学报》（社会科学版）2014年第3期。
[②]作者简介：孙晨荟，中国艺术研究院音乐研究所助理研究员，西藏大学艺术学院兼职研究人员，主要研究方向为基督教音乐和民族音乐。

川地区天主教会音乐的历史。整理文献的工作繁重、脏乱且问题诸多，因涉及拉丁文、法文及诸多专业外文宗教术语，后期时间在几位神父的多日帮助下，笔者将部分谱本及礼仪用书进行书名翻译并附简介，见表1。[①]

表1 拉丁文圣歌谱本及礼仪用书

编号	书名	译名	出版	年代
NO.1.	PONTIFICALE ROMANUM-SUMMORUM PONTIFICUM BENEDICTO XIV. PONT. MAX.	《罗马宗座》；本笃十四世礼仪用书；钦准版	SUMMI PONTIFICIS, S. CONGREGATIONIS T. DE PROPAGANDA FIDE 罗马传信部；MECHLINIAE 比利时马利内出版	1855
NO.2.	L'OFFICE PAROISSIAL ROMAIN LES MESSES ET lES VÉPRES	《堂区日课》素歌；罗马弥撒和晚祷：包括主日及所有圣人的瞻礼、晨祷、早祷、圣诞节、圣周及葬礼等	RENNES, DE L'LMPRIMERIE DE H. VATAR 法国 H. VATAR 教区 RENNES 雷恩出版	1863
NO.3.	OFFICES DE LA SEMAINE SAINTE ET DES FÊTES DE PAQUES	《日课：圣周及复活节瞻礼》遵罗马礼仪；新版；法国马赛主教准印	MARSEILLE 法国马赛 CHEZ. J. MINGARDON 书店出版社	1869
NO.4.	RITUALEROMANUMPAULI V PONTIFICIS MAXIMI ET A BENEDICTO XI V	教宗保禄五世及本笃十四世《罗马礼典/礼仪手册》（圣事礼典/礼节本）；增祝福指引；钦准版；德国里根斯堡首版；罗马礼仪部准印	S. SEDIS APOST. ET SACR. RITUUM CONGREGATIONS TYPOGRAPHI. 罗马礼仪部；PARISIIS 巴黎、LONDINI 伦敦、TORNACI 比利时图尔奈出版	1872
NO.5.	GRADUALE ROMANUM	《罗马阶台经/升阶经》（答唱咏）；包括弥撒及主日所有时辰祈祷；根据最古老的手抄本修订；新版；法国巴黎教区主教准印	LECOFFRE FILIO ET SOCIIS, SUCCESSORIBUS; PARISIIS;LUGDUNI 法国巴黎、里昂 LECOFFRE FILIO ET SOCIIS 出版	1875
NO.6.	GRADUEL ROMAIN	《罗马阶台经/升阶经》（答唱咏）；包括弥撒和第三时课、主日和全年瞻礼、平安夜的日课以及主要游行；REMIS 里姆斯和 CAMBRAI 甘勃来教区根据最古老的手抄本修订；法国亚眠教区主教准印	法国巴黎 VICTOR LECOFFRE 书店出版	1881

[①] 书籍的拉丁文及法文翻译特别感谢香港教区蔡神父和庞神父的帮助。

编号	书名	译名	出版	年代
NO7.	OFFICIA PROPRIA	《通用日课》；圣人补充；部分；圣 IRENAEI 修道院准用；里昂；赛诺玛尼副主教准印	法国 SOLESMIS 索莱姆修院出版	1888
NO8.	CANTUS VAR Ⅱ	《多种圣歌Ⅱ》；选自罗马对唱经本；为小唱经班搜集；圣若瑟与圣母玛利亚的敬礼；新版及增订版；重庆代牧区主教准印	CHA-PIN-PA, TYPIS MISSIONIS TCHOUAN-TONG 沙坪坝，东川府传教会（今云南会泽）出版	1894
NO9.	ANTIPHONARIUM ROMANUM	《罗马对唱经本》；包括所有年份的主日及瞻礼庆日；包括主日、瞻礼、复活节及葬礼的夜祷；按最古老的手抄本修订；REMIS 里姆斯和 CAMBRAI 甘勃来教区	法国巴黎 VICTOREM LECOFFRE 书店出版	1899
NO10.	HYMNORUM SERIES	《圣歌系列荟萃》；包括光荣神、赞美圣母与圣人；巴黎外方传教会	HONGKONG NAZARETH 香港纳匝肋静院出版	1907
NO11.	CENT MORREAUR DIBERS	《一百首歌曲选集》；纪念殉道圣人；家庭纪念版	MISSIONS ÉTRANGÈRES 法国巴黎外方传教会出版	1910
NO12.	VESPERALE	《晚祷》（晚课经）；至圣罗马教会；教宗庇护十世修订版；梵蒂冈对唱经本	SUMMI PONTIFICIS, SS. CONGREGATIONUM RITUUM ET DE PROPAGANDA FIDE 罗马礼仪部传信部；MEDHLINIAE 比利时马利内出版	1913
NO13.	《大弥撒及圣体降福经歌摘要》	《大弥撒及圣体降福经歌摘要》；河间府主教准印	HOKIENFU, TYPIS MISSIONIS CATHOLICAE 河间府（今河北献县）教区出版	1913
NO14.	LIBER USUALIS	《常用歌咏集》；弥撒与日课；主日及第一或第二台瞻礼和额我略圣歌；自梵蒂冈版；附索莱姆修士的节奏说明	S. SEDIS APOSTOLICAE ET S. RITUUM CONGREGATIONIS TYPOGRAPHI 圣座及罗马礼仪部；ROMAE 罗马、TORNACI 比利时图尔奈出版	1923
NO15.	CANTUS VAR Ⅱ	《多种圣歌Ⅱ》		不详

表1中的15本乐谱及礼仪用书仅是笔者初步整理出来的一部分，剩下的尚待继续工作。除了这批在四川藏区发现的未整理教堂文献资料外，在云南迪庆藏族自治州德钦县图书馆内现存七百多册原康定教区云南总铎区所在地茨中天主堂的外文藏书。笔者于2009年12月专赴县图书馆考察，查阅到数十本相关礼仪及圣歌的书目，在纠正该馆的一些译名错误之后，现简译如下：1879年比利时版大本《罗马弥撒经本》、1888年巴黎版《罗马阶台经／升阶经》（答唱咏）、1891年巴黎版《罗马对唱经本》、1899年巴黎版《罗马对唱经本》、1904年比利时版《罗马礼典／礼仪手册》（圣事礼典／礼节本）、1904年比利时版《罗马日课经》、1905年罗马版《罗马日课经》、1907年比利时版大本《罗马弥撒经本》、1907年香港版《1908年礼仪历书》、1908年梵蒂冈版大本的《对唱经本》、1910年比利时版大本《罗马弥撒经本》、1916年Turonibus版《罗马日课经》、1923年香港纳匝勒印刷版《圣歌集》、1923年比利时版《罗马弥撒晚祷》、1926年法国版《礼仪规则》、1931年巴黎版《神圣时辰》、1932年意大利版《对唱经本书》。该馆很幸运地保存有用于摆放在教堂祭台的大开本拉丁文《罗马弥撒经本》及《对唱经本》，其中《罗马弥撒经本》外皮包有精美红色布绣的外套，仙鹤、仙桃、小鹿、大钟等图案五彩纷呈。

这批文献的出版时间自19世纪中叶至20世纪初期，正值欧洲天主教会礼仪改革运动初露端倪期间，古老的格里高利圣咏在尊重传统的学术研究中复兴重整，上列每一本书目所涵盖的信息均反映欧洲这一影响深远之运动的演变历程，但对于国人来说，这一切是如此的陌生而遥远。

而关于19世纪欧洲格里高利圣咏的发展状况，刘志明在《额我略歌曲简史》第七章"额我略歌曲的重整"有详细讲解，这是目前出版的中文书籍之唯一论述"……自1905年由梵蒂冈出版社印行的歌集，数目可观，数目如下：垂怜歌集暨追悼亡者弥撒曲（Kyriale et Missa pro Defunctis, 1905, 8, 14）、梵蒂冈版阶台经集（Graduale Vaticano, 1907, 8, 7）、亡者日课（Officium Defunctorum, 1909, 5, 12）、小歌唱集（Cantorinus, 1911, 4, 3）、罗马礼日用对唱歌集（Antiphonarium Diurnum Romanum, 1912, 12, 8）、圣周日课（OfficiumHebdomadae Majoris, 1912, 2, 22）、圣诞节日课（Officium Nativitatis D.N.I.C., 1926）只是这些歌集有梵蒂冈出版社印行之后，则委托由本笃会负责的Desclée出版社印行，其理由为何，始终未明。"滇藏川交界地区天主教会旧时的拉丁文圣歌谱本正源于此时欧洲格里高利圣咏大改革时期，这也是梵二会议之前礼仪改革最精彩的前章。藏地的传教士多来自于法国传教会，因此存留至今的谱本，便是当时他们带至藏地的这一时期法国和梵蒂冈版的高标准修订版教堂乐谱和礼仪用书。

二、藏文圣歌谱本

拉丁文圣歌谱本是外国神职人员的专利音乐文本，但目前已经中断失传，那普通教徒用的是什么呢？在这批存留文献中，笔者发现一种藏文圣歌谱本，其特殊之处不仅是目前已知唯一的一种藏文版的天主教圣歌谱本，更是一本没有中断传承的活的音乐文本。在滇藏川交界地区的田野考察中，笔者发现所到之处的人家，只要是藏族和会说藏语的其它民族之天主教徒，人人都会颂唱这本藏文圣歌。

该书1894年印刷出版，64开本，有藏青、红等几种封皮颜色。尚不清楚该谱本当年的发行量，但现今教徒实际的拥有量寥寥无几。西藏某教徒告诉笔者，文革时期，四川康定教区将剩余不多的谱本装进木箱埋入地底，逃过一劫保存至今，宗教政策落实后，存留谱本全数运到西藏盐井天主堂。四川康定教堂的某负责人则告之，文革期间教堂被抄，没收书籍堆置于县文化馆，由于看不懂教会文献，县文化馆负责人将存留余下的部分返还康定天主堂，其中就有一批藏文圣歌谱本，20世纪80年代西藏盐井教堂原神父祝圣时，这批歌谱连同其它藏文文献被送给盐井教堂供藏族教徒使用。如今该谱的拥有量如下，云南贡山县天主教两会一本，丙中洛乡各教堂的老教徒存数本，云南茨中教堂片区的老教徒存几本，而西藏盐井教堂拥有的数量最多，每位教徒几乎人手一本，总共不过百本左右。教徒知道该书的宝贵程度，轻易不愿意拿出手，笔者见到的每本均有泛黄霉点，不过印刷质量上乘，但凡存留至今的，除虫鼠咬痕，纸张基本无破损霉变，字迹清晰毫无消匿。西藏盐井天主堂的教徒送给笔者一本原书，纸张上的黄色水印丝毫不影响阅读，打开封皮还掉出些许土渣。

（一）藏文圣歌谱本的出版

藏文圣歌谱本全书共22首，一百多页的小册子汇集三种语言：封皮封里标注法文，每首圣歌的标题为拉丁文和法文，乐谱为罗马天主教传统的四线纽姆谱，歌词是拼音式藏文。对今天的学者而言，掌握这三种晦涩的文字绝非易事。历史中，派驻海外的天主教传教士除精通拉丁文和本国语言，还需掌握至少第三门异国传教区的语言。滇藏川交界地区的传教士虽在藏区工作，但还需与官方和汉人打交道，他们必须掌握汉语、藏语及其传教区域的少数民族方言，因此编撰多种语言之间的对照字典是打开传教之路的重要工具，这直接或间接地促进了中外和民族文化交流。此举两例：香港于1899年出版法国传教士编写《藏文拉丁文法文字典》、1902年"直隶河间府"出版法国传教士编写的《法文英文拉丁文汉文对照词典》便是西人传教的附带结果，至今国内的学术界及出版社尚无人涉及此类领域。

关于藏文圣歌谱本的印刷出处，云南贡山、茨中和西藏盐井的老教徒一致告诉笔者，由于条件所限，此书当年由法国传教士送到香港印刷。笔者经过查证，发现诸多疑点：藏文圣歌的封面印刷的是 Imprimerie oberthur-rennes 1894，翻译为欧贝特－雷恩出版。这是法国一家出版社，成立于 1855 年，由法国人 François-Charles Oberthür 创办，印刷廉价但高质量的项目，曾在 19 世纪末至 20 世纪初期大力支持巴黎外方传教会的海外传教活动。它是否在当时的香港驻设分机构？或该谱本就在法国出版？

在一些老人的手中，笔者看到了同时代出版的其它天主教经本：1897 年出版的藏文《十四处苦路经》、1903 年出版 1989 年重印的藏文《圣教经课》和出版年代不详的汉文《圣教经课》。其中汉文版内容完全对应藏文版《圣教经课》，由于经书封皮破损，其具体出版年代不得而知，但应是同时代的书籍。这几本经书的封皮均印有出版社的名称 HONHKONG IMPRIMERIE DE LA SOCIÉTÉ DES MISSIONS ETRANGÈRES，译为巴黎外方传教会香港区出版，这是否与欧贝特－雷恩出版资助有关？

关于香港早期的天主教出版社，在《中华归主－中国基督教事业统计 1901-1920》一书中记载，到 1920 年，天主教在中国的印书馆有 13 个，居首位最重要的是香港纳匝肋静院活版（Imprimerie de Nazareth）。[①] 这是当时全亚洲规模最大、出版华语天主教书刊最多的出版社，专门供应亚洲各地传教工作的需要。中国国家图书馆的现存书目（无实际存书）有香港纳匝肋静院 1890-1911 年出版的 29 本汉文天主教古籍，而巴黎外方传教会香港区出版是否就是香港纳匝肋静院活版？关于香港纳匝肋静院活版，维库百科"香港大学大学堂"词条注释：1894 年巴黎外方传教会在香港购入 1861 年由苏格兰商人建立的公司大楼－杜格拉斯堡，改名为纳匝肋楼，并进行大规模修葺重建，加建了一所印刷工厂。1953 年，巴黎外方传教会撤离纳匝肋楼，1954 年香港大学将其购入，现为香港大学大学堂。[②] 纳匝肋楼的印刷工厂是否也是香港纳匝肋静院活版？

综上所述，巴黎外方传教会香港区出版、香港纳匝肋静院活版、香港纳匝肋楼印刷工厂是否就是一家？或是名称相异而已？《中华归主—中国基督教事业统计 1901-1920》是了解当时中国基督宗教状况最具说服力的数据，它记录截止 1920 年，

---

① 中华续行委办会调查特委会，编. 中华归主－中国基督教事业统计 1901-1920（下）[M]. 北京：中国社会科学院世界宗教研究所，1985：1052.
② http://www.wikilib.com. 维库百科"香港大学大学堂"词条 [EB/OL].

香港仅有一家天主教出版机构即香港纳匝肋静院活版，其书目虽大部分是拉丁文著作，但截止1920年出版天主教藏文书4种，老人们手中的藏文经本就是此时期产品，虽然法文翻译过来是巴黎外方传教会香港区出版，实际应是香港纳匝肋静院活版。上述三个名称均是巴黎外方传教会做出的项目，据此推理极有可能指同一个出版社。而法国欧贝特-雷恩出版是否在香港驻设分社，目前由于资料匮乏不得而知，藏文圣歌谱本的印刷是在香港还是法国？笔者不能定论。老人们的回忆并没有错误，他们记忆中的事物和手中存留的经文书本都是同时代香港出版的产品，而外国神父们总是把书送到香港印刷，藏文圣歌谱本即便在法国出版，也要首先到达香港地区，这是巴黎外方传教会在华传教的大本营，随即之后的操作便是老人和笔者不得而知的。

翻译如下：Chants 圣歌
Religieux 宗教的
Thibétains 西藏的
Imprimerie 出版
oberthur-rennes 欧贝特－雷恩 1894

图片1　1894年出版的藏文圣歌谱本，封皮

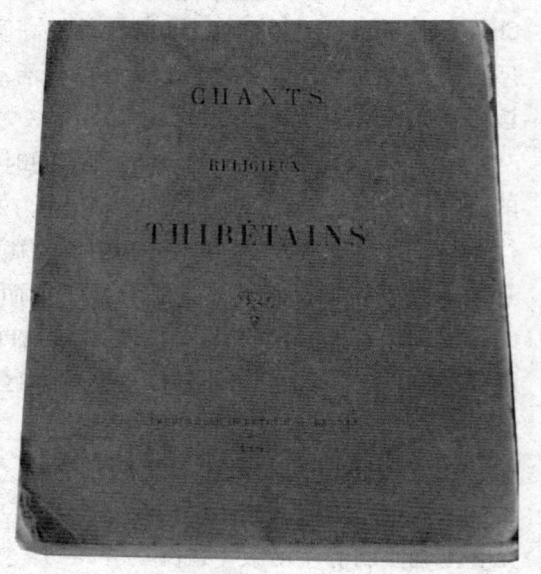

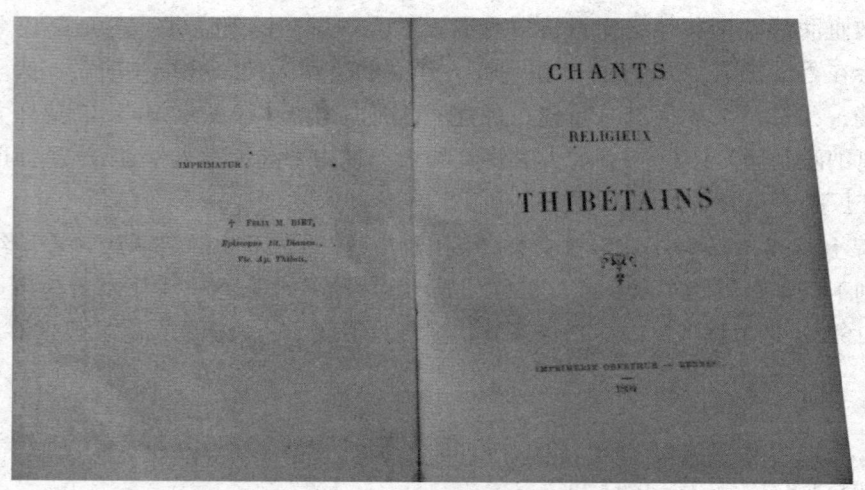

图片2　1894年出版的藏文圣歌谱本，封里

翻译如下：
Imprimatur（天主教会对出版物的）出版许可
Felix M.Biet 毕天荣[①]
Episcopus tit.Dianen.，——主教 Dianen.
Vic. Ap. Thibeti.——Vicariusapostolicus Thibeti——西藏宗座代牧区

（二）藏文圣歌谱本的作者

藏文圣歌谱本没有任何注释，而历史中天主教圣歌也鲜有作者署名。中世纪难以计数的格里高利圣咏除了被学术界注解为由教皇格里高利统一编订外，我们无从查考每首的出处，相对来说人们更重视圣歌中传递教义的歌词，因此一些著名圣歌的歌词通常注有"相传、大概由……创作"，而曲作者几乎不得而知。年代久远、产地复杂是主要原因，更重要的是作者并没有意识在自己创作的圣歌中署上名字，谦卑的品质是关键所在，这是天主教大力颂扬的美德。藏文圣歌谱本同样没有标注著者、编写人员和词曲作者，既便如此，笔者仍希望得知一些答案。云南藏区茨中教堂 80 岁的肖老师解放前曾在外国传教士创办的拉丁修院读书，他告诉笔者，本书主要作者是法国的伍神父。在他 9 岁时伍神父病死于茨中教堂，墓地至今仍在教堂的花园里。伍神父-伍许中（Jean-Baptiste-Pierre-Victor Ouvrard，1880~1930 年），法籍教士，1905 年 6 月 28 日接受圣职，翌年 4 月 25 日来华西康教区云南总铎区传教，[②]1908 年（清光绪三十四年），巴黎外方传教会任命他为天主教西藏教区副主教兼云南铎区总司铎，1919 年到茨中教堂任代主教，任教时荣获晋牧 25 周年银庆。肖老师告诉笔者，伍神父是位音乐家，擅弹风琴，喜用拉丁文四线谱谱曲，曾到西藏学习藏文，为藏文圣教圣歌谱曲，并参加拉丁文经书编写藏文教义。[③]

在肖老师提供的一段文字叙述中，笔者发现这本圣歌的另一位参与者-古纯仁神父。在四川巴塘教堂建立之后，[④]教会曾聘请学识渊博的藏文学士来教堂给伍许中、古纯仁几位神父教授藏文，他们学用结合，在学习期间用藏文翻译拉丁文《圣教经课》和其它常用经文、圣歌，并编纂藏文词语、成语字典，用藏文编写民间故事和藏文学习教材，书写藏文《圣教要理问答》，后经西藏教区主教华朗廷核准出版许可（IMPRIMATUR. +P.P. GIRAUDEAU EPISCOPO TINIADENSI, VICARIO APOSTOLICO

[①] 毕天荣，曾任西藏宗座代牧区主教，1878-1901 在任，本书由他许可准印。
[②] 刘鼎寅，韩军学. 云南天主教史 [M]. 昆明：云南大学出版社，2005：401.
[③] 肖杰一，编写. 茨中天主教简史 [M].（茨中教堂内部资料）
[④] 咸丰二年（1852），华郎廷、圣保罗在巴安（今巴塘）城区建教堂，天主教传入康南地区。

THIBETI），寄由香港外方传教会出版，供各地藏族教徒使用，此书即前面提到1903年出版的藏文《圣教经课》。①古纯仁（Francis Gore，1880-1954年），法籍教士，曾被誉为天主教西藏第一通，精通法、拉、中、英、藏文，1908年到四川康定，1930年至云南茨中，1936-1951年在茨中教堂传教，是继华朗廷之后最后一任康定教区副主教兼云南总铎区总司铎。1939巴黎外方传教会在香港刊载了他的《旅居藏边三十年》一书，②张镇国、杨华明节译该书连载于《康导月刊》1943年10月-1944年7月刊，1952年72岁时被驱逐出中国。返回法国后，他曾在巴黎做了一次祈祷大会，用藏语向中国藏族教徒祝福，引起轰动，不久卒于本国。2004年人民文学出版社出版了范稳的小说《水乳大地》，其中的男主角沙利士神父就是以古纯仁为原型创作。

（三）藏文圣歌的谱例组合

藏文圣歌谱本使用了一种奇特的组合：拉丁文和法文的曲名、罗马天主教四线谱旋律和手抄体藏文歌词，这种古老西方乐谱和古老东方文字的组合是极具代表性的本土化搭配。虽然类似的谱例在基督新教中并不罕见，例如云贵地区的傈僳族、苗族、彝族、景颇族基督教会，至今存留一百多年前传教士创建的用波拉德苗文字母记谱体系的赞美诗歌本和"来嘎努"景颇文字母谱，但文字和乐谱均是创新手法，但天主教会却鲜有雷同谱本，类似藏文圣歌组合的其它文字谱本也无存留或有史料可靠。此原因有二：第一，罗马天主教会大小事务为教廷实行全世界统一管理，梵二会议（1960年代）推行礼仪本地化之前，世界各地的礼仪和圣歌通用传统的拉丁文，少数民族地区亦不例外。第二，基督新教会并没有类似天主教会的统一管理，而是派系纷繁复杂各自为政，云贵地区基督新教以内地会为主，它主张最大程度地实行本地化传教深入群众，因此出现本地化语言的赞美诗歌本顺理成章。

天主教会执着守旧，特别强调听命（服从）的品质，因此传统文化也得到了最大程度的保护。天主教会在中国少数民族地区的传教并不缺乏实力，但所到之处仍固守旧礼主推拉丁文③，康熙时期著名的"礼仪之争"和清末民初各地教案均也是这一问题的反射。不过，藏区却是一个特例，笔者亲眼所见这本百年前的小小圣歌谱本至今通用，藏文礼仪每天在云南、西藏的教堂里举行便是有力例证。虽有资料

---

① 肖杰一，编写. 茨中天主教简史 [M].（茨中教堂内部资料）
② 刘鼎寅，韩军学. 云南天主教史 [M]. 昆明：云南大学出版社. 2005：400.
③ 拉丁礼仪的基础上也配合一些中文礼仪，但只是辅助。

证实天主教曾有彝文印刷厂，由法国保禄·维亚尔神父支持彝族青年毕映斗创办，[①]历史中也许有天主教彝文礼仪和圣歌，但笔者实地在少数民族地区考察并未见流传至今的彝文及其他民族语言的礼仪和圣歌。[②] 藏区的特殊性便由此彰显出来，换句话说，如今藏区天主教的礼仪和圣歌虽经历国家内部的文化断层和国家外部梵二会议决定的礼仪本土化改革要求，但大体仍维持百年前传教士带入时的风貌，这种情况在中国基督宗教界十分罕见。笔者分析原因如下：其一，罗马天主教会历来对西藏极为重视，这一地区特殊的地貌风俗，更增强了他们的征服欲。其政教合一传统迥异于中国其它地方，若强行推广拉丁文和其它外语之文化，会导致其生存困境。在数次血雨腥风的斗争中，传教士学习适应藏文化学习藏文，本歌谱和其它相关书籍的出现基于此因。其二，在藏区封闭的独特环境中，其宗教高度成熟自成一体。一旦经历历史洗礼，存留的文化不会轻易改变，因此夹缝中生存下来的藏区天主教得以不需改头换面地保留传统。其三，天主教福传与基督新教最大的不同即家族传承性，天主教家庭的孩子出生第八天要接受洗礼成为奉教团体的一名新成员，他们认为洗礼后额头的神圣印记将存留于天堂永世不变，家族性的血缘纽带与群体传承性使天主教信仰成为每位忠实教徒身体中流淌的血液。藏区相对与世隔绝的环境、藏民族的宗教热衷以及天主教信仰的家族传承性都构成今天藏区天主教会与传统不能割裂的现象，小小的圣歌谱本不过是其浪花浮略的金光闪现。

（四）藏文圣歌的歌谱翻译

翻译此谱本的难处在于，至今除拉丁礼仪的天主教会外，没有其它任何地方使用四线纽姆谱，这种记谱法在中国无异于活化石，而乐谱仅是第一关，文字是最大的障碍。谱本中的藏文是今天普通藏民所无法解读的，笔者在请教中央民族大学藏学院的藏文专家后，得知他们也无法完全翻译。专家解释，此藏文大多是从外语翻译过来的音译文，令人无法理解，是一种字对字的译文，类似"三克油"式英文。但该藏文书写体的誊抄非常漂亮，是一种有200年左右历史的短小楷，在康巴地区流行。藏区喇嘛念经时使用这种拼音式字体，其短小四方形的书写特点不占书面节约纸张，集纂成册方便携带。该字体常用且流传至今但稍有变化，微软的Vista系

[①] "彝族古籍的铅印，始于20世纪初。1906年，在路南传教的法国天主教神父保禄·维亚尔携带彝族青年毕映斗，前往香港铸彝文铅字，编印《法罗词典》、《教义问答》两部书。1909年，毕映斗用从香港带回来的铅字办了一间印书坊，再版了《教义问答》，重新编译出版了《领圣体前后经》。这个印书坊由毕映斗一个人经营，检字、排版、校对、印刷、装订整个工序全由他一人完成。"转引李国文，等.古老的记忆—云南民族古籍[M].昆明：云南教育出版社，2000：16.

[②] 当代中国天主教礼仪使用中文，自从梵二改革力推本土化之后，除了年长的之外，教徒和神职人员们都不会拉丁礼仪，宗教院校也没有正式教授。

统已将其编成输入法。该谱本是手抄本的翻印，可能是将其誊写好出胶片，而不是范本印刷。云南茨中教堂的肖老师最终将整本谱本的藏文为笔者基本翻译出来，肖的母亲是藏族，父亲是汉族并一直在法国神父身边工作，自己在茨中教堂出生成长，年轻时就读于传教士开办的拉丁修院，他通读拉丁文、法文、汉文和60%左右的藏文，是当地最有文化的教徒和村民，该谱本98%的歌词翻译由肖老师找寻出处或口译叙述。另有一首歌曲，由云南贡山一位老教徒翻译，其父亲曾是教堂的藏文老师。藏族教徒对专家无法翻译的解释是，因为他们不懂天主教教理，因此无法翻译。

（五）藏文圣歌的音乐风格

在赴藏区考察的前期调研中，"中国西藏艺术网"中转引自"西藏博客"的一文《天主教堂－外来文化的遗存》引起笔者浓厚兴趣，文中有一段著名少数民族音乐学家、也是藏族音乐专家M教授关于西藏盐井天主教堂的音乐描述："说到这里，还要告诉读者，中央民族大学教授M1994年初到盐井考察西藏音乐时，曾得到了一套珍贵数据——四线宗教乐谱，他在给笔者的一封信中说：'此谱系中古西欧拜占庭教堂所用，西方早已失传，现却还在西藏天主教堂中运用，真是礼失求诸野。'在另一篇文章中，M教授对盐井天主教音乐和这奇特的乐谱有过详细的描述：'盐井天主教堂的音乐，既非西欧的赞美诗，也非内地天主教堂的音乐，而是一种带有藏族风格的略带几分吟诵的无伴奏宗教歌曲。使人感到关注的是，教徒们大多手持一册藏文印制的歌本，它印制于上世纪的末叶，距今已有一百多年。乐谱由四条线组成，音符只有方形符头，没有符干和符尾，它世纪是6世纪末出现的西欧葛利哥里安圣咏四线谱的遗存。有趣的是，除了博物馆还保存着外，世人早已不认识了，而在西藏这个偏僻村子里的藏族同胞，却还在使用着它传播和演唱天主教歌曲。'可以想象，从四线谱到五线谱，欧洲传统音乐曾经历了漫长的年代。显然，这部四线谱遗存的价值非同一般。在教堂访问时，曾听到两位修女悠扬的歌声，那是从天主教堂传来的欧洲风格的音乐。悠扬、轻柔、动听，加上高原特有的粗犷和豪放，使人听后难以忘怀。当时，她们手中捧着一个歌本，唱得很投入，拿过来仔细看了看，是香港出版的，歌本的纸都发黄了，歌词是藏文的，想来就是M教授说的那个拜占庭教堂用的四线谱歌本。"①

这段描述引发笔者浓厚兴趣，并决意破解此谱。由于事先不懂四线谱，在实地听到藏族教徒演唱时充满本土民歌风格，再加受上文提及先入为主的该歌谱有"藏族风格"之影响，笔者一直无法确定该书的音乐风格。茨中教堂的肖老师认定法国

----

① 中国西藏艺术网 www.e-tibet.cn/Art/ms/zj/2964.html。

传教士使用藏族风格的音乐谱写这本圣歌，贡山教堂的一位怒族修士（实际有汉、藏、怒血统）认定这本歌谱里约有不到十首使用藏族音乐风格。随着翻译歌词及向教堂老琴师学习四线谱的过程中，笔者对这份珍贵和颇具神秘色彩的乐谱有了重大发现，前引文中提到的种种观点，即这本歌谱既非西欧的赞美诗，也非内地天主教堂的音乐，而是一种带有藏族风格的略带几分吟诵的无伴奏宗教歌曲以及四线谱欧洲失传的判断被一一推翻！

其一，音乐界虽不使用四线谱，但在欧洲并没有失传。梵蒂冈罗马教会的千年传统中从未停止使用这种乐谱，即使梵二会议礼仪改革允许教会礼仪可以不使用拉丁文之后，今日的罗马教会依旧兴起恢复拉丁礼仪的强烈浪潮，中国天主教会受过拉丁教育的老神父老教徒也可以读谱。内地天主教堂里的音乐大部分已本地化，不过传统四线谱的拉丁文圣咏被零零散散地用简谱或五线谱翻译后编写于现代歌本中。

其二，经过大海捞针般地比对查找，笔者发现这本藏文圣歌中 90% 的内容是传统的格里高利圣咏，并非藏族风格的旋律。首次发现，是北京天主教南堂的张老师拿到该藏文谱本，在看不懂藏文的情况下，立即用拉丁文唱出其中几首圣歌。第二次发现，是随行前往滇藏雪山地区的两位法国天主教徒拿到该藏文谱本，同样在看不懂藏文的情况下，立即唱出同名的拉丁文圣歌。伴随研究的逐层深入，该谱本的价值也逐渐体现出来：此书已十分珍贵，三种文字与古老乐谱的组合亦是罕见，笔者的工作能使它所承载的文化内涵不至消亡，但更能深切体会文化交融中人力的艰辛。

（谱例 1：藏文圣歌谱本第一首"Asperges me"第一段，译名：洒圣水歌［复活期外］；为拉丁文曲名、藏文歌词和四线谱记谱法；套用传统格里高利圣咏，相传为托马斯·阿奎那所作的"Lauda Sion Salvatorem"圣赞曲的旋律。）

参考文献：

[1] Chants Religieux Thibétains [M]. Imprimerieoberthurrennes, 1894.

[2] 孙晨荟. 雪域圣咏——滇藏川交界地区天主教礼仪音乐研究 [M]. 香港：香港中文大学天主教研究中心，2010.

[3] 中华续行委办会调查特委会. 中华归主——中国基督教事业统计1901-1920（下）[M]. 北京：中国社会科学院世界宗教研究所，1985.

[4] 刘鼎寅，韩军学. 云南天主教史 [M]. 昆明：云南大学出版社，2005.

[5] 刘志明. 额我略歌曲简史 [M]. 香港：公交真理学会，2008.

[6] 肖杰一. 茨中天主教简史 [G]. 茨中教堂内部资料.

敦煌吐鲁番文献中藏汉天文历算文化关系研究[①]

傅千吉[②]　肖鹏

　　汉简历日、敦煌吐鲁番历日和明清历书，被称为中国古代历法史研究的三大资料渊薮。其中敦煌吐鲁番历日，以数量多，时间跨度长，内容丰富，为世所瞩目，这批文献或出自敦煌石窟，或出自新疆吐鲁番古墓群，均是研究中古时代历法史、文化史和民俗学的珍贵资料。[1]敦煌吐鲁番历日源自三个方面：中原王朝颁布的历书、成都府流入敦煌的私家历书及敦煌本地编撰的历书，这些历书成为敦煌吐鲁番历书的主要部分。

　　敦煌本地编历书有其特殊的历史原因。唐玄宗天宝末年，安史之乱起，中原动荡、慌乱中调西北边军勤王，西北边防出现空隙，吐蕃便乘虚而入。此后吐蕃由西向东，逐步吞并了河西走廊。唐德宗贞元二年（786），敦煌最终陷落于吐蕃手中。吐蕃统治敦煌直到唐玄宗大中二年（848），象征王权的中原历书自然无法颁行到那里。吐蕃统治者使用的地支和十二生肖纪年，既不符合汉人行之已久的干支纪年、纪月、纪日习惯，也无法满足汉人日常生活的需要，于是敦煌地区开始自编历书。60多年后，虽然张义潮举义成功，使敦煌重归于唐，但当地编历书已成习惯，且归义军政权处于半独立状态，故敦煌地区仍在使用自编历书。从现存敦煌历日看，敦煌地区行用自编历日一直延续到宋初，前后达两个世纪之久。[2]无论王朝颁布的历书还是自编历书，均与当时吐蕃历书有着千丝万缕的联系，甚至有些算法也一样。

一、敦煌吐鲁番藏汉天文历算文化关系的历史渊源

　　吐蕃人统治沙洲期间，出于长期统治河西等广大地区的需要，很注意吸收该地

[①] 本文原载于《西藏大学学报》（社会科学版）2010年第4期。
[②] 第一作者简介：傅千吉，西北民族大学中国语言文学学部教授，主要研究方向为藏族天文历算学、语言教学研究。

区各民族的上层分子参加吐蕃军政机构，并加强了宗教势力，修建寺庙、雕塑佛像、绘制壁画、译写经卷等，以推行和巩固其行政统治，这在客观上促进了文化和经济的交流。当时吐蕃人学习汉语，是为了翻译汉文佛经，用藏文译注了不少相应的汉文的音和词义。

敦煌历书中就留下了这时期写的许多汉藏对照的字词，如《斯坦因劫经录》中S10002卷子，有藏文11行，是用藏文记录汉文的音，共有60个词，S2736号卷子，实际有35行，也是用藏文记录汉语词汇的音，共有词及短语154个。S4243号卷子的背后有一首汉文诗，在一些字旁用藏文注了音。此外，敦煌手卷P.T.1263号也是一篇藏汉词汇对照材料。由此可见，P.T.1256号《乘法九九表》手卷也是为此目的而准备的材料。从这个卷子可以看出，早在吐蕃时期乘法九九表已传入藏族地区，这也从一个侧面反映出汉藏两个民族相互学习、交流之早和渊源之深。[3]从七世纪开始，吐蕃与唐人在经济、文化各方面有了广泛的接触，大大促进了民族之间的交往，特别是文成公主和金城公主前后嫁到吐蕃即联姻后，加强了汉藏在文化上的接触与交流，尤其在医学、天文历算等方面。这在当时丰富了藏族文化的多样性与完整性，对今后的发展打下了坚实的基础。

二、敦煌吐鲁番藏汉天文历算文化

从公元七世纪起藏汉文化之间有着密切的关系，无论从人文知识还是自然知识，多层面地进行交流，包括在佛教、医学、天文历算等。在天文历算方面主要有五行、七曜、八卦、九宫、二十八宿、十二地支、乘法九九、十二建除、十二因缘等。

（一）汉文文献中的历算

敦煌历算，广义上是指从石窟中发现的古代历算，包括本地的、来自中原王朝和外地的；狭义上则指敦煌地方自编的历算。

敦煌历算中，现在可以明确肯定只有一件不属于敦煌地方自编，即"樊赏家"私印历日，虽属印本，却只残存三行文字。二件是《北魏太平真君十一年（450）和十二年（451）历日》。历日内容极为简单，如太平真君十一年历正月全部内容是"正月大"、一日戌收，九日立春正月节，二十五日雨水。第三件是《唐乾4年酉岁（877）印本历日》，此历用唐长庆宣明历术，历书内容分上下两部分，上部为历日，下部为各种迷信历注的推算方法。第一件是印本《唐大和八年甲寅岁（834）具注历日》，虽仅存一小片，却是我国现存最早的印本历日。[4] 敦煌历算在我国历法史上地位十分重要。从出土的秦汉简牍看，那时的历算内容都很简单，到北魏时仍然极简略。吐鲁番出土的《唐显庆三年（658）具注历时》和《唐仪凤4年（679）具注历日》内容就比较丰富了，但大体也只是同敦煌发现的简本历日相仿。唐末五代宋初敦煌本历日的内容大大丰富起来，基本上奠定了宋至清代历日的格局。

1. 敦煌历算中的五行。古人认为宇宙万物之所以能发展变化，原因在于气化的不断运行。气化的内容为五运六气。所谓五运是指木、火、土、金、水的运行；所谓六气与五行有关，即太阳寒水、厥阴风木、少阳君火、少阴相火、太阳湿火、阳明燥金的变化。五行的运行，以十天干的阴阳干配合而显示，十干分属五行，每一行势必两干并居，即出现了甲乙木、丙丁火、戊己土，庚辛金、壬癸水。（见表1）

表1以五方、五行、五季等关系而确定的，反映了土生金、金生水、水生木、木生火五行相生的次序。

表1 敦煌历算中的五行

天干	甲	乙	丙	丁	戊	己	庚	辛	壬	癸
阴阳	阳	阴	阳	阴	阳	阴	阳	阴	阳	阴
五行	木		火		土		金		水	
五方	东		南		中		西		北	
五季	春		夏		长		秋		冬	

2. 七曜的纪日法。七曜以七天为周期的星期纪日法，是比月更短的纪日单位，它最初是古代埃及人所制定的。在远古时期，生活在热带地区的埃及人，为了避开太阳的炽热，多在夜间进行放牧、迁徙或从事农业生产劳动。他们对月相盈亏的变化观察得比较仔细，并发现了变化规律。埃及人把一个朔望月份分成四个阶段，以7日、14日、21日、28日作为四个阶段的终点。每个阶段七日，月末剩的一至二日正好看不到月亮，便作为休息日。埃及人认为，在上述每个阶段的任何一天都有某一个星期来主持人间事物，即"主"。这就是使得七天中的任何一天都和一个星象互相对应。如果知道了这一天所对应的是什么星，也就可以知道它所代表的日期，这就是"星期"的来历。后来把日曜的命名加以简化，用序数来代替，这样星期制就正式形成了，见表2。

表2 星期的名称由来

所对应的星体原有	月亮	火星	水星	木星	金星	土星	太阳
日曜名称	月曜	火曜日	水曜日	木曜日	金曜日	土曜日	日曜日
序数名称	星期一	星期二	星期三	星期四	星期五	星期六	星期日

大约在公元三世纪，西方有的国家开始应用星期制。1582年，罗马教皇格里高利改革历法，使之更接近回归年。后来许多国家相继使用这种历法，这就是现行的公历。随着公历的推广，星期制也就进一步推广开来。

根据敦煌石窟经卷伯2693卷中，大约在唐朝中期，即公元750年左右，西方的七曜日制通过宗教传入我国西部地区。当时的译名是：莫（星期一）、云汉（星期一）、嘀（星期三）、温莫斯（星期四）、那颉（星期五）、鸡缓（星期六）、密（星期日）。[5]公元759年在华印度僧人不空（Amoghavajra）译的《宿曜经》称这些名词为胡语。1913年沙畹和伯希和考证，认为这里的星期所说的胡人系指住在西域康居国（今乌兹别克共和国撒马尔罕一带）说索格底语的民族。这七个名词的索格底语是Mir, Map, Wipan, Tir, Wamzt, Nagit, Kewan，发音与西方相近。

索格底、希腊、罗马、波斯的星期日制度都有一个共同起源，均以公元元年1月1日为星期日，这一天相当于汉元寿二年十一月十九日。根据这一事实，陈垣在《二十史朔闰表》中也附载了《日曜表》，可以用来查考中国历史上的某日属星期几。在可能的年份知道以后，我们也可以利用这个表来确定残历的具体年代[6]。

3. 八卦。相传伏羲氏是远古时代一位非常喜欢动脑筋的人。他十分好奇："宇宙万象为什么这样有秩序？他用心观察自然界的现象，发现白天、晚上，然后又白天、晚上，好像永远不会搞错，海水高涨，接下来是退潮，草木成长、枯萎，人类出生、死亡，无不井然有序，是不是一种巨大的力量在操控它呢？伏羲氏没有提出"主宰神"的观念，也没有意识到"外太空"的指使。他没假设有一种强大的动能、驱使万物做出如此有规律的运动，且用一根棍子，画一条直线，造出一"—"的符号来代表这一种强大的动能。然而，他的观察、体会和反思、使他很快否定了自己的假设。因为每天升起和降落的太阳应该是同一个，今年的春、夏、秋、冬也好像是去年的重现。他觉得宇宙的变动绝不是单一的力量能够造成的。于是，他把木棍折断，画一条中间断裂的线条，造出另一个"— —"的符号。后人把"—"称为阳。将"— —"称为阴。

阴阳合起来说，代表一种巨大的动能，分开来看，又表示两种不同性质的动能。用现代的话来说，"— —"代表物质，"—"表示能量。由于质量互变，动起来表示"—"，静下来便成"— —"。我们把它称为一之多元、把"—"和"— —"合起来想，不分开来看，由于一内涵二，所以合起来是一，分开来便成为二（多）。这种观念，对中国人的思维有很大的影响。[7]

八卦（111 222 211 121 112 122 212 221，这里1指—；2指— —）代表宇宙间最常见的与人类生活最密切关系的八种静态自然现象。将八个基本代表宇宙最常见、与人类生活最具密切关系的八种静态自然现象,将八个基本卦两两相重,由于上下两卦发生互动、变通、交易的关系,产生六十四种不同的人事变化当我们觉得泰然自若时,赶紧查阅"泰"111222卦,以求的持盈保泰;当我们陷入否的状态时,必须查阅"否"222111卦,才有可能否极泰来;打仗时遵循"师"212222卦,诉讼时参考"诉"212111卦,都是天人合一的实际应用。依天道寻找人事的化解之道,实在十分方便。

从敦煌文献资料看,九宫基本图形也可以换成八卦来表示,即坎一、坤二、震三、巽四、(五中)、乾六、兑七、艮八、离九。到了唐代,又有人用颜色代替数字,即"一白、二黑、三碧、四绿、五黄、六白、七赤、八白,九紫"。把基本图形换成颜色来表示,以上九宫图形的对应关系自古迄今不变,也是八宫图形成的基础。无论是敦煌历日,还是现行香港民用历书,命宫为神煞都是同方位系统结合使用的,因此必须明确了方位系统。古代方位一般是二十四个,选取天干中的八个(甲乙丙丁庚辛壬癸,不用戊己,因戊己中宫位),地支十二个和八卦中的四个(乾、坤、艮、巽居位)构成一个方位系统。[8]

4. 九宫。九宫图形是历书中更为有趣的一项文化内容,要掌握它,不仅可以读懂历书,而且可以增加许多古文化知识。从现有资料看,九宫最晚产生于西汉,马王堆、帛书中即出土一件九宫基本图形。构图规则是:二四为肩六八为足,左三右七,戴九履一,五居中央。(见1、图2)

四	九	二
三	五	七
八	一	六

图1 九宫图

绿	紫	黑
碧	黄	赤
白	白	白

图2 九宫图

九宫基本图形到了唐代,又有人用颜色代替数字,即"一白、二黑、三碧、五黄、六白、七赤、八白、九紫",基本图形换成颜色来表示(见图2),以上二种九宫图形的对应关系自古迄今不变,也是其余八宫图形形成的基础。

①敦煌历日和香港民用历书有三元甲子之说。三元甲子规定，以隋仁寿四年（604）甲子配一宫，次年（605）起以九、八、六、五、三、二、一的次序配入九宫，反复无穷。因九同六十的最小公倍数是一百八十，合三个甲子，分称为上元、中元、下元年，反复配入，即形成表3。

不难看出，1984年甲子年进入下元年中。换言之，依历家所言，我们现处于下元年中。

表3　三元甲子

上元	中元	下元
604	664	724
784	844	904
964	1024	1084
1144	1204	1264
1324	1384	1444
1504	1564	1624
1684	1744	1804
1864	1924	1984

②求取任何一个公元年代的九宫图形。如上所述，九宫配年是从公元604年开始的，又从605年起不断的从九到一的次序倒转，故可用下列公式求得：（公元年—604）÷9=X……余数。

我们要找的是余数。余几，就从九倒数个数，所得便是该公元年应配入的九宫图形。例如：

（1980-604）÷9=152……8，从九倒数8个数得2，则1980年应配入二宫图形。（1995-604）÷9=154……5，从九倒数5个数得5，则1995应配入五宫图形（基本图形用这个公式演算敦煌历日或者香港民用历书，可以推算未来任何年代的九宫图形）。

③由于每年有十二个月，九宫图形有九幅，依次配入各月，九同十二的最小公倍数三十六，合三年；于是便出现如下规律：连续年代中的正月九宫图形按8、5、2、8、5、2、8、5、2，次序排去的。若今年正月九宫图形是八宫，明年正月九宫图形必须是五宫，后年正月二宫，大后年正月又到八宫，循环往后。这种算法在敦煌历日保存很好。

5. 二十八宿。二十八宿体系是我国古代天文学的重大创造。它是把今天连续通过中天的恒星分为二十八群，各以一个字来命名。这就是：角、亢、氐、房、心、尾、箕、斗、牛、女、虚、危、室、壁[9]。

6. 十二干支纪年法。干支纪年法就是运用天干和地支相配合的60组不同名称循环纪年的方法。这种纪年法约始于战国时期，但是干支却早在我国殷商时期就已出现了。

10天干和12地支的名称来源有不同的说法，而阴阳五行学说认为，天主宰着人间，天为主，地为从。文人们就循此说把甲子的关系分别比喻为树干和树枝的关系，并进一步把天地和比喻意义联系起来，出现了天和干、地和支两组，简称为天干和地支。古人有天象地象之分。天象即金、木、水、火、土，谓之五行。地象即阴阳风雨晦明，谓之六气。五行有阴阳之分，合为10数，并各定以名：甲、乙、丙、丁、戊、己、庚、辛、壬、癸。六气有刚柔之分。会为十二数，并各定以名：子丑寅卯辰巳午未申酉戌亥。这样一来，就出现了10个天象名称和12个地象名称。天象与干相通，地象与支相通，所以后人就简称为10天干和12地支。

10天干同12地支依序组合，不重复地搭配下去，就会出现不同的名称，天干的首字和地支的首字相配就是甲子，天干第二字乙和地支第二字丑相配就是乙丑，天干第三字丙与地支第三字寅相配就是丙寅。天干第十字癸与地支第十字酉相配是癸酉。此后，地支还剩戌亥没有配合，就再同天干的甲乙相配形成甲戌、己亥。接着从天干第三字丙再与地支第一字相配成丙子，依此类推，待排到癸亥时，就有了60个不同名称，此后又"甲子"开始，周而复始，循环无穷。（见图3）

甲子	乙丑	丙寅	丁卯	戊辰	己巳	庚午	辛未	壬申	癸酉
甲戌	乙亥	丙子	丁丑	戊寅	己卯	庚辰	辛巳	壬午	癸未
甲申	乙酉	丙戌	丁亥	戊子	己丑	庚寅	辛卯	壬辰	癸巳
甲午	乙未	丙申	丁酉	戊戌	己亥	庚子	辛丑	壬寅	癸卯
甲辰	乙巳	丙午	丁未	戊申	己酉	庚戌	辛亥	壬子	癸丑
甲寅	乙卯	丙辰	丁巳	戊午	己未	庚申	辛酉	壬戌	癸亥

图3 天干地支组合

（二）藏文文献中的天文历算

1. 乘法口诀九九。现在我国使用的乘法口诀有两种，一种是45句的，通常称为"小九九"。还有一种是81句的，通常称为"大九九"。而今枝由郎编辑并加注记的《敦煌吐蕃文书选集》影印本（单页集装）第一辑中，有一篇用藏文音译汉字的材料，内容是乘法九九表，原文全是藏文，无标题，未署抄写人姓名。全文横数共八行，它的次序是从"九九八十一"开始、到"一一如一"终结，即从大数开始，小数结束，与我们现今汉族的惯用顺序恰好相反，与藏族天文历算中的算法是一样的。如下（藏文拉丁文转写）：

① gyivu gyivu pa shib gci 九九八十一
　par gyivu tshi shim zhi. 八九七十二
　shhir gyivu lug shib san1. 七九六十三
　lug gyivu vgu shib zi. 六九五十四
　vgu gyivu zig jni（zi shim）vgn. 五九四十五
　zi gyivu sam zhib lug. 四九三十六
　Sam gyivu zhi shib tshir. 三九二十七
　zhi gyivu ayi shib par. 二九一十八
　ayi gyivu shi gyivu. 一九如九

② Par par lug shib zi. 八八六十四
　tshir par vgu shib.lug 七八五十六
　lug par zi shib par. 六八四十八
　vgu par zi shib. 五八四十
　zi par sam shim zhi. 四八三十二
　sam par zhi shib zi. 三八二十四
　zhi par ayi shib lug. 二八一十六
　ayi par zhi par. 一八如八

③ tshir tshir zi ship gyivu. 七七四十九
　lug tshir zi shib zhi. 六七四十二
　vgu tshir sam shim vgu. 五七三十五
　zi tshir zhi shib par. 四七二十八
　sam tshir zhi shib ayir. 三七二十一
　zhi tshir ayi shib zi. 二七一十四
　ayi tshir zhi tshi. 一七如七

④ lug lug sam shib lug. 六六三十六
　vgu lug sam shig. 五六三十

zi lug zhi shib zi. 四六二十四

sam lug ayi shib par. 三六一十八

zhi lug ayi shim zhi. 二六一十二

ayi lug zhi lug. 一六如一

⑤ vgn vgu ayi shim vgu. 五五二十五

zi vgu zhi shib. 四五二十

sam vgu ayi shim vgu. 三五一十五

zhi vgu ayi shib. 二五一十

ayi vgu zhi vgu. 一五如五

⑥ zi zi ayi shib lug. 四四一十六

zgm zi ayi shim zhi. 三四一十二

zhi zi zhi par. 二四如八

ayi zi zhi zi. 一四如四

sam sam zhi gyivu. 三三如九

zhi sam zhi lug. 二三如六

ayi sam zhi sam. 一三如三

zhi zhi zhi Zi. 二二如四

ayi zhi zhi zhi. 一二如二

ayi ayi zhi ayi. 一一如一

  以上P.T.1256号卷子的历史年代从藏文书法看，是当时敦煌流行的古藏文书法，苍古、劲道无疑是属于吐蕃时期的手卷[10]，说明当时已是天文历算交流极为兴盛的阶段。

  2. P.T.1255十二因缘占卜文书。佛教把人生痛苦的根源归结为"生"，生是苦的开端，生命是受苦的实体，由此，佛教又从人生过程的角度，把人生划分为许多部分，这些部分互相结合为无止境的痛苦锁链，并由此进一步阐明人生的痛苦现象及其根源。

  十二因缘是：无明、行、识、名、色、触、受、爱、取、有、生、老、死等是佛教对人的过去、现在和未来的划分，包括无明和行是过去的因，而识、名、色、触、受是现在的果，爱、取、有是现在的因，生、老、死是未来的果。但是P.T.55敦煌藏文文献中十二因缘作为占卜进行论述。

附图

藏文转写	Ma rig pa	rga shi	Skye pav	Srid pav	Len pav	Sred pav	Tshor pav	Reg pav	Drugi vdra mched	Mying rang gzugs	Mam pa shes pav	Vdu byed
意译	无明天	老死天	生天	有天	取天	受天	受天	触天	六天	名色天	识天	行天

（藏文拉丁文转写）：Rmi lain bzang bo zhig rmas na. phyi di nyid par myi bzang bo rmyi lan bzang ngan gsod shes ba byed na. kha ngo khrus la nyi ma shar ba logsu mkhan spu dang pa song la nyima dang la phyg vtsal la. lha la gcam bu byas na dgevo. zan za khar yang mdang sum rmi lam bzang bo zhig rmis na. gnam dang lha dang dbal byas ste srid mtho zhing.

意译为：根据做的梦来区别好与坏，要用干净的身心向太阳和神磕头，对自己好。如果做了好梦，对天和神崇拜，自己的地位会不断地提高……

（藏文拉丁文转写）：smar du re. kar kar li. gi ru gi slang. shel dbu hva na pu ya na. dug sang ka. 1an bdun bu silt gtshang ma las bsngag ste. nang phar lan gchig. hub mo lan gehig. nyi mvi phyed na lan gchig ste. ya stag pu ni phegs pa gchig dang mdav gchig nab bri gang vtsal. sngags kyiI dpav stsald Pa la yang. yang stags mdav bzang mo ehig stsald nil. sngags rno phan bsod do.

意译为：崇尚圣地，白天晚上各祭一次，画一幅老虎和神简，赐予运气享通、征服邪恶。从十二因缘的角度崇尚神圣的地，地是一切物质生长的处所，没有地其他无所谈起。同时藏文历算中对十二因缘与日结合，并每日有具体的活动，如：无明天：建塔、建房、布施等，不能拜见大人物；行日天：办喜事、穿新衣等、不能洗头；识天：治病、征邪、建塔等，不能洗澡；名色天：祝词理发、拜见活佛好、洗澡穿新衣不好；六处天：办事穿新衣好、洗头好、洗澡不好；触天：处罚以及实施各种方法好，洗澡好但不能穿新衣；受天：见朋友做买卖以及穿新衣都好，不能洗澡爱天：买卖殓财好，不能洗澡；取天：采药制药理发好，但禁止穿新衣洗澡；有天：娶妻弃战、洗澡、勿穿新衣；生天：建房立家洗澡好，禁穿新衣；老死天：取财生财好，弃布施之诤。[11]等专门进行说明其意义。

3. P.T.0076 的占星术。星期制度最初是由古代埃及人制定的。埃及人把一个朔望月分成四个阶段，以 7 日、14 日、21 日、28 日作为 1 个阶段的终点。每个阶段七日，月末剩的一至二日正为看不到月亮，便作为休息日。[12]而敦煌石窟的经卷中，伯2693卷有《七曜历日》一篇。大约在唐朝中期，即公元750左右，西方七曜日制宗教传入我国西部地区。同时也翻译成藏文。如P.T.0076页上的藏文（拉丁文转写）：

① gzav nyi nla. uil vdre khyam bog nod do. ri mogyem dri mo gnod. ral gri pas dang gyu ched lo nyosba phyon.

② gzav zla ba ni pho yugs mo sdug pa mang ngo. spra nag brtsegs ma dang. za khang nas brtsegs ma gnod. phyugs nag por. yug pa ral ba can gnod do. ma rang bu gnyis nyal. me'v pho dang mevu mo gnyis riyalbvi ngo.

③ gzav myig drear ni rgud pvi dus su. dmag dpon mnav zo ba povi gzav lag pa ste. sa yul drear po kluyang dkyil kyi byed do. zhing sad dmar du gal gevu dung. dr sa pvi sa bdag gnod. ri bor btsan dang gnod. slog pa drear po call du bshsa pa gnod. chu dmyig dmar po mnav bskyal ba gnod.

④ gzav lag la khyod kyi myi kh gsum du char zin. rin bo che sdug gi kha pa dang. mehod rten dang lha ga myes btang ba dang bshig pa gnod do. Bud myed myis bsad pa yod do. bu bring yugs mo pyonyul gdon gnod do. khyod kyi rgad mo gso gso tog gnod do. yul gdon chen po bud myed yugs movi phyin vongs so……

⑤ gzav phur ba la shi bos ter vbring po gnod. zhing bos rmos pvi. shing bead pa las gnyan dang. rgya vam gla myi gso gso……. rgya vdre dang vgagste shi bag nod do. yon prang bdun byin la cho gpyes shig.

⑥ gzav ba pa sangs. khyod ma vam byin mo vam. tig la pha mying rgyal byin tog gnod do. rabs chadkyi sgyur yin. gser gyu nyos bavi phye ni vdre vongs. gser gyu pa gseb du myed pa las vdre yod. khyod can vde dang vgrang pa yod de gnod. yang nil. ban vde bsad pa yod. eho mkhan ched po yod. dam tshigs nyams pa srung myi dgav. yang chos pa sa vognlt rdug pa vdr ba la cho. ga byings shig.

⑦ gzav spen pa la. khyod kyi myi kha. chu dmyig. tran rams. bsad pa 811 khung du bskyur. myang dang gam btsugs pa langs bdag dpang bgras ba mya rong btub nas chu dmyig mang po gnyav bskor ba gnod do. de stegs ri myi le long ba dang. zar ba dang theng po yod do.

以上七曜从不同的角度进行论述，概括起来有以下四个方面：

①②的太阳星和月亮星期间着重用器征邪恶势力，对鳏寡不利，可建住宅地。

③④的火星和水星期间出征建塔有功，对拆房誓言均不利。

⑤木星期间死者受鬼的影响，砍树受山神的影响，种地有利。

⑥⑦的金星和土星期间，买金玉的好时光。但宗教受损，并产生懒惰者和五官缺损的人。

4. 生肖纪年法。生肖就是以人的所生之年定其所属的动物，也就是我们平时所说的人的属相。生肖纪年法就是以人所属的12种动物配以十二地支用来纪年的方法。用动物作属相记人的所生之年是我国的一种民俗现象。早在夏朝时已有生肖纪年法。

关于12生肖与12地支的对应关系，早在先秦时期就有人谈到了。大约到了东汉末年，经过系统整理确定为地支逢子之年就定所属动物为鼠，称鼠年；地支逢丑之年，就定所属动物为牛，称牛年；地支逢寅之年，就定所属动物为虎，称虎年；地支逢卯之年就定所属动物为兔，称兔年。依此类推，则是辰龙、巳蛇、午马、未羊、申猴、酉鸡、戌狗、亥猪。[13]因此，我国内地12生肖纪年法历史之悠久、传播之广，是我国纪年法的重要特点之一。对于藏族纪年法中也用12生肖，对此诸说风云，莫衷一是。有的说法认为是藏族本身固有的，有些认为从印度传过来等。通过考证，权威专家认为，12生肖纪年法是从内地传过来的。其原因之一：内地12生肖纪年很早，并有系统的纪年方法；其二藏汉12生肖纪年方法很相似，有一定的渊源关系。

敦煌古藏文 P. T1288 大事纪年中从狗年（公元650）到兔年（公元763年）总共113年都用12生肖进行纪年。即：

① khyivi lo la bah ste. btsan po myes khri srong rtsan gyi sbur phying bavi ring khang nay ring mkhyud thing bzugste. btsan po sbon khri mang rtsan mer ken nit bzugs phar lo gcig.

② phagi lo la bah ste. btsan po nyen kar na bzugs shing. phying bar. btsan pho myes khri srong rtsan gyi mdavd btang bar lo gcig.

⑧ byi bvi lo la bab ste. btsan bon yen kar nil, bzugs shing. blon the stong rtsan gyis glo bo dang rtsang rhyar bkug phar lo gcig.

④ glang gi lo la bah stev. btsan bon yen kar nil, bzugs shing. blon ehe stong rtsan gyis. gyug tu gnag lings btab.

⑤ stagi lo bah ste. btsan pho mer khe nsv bzugs shing. blon the stong rtsan gyis. mong pu sral viong duv bsduste.

⑥ yos buvi lo la bab stev. btsan bo mer khe na bzugs shing. blon ehe stong rtsan gyis vgor tir. bkav grims gyi yige phris phar gcig.

⑦ vbrugi lo ba bah ste. btsan po mer ke.nil, bzugs shing Non ehe. stong rtsan gyis.gtsam gyi ytd.marduv sha lings chert.Pho btab phar lo gchig. 以上都是用十二生肖进行纪年。

三、藏汉天文历算文化关系

根据敦煌吐鲁番文献考证，藏汉天文历算有着密切的关系，无论是纪年还是纪月，基本上都是用相同的方法进行计算，包括口诀九九表、七曜、十二生肖等。

（一）九九口诀表。远在公元前的春秋战国时期，九九歌就已经被人们广泛使用。在当时的许多著作中，都有关于九九歌的记载。最初的九九歌是从"九九八十一"起到"二二如四"止，共36句，因为是从"九九八十一"开始，所以取名九九歌，大约在公元五至十世纪间，九九歌才扩充到"一一如一。"又约在公元十三、十四世纪，九九歌的顺序才变成和现在所用的一样。敦煌藏文中所翻译的九九表恰恰和内地最初九九表的口诀一样，从九念到一，这种方法目前藏族历算中仍然运用。从中可以看到藏族九九口诀表就是从内地传过来的并本土化了。

（二）星占术。现知来自基督教的星期制度最早引入我国历法是敦煌历开始的，一星期的各日在敦煌历日中依次称作密（星期日）、莫（星期一）、云汉（星期二）、嘀（星期三）、温没斯（星期四）、那颉（星期五）、鸡缓（星期六）。一般来说敦煌历日要在正月一日注上星期几，如 P.T.3403 正月一日顶端注"那颉日受岁"，意即这天是星期五，以后只在星期日那天注一"密"。个别历日只在当年正月初一注上星期几，以下不注，人们自然可以由此去推算，只是麻烦一些罢了。至于这些奇怪的名称究竟来自哪里，目前说法不一，但所注的星期日除偶有抄错外，基本正确无误，[14] 从中可以推断，敦煌文献中确有星期记载，并在当时已经运用，其主要运用来记时、预测各种事项。包括建住宅、出征、生理状况等范围，内容多是敦煌藏文文献中唯一少有的星占术。

（三）十二生肖。中国占术数以十二种动物分别与十二地支相配，古称十二生肖，又称十二属相。以人之生年，出其所属的动物。即：子属鼠、丑属牛、寅属虎、卯属龙、己属蛇、午属马、未属羊、申属猴、酉属鸡、戌属狗、亥属猪，十二生肖纪年法既形象又易记，且方便。不仅在汉族地区广为流传，而且传播到各兄弟民族地区，包括藏区。藏族民间对十二生肖的纪年、纪月、纪时非常熟悉，应用非常广泛，是藏族历算中的主要组成部分。敦煌古藏文历史文书大事编年中，用十二生肖记公元 650 至 730 年 120 余年间的大事，写于金城公主进藏后 50 余年，纪年仍只用十二动物属肖，没有一处用到阴阳五行表示的天干，而且只记四季，没有区分孟、仲、季，更没有写用数字表示的月序，四季也大都是夏季在前者居多，春季在前者很少，看不出唐朝历法的痕迹。[15] 这种方法只有十二生肖纪年与五行未配，是一种独特的纪年方法，对确定公元的对应年是，有一定的难度，与当时的唐朝所运用的历算有着很大的区别。文成公主公元 641 年入藏，当时唐朝使用的是戊寅元历，公元 665 年改用麟德历，到金城公主公元 710 年入藏时仍使用麟德历。这种算法第一个正式确定了不用闰周，直接以无中气之月置闰，和用"定朔"排历谱，这两项基本原则是一种水平相当高的历法。公元 729 年改用大衍历时金城公主尚在世。这些历法都比时轮历法的水平高得多，如果公元七至九世纪吐蕃时期已经引进了唐朝的历法，则 11 世纪初引进时轮历必然会发生激烈的争论，争论的问题绝不仅是一个六十年周期的开始用甲子还是丁卯这样一个简单的问题。在日月食预报哪种历法更准确问题上一定会有一番竞赛，而这些在历史上竟毫无痕迹，由此可见，唐朝的历法没有传入过吐蕃，[16] 而是十二生肖及十二生肖的年谱是一样的。

参考文献：

［1］［2］［4］［6］［8］［14］邓文宽．敦煌吐鲁番天文历法研究［M］．兰州：甘肃教育出版社，2002．

［3］［10］华侃．敦煌古藏文写卷《乘法九九表》的初步研究明［J］．西北民族学院学报，1985（3）．

［5］［12］［13］戴兴华．我国的纪年纪日法［M］．合肥：安徽教育出版社，2007．

［7］曾仕强．刘君政经真的很容易［M］．西安：陕西师范大学出版社，2009．

［9］黄世平．中国传统天文历法通书［M］．北京：三环出版社，1991．

［11］金巴仁青．藏族天文历算［M］．兰州：甘肃民族出版，2006．

［15］［16］拉巴平措．黄明信藏学文集［M］．北京：中国藏学出版社，2007．

敦煌藏文文献中的天文历算文化研究[1]

傅千吉[2]

唐玄宗天宝末年，安史之乱起，中原动荡，慌乱中调西北边军勤王，西北边防出现空隙，吐蕃便乘虚而入。此后吐蕃由东而西，逐步蚕并侵占了河西走廊。唐德宗贞元二年（786），敦煌最终陷落于吐蕃手中。吐蕃统治敦煌到唐玄宗大中二年（848），象征王权的中原历书无法颁行到那里，因此吐蕃统治者使用地支和十二生肖纪年。[1]

一、敦煌藏文文献中的天文历算文化渊源

吐蕃人统治沙州期间，基于长期统治河西等广大地区的需要，很注意吸收该地区各民族的上层人士参加吐蕃军政机构，并加强了宗教势力、修建寺庙、雕塑佛像、绘制壁画、译写经卷等建设活动，以巩固了其统治，客观上促进了文化和经济的交流。当时吐蕃人学习汉语，为翻译汉文佛经，用藏文译注了不少相应的汉语的音和词义。

敦煌遗存文献中就留下了这时期写的许多汉藏对照的资料，如《斯坦因劫经录》中SI0002卷子，有藏文十一行，是用藏文记录汉文的音，共有60个词；S2736号卷子实际有三十五行，也是用藏文记录汉语词汇的音，共有词及短语154个；S4243号卷子的背后有一首汉文诗，在一些字旁用汉文注了音。此外，敦煌手卷P.T.1263号也是一篇藏汉词汇对照材料。由此可见，P.T.1256号《乘法九九表》手卷也是为此目地而准备的材料。从这个卷子可以看出，早在吐蕃时期乘法九九表已传入藏族地区，这也从一个侧面反映出汉藏两个民族相互学习、交流之早和渊源之深。[2]从公元7世纪开始，吐蕃与唐人在经济、文化各方面有了广泛的接触，大大促进了民族之间的交往，特别是文成公主和金城公主前后嫁到吐蕃即唐蕃联姻，增强了文化上的接触与交流，包括医学、天文历算等，丰富了藏族文化的多样性与

---

[1]本文原载于《西藏大学学报》（社会科学版）2015年第2期。
[2]作者简介：傅千吉，西北民族大学中国语言文学学部教授，主要研究方向为藏族天文历算学、语言教学研究。

完整性，并为今后的发展打下了坚实的基础。

二、敦煌藏文文献中的天文历算文化

敦煌藏文文献中有关天文历算方面的主要有五行、七曜、八卦、九宫、二十八宿、十二地支、乘法九九、十二因缘等。

（一）乘法口诀九九。我国现行的乘法口诀有两种，一种是45句的，通常称为"小九九"。还有一种是81句的，通常称为"大九九"。而今枝由郎编辑并加注的《敦煌吐蕃文书选集》影印本（单页集装）第1辑中，有一篇用藏文音译汉字的材料，内容是乘法九九表，原文全是藏文，无标题，未署抄写人姓名。全文横数共8行，它的次序是从"九九八十一"开始、到"一一如一"终结，即从大数开始，小数结束，与我们现今汉语口诀的惯用顺序恰巧相反，与藏族天文历算中的算法是一样的。如下：

① གུའུ་པ་ཞིག་ཡིན། 九九八十一
པར་གུའུ་ཚོ་ཞིག་ཞི། 八九七十二
ཚོ་གུའུ་ཡུག་ཞིག་སམ། 七九六十三
ཡུག་གུའུ་འགུ་ཞིག་ཟེ། 六九五十四
འགུ་གུའུ་ཟིག་ཞིག་འགག། 五九四十五
ཟེ་གུའུ་སག་ཞིག་ཡུག 四九三十六
སམ་གུའུ་ཞི་ཞིག་ཚོ། 三九二十七
ཞི་གུའུ་ཡི་ཞིག་པར། 二九一十八
ཡི་གུའུ་ཞི་གུའུ། 一九如九

② པར་པར་ཡུག་ཞིག་ཟེ། 八八六十四
ཚོར་པར་འགུ་ཞིག་ཡུག 七八五十六
ཡུག་པར་ཟེ་ཞིག་པར། 六八四十八
འགུ་པར་ཟེ་ཞིག 五八四十
ཟེ་པར་སམ་ཞིམ་ཞི། 四八三十二
སམ་པར་ཞི་ཞིག་ཟེ། 三八二十四
ཞི་པར་ཡི་ཞིག་ཡུག 二八一十六
ཡི་པར་ཞི་པར། 一八如八

③ ཚོར་ཚོར་ཟེ་ཞིག་གུའུ། 七七四十九
ཡུག་ཚོར་ཟེ་ཞིག་ཞི། 六七四十二
འགུ་ཚོར་སམ་ཞིག་འགུ། 五七三十五
ཟེ་ཚོར་ཞི་ཞིག་པར། 四七二十八

ཤམ་ཚེར་ཞི་གྲིབ་ཡེར། 三七二十一
ཞི་ཚེར་ཡི་གྲིབ་རྒྱི། 二七一十四
ཡི་ཚེར་ཞི་ཚེར། 一七如七

④ ལུག་ལུག་ཤམ་གྲིབ་ལུག། 六六三十六
འདྲུག་ལུག་ཤམ་གྲིབ། 五六三十
རྗེ་ལུག་ཞི་གྲིབ་རྒྱི། 四六二十四
ཤམ་ལུག་ཡི་གྲིབ་པར། 三六一十八
ཞི་ལུག་ཡི་གྲིབ་ཞི། 二六一十二
ཡི་ལུག་ཞི་ལུག། 一六如一

⑤ འགན་འགག་ཡི་ཞིབ་འགག། 五五二十五
རྗེ་འགག་ཡི་གྲིབ། 四五二十
ཤམ་འགག་ཡི་ཤུ་འགག། 三五一十五
ཞི་འགག་ཡི་གྲིབ། 二五一十
ཡི་འགག་འགག། 一五如五

⑥ རྗེ་རྗེ་ཡི་གྲིབ་ལུག། 四四一十六
ཤམ་རྗེ་ཡི་གྲིབ་ཞི། 三四一十二
ཞི་རྗེ་ཞི་པར། 二四如八
ཡི་རྗེ་ཞི་རྗེ། 一四如四

ཤམ་ཤམ་ཞི་གྱི་གུ། 三三如九
ཞི་ཤམ་ཞི་ལུག། 二三如六
ཡི་ཤམ་ཞི་ཤམ། 一三如三
ཞི་ཞི་ཞི་རྗེ། 二二如四
ཡི་ཞི་ཞི་ཞི། 一二如二
ཡི་ཡི་ཞི་ཡི། 一一如一

以上 P.T.1256 号卷子的历史年代从藏文书法看，是当时敦煌流行的古藏文书法，苍古遒劲，属于吐蕃时期的手卷无疑[3]，说明当时已是天文历算交流极为兴盛的阶段。

（二）P.T1255 十二因缘占卜文书。佛教把人生痛苦的根源归结为"生"，生是苦的开端，生命是受苦的实体。由此，佛教又从人生过程的角度，把人生划分为许多部分，这些部分互相结合为无止境的痛苦锁链，并由此进一步阐明人生的痛苦现象及其根源。

十二因缘是：无明、行、识、名、色、触、受、爱、取、有、生、老、死等是佛教中对人的过去、现在和未来的划分,包括无明和行是过去的因,而识、名、色、触、受是现在的果,爱、取、有是现在的因,生、老、死是未来的果。但是P.T55敦煌藏文文献中,以十二因缘作为占卜进行论述。

藏文

རྨི་ལམ་བཟང་པོ་ཞིག་རྨིས་ན། ཉི་དེ་ཉིད་པར་སྐྱུ་བཟང་པོ་ལམ་བཟང་ནས་གསོད་ཉེས་པ་བྱེད་དོ་ཁོས་ལ་ཉི་མར་ལོག་གསལ་སྟུ་དང་པ་སོབ་ལ་ཉི་ད་དུག་འཕུལ་ལ་ལ་གཙམ་བོ་གྱུར་ཏུས་ན་དགོ། ཟན་ཟ་ཡར་ཡང་མདང་སུམ་ལམ་བཟང་པོ་ཞིག་རྨིས་ན། གནམ་དང་ལྷ་དལ་འབུལ་བྱིད་མཐོ་ཞིང་……

意译为:根据做的梦来区别好与坏,要用干净的身心向太阳和神磕头,对自己好。如果做了好梦,对天和神崇拜,自己的地位会不断地提高……

藏文

སྨར་དུ་རེ། གར་གར་ལ། གི་དུ་གི་སྨྲ། ཞེས་དབོ་ཆན་ན་པ་ཡ་ལ། དུག་སང་ཀ་ལལ་བདུན་དུ་ཆང་མ་ལམ་བཟུག་སྟེ། ནད་པར་ཕན་གཅིག ཆུབ་མོ་ལམ་གཅིག ཉི་མའི་ཕྱིད་ན་ལམ་གཅིག་སྟེ། ཡ་ལག་པོ་ཡིགས་པ་གཅིག་དང་མདན་གཅིག་ནས་བྱ་གར་འཚལ། རྟགས་ཀྱིལ་དཔའ་སྤྲང་པ་ལ་ཡང་། ཡང་ལག་མདན་བཟང་པོ་ཆིག་སྲན་ན་སྲགས་རྩ་ཕན་བསོད་དོ།

意译为:崇尚圣地,白天晚上各祭一次,画一幅老虎和神简,赐予运气享通、征服邪恶。从十二因缘的角度崇尚神圣的地,地是一切物质生长的处所,没有地其他无从谈起。

同时藏文历算中十二因缘与日结合,每日有具体的活动(见表1),如:无明天:建塔、建房、布施等,忌拜见大人物。行日天:办喜事、穿新衣等,忌洗头。识天:治病、征邪、建塔等,不宜洗澡。名色天:祝词、理发,拜见活佛、忌洗澡穿新衣。六处天:办事、穿新衣、洗头,忌洗澡。触天:处罚以及实施各种方法好,洗澡不宜穿新衣。受天:见朋友做买卖以及穿新衣都宜,不能洗澡。爱天:买卖敛财好,不宜洗澡。取天:采药制药理发好,但禁止穿新衣洗澡。有天:娶妻弃战、洗澡,勿穿新衣。生天:建房立家洗澡好,忌穿新衣。老死天;取财生财好,弃布施之诤。[4]

表1 藏文十二因缘中的"日"

藏文	མ་རིག་པ་	རྒ་ཤི་	སྐྱེས་པའི་	སྲིད་པའི་	ལེན་པའི་	སྲིད་པའི་	ཚོར་པའི་	རེག་པའི་	དྲུག་འདུ་གཟུགས	མིང་འདུ་གཟུགས	རྣམ་ཤེས་པ་	འདུ་བྱེད་
意译	无明天	老死天	生天	有天	取天	受天	受天	触天	六天	名色天	识天	行天

（三）P.T0076 的占星术。星期制度最初是由古代埃及人制定的，埃及人把一个朔望月分成四个阶段，以7日、14日、21日、28日作为每个阶段的终点。每个阶段七日，月末剩的一至二日正好看不到月亮，便作为休息日。[5]而敦煌石窟的经卷中，伯2693卷有《七曜历日》一篇。大约在唐朝中期，即公元750年左右，西方七曜日制传入我国西部地区。同时也翻译成了藏文。如 P.T0076 页上的藏文：

① གཟའ་ཉི་མ། འདི་གྲུབ་བོག་ཆེན་དོ། རི་མོ་གྲིམ་དུ་མོ་གནོད། རལ་གྲི་ལས་དག་ཆེན་པོ་ཐོབ་པ་ཐོན།

② གཟའ་ཟླ་བ་ནི་བོ་ཡུགས་མོ་སྐྲུག་པ་མང་ང་། སྐྱ་ནག་བུ་ཚགས་མ་དང་། ཟ་ཁང་ནས་བུ་ཚགས་མ་གནོད། ཆོགས་ན་བོ་ཡུགས་པ་རལ་བ་ཆན་གནོད། མ་རང་བོ་གཉིས་གལ། མིན་བོ་དང་མི་དུ་མོ་གཉིས་ཉལ་བའི་དོ།

③ གཟའ་མིག་དམར་ནི་རྒྱུད་པའི་བོ་སོ། དམག་དཔོན་མཛན་ཇོ་པོའི་གཟའ་ལགས་པ་སྟེ། ས་ཡུལ་དམར་བོ་སྐུ་ཡང་དགུལ་གྱི་བྱེད་དོ། ཞིང་ས་དམར་དུ་གལ་གིལ་དང་། དར་ས་པའི་བདག་གནོད། དེ་བོར་བཙན་གནོད། སྐོག་པ་དམར་ཚན་དུ་བཤས་པ་གནོད། ཆུ་དགྱེས་དམར་བོ་མནས་བ་བསྐྱལ་བ་གནོད།

④ གཟའ་ལགས་ལ་ཆོས་ཀྱི་སྐྱི་བ་གསུམ་དུ་ཆར་ཐེན། རིན་བོ་ཆེ་སྐྲུག་གི་ཁ་པ་དང་། མཚོན་ཆེན་དང་། སྐྱ་གི་སྐྱེས་མེས་བཅད་བ་བཞིག་གནོད་དོ། བྱད་གྱེད་གྱེན་བསད་པོ་ཡོད། པོ་བྲིད་ཡུགས་མོ་སྤྱོ་ཡུལ་གནོད་གནོད། ཁྱོད་ཀྱི་ནག་མོ་གསོ་ཐོག་གནོད་དོ། ཡུལ་གཡོད་ཆེན་དུ་སྐྱི་ཀུགས་མོའི་བྱི་འོངས་སོ།

⑤ གཟའ་ཕུར་བ་ལ་ཡི་བོས་ཏེ་འདྲིད་བོ་གནོད། ཞིང་བོ་སྐོལ་པའི་ཞིང་བཙས་པ་ལས་གནས། རྒྱ་འགལ་གཡས་སྒོ་གསོ་རྒྱ་འདྲི་དང་འགལ་ནས་ཏེ་ནི་བག་ཆོན་ཏོ། ཡོན་སྤྱད་བདུན་གྱིས་ལ་ཆོ་གཡས་ནིབ་ཤིན།

⑥ གཟའ་པ་སངས། ཁྱོད་མཐན་བྱིད་མོལ། དིག་ལ་སྐྱིད་རྒྱལ་གྱིས་ཏོག་གནོད། རབས་ཆན་གྱི་སྦྱར་ཡིག། གཞེར་གཡུ་ཇོས་པའི་སྦྱི་ནི་འདི་འོངས། གཞེར་གཡུ་མས་དུ་སྐྱེ་བ་ལས་འདི་ཡོད། ཁྱོད་ཚ་འདི་དང་འགྲུལ་བ་ཡོད་དི་གནོད། ཡང་ན་བནད་པ་ཡོད། ཆོས་མགོན་ཆོན་བོ་ཡོལ། དམ་ཆོགས་ཉམས་པ་སྐྱུང་མི་དགའ། ཡང་ཚན་པ་འབོག་ཅ་རྒྱ་ལ་འདུ་བ་ལ་ཆོ་གྱི་བྱེད་ས་ཤིག།

⑦ གཟའ་སྤེན་པ་ལ། ཁྱོད་ཀྱི་སྐྱི་ལ་རྒྱ་དགྱིག། བར་རམས། དར་ཡུལ་གྱི་གྲུ་བོ་བསྒྱུར། བྱད་དང་གམ་བཚུགས་ལ་འགལ་བ་གནོད་པ་དགྱིགས་བོད་འབོགས་ནས་རྒྱ་དགྱིག། མ་བཅུགས་མ་བོ་འབཞན་བ་བསྐོས་བ་གནོད། དི་སྨྱན་དེ་སྐྱི་ནི་བ་དགའ། ཟར་དང་ཞིན་བོ་ཡོད་དོ།

以上七曜从不同的角度进行论述，概括起来有以下四个方面：

①②的太阳星和月亮星期间着重用器征邪恶势力，对鳏寡不利，可建住宅地。

③④的火星和水星期间出征、建塔，不宜拆房盟誓。

⑤木星期间死者受魂的影响，砍树受山神的影响，宜种地。

⑥⑦的金星和土星期间，宜买金玉。但宗教受损，并产生懒惰者和五官缺损的人。

（四）生肖纪年法：生肖就是以人的所生之年定其所属的动物，也就是我们平时所说的人的属相。生肖纪年法就是以人所属的十二种动物配以十二地支用来纪年的方法。用动物作属相记人的所生之年，是我国的一种民俗现象。早在夏朝时已有生肖纪年法。

关于十二生肖与十二地支的对应关系，早在先秦时期就有人谈到了。大约到了东汉末年，经过系统整理确定为地支逢子之年就定所属动物为鼠，称鼠年；地支逢丑之年，就定所属动物为牛，称牛年，地支逢寅之年，就定所属动物为虎，称虎年；地支逢卯之年就定所属动物为兔，称兔年。依此类推，则是辰龙、巳蛇、午马、未羊、申猴、酉鸡、戌狗、亥猪。[6] 因此，我国内地十二生肖纪年法历史之悠久、传播之广，是我国纪年法的重要特点之一。对于藏族纪年法中也用十二生肖，对此诸说风云，莫衷一是。有些人认为是藏族本身固有的，有些人认为是从印度传过来的。通过考证，权威专家认为，十二生肖纪年法是从内地传过来的。原因其一，内地十二生肖纪年很早，并有系统的纪年方法；其二，藏汉十二生肖纪年方法很相似，有一定的渊源关系。

敦煌古藏文 P.T1288 大事纪年中从狗年（公元 650）到兔年（公元 763 年）总共 113 年都用十二生肖进行纪年。即：

① ཁྱིའི་ལོ་ལ་བབ་སྟེ། བཙན་པོ་མཆིམས་ཀྱི་སྟོང་རྩན་གྱི་སྟུང་ཕུའི་རིང་ཁབ་ནན་རིང་མཆུང་ཆེན་བཞུགས་སོ། བཙན་པོ་སློན་ཁྲི་མང་རྩན་མེར་ཀེན་ན་བཞུགས་པར་ལོ་གཅིག

② ཕག་ལོ་ལ་བབ་སྟེ། བཙན་པོ་ཉེན་ཀར་ན་བཞུགས་ཤིང་། ཕྱིང་བར། བཙན་པོ་མཆིམས་ཀྱི་སྟོང་ཀྱི་མདའད་བཏང་པར་ལོ་གཅིག

③ བྱིའུའི་ལོ་ལ་བབ་སྟེ། བཙན་པོ་ཡེན་ཀར་ན་བཞུགས་ཤིང་། བློན་ཆེ་སྟོང་བཙན་བློན་པོ་དང་ཅུང་ཅུར་བགུལ་པར་ལོ་གཅིག

④ གླང་གི་ལོ་ལ་བབ་སྟེ། བཙན་བོན་ཡེན་ཀར་ན་བཞུགས་ཤིང་། བློན་ཆེ་སྟོང་རྩན་གྱི་སྲུན་ཧུ་གནག་ཞེས་བཏབ

⑤ སྟག་ལོ་ལ་བབ་སྟེ། བཙན་པོ་མེར་ཀེ་ན་བཞུགས་ཤིང་། བློན་ཆེ་སྟོང་རྩན་གྱི་མོར་པོ་སྒལ་འཛོང་དུར་བཙུ་སྟེ།

⑥ ཡོས་བུའི་ལོ་ལ་བབ་སྟེ། བཙན་པོ་མེར་ཁེ་ན་བཞུགས་ཤིང་། བློན་ཆེ་སྟོང་རྩན་གྱི་འགོར་ཏིར་བགགས་ཀྱིས་ཡི་གི་ཕྱིས་པར་གཏོགས

⑦ འབྲུག་གི་ལོ་ལ་བབ་སྟེ། བཙན་པོ་མེར་ཁེ་ན་བཞུགས་ཤིང་བློན་ཆེ། སྟོང་རྩན་གྱི་གཙམ་གྱི་ཡུལ་མར་དུར་བཞེས་ཆེ། པོ་བདུབ་པར་ལོ་གཅིག

以上都是用十二生肖进行纪年、记事。

三、敦煌藏文文献中的择日文化

敦煌藏文文献中有相当一部分是关于择日法的文化，其中日本岩尾一史和武内绍人编著的《Old Tibet an texts in the stein collection》中有关这方面有两个。下面分别简述如下：

（一）出行择日法（ལམ་དུ་འགྲོ་ན་ཆོས་གྱང་བཟང་ངན་བལྟ་བ།）见表2。

表2 出行择日法

གནམ་སྒོ	ཆོགས	གྲོགས	སྟོན་པ	པོ་བྲང	གྱིབ	ཕྱུག	རྐུན
1	2	3	4	5	6	7	8
9	10	11	12	13	14	15	16
17	18	19	20	21	22	23	24
25	26	27	28	29	30		

གནམ་སྒོ་ཞེ་མ་ལ་བབ་ན། ལམ་རིང་དུ་འགྲོ་ན་བཀྲ་ཤིས། གནམ་ཆོགས་ཀྱི་ཞེ་མ་ལ་བབ་ན། གང་འགྲོ་ཡང་གོར་ཀ་འབྱུང་སྟེ་ངན་རབ། གནམ་གྲོགས་ཀྱི་ཞེ་མ་ལ་བབ་ན། གང་འགྲོ་ཡང་གྲོགས་དང་ཕྲད། དོ་བོ་ཆོས་འཕྲིན་ཆིན་འགྲུབ་སྟེ་བཟང་རབ་བོ།

གནམ་སྟོན་མོ་ཞེ་མ་ལ་བབ་ན། དཆོང་སྟོན་མོ་དང་ཕྲད་དེ་བཟང། གནམ་གྱི་པོ་བྲང་གི་ཞེ་མ་ལ་བབ་ན། གང་འགྲོ་ཡང། གོག་དང་ཕྲད་དེ་ཕོངས་ཆེ་བཟང་རབ། གནམ་གྱིབ་ཀྱི་ཞེ་མ་ལ་བབ་ན། གང་འགྲོ་ཡང་གོར་ཁྱེད་དེ་གུ་བོ་ཆོས་འཕྲིན་འབྱུང་སྟེ་བཟང་རབ་བོ། གནམ་རྐུན་གྱི་ཞེ་མ་ལ་བབ་ན། གང་འགྲོ་ཡང་ཆོས་རྐུན་གྱིས་བདག་སྟེ་ངན་རབ་བོ། 等用藏文描写，并用圆形来表示，即圆形由直径线用交叉的方法切分成八块，圆圈有内圆和外圆两个。内圆中相应的天门 གནམ་སྒོ 难 ཆོགས 友 གྲོགས 表示 སྟོན་པ 宫殿 པོ་བྲང 盖 གྱིབ 富 ཕྱུག 偷 རྐུན 等八个。外圆内分别填写了日期。对应天门初一、节初二、友初三、表示初四、宫殿初五、盖初六、富初七、偷初八。以此类推，一直到三十日。

圆形下面藏文部分是说明那一块中的那几天内干什么好或不好。分别说明，如：天门对应的日期1、9、17、25日，若遇到这几天中的某一天去哪里都吉祥如意。难天对应于2、10、18、26日，遇这几天去哪里都不吉祥。友天对应于3、11、19、27日，出行遇朋友心想事成，一切好。庆天节4、12、20、28日，这几天出行遇庆祝日好。宫天为5、13、21、29日，出行那里都好。闭天为6、14、22、30日，这几天去哪里都不顺。富天为7、15、23日，这几天出行遇好友，并万事如意。偷天为8、16、24日，这几天出行会被偷，非常不好。

以上这些充分说明。当时将一个月分成八块或组，每一组时间里出行干什么好或不好是人们出行办事的主要依据。随着时间的流逝，目前藏族虽然未看这样的时间，但是民间仍然对出行时间非常讲究，不随意出行，说明与过去的择日法有一定的渊源关系。

（二）用动物的部位来表示时间，并就何时出行好，办事成功或什么时间出行不好，不能办事等分组论述，具体见表3。

表3　动物部位择日法

བྱིའུ་དམར་པོ	སྟག་གི་མགོ	སྟག་གི་མཆན་ཁུང	སྟག་གི་རྐང་པ	འབྲུག་སྔོན་པོ	འབྲུག་མགོ	འབྲུག་མཆན	འབྲུག་རྐང
1	2	3	4	5	6	7	8
9	10	11	12	13	14	15	16
17	18	19	20	21	22	23	24
25	26	27	28	29	30		

བྱིའུ་དམར་པོའི་ཉི་མ་ལ་གང་འགྲོ་ཡོ་ཚོག གྲོགས་དང་ཕྲད་དེ་བཟང་རབ། སྟག་གི་མགོ་ལ་བབ་ན། བླའི་དོན་ལ་སོང་ན་བཟང་། རང་དོན་ལ་དཀའ་ན་དང་། སྟག་གི་མཆན་ཁུང་གི་ཉི་མ་ལ་བབ་ན། གར་འགྲོ་ཡང་འབྲིང་། སྟག་གི་རྐང་བའི་ཉི་མ་ལ་བབ་ན། གང་འགྲོ་ཡང་ལེགས་ཆེ་དང་། འབྲུག་སྔོན་པོའི་ཉི་མ་ལ་བབ་ན། བླའི་དོན་ལ་སོང་ན་བཟང་། རང་དོན་ལ་སོང་ན་དཀའ། འབྲུག་གི་མགོའི་ཉི་མ་ལ་བབ་ན། གར་འགྲོ་ཡང་གོད་ཀ་འགྱུར་སྟེ་དན་དོ། འབྲུག་གི་མཆན་ཁུང་གི་ཉི་མ་ལ་བབ་ན། འདོད་འབྱུང་ལེགས་བཟང་རབ། འབྲུག་གི་རྐང་བ་ཉི་མ་ལ་བབ་ན། གང་འགྲོ་ཡང་བྱ་འབྱོར་ཏེ་དན་རབ། 等表示

上述表示将一个月分为八块，其中红鸟 བྱིའུ་དམར་པོ 中1、9、17、25四天，这四天出行遇友非常好。虎头 སྟག་གི་མགོ 为2、10、18、26日等四天，这四天出行对公好，对己不利。虎腋 སྟག་གི་མཆན་ཁུང 为3、11、19、27四天，这四天出行办事一般。虎腿 སྟག་གི་རྐང 为4、12、20、28四天，这四天出行不利。青龙 འབྲུག་སྔོན་པོ 为5、13、21、29四天，这四天出行对公好，对己不利。龙头 འབྲུག་མགོ 为6、14、22、30四天，这四天出行不利。龙腋 འབྲུག་མཆན 为7、15、23日三天，这时间去哪里都心想事成。龙腿 འབྲུག་རྐང 为8、16、24日三天，这时间去哪里都不吉祥。[7]

综上两方面的分析，充分说明当时的吐蕃，已用时间来认真对待每一天的出行，也说明当时在民间应用很普遍。与当今藏族民间仍然流传的择日法有一定的传承关系。同时择日法主要以天来进行择日，并且哪一天办喜事、聚朋友好，都用择日法进行。第二个择日法主要是以龙和虎的身体部位来确定时间的好坏，具有很高的研究价值和参考价值。

结语

根据敦煌藏文文献考证，藏汉天文历算有着密切的关系，无论是纪年还是纪月，基本上都是用相同的方法进行计算，包括口诀九九表、七曜、十二生肖和各类占卜。

（一）九九口诀表

远在公元前的春秋战国时期，九九歌就已经被人们广泛使用。在当时的许多著作中有关于九九歌的记载。最初的九九歌是从"九九八十一"起到"二二如四"止，共36句，因为是从"九九八十一"开始，所以取名九九歌，大约在公元5至10世纪期间，九九歌才扩充到"一一如一"。大约在公元13、14世纪，九九歌的顺序才变成和现在所用的一样。敦煌藏文中所翻译的九九表恰恰和内地最初九九表的口诀一样，从九念到一，这种方法目前藏族历算中仍然在运用。从中可以看出藏族九九口诀表就是从内地传过来并本土化的产物。

（二）星占术

来自基督教的星期制度最早引入我国历法是从敦煌历开始的，一星期的各日在敦煌历日中依次称作"密"（星期日）、莫（星期一）、云汉（星期二）、嘀（星期三）、温没斯（星期四）、那颉（星期五）、鸡缓（星期六）。一般来说敦煌历日要在正月一日注上星期几，如P.3403正月一日顶端注"那颉日受岁"，意即这天是星期五，以后只在星期日那天注一"密"字。个别历日只在当年正月初一注上星期几，以下不注，人们自然可以由此去推算，只是麻烦一些罢了。至于这些奇怪的名称究竟来自哪里，目前说法不一，但所注的星期日除偶有抄错外，基本正确无误，[8]从中可以推断，敦煌文献中确有星期记载，并且当时已经运用，其主要用于记时、预测各种事项，包括建住宅、出征、生理状况等范围，内容多是敦煌藏文文献中唯一少有的星占术。

（三）十二生肖

中国占术数以十二种动物分别与十二地支相配，古称十二生肖，又称十二属相。以人之生年，出其所属的动物。即：子属鼠、丑属牛、寅属虎、卯属龙、巳属蛇、午属马、未属羊、申属猴、酉属鸡、戌属狗、亥属猪。十二生肖纪年法既形象又易记，屈指可数，更为方便，不仅在汉族地区广为流传，而且传播到各兄弟民族地区，包括藏区。藏族民间对十二生肖的纪年、纪月、纪时非常熟悉，应用非常广泛，也是藏族历算的主要组成部分。敦煌古藏文历史文书大事编年中，用十二生肖记公元650至730年120余年间的大事，写于金城公主进藏后50余年，纪年仍只用十二动物属肖，没有一处用到阴阳五行表示的天干，而且只记四季，没有区分孟、仲、季，更没有用数字表示的月序，四季也大都是夏季在前者居多，春季在前者很少，看不出唐朝历法的痕迹，[9]这种方法只有十二生肖纪年与五行未配，是一种独特的纪年方法，对确定公元的对应年份有一定的难度，与当时唐朝所运用的历算有很大区别。文成公主公元641年入藏，当时唐朝使用的是戊寅元历，公元665年改用麟德历，到金城公主公元710年入藏时仍使用麟德历。这种算法第一个正式确定了不用闰周，直接以无中气之月置闰，和用"定朔"排历谱，这两项基本原则是一种水平相当高的历法。公元729年改用大衍历时金城公主尚在世，这些历法都比时轮历法的水平高得多。如果公元7-9世纪吐蕃时期已经引进了唐朝的历法，则11世纪初引进时轮历必然会发生激烈的争论，争论的问题绝不仅是一个六十年周期的开始用甲子还是丁卯这样一个简单的问题，而是比如日月食预报在哪种历法中更准确问题上一定会有一番竞赛，而这些在历史上竟毫无痕迹，由此可见，唐朝的历法并没有传入吐蕃，[10]而是十二生肖及十二生肖的年谱是一样的。

参考文献：

[1][8]邓文宽.敦煌吐鲁番天文历法研究[M].兰州：甘肃教育出版社,2002.

[2][3]华侃.敦煌古藏文写卷《乘法九九表》的初步研究[J].西北民族学院学报,1985（3）.

[4]金巴仁青.藏族天文历算[M].兰州：甘肃民族出版社,2006.

[5][6]戴兴华.我国的纪年纪日法[M].合肥：安徽教育出版社,2007.

[7]岩尾一史,武内绍人.old Tibetan texts in the stoin couection[J].东洋文库,2012.

[9][10]拉巴平措.黄明信藏学文集[G].兰州：中国藏学出版社,2007.

民间苯教祭祀者"莱坞"的经书内涵及其文化特征[1]

阿旺嘉措[2]

白龙江发源于甘川交接的郎木寺上游的迭部县、若尔盖县、舟曲县,其在历史上建有众多苯教寺院,后来由于改宗[1]和合并,苯教寺院锐减。民主改革前,白龙江上游的迭部县有十三座苯教寺院,现在开放的有五座[2];舟曲县一座。四川省的若尔盖有五座,九寨沟县有五座。白龙江流域有很多信仰苯教的民众,这里有被称为原始苯教活化石的"莱坞"。莱坞是民间苯教祭祀者,主要职能是上敬神灵,下伏鬼怪,主要从事祭祀山神和龙神、祈福消灾的宗教活动。"莱坞(levu)"一词有小神的意思,苯教祭祀者自认为是小神,标榜其具有神的力量。莱坞分为司巴莱坞和贡布莱坞,也有贡孜莱坞、阿尼莱坞。其经书内容丰富,形式各异,是研究司巴苯教的主要资料。民间苯教经文名目繁多,内容大体可以归纳为祭神、解秽、招魂、卦书、伏魔降鬼、禳解、招福类等七个部分。

一、民间苯教祭祀者莱坞的经书概述

莱坞的经书没有统一的称呼,不同的地方有不同的表述。在迭部电尕一带,把莱坞的经典称之为"安易(brngan yig)"。"安易"是祭祀山神文献的总称,"安"在藏文中有贿赂的意思,是给山神上供祭品使其高兴,从而达到保佑自己或部落的目的。"安易"内容包括祭祀山神、水神、战神、护神等,具体形式有煨桑等各种宗教仪式。虽然祭祀山神类的经文在莱坞的经书中占了很大的比重,但"安易"是莱坞经书中的部分内容,这样的表述不能涵盖莱坞的全部经弓。在迭部尖尼一带把莱坞的经书称为"章甘(drang rgan)","章甘"也是莱坞的经文,该经文在民

---

[1] 本文原载于《西藏大学学报》(社会科学版)2014年第1期。
[2] 阿旺嘉措,兰州大学西北少数民族研究中心教授,主要研究方向为苯教、汉藏翻译。

间应用十分广泛。"章甘"是主持真理的意思,是调解山神矛盾的中间人,司巴三大证人[3]之一。在迭部达拉一带莱坞的经书也被称为"莱坞波第","波第"是经函的意思,莱坞做法事时身背一个大部头经文,故得此名。在若尔盖县包座一带称之为"莱坞易盖",或简称为"莱易",意思为莱坞的经文。各地对莱坞经书的称呼都不一样,但都大同小异。

包座地区莱坞的经书比较规范,其经书主要分为四卷,即罗曾经、夏子玛经(zhag gcig ma)、解秽经(sel)、夏当经(bya rdang)。[4]

（一）罗曾经

罗曾类包括皈依经等内容,这本书目前还没找到。罗曾可能是藏语的"blo vdzin",意为背诵,因为在莱坞经中相当一部分内容是需要默诵的,所以这部分内容显得比较神秘。在民间有这样的说法,要想听"莱坞"的经文,"除非拿来一碟蚊子的脑浆,拿一枝用蚯蚓骨头做成的手杖,才可以告诉你莱易的内容"。这部分的内容主要包括皈依文、司巴苯教的特殊护法奔热、贡孜等的启请文。

（二）夏子玛经

夏子玛(zhag gcig ma)在藏文中的意思就是一夜能够诵完的经文。在笔者调查的范围里,没有找到完整的夏子玛经文,在沃座塘找到一本残卷,共有十六篇经文,其目录为：招福食子、供奉甘露玉药喜庆、司巴因苯威猛神灵之城堡、水神抛食子仪轨、供奉水神经、供奉西宫神经、土地神祭文、山神祭文、色多、回遮祸乱九头黑鸟、回遮祸乱九头黑人、唐多回遮灾难经、回遮各处灾难经、仪轨基础经、招福、回遮灾难经。民间苯教祭祀常用的仪轨经文均包括在内。

（三）解秽经

解秽经是除去污垢的经文,解秽类经文共有二十篇,里面主要包括十二种仪轨。经文的目录为：解秽所缘经、解秽经、点灯经、英祝（青龙）仔索、嘉米消障经、花猴经、阿吾雅阿经、消除六十寿障经、消除亲友仇杀污垢经、消除亲友通婚污垢经、解秽经、白石经、花儿和祈愿经、素食祈愿和祭坛经、萨嘎祭拜经、解秽煨桑、吉祥经、谷夺经、箭赞、解秽明灯。解秽经中主要包括莱坞最常用的四种仪轨：即亲友间仇杀带来的秽气用"麦垛"消除,亲友间结婚带来的秽气用"那垛"消除,双胞胎带来秽气用"莱垛"消除, 孕妇失去丈夫的用"牟垛"来清除秽气。另外,在迭部一带,所有仪轨的基础称之为"塞卡加巴（gsas mkhar rgyag pa）",有修筑神堡之意,所有的仪轨一般都有这种仪式,但两地垛术的内容基本一致。

（四）夏当经

夏当类共有24种经文,是祭祀山神类经文。夏当是指祭祀山神用草做成鹏鸟的形象献给山神，鹏鸟是山神之鸟，代表男性。在迭部民间有个习俗，每当祭祀山神时，用草编一个鹏鸟，称之为"夏当"，用来祭拜山神。夏当类经书的目录为：迎请夏当经、夏当祭坛经、夏当神石经、夏当立柱经、夏当坚郭经、迎请威力之王奔日经、奔日修持和迎请经、大威力奔日祭祀经文、万冒珂嘉奔日祭供经、夏当大典、夏当仔索经、旁熬经、明灯经、护门经、夏当煨桑经、夏当祭供经、消敌祭羊经、夏当火烧木人经、赛若草形经、莱坞克敌经、夏当护城经、灌顶和赛桌经、夏当开门经、夏当放开经。有关夏当的部分仪式已经失传，在白龙江上游几乎无人能完整主持这种仪轨。

迭部地区的莱坞经典，明显没有包座地区的规范，内容也杂乱无章，但有很多经文在其他地方找不到，如《章甘经》、《蝙蝠经》等。在甘肃宕昌县出土的苯教文献也属于这类经文，都处在白龙江水系范围内。这些文献大体分为祭神、解秽、卦书、招魂、伏魔降鬼、禳解、招福七大部分。除上述经文外，莱坞还有一个口述的经文叫《司巴托亦》[5]，是在葬礼上由莱坞或当地的老人唱诵，其内容分三个部分，即广部、中部、略部。共有三大章九小章二十七节，里面采取自问自答的形式，内容涉及到宇宙的起源、人神鬼的出现以及迭部各地地名的由来等。

另外，在莱坞的经文里面有雍仲苯教类经文。在莱坞的经书中除了苯教经文以外，基本没有发现其他教派的经文。雍仲苯教经文《如意宝经》、《宝贝光焰经》、《断恶趣门经》被莱坞收藏并念诵。包座地区的莱坞每年念诵一百遍《断恶趣门经》，此规定是象珠南卡坚赞制定。还有莱坞经文中的《广水神经》、《广山神经》、《广土地神经》、《广空间神经》被收入苯教《大藏经》。

二、莱坞经书的改写情况

莱坞的经文属于原始苯教的经典，主要讲祭神伏鬼，故在经文中有很多血祭相关的内容，雍仲苯教是高度佛教化了的宗教，其首要戒律是不杀生，所以莱坞的经文常被雍仲苯教看不起，并发生篡改的现象。历史上苯教高僧屡次改写民间苯教经文，原本具有原始苯教特点的经文，如血祭等文献全部清除，同时增加了很多雍仲苯教的内容。在包座地区，象珠南卡坚赞数次勒令莱坞放弃血祭等陋习，并写了一篇《禁止血祭之言雷电之轮》，表示其决心；他还让莱坞每年念诵一百遍《断恶趣门经》。在迭部尼傲地区，苯教高僧次成南达把莱坞经典中与血祭相关的经文改写。莱坞的四部经文由近代苯教高僧雍仲尼玛改写成两卷经文，但此经流传不多，在调查中没有找到该版本。迭部的苯教高僧旦增南达篡改了本地的莱坞经文，把有关血祭的经文全部清理出去。近代包座达金寺的丹增旺嘉活佛，以莱坞的经书中诅咒达金寺为由，集中了上下包座的莱坞经书进行焚烧，故包座地区的莱坞经书保留不多。

三、莱坞经书的内容

从内容来看，这些司巴苯教文献的内容丰富，流传年代久远，几乎涉及到苯教文化的方方面面，对研究苯教文化意义重大。莱坞的经文虽然种类繁多，但我们通过科学分类进行研究，大体上可以分为祭神、解秽、招魂、卦书、伏魔降鬼、禳解、招福等七个部分。

（一）祭神类

这类经书在民间很普遍，数量多而杂。祭神类经书主要包括祭拜年（山神）、鲁（水神）、萨达（土地神）、夺神（空间神）。其中祭祀山神类的经文名目繁多，长短不一，文献数量众多。祭神类文献又分为祭祀山神、水神、土地神、空间神类；以及祭祀战神类、完玛类、禳解类经文。祭神类文献内容涉及到犯事、祭祀、招抚、慰问、求情、托付等。祭神类文献在日常宗教生活中应用广泛，很多人对当地山神和部落山神的祭文倒背如流。祭祀山神的仪式融入民俗中，如藏区的"插箭节"等。

（二）解秽类

藏民认为在民间若碰到肮脏的东西，自己的身心就会受到污染。这里肮脏主要指亲戚间的仇杀行为，或者遇到双胞胎、亲戚间通婚等，你的身心就会受污染，就要举行宗教仪轨来清除这种秽气。这类经文包括在苯教九乘的郎辛乘的黑水解秽门中，该门分为四种，在《无垢光荣经》中：黑水解秽门分为司巴芒青解秽典、头噶神典、战神完玛英雄典、司巴人类起源典四个部分。司巴芒青解秽典又分为四个上解秽经、四个中解秽经、四个下解秽经共十二个。

（三）招魂类

民间苯教徒认为，人的生命由拉（bla）、宇（yid）、散（sems）三者组成，拉若被其它的鬼怪拐走，就需举行招魂仪式把魂请回来，这种仪式在民间很普遍。经文中认为若有人精神恍惚，常梦裸体行走等，就说明这个人魂不附体，就要举行招魂仪式。在当许噶塘蚌巴奇塔中出土的苯教文献中，就有苯教徒招魂的记载。招魂是按照一定的程序进行；首先通过打卦来断定你的"拉"是否离开了你，其次进行仪轨"呼唤"魂回归，最后，使魂附体，通过一些征兆看魂是否已经附体。招魂的规模有大有小：今有为整个部落招魂的，为寺院招魂的，也有为单个家庭中的某个成员招魂的。招魂的经书在苯教大藏经中有几部，民间主要有拉布（bla vbod）、拉鲁（bla bslu）、招魂黑白天绳经（bla bslu dmu dak dkar nak）、司巴白央招魂经（srid ba phyvu gyang dkar）等。

（四）卦书类

占卜在藏族的社会生活里应用十分广泛，人们往往通过占卜来解决问题。在家人生病或进行宗教仪轨等都要占卜，按其结果行事。在藏族地区流行的占卜术有几百种，长的如绳卜，通过绳上打结来预示未来，此卦象共有一千多种不同的形式。短的如格萨尔跑卜，这是一个很短的卜法，占卜的人在马上边跑边打卦。相传格萨尔征战时，没有时间占卜，便在马上占卜决定事情。夏辛乘的占卜术主要功能是通过占卜和历算判别病人得病的原因。占卜术分为三百六十种之多，又总结为四种：即圆光卜、梦卜、绳卜、扎拉预测卜等四种。

（五）招福类

在民间迎娶媳妇，做牛羊买卖，或重大的节庆日都要举行招福仪式。福在藏语中叫"央"，如若"央"离开某家，这个家庭就会衰败。在苯教经文中有："人需要'夏'，畜需要'央'。""央能召之即来，来了能安之。"所以要招福，留住福气，即使离开，也要招回来。招福类的经文主要有：招福经（gyang vbod）、扎西（bkra shis）、《广福经》（gyang vbum）等。

（六）禳解类经文

民间苯教的大部分经文都与禳解有关，故仪式类的文献占多数。司巴苯教是一种巫术性质的宗教，认为人生病的原因不外乎两种情况，通过占卜来判断，病因为遭到鬼神的报复或得病。鬼神的报复需要通过宗教仪轨来解决，得病就得求医。这里首先要弄清楚一个苯教的专用名词"朵（gtod）"，与我们平时所说的"垛"是有区别的，"朵"指空间的神；而"垛"是指仪轨。苯教经典中认为"朵"存在和统治着我们生活的世界，有时我们的行为在有意无意间冒犯这些神灵，使这些"朵类"愤怒，然后进行报复，降灾于我们。如果人群或是家庭、单个的人遭到"朵类"的危害，其运气和"旺唐"变弱、相克、衰败，对其直接危害。要使这些相克的变为相生、衰败变为发展、解除咒语，就要进行"垛法"解除这些危害。

（七）伏魔降鬼类经文

藏族先民认为人类的生存受到妖魔鬼怪的侵害，消除这些灾难需要进行宗教仪轨。伏魔降鬼类经文主要有：回遮祸乱九头黑鸟、回遮祸乱九头黑人、唐多回遮灾难经、回遮各处灾难经等。

四、莱坞经书的特点

莱坞经文是藏族传统的长条经，且都是手抄本。经文的封面都有各色图像和经文的标题，其中以大鹏鸟的图案居多。经文的书写格式：封面一般有图案和标题，图案多为彩图，中间写有经文的标题；经文的开头一般介绍经文的名称，多半都以"今天世间之空"来开头；接着是经文的内容，最后有吉祥祝福的词语。手抄本应用的都是藏文草体中的"朱擦体"，字体大方，书写流畅。一般苯教经文很少有正楷字，经文均由草体书写，这种草体的写法相传源自达斯的奔易文，然后发展到象雄的玛易文，最后演变为现在的草体。

第一，经文出现的年代不详，一般都为明清以来的经书，新抄写的经文很少，这也说明莱坞的传承出现断层现象。经文的结尾没有作者的相关记载，有时偶尔留下抄经者的名字。但从其内容上看，与敦煌文献和奔巴其塔所藏文献的内容有相似性，且有很多古藏文词汇；从经文内容看，明显具有原始宗教的特性。经典中掺杂了各地的方言，尤其是迭部地区的苯教经书掺杂了迭部的方言，若尔盖县包座地区的经书掺杂了当地的方言。如：木在藏文中正确表述是 shing，但在经书中写成 sheng。所以，我们研究该地区的苯教经文时最好对当地的方言有一定了解，这样解读经文的效率就更高。

第二，民间苯教祭祀者莱坞的文化水平较低，经文在抄写过程中逐步方言化，故错别字频现。就白龙江地区而言，越往上游，经文的规范率就越高，受到佛教及雍仲苯教的影响也越明显。越往下游，经文的规范率越低，错别字出现频繁，夹杂着方言，故解读文献越发困难，但受到佛教及雍仲苯教的影响也相对较少，是研究司巴苯教的宝贵资料。

第三，在民间苯教经典中有很多古藏文词汇，如：myi/myed/vtshos/ 等。从这些特点可以看出，该经文出现的时间应该很早。而且有些经文的内容与敦煌写本相似，很多词汇出现在敦煌文献中，如：myi lha, mu sman, sku bla 等等。用数字来代替文字，用数字来表示相同数字和同音的字，这种特殊表示法常见于各种古藏文写本，还有特殊符号的表示法等。缩写字具有古代藏文的书写特点。初学苯教经文者最头痛的问题便是缩写字，有二字缩写、三字缩写、多字缩写等多种写法。这样书写既能够方便省时，又能节省纸张。

五、民间苯教经书的影响及文化意义

苯教文化是藏族文化的重要组成部分。从苯教的发展历程来看，可分为前期的司巴苯教和后期的雍仲苯教两个阶段。关于司巴苯教，人们对它的了解很少，国内外的苯教研究者所掌握的司巴苯教的材料非常有限。因此，研究民间苯教祭祀者"莱坞"及其经书显得很重要，对于认识和理解藏族原始民间文化增添了全新的视角和内容。

民间的苯教经书内容包罗万象，几乎囊括了苯教文化的方方面面。同时，这些文献流传年代久远，属于前期司巴苯教的经文，与后期出现的雍仲苯教经文有着明显的区别。研究民间苯教其实在寻找苯教的"根"，而苯教的"根"都保存在民间。这些被称为司巴苯教的经文，具有很高的学术价值。

民间苯教祭祀者"莱坞"的经书内涵及其文化特征

民间苯教对藏族的民俗文化影响极大，与藏族的物质民俗、精神民俗有着密切的关系。在藏族丰富的文化现象中，宗教和民俗占有重要的地位。苯教对白龙江上游藏族民俗文化的影响极大，其具体表现在民间谚语、常用藏语词汇、民间歌曲等精神层面和物质层面的各种民俗里。在白龙江上游的民俗事象中包含着宗教的内容，有些宗教仪轨和节日表现为民俗。我们可以说支配藏族人的理想与生活的是苯教，佛教的影响仅仅在伦理层面，民俗与宗教互为表里，甚至难以区分。

研究莱坞对认识藏族的基础文化有直接意义，对研究藏彝走廊的宗教也有借鉴价值。莱坞是白龙江上游民间苯教仪轨的主持者，也是苯教文化的传承者。他们是普通的劳动者，又是人与神的媒介，他们被称为是原始苯教的"活化石"，是苯教文化的载体，其行为与意识渗透在藏族社会生产、传统习俗和道德观念中。莱坞起着传承原始苯教文化的作用，不研究莱坞也就不能完整地了解苯教乃至藏族文化。民间苯教文化的研究对认识和理解藏族原始民间文化，提供了新的视角，增添了新的内容。佛教化苯教的研究目前遇到瓶颈，已经很难有实质性的突破，所以选择民间苯教为突破口来研究苯教，是未来藏学研究的发展趋势。开展对这一领域的研究，对研究藏族民间宗教文化有着重要意义。

余论

目前，作为民间苯教传承人的莱坞已经所剩无几，且老龄化严重，这种传承断层已经很难恢复。在信仰苯教的地区，存有大量的苯教经文，有的仪轨已经失传，没人会做，如夏当（bya rdang）、章甘、蝙蝠经等。尤其是无人传承这种古老的宗教仪式，以仪式为载体的古老文化随时都有消亡的危险。经书的流失严重，因为从事民间苯教仪轨的苯波在逐年减少，很多经书被卖掉或丢失，这些经书也很难恢复。民间苯教没有宗教市场，藏传佛教的强势传播使原本濒临消亡的民间苯教更加岌岌可危。

在研究过程中，将民间苯教放在藏区社会结构变迁及文化网络中考察，来探讨民间苯教祭祀者莱坞的文化活动，对经书等重要问题进行研究，从某种意义上说，其实就是在追寻藏族文化的根底。因此，系统开展民间苯教的研究，对抢救和保护人类文化，继承和发展民族优秀传统文化具有重要的学术价值和现实意义。

注释：

[1] 历史上在甘南迭部地区和卓尼地区，统治者先后多次改宗苯教寺院，据《安多政教史》记载："卓尼土司罗桑东珠和德堂堪布仓央巴却乐把五座苯教寺院改宗为黄教寺。"

[2] 现在开放的七座寺院是迭部县五座：拉路寺、乍日寺、桑周寺、恰日寺、纳告寺。

[3] 三大证人是调解山神的证人章甘、人神的媒介蝙蝠、白猴。
[4] 根据若尔盖县包座地区的莱坞旺除的录音记录整理。
[5]《司巴托易》也称之为"当波其",是苯教"芒"的民间版本。该经共分三大章:即广部、中部、略部。

参考文献:

[1] 洛桑·灵智多杰. 甘肃青海四川民间苯教古藏文苯教文献[M]. 兰州:甘肃文化出版社,2012.

[2] 洲塔,洛桑·灵智多杰. 宕昌民间苯教古藏文苯教文献[M]. 兰州:甘肃文化出版社,2011.

[3] 格勒. 藏族苯教的起源问题探讨[M]. 北京:中国藏学出版社,2008.

[4] 章杰增巴. 赛米(藏文)[M]. 北京:中国藏学出版社,1991.

[5] 无垢光荣经(藏文)[M]. 拉萨:西藏藏文古籍出版社,2000.

[6] 南喀诺布. 古代象雄与吐蕃史[M]. 北京:中国藏学出版社,1996.

[7] 国外藏学研究译文集(第四辑)[G]. 拉萨:西藏人民出版社,1988.

[8] 王尧. 法藏敦煌藏文文献解题目录[M]. 北京:民族出版社,1999.

[9] 巴卧·祖拉成瓦. 贤者喜宴(藏文)[M]. 北京:民族出版社,1986.

[10] 智贡巴·贡却乎丹巴饶布杰. 安多政教史(藏文)[M]. 兰州:甘肃民族出版社,1982.

甘肃南部山区藏族早期苯教藏文文献的分类研究[①]

伊西旺姆[②] 道吉才让

近几十年来,我国学界对苯教的研究取得了一些可喜的成果,[1]取得了一些共识。在这些共识中有一个很重要的观点就是苯教是西藏文明的源头。才让太对冈底斯山的历史地理进行深入的研究,发表了《冈底斯神山崇拜及其周边的古代文化》、《再探古老的象雄文明》等文章,提出冈底斯山及周边地区曾经是古代喜马拉雅文明的中心,这个起源于冈底斯山地区,以苯教文化为主线的文化传统才是藏族文明的主要源与流。[2]察仓·尕藏才旦在其《西藏苯教》一书中提出西藏苯教是世界古老宗教中年代久远的宗教之一,系统苯教的始祖辛饶米沃诞生距今3800年前,[3]远比佛教在西藏流传的早得多。洲塔教授提出藏族文明的两大脉络:以苯教为主的苯教文化脉络和以藏传佛教为主的佛教文化脉络,其中苯教文化已历近4000年风雨。苯教即使在藏传佛教占绝对优势的地位的年代依然顽强存在并深刻影响着藏民族的精神世界和文化生活。[4]冯学红则提出了苯教的传播路线:苯教起源于青藏高原的阿里地区,后沿着雅鲁藏布江自西向东传播到卫、藏及至勃律一带,成为藏族原始社会的精神支柱,是藏族远古文化的主要源头之一。[5]然而,由于苯教资料的奇缺等原因,学界对苯教的研究还不够深入,2010年6月,在甘肃宕昌发现了一批十分珍贵的苯教早期藏文写本文书,为深入研究苯教的相关问题提供了十分重要的资料。

一、苯教的起源和发展

关于苯教的起源,学界有外来说和本土说之辩,经过长期的争辩,我国学界,

---

①本文原载于《西藏大学学报》(社会科学版)2015年第4期。
②第一作者简介:伊西旺姆,兰州大学西北少数民族研究中心馆员,主要研究方向为宗教文献整理。

特别是藏族学者认为苯教的本土说,一部分汉族学者坚持苯教的"双源论"即西藏的苯教是由象雄传入的,但象雄的苯教又深深地受到波斯祆教的影响。[6] 以才让太等为代表的藏族学者,他们利用通晓古藏文之便,对已发现的为数不多的苯教文献进行研究,认为苯教源于西藏本土,而冈底斯山及周边地区是苯教的中心。其发源地是一个被称为"沃摩隆仁"的地方[7] 产生于11世纪的苯教经典《经部集要》这样描述"沃摩隆仁"的:赡部洲的中心耸立着雍仲九重山,它是世界的中心,是九层雍仲重叠而成的。它的四面有四个湖,从四个湖中落下四个瀑布并四个动物的口中流出成为四条重要的河流:从东方的象口中流出恒河,从南方的牛口中流出印度河,从西方的马口中流出缚刍河,从北方的孔雀口中流出悉多河。这四条河流各自汇集500条小溪从雍仲九重山的四个方向流向大海。雍仲九重山被五座名称各异的花园和树林所包围……最外层由四个国家,一个城市和一个湖泊组成。[8] 前苏联学者谷弥洛夫(L.N.Gumilev)和库兹尼佐夫(B.1.Ktlznetsov)根据古藏文文献中的历史地名的研究发现有一些地名的发音和中亚一些地名的发音非常相近,据此可以推断古藏文文献所描述的"沃摩隆仁"很可能与中亚相关的历史地名的密切关联,反映了藏族先民对中亚当时地理的初步认识,说明在远古时期藏族先民与远在两河流域等地民族人们的交往和联系。据此有学者认为,藏族文献里所描述的"沃摩隆仁"反映了一种藏族的先民对中亚历史和地理的整体记忆。[9]

  从苯教产生的时间看,多数藏族学者坚持苯教产生与距今3800多年前。根据象雄文和古藏文的记载,在西藏高原上的象雄先民是一部分穆族人受鬼氏部族的侵扰,离开了高原的中部,转向西逃往冈底斯山之西面,然后他们在冈底斯山周围定居下来。这当在公元前10世纪之前。而在吐蕃第一个赞普聂赤赞普被苯教徒拥立为王位之前,在象雄王朝已经传承了18代了。[10] 如果以吐蕃第一代赞普聂赤赞普在公元前254年在位,象雄每个国王在位时间为26.4年计算,[11] 象雄第一代国王在位时间大致在公元前729年左右。而象雄王朝建立前后,被称为"魔苯"(bdud bon)和"赞苯"(bstan bon)或"世续苯教"(srid-pa-rgyud-bon)的原始苯教已经在西藏高原上盛行。"苯"字是从象雄文"吉"或"节儿"意译而来的,其确切的意思为"颂咒"、"祈祷"、"咏赞"之意,其特点是举行各种仪式时反复念诵咒文,这些咒文以"降魔驱鬼、祛病消灾、招福进财和保佑平安"为内容。在生产力十分低下,科学技术十分落后和自然环境极其严酷的原始时代,原始苯教的确起到了抚慰人们心灵,维持社会和谐稳定的作用。

  但是随着象雄王朝在四处扩张中实力的日益强大,她把更多的人口和更广大的土地纳入到其统治范围内,原始苯教与日益扩大了的象雄王朝越来越不适应,就在这样的大背景下，对苯教的改革已经成为象雄社会发展的迫切需要。在第五代象雄国王主政时，也就是第一代象雄国王即位的130年（26.4*5=130）后，亦即公元前599年左右，被称为苯教鼻祖的辛饶米沃对苯教进行了系统的改革，他对原始苯教祭祀的内容、方法和祭品等方面进行了改革，使之系统化、理论化，从而创立了雍仲苯教。此后他和弟子们到象雄各地传播苯教，据说，辛饶米沃还亲临吐蕃传教。[12]虽然我们不能确定辛饶米沃到吐蕃传教是否真实，但在辛饶米沃的五代之后，当吐蕃第一位赞普聂赤赞普被十二位苯教徒抬到吐蕃的记载则说明在聂赤赞普在位以前，苯教已经在吐蕃流行了。

　　苯教的发展历程与祆教有着十分密切的关系，甚至有学者指出，苯教的源头就是流传于波斯的祆教。而祆教产生的时间以及其创立者苏鲁支生活的年代至今在学界无定论，根据生活于10世纪的穆斯林比鲁尼的推算，祆教的创立者苏鲁支生活于亚历山大纪元前的258年前，亦即公元前570年出生。[13]这一说法得到了A·梅叶、W·B·汉宁等学者的支持，但汉宁的门生鲍哀丝根据苏鲁支所做的《迦泰》所用的语言迦泰语与《梨俱吠陀》所用的梵文十分相似，以及《迦泰》所反映的十分简单的社会结构等为依据，得出苏鲁支应生活在公元前10世纪之前的结论。[14]学界认为祆教的创立者苏鲁支生活在公元前5世纪是可信的，由此我们推知在苯教和祆教的最初发展阶段，这两个宗教在同一时间段里，在不同的地域各自平行发展，当祆教在中亚各地传播时，苯教开始吸收了祆教的很多内容，从而使苯教和祆教的教义有很多相似性，但这些相似性不能说明苯教源于祆教的历史事实。

　　20世纪初，以斯坦因为首的西方探险家在敦煌发现了一大批各种文字的文献，他们把这些珍贵的文献运出，现在收藏于英、法、俄等国家，在这些文献中，古藏文文献占有很重要的地位，这些成为研究吐蕃历史的第一手材料。在敦煌发现的古藏文写卷中，有很多反映古代宗教的内容，而这些与佛教基本无关，与苯教有着密切的关系。石泰安指出：在敦煌藏文文献中，"大批（但不是全部）这类非佛教文献中，尤其在苯波仪轨书和占卜文献中，被称为'苯教徒'（bon-po）和辛（gshen）所扮演的角色是非常重要和不变的。所以，某些作者（拉露，1953年）和石泰安都称这些文献为'苯教'文献。"[15]在这些含有苯教内容的文献中，有各种各样的宗教仪轨如禳解、驱魔、治病、丧葬、招魂等等和反映神和魔两大阵营的神灵体系。[16]这些内容反映了苯教的悠久历史，说明在佛教传入西藏之前，苯教已经发展成一个成熟的宗教，这是一个相当漫长的发展历程。

　　二、苯教的主要文献

　　与苯教源远流长的历史一样，苯教在几千年的发展历史中留下了浩如烟海的文献，而这些文献（包括已经发现的和还未发现的）反映了苯教既盛极一时又沧桑多舛的发展历程。

学界把苯教的发展历程分为前弘期、中弘期和后弘期三个阶段，期间经历了吐蕃止贡赞普和赤松德赞的两次法难。在第一次法难后苯教很快恢复元气并一直被吐蕃赞普奉为"国教"，这在很大程度上也阻止了如日中天的佛教向吐蕃的传播。然而自松赞干布向吐蕃引入佛教后，佛教在与苯教的长期较量中慢慢地得到了自赤德祖赞以后直至热巴巾等数代吐蕃赞普的狂热支持，这使佛教在吐蕃的发展走向了极端，最终在受到赤松德赞重创下的苯教得到了吐蕃最后一位赞普朗达玛的支持，佛教遭受了沉重打击，但这并未挽救苯教的命运，佛教在吐蕃边远地区经过一百多年的在民间吸收大量苯教的营养得到深入发展后，在10世纪后期终于复兴，而这时的佛教与苯教在很多方面共融共同，乃至现在有一些学者认为苯教（雍仲苯教）是藏传佛教的一个重要宗派。[17]与藏传佛教的文献大量出现相对应，大量的苯教文献也出现了。藏传佛教经过几个世纪的整理形成了其文献汇编《大藏经》，而苯教也依据自己的特点形成了苯教的《大藏经》。

早在辛饶米沃时，他用古老的象雄文字规范了原始苯教的仪轨，形成了最早的苯教经典，最终创立雍仲苯教。辛饶培养了一大批苯教师，他们犹如四散的种子，以占卜打卦、禳灾祛邪、主持祭祀和诵经念咒等方式，将苯教播撒到雪域高原的"四十小邦"、"十二土邦"。[18]根据现存的苯教史籍《嘉言库》之《强玛》（byams ma）的记载看，在聂赤赞普时，就有十二种因苯在吐蕃流行。[19]如果这种说法可信，则可推断在聂赤赞普之前，苯教已经在吐蕃早有传播了。有关文献记载的苯教经典主要有《圆满宝髻论》、《苯教风及根本疏》、《光明要诀轮》等，包括观修、行持、行事、生圆道果以及护法、密咒等内容，这些记载的书目是否存在，还有待于进一步研究。[20]

止贡赞普时，由于苯教的迅猛发展，止贡赞普害怕危及到其统治，下令灭苯，一些苯教徒为了防止其经典被焚毁，将其驼至智藏（vbri mtshams）等地埋藏起来，以待日后发掘。根据《雍仲苯教志琦珠项饰》（gyung drung bon gyi dkar chag ngo mtshar nor buvi phreng ba）（简称《苯教志》）的记载，止贡赞普所灭苯教经典为密心宗和律宗两部分，而《雍仲苯教源流嘉言良缘项饰》（gyung drung bon gyi bstan vbyung lcgs bshad skal bzang mgrin rgyan）一书对灭苯的时间、地点、具体内容等有详细的记载，从中可知止贡所灭的是因苯中的郎辛全部和斯辛一部分，都尔苯（vdur bon）一半和心苯全部，灭苯的区域主要是现在的后藏，卫地以下没有受到多少影响。[21]

从布德贡杰时起，苯教进入了中弘期，苯教在经过止贡法难之后恢复了其在吐蕃的统治地位并有了新的发展。根据《苯教志》的记载，布德贡杰曾从象雄迎请苯教大师郭君吐钦来吐蕃传教，一百多年后又有勒席达让从俄摩隆仁引进了许多苯教经典。从布德贡杰到松赞干布前，经历了苯教史上所谓的"中间十三王统"（bar gyi gdung rgyud bcu gsom）、"六代藏王"和"四苯王"（bon rgyal bzhi），二十三代吐蕃赞普的统治，这一时期苯教的教义得以丰富，出现了诸如琼布·达扎敦祖（khyung po stag sgra dun gtsug）、勒席达让、贝雪章钦布（hbc shod gram chenpo）和苏毗·穆恰四位译师，他们从象雄翻译了很多苯教经典。松赞干布出于统治需要从尼泊尔、唐朝和西域引入了佛教，从此打破了苯教独步高原的格局，但据一些苯教文献记载松赞干布"上半生苯教兴，中间衰，下半生复兴"，《苯教志》中还列举了松赞干布早年修习苯教的内容。尽管苯教徒的上述记述有夸大之嫌，但松赞干布受苯教的影响是毋庸置疑的，这从娘氏尼玛韦色（nyang nyi ma vod zcr）的《佛教源流花蜜精要》（chos vbyung mc tog snying bo sbrang rtsivi bcud）中频繁出现吐蕃赞普御前苯教师长的名字以及诸多宗教活动也印证了苯教在松赞干布时的影响力。赤松德赞时，他大力扶持佛教，通过佛教与苯教的辩论这个很巧妙的方式宣布佛教获胜，苯教败北，赤松德赞下令苯教徒要么改宗佛教，要么被流放到边远地区，并将苯教经典埋藏，苯教遭受了比止贡时期更大的法难。著名的苯教大师詹巴南喀为了保护苯教经典免遭破坏，在他被迫改信佛教前将大量的苯教经典埋藏在桑耶黑塔、钦崖达珍、大昭寺和协玛雍仲四个被称为"伏藏之王"的地方和吐蕃的边境地方，一些苯教徒在出逃时将一部分苯教经典带到达瑟和多康未曾毁灭，这为苯教后弘期大量苯教经典的发掘和出现创造了条件。[22]

苯教的后弘期，大量的苯教文献以伏藏的形式出现，从赤松德赞灭苯的一百多年起，一直到20世纪初，在全藏各地发现了无以数计的苯教文献，苯教史上把这些伏藏归为北藏、南藏、卫藏、康藏和新藏五个部分。赤松德赞灭苯一个多世纪以后，三个名为关却扎巴（dkon mehog grgs pa）、聂默贡布（nya mo mgon po）、塞根热那（sad kun rad na）的尼泊尔人来到西藏淘金，他们先来到拉堆（la stod），在那里一无所获后听说桑耶有，于是赶到了桑耶。到晚上转经时巧遇桑耶寺的管家，管家以为他们是虔诚礼佛的佛教徒，就把三人关在了佛殿而去，他们在殿内发现了一个很重的用烊铜封口的书箱，误以为是黄金，遂携箱逃走，他们到斯地后打开箱子发现三个用虎皮、豹皮和熊皮袋子，袋子里装有苯教典籍，才知不是黄金。他们行至堆隆（stod lung）时已断炊，之后厌苯教文书换取食物，他们找来了一位名为塔希楚塞（mthav bzhi vphrul gsas）的苯教师，遂用一本经书换了一些食物，这本就是《黑巴普仪轨及其诠释》（dbal phur nag povi sgrub thabs dang rtsa vgrel），苯教黑巴普由此在藏区传播开来。三个尼泊尔人从堆隆来到羌朗热（byang nam ro），遇到三个正在寻找佛教伏藏的佛教徒，他们用三袋经书换取了马和骆驼，这三位佛教徒回去打开袋子后发现是苯教经书时，方知上当。这些经书后来辗转传到一个名为塞万·西饶坚赞（gzer ban shes rab srgyal mtshan）的佛教徒手里，他从此改宗苯教，塞万·西饶坚赞师徒对这些苯教经书整理，加上塔希楚塞的经书，产生了著名的《律宗六部》、《康钦八部》、《本德》等34部，大圆满若干部，以及《红黑赛普》、《黑白盖阔》、《象雄帖潘》等苯教经典，这些苯教经典加上一些小的伏藏大多是尼泊尔三香客从桑耶寺带出一路北行，在北部地区传播的苯教文献，是为北藏。[23] 苯教史上把辛钦鲁噶在南智仓塔噶（vbri mtshams mthav dkar）发掘的伏藏称为南藏，辛饶鲁噶为苯教史上的重要人物，生活在10世纪末11世纪中叶。传统史书载，辛钦鲁噶13岁时第一次得到神的启示发掘伏藏，一直持续了好几年，他发掘的伏藏中有《什巴卓普》、《康钦》、《唐玛俄杰祭文》和许多密宗和心宗文献。这些伏藏已成为苯教最基本的经典。此外克察·达威巴（khu tsha zla vod vbar）和年敦·西绕多杰（gnyan ston shcs rab rdo rjc）先后发现了一批苯教伏藏，这些统称为南藏。在卫藏的伏藏主要有叶尔宗玛（yer rdzong ma）和桑耶玛（bsam yas ma）两部分，前者因史称公元八世纪的詹巴南喀和贝惹杂那埋在拉萨叶尔宗而得名，其中有著名的《达奔》（bdal vbum）、《奔尼玛古夏》（vbum nyi ma dgu shar）等著名典籍。后者实际上是指桑耶嘉德玛（ca ti ma），因史称这些伏藏为赤松德赞时聂·勒席达让和贝若杂那埋在桑耶寺西南而之陵墓中旨在镇慑罗刹的嘉德敦芒红塔（ca ti sgo mang mchod rtcn dmar po）里而得名，这批伏藏主要有《〈绰吾〉五部》（khro bo rgyud lnga）和《木玛塞杂》（mu mar gscr dza）等。康藏是由克巴宛琼（mkhas pa ban chung）在珠日琼郭（vbrug ri khyang mgo）、姜帕（skyang vphags）在白鹰岩、章贡当塞（drang sgom ting gsas）在玛饮邦热和冈布掘藏师（kang po gter ston）在古拉冈扎（sku bla gangs brag）等人在康区发现的伏藏组成。苯教史上有旧藏和新藏之分。新藏是绵延时间最长、分布最广且内容最丰富而又复杂的一种。在苯教史上，玛森增（rma srid vdzin）被认为是首先发现新藏的人，协休·雍仲杰布（shel zhig gyung drung rgyal bo）、桑杰林巴（sangs rgyas gling ba）和贡珠扎巴（kun grol grags pa）三人被称为新藏派三化身（gsar mavi sprul sku rnam gsum），他们是新藏最著名的掘藏师。[24]

苯教后弘期是佛苯两个文化系统相互交融的时期，佛教吸收了很多苯教的仪轨，而苯教则借鉴了佛教的文献模式，形成了苯教的文献经典《大藏经》。从藏传佛教在雪域独霸地位确立以后，藏传佛教文化成为主导雪域的强势文化，而有源远流长历史的苯教文化则在雪域的偏远地方在佛教文化的压制下顽强地生存，直到 20 世纪大量的苯教文献发现才使人们认识早期西藏文化的本来面目。

三、甘肃南部山区藏族早期苯教藏文文献的发现及价值

2010 年 6 月，在甘肃宕昌发现大量苯教藏文写本文书，对这些写本文书进行现场查看和拍摄，并请当地唯一一位能识读经函的 79 岁苯教法师诵读他家的写本经文。目前发现的写本文献共计 31 函，561 卷，7100 页。文书的装帧形式大多为传统的梵箧装，在箧板刻有精美的花纹和图案，文字清晰如初，画像色彩艳丽，页面古朴精美。纸页为宽贝叶经式，装裱考究，纸张规格大小不一，长 25-35cm，宽 9-13cm。这些典籍虽经历千年，字迹却新鲜如初，保存基本完好。抄写和记录苯教经典的纸张多采用以传统手工艺制成的"藏纸"，纸张中掺杂有藏药使得写本经历几百年而不被虫蛀。每部写本首页除写有文献名称外，还饰有各类图案，有人首蛇身、人身鸟首，也有头戴五佛冠手持金刚杵、长蛇绕臂、腰系虎皮的画像，颜色鲜艳，技法纯熟，许多图案与已影印出版的《法藏敦煌古藏文文献》卷首图案相同或相近。宕昌还发现一部藏文皮书写本，由牛皮制作，封面深褐色，里册颜色较浅。据主人讲是一部历书，其用途为看日子算吉祥，内容写在牛皮上，有各种动物图符和古藏文注解，根据其样式和注解可以初步推定为产生于纪元前后古象雄一带的《玛桑天文历法》。[25]

写本文书的面世和出版，在学术界引起了强烈反响，著名苯教研究专家、中央民族大学藏学院院长才让太先生以及藏学家、著名学者班班多杰、沈卫荣等学者均认为，这套文献是藏经洞式的重大发现，是从事藏族古代史学、文字学、宗教学、民俗学等研究的资料宝库。文献所涉及的内容既有打卦问卜、治病禳灾、婚丧嫁娶、庆典节日、祭祀山神等内容，又包括藏族古代原始哲学思想等内容，几乎涵盖苯教文化和社会生活的方方面面。文书也记载了藏族称谓的起源和演变、苯教意识形态的形成过程、远古时期多种图腾的名称和涵义及其发展的不同阶段。另外，文献中还记载了距今 4000 年前的古象雄文的前身——象形文——距今 3800 年的象雄玛尔文之前的早期雏形，还有古藏文早期缩写及其演变等极为丰富的内容。全部文献均采用藏文手抄而成。文中出现大量的"合成字"和缩写字，并有方言及古藏文词汇夹杂其中，导致文献解读工作困难重重。[26]

甘肃南部山区发现的藏族苯教早期藏文文献(以下简称"写本文书")的 31 函中，除第 3、4、5、6、8、9、11、19、31 函内容或简略或顺序混乱外，其余各函除基

本上能够识读，这些文书大多几乎没有受到佛教的影响，反映了早期苯教的原貌，内容十分丰富，具有十分重要的价值。

首先，写本文书保留了早期的苯教经文，内容包括：请神、禳解魔鬼、天神和人类的产生、医治疾病、祈求用地、开光等相关的送祟、回遮的各种仪式和经文。从这些经文可以看出生活在西藏地区的藏族先民与各种自然灾害和各种疾病进行斗争的艰难历程。藏族先民在生产力极其低下的条件下，面对十分严酷的自然环境，为了求得生存，他们信奉苯教的各种神灵，期望通过他们的保护来使其生活顺利并子孙繁衍。从经文看出，藏族先民为了确保他们的生存和后代的延续，采用原始苯教的一些残酷野蛮的宗教仪式，在第1函里多次出现"供奉肉、骨、血、肉灰、骨灰禳解阿噶、阿尼合、独脚鬼、阿尼合兄弟"、"用人肉、人血，人骨除此而外尚供山羊肉、山羊血和山羊骨，分别回遮"、"以人肉、山羊肉、人血、山羊血、人骨和山羊骨等分别进行送祟仪式"、"祭祀人肉、山羊肉、人血、山羊血、白鸡、黑锦羊等"[27]祭祀活动，从中看出在极端严酷的自然环境下人类生存的艰难。经文里有一些很原始的治愈疾病相关的内容，反映了人们在与自然做斗争中积累的一些战胜疾病的经验。

其次，写本文书大大丰富了我们对藏族先民对生命起源和人类产生的认识。关于天神和人类的起源，"祝祷与宁神结缘而生出世门智合和门秀两个，门智合赞生门秀宁、门智合、门秀两个之缘生白螺蛋即名'果日'，该蛋中生出天神和人类。由此渐渐先后生出果日拉、玉于热巴坚森、杜等"[28]；"当初从天空刮出一阵风，其风中生出白黄蓝紫四种颜色的蛋，该四种蛋中又派生出螺甲、金甲、玉甲和鸟甲等四种不同形象的四种生神战用甲等"[29]"从风水混合而形成大地山川，其中生大海，其中又生出龙瓶、朵瓶、地神、王宫等四种瓶，其中有生出身高泰山的宫殿，其宫殿中又生出香泽，由香泽统领五行，由于香泽的增减宫殿也发生各种变化。"[30]；"初次有无空性中，所刮白凤中出生白蛋，白蛋中又诞生白螺甲生神。所刮青风中出生青蛋，该青蛋中又诞生玉甲生神；所刮紫风中出生紫蛋，该蛋中又诞生紫玛瑙生神；所刮黄风中出生黄蛋，该黄蛋中又诞生金甲生神。"[31]；"初次世间顶部刮起白青紫黄四种颜色风，白凤中生出白蛋白蛋中又诞生白色生神。同样，其它生神也如此出生。"[32]等等。这些更进一步丰富了苯教的人类起源的"卵生说"，同时，来自华夏族的"五行"学说也渗透到"卵生说"里，这是以前发现的苯教文献中所没有的。从中可知，华夏族和藏族先民之间的交往和相互影响已经远远超出了我们的想象。

第三，写本文书对诸多神灵的祭拜，反映苯教多神信仰的特点。文献出现的神灵（生神）主要有：辛饶祖师、神变孔子王、夏当琼神、旺拉大小山神、斯巴章坎、世间牛力生神、牦牛力生神、羊力生神、山羊力生神、路神、鹞神等，其中提及最多的是辛饶祖师、神变王孔子、夏当生神和路神。辛饶祖师作为雍仲苯教的创始人在苯教著神灵中有着特殊的地位，在最为古老的象雄文中提到对辛饶祖师的顶礼以及有木橛法力、贡雅日、琼札摧毁魔地魔城的象雄咒语[33]，在苯教的文献中，辛饶被奉为四大天王之一被顶礼，写本文书里有辛饶的大圆满修炼法，以及修持的程序等[34]，因此辛饶被人们尊奉并邀请他请求回遮诅咒殃，于是四方四神的侵害会被遮止。[35] 神变孔子王是春秋时期的大思想家和教育家孔子，他和辛饶是同一时代的人，因此他也被视为苯教的一个重要神灵。在写本文书里，孔子"改变了其不良习俗，用食物代替众生生命，以食物制作人和畜的形状而抛出去的送祟法。"[36] 神变王孔子行朵法创立朵法有四种，便是朵、地祇、龙和年，行朵法可做替身品交换人身，替身品可可以代替人的正身进行送祟仪式，禁止人的生命来进行送祟活动，一人身是由五大种形成，同样牲畜也莫活命用送祟品。[37] 神变孔子王以替身品举行送祟仪式，可以禳解病魔、摆脱敌人的威胁。苯教中的神变孔子王的出现，是苯教史的一个分水岭，说明，苯教已经受到佛教等反对杀生思想的影响，采用实物取得肉身进行祭祀活动，是苯教发展的一个重大变化，对苯教的发展具有积极意义。夏当生神即鹏神，在苯教除辛饶和孔子诸神灵外法力最大的一位，"写本文书"里多次出现"上古斯巴初期，热昂哇沃丹天神和魔君门巴索丹相互间发生战争时，众天因失败后即信奉大夏当为自己的生神而祭祀后获胜"[38]等内容，夏当生神（鹏神），不仅能够打败天神无法打败的魔神，而且也是"写本文书"里多次提到的门人与昂人交战的胜利者。[39] 夏当生神被苯教徒奉为一个战无不胜的保护神，而受到敬奉。路神也是"写本文书"里多次被提及的一个神灵，"斯巴的路神、龙的路神、天神的路神、矿主的路神都会集在一起了，就像曾经带兵打败众魔的情景。同样，现在和过去一样领路去东南西北，消灭外敌内障。"，[40] "东方的路神用牛供奉，请作东方的引路者；北方的路神用羊祭，请作北方的引路者；西方的路神以马供，请作西方的引路者；南方的路神用鸟祭，请作南方的引路者。"[41] 在雪域高原，由于地形复杂，气候恶劣和天气多变，行路成为人们日常生活和行军打仗的重要问题，在没有相应的地理知识和指南设施的西藏，人们唯一可依靠的就是通过"路神"的指引，对路神的赞颂和祭拜对苯教徒来说非常重要，因而在"写本文书"里有很多诸如"指路王，神殿辉煌，刍灵堂指路者，穷人圆溜溜；传令指路者，令声唧唧响；牛鲁指路者，鸣声哼哼叫；羊鲁指路者，叫得咩咩声；山羊鲁指路者，膘光闪闪；空中指路者，带路人来回圆溜溜"[42]的赞颂是理所当然了。

第四,"写本文书"中有许多部落之间和汉藏之间的冲突的经文,为学界研究藏族各部落和汉藏关系提供了新的线索。"写本文书"里有许多有关门人和昂人战斗的祈祷经文,门人为了打败昂人,分别祭拜诸如瓦秀生神、牛力生神、鹞神、牧达合神灵、刺子、箭力生神、香章生神、念兵章香、光绳、追叶合秀神灵、东琼华青和青龙、牛木柏生神、黄牛力生神等神灵[43],由此说明门人和昂人冲突之频繁,这是一个研究藏族部落的十分重要的线索,它有待于学界做深入研究。除了门人和昂人的冲突外,"写本文书"里还有门人和魔神之间的冲突,这可以理解为门人认为是与其为敌的部落,可能是昂人,也可能是昂人之外的其他部落。汉藏冲突也是被多次提及的内容,藏人为打败汉人,他们祭拜江色卡其神灵(又叫白鸟神灵、江色日生神)、敬建鄂博等,依靠江色日的指路引导打败了汉军。[44]这实际上就是对指路神的敬奉,也反映了吐蕃时期吐蕃与唐朝多次冲突的历史事实,在吐蕃的军队里有许多苯教徒参与作战,他们主持宗教活动,在军队里发挥了独特的作用,因此在苯教的经文里多次出现他们与唐朝军队作战的记载。

第五,"写本文书"里有许多反映藏族先民独特的思维和价值观念。关于世界的构成,写本文书里是这样讲的:"所有外器世界和一切内情众生世界中从无一未出于五行,无一由五行元素所形成。"[45]关于世界的形成,苯教认为:"风水混合而形成大地山川,其中生大海,其中又生出龙瓶、朵瓶、地神、王宫等四种瓶,其中有生出身高泰山的宫殿,其宫殿中又生出香泽,由香泽统领五行。"[46]最为珍贵的是苯教的历算,"十二地支以纪年的十二种动物即鼠、牛、虎、兔、龙、蛇、马、羊、猴、鸡、狗、猪等为依据分析和观察家务和事务,十二生肖和年月日时的吉日良辰为依据分析和观察自他任何事务是否顺利的一种数术。"[47]这是苯教有关自然和社会理论的基础,以后的苯教各种历法和法术皆源于这种世界观。神变孔子王所创立的送崇法就是以五大种(五行)和十二属相为依据的。[48]即使是生命的诞生也与此相关:"初次出生一个黄乌龟,其肉中生土,血中生水,骨头中生铁,体温中出火,筋脉中出植物,气息中生风。"[49]苯教的历算也成了对付怨敌的利器:"初次斯巴十二属相历算出世时,怨敌以此不满而破坏十二属相历算法,献其扬西后自然消去十二属相合十二生肖历算等算法对敌的邪气。"[50]最值得一提的是"写本文书"含有朴素的人本主义的务实思想。那就是,天地间人为核心,对诸神的敬拜就是要让诸神为人类服务,诸神帮助人类消除魔障,驱赶病魔,让人类健康长寿。人们敬拜羊力生神,那是因为羊是藏族先民最重要的财富之一,羊肉、羊皮、羊毛、羊骨都是藏族人们的必需品,敬拜羊除了是人们的感激之情外,还希望羊力生神让人们受用不尽,反而使羊布满了大地。[51]"如果信奉羊力神为自己的生神,就能见大效益，羊是发展很快，数量能速增效益高，羊的肉、血、皮子、骨头都可以使用，所以请信奉羊力贡为生神。"[52]这些都是人本主义思想的体现。

四、结论

苯教起源于距今 3800 年前，其发展经历了原始苯教、雍仲苯教和受佛教影响的苯教三个阶段，"写本文书"与雍仲苯教相一致。苯教的经典源远流长，如果苯教鼻祖辛绕米沃的亲传弟子穆却戴木珠（mu cho ldem drug）曾经将辛绕米沃的教诲文献进行整理形成最早的苯教经典算起，[53]苯教经典的历史与佛教几乎同时产生，他的发现可谓是藏经洞式的，在学界有着重大意义。"写本文书"的价值是十分重要的，它反映了苯教的在受佛教影响之前的本来面目，为人们对藏族部落史的研究提供了新的线索，特别重要的是它含有朴素的人本主义思想，大大的丰富了苯教史研究的内容，具有十分重要的史料价值和现实意义。

参考文献：

[1][2]才让太．论半个世纪的苯教研究[J]．青海民族学院学报（社会科学版），2009（4）：92-97．

[3]察仓·尕藏才旦．西藏苯教[M]．拉萨：西藏人民出版社，2006：2．

[4][25][53]洲塔，韩雪梅．藏族早期民间信仰的形成及佛苯融通和适应——五-六世纪宕昌的家藏苯教古藏文写本[J]．兰州大学学报（社会科学版），2011（6）：42-48．

[5]冯学红，东·华尔丹．藏族苯教文化中的冈底斯神山解读[J]．中国边疆史地研究，2008（4）：110-116．

[6]赵学东，朱丽霞．中国藏传佛教[M]．西宁：青海人民出版社，2009：15．

[7]才让太．古老象雄文明[J]．西藏研究，1985（2）．

[8]经部集要．苯教大藏经（甘珠尔）．阿拥版第 29 卷 sa 函；才让太．再探古老的象雄文明[J]．中国藏学，2005（1）：18-32．

[9]才让太．再探古老的象雄文明[J]．中国藏学，2005（1）：18-32．

[10]察仓·尕藏才旦．西藏苯教[M]．拉萨：西藏人民出版社，2006：14．

[11]陈崇凯．聂赤赞普在位时间及吐蕃悉补野时期历史坐标考略[J]．西藏研究，2003（2）：18-24．

[12]才让太．再探古老的象雄文明[J]．中国藏学，2005（1）：18-32．

[13]比鲁尼选集（卷1）．俄文版．1957：24；龚方晨，晏可佳．祆教史[M]．上海：上海社会科学出版社，1998：21-22．

[14]龚方晨，晏可佳．祆教史[M]．上海：上海社会科学出版社．1998：54-55．

[15] 石泰安. 敦煌写本中的吐蕃巫教和苯教[A]. 国外藏学研究译文集(第十一辑)[C]. 耿昇, 译. 拉萨: 西藏人民出版社, 1994.2, 19-20, 52, 11.

[16] 孙林. 敦煌吐蕃文献中的早期苯教神灵体系[J]. 西北民族大学学报(哲学社会科学版), 2009(2): 4-11.

[17] 阿旺嘉措. 苯教和藏传佛教之关系概说[J]. 西南民族大学学报(人文社会科学版), 2011(4): 66-70.

[18] 察仓·尕藏才旦. 西藏苯教[M]. 拉萨: 西藏人民出版社, 2006: 154.

[19] 才让太. 苯教文献及集成[J]. 中国藏学, 1990(2): 87-100.

[20] 察仓·尕藏才旦. 西藏苯教[M]. 拉萨: 西藏人民出版社, 2006: 155-156.

[21][22] 才让太. 苯教文献及集成[J]. 中国藏学, 1990(2): 87-100.

[23] 察仓·尕藏才旦. 西藏苯教[M]. 拉萨: 西藏人民出版社, 2006: 158-159.

[24] 才让太. 苯教文献及集成[J]. 中国藏学, 1990(2): 87-100.

[26] 伊西旺姆. 甘肃宕昌早期古藏文苯教文献的内容及其特点[J]. 中国藏学, 2012(2): 87-89.

[27][28][33] 洲塔. 甘肃南部山区藏族苯教早期古藏文文献汉文内容提要. 第1函: 51, 51, 1-6.

[29][36][38][39][44] 洲塔. 甘肃南部山区藏族苯教早期古藏文文献汉文内容提要. 第2函: 152-157, 320-327, 269-271, 290-295.

[30][34][46] 洲塔. 甘肃南部山区藏族苯教早期古藏文文献汉文内容提要. 第10函: 77-114, 151-176, 77-114.

[31] 洲塔. 甘肃南部山区藏族苯教早期古藏文文献汉文内容提要. 第27函: 201-206.

[32] 洲塔. 甘肃南部山区藏族苯教早期古藏文文献汉文内容提要. 第29函: 201-206.

[35] 洲塔. 甘肃南部山区藏族苯教早期古藏文文献汉文内容提要. 第14函: 55-70.

[37] 洲塔. 甘肃南部山区藏族苯教早期古藏文文献汉文内容提要. 第17函: 309-318.

[40][51] 洲塔. 甘肃南部山区藏族苯教早期古藏文文献汉文内容提要. 第20函: 130-139, 98-109.

[41][42][43][48] 洲塔. 甘肃南部山区藏族苯教早期古藏文文献汉文内容提要. 第23函: 180-189, 615-626, 417-426.

[45] 洲塔. 甘肃南部山区藏族苯教早期古藏文文献汉文内容提要. 第16函: 75-108.

[47] 洲塔. 甘肃南部山区藏族苯教早期古藏文文献汉文内容提要. 第9函: 1-38.

[49] 洲塔. 甘肃南部山区藏族苯教早期古藏文文献汉文内容提要. 第27函: 627-645.

[50] 洲塔. 甘肃南部山区藏族苯教早期古藏文文献汉文内容提要. 第13函: 156-160.

[52] 洲塔. 甘肃南部山区藏族苯教早期古藏文文献汉文内容提要. 第15函: 147-158.

西藏岩画与苯教仪轨文献研究[1]

张亚莎[2]

一、关于西藏岩画研究的背景资料

有关青藏高原岩画研究的考古学、史料文献学及民俗学方面的资料相当有限，这给西藏岩画的研究带来的困难是可想而知的。岩画研究如果没有史料文献学、尤其对于西藏岩画而言，如果没有苯教文献学方面的资料的支持；如果没有考古学以自然科学的方法进行直接断代，仅凭类似于风格、图像学方面的推测，其客观性与可信度都会大打折扣。事实上，岩画研究本身早期已超出了一般艺术史学的范畴，而进入到一个更为复杂的跨学科的领域，它与考古学、人类的原始思维研究、民族学、古文字学（尤其是在我国岩画学界）、神话学等往往有更密切的关系。

西藏岩画研究所要依据的资料都包括哪些方面呢？笔者以为它们主要包括青藏高原的考古学、历史文献、西藏民间的神话传说、苯教文献方面的相关资料，笔者主要依据的也是这些方面的资料，它们大致包括以下一些方面：

（一）迄今为止青藏高原岩画方面的调查报告与研究资料；

（二）青藏高原某些区域早期相关的考古调查与研究；

（三）汉文史料中对早期西部地区古代民族活动的记述；

（四）藏文史料中的相关记述，尤其是敦煌古藏文写本中非佛教内容的写本的研究资料；

（五）苯教后期文献资料中对早期宗教史的回顾；

（六）能够与青藏高原岩画进行比较的周边地区的岩画资料。

上述这些资料大概可分为三大类：第一类是直接与西藏岩画相关的各种调查报

---

[1] 本文原载于《西藏大学学报》（社会科学版）2007年第1期。
[2] 作者简介：张亚莎，中央民族大学民族学与社会学学院研究员，主要研究方向为原始美术、岩画、少数民族文化。

告，它包括青海岩画与西藏岩画两大部分。迄今为止由文物普查队的考古工作者或一些藏学家实地考察后的调查报告，是笔者首先依据的岩画资料（图片的与文字的）。这一类资料又可分为三大块：第一块是西藏的，它主要指由西藏文物普查队（也包括一些个人考察的记录）在1984-1994年期间陆续发表的考古调查报告；第二块是青海的，主要是由青海省文物所与首都师范大学美术系合作的青海岩画调查组的工作成果报告；第三块是指美籍藏学家温森特·贝莱萨于1995-1999年间在藏北高原考察古代象雄文明遗迹所提交的有关岩画的资料。需要特别指出的是，这一类调查报告也包括了考古学家们的研究成果。

第二类是与岩画相关的考古学方面的资料，这里包括了两个方面：一是青藏高原新石器时期以及铜石并用时期的考古学文化遗址方面的资料，追寻西藏岩画的渊源，当然要从青藏高原上的这些考古文化遗址入手。而青藏高原的考古学文化遗址至少存在着青海、西藏两大区域，青海省的史前考古已经出现了一个系列，而西藏地区的考古工作因起步较晚，尚未形成完整的序列。二是西藏岩画点周围的古文化遗迹，这些位于藏北高原上的古文化遗存大都与岩画是同一时期的产物，通过它们也可以加深对西藏岩画的认识。研究者们已经注意到，对岩画的研究，不能只注意到其"画"的方面；却忽略了对"岩"的认识，这个"岩"实际上便包括了对岩画点周围环境的认识与分析，当然也包括了与岩画点相关的其他古文化遗存物。第三类是汉藏文文献方面的资料。文献资料也包括两个方面：一是汉文典籍中相对丰富的民族史、民族学资料；二是藏文文献中的相关文献资料。藏文部分又有两个部分：一是藏文史料中关于周边早期民族方面的记载，虽然很少，但也有不少能够与汉文典籍相对应的内容；二是苯教方面的文献资料，其中特别值得注意的是吐蕃时期敦煌古藏文写本中的非佛教文化方面的内容，这部分应该是目前所知的最早的关于苯教仪轨的写卷，其中保存了不少非常有意思的内容。苯教文献大部分是11世纪以后由苯教教徒们完成的教义及理论方面的建设，它们虽然保存了早期的传说和苯教固有的传统，但已经受到了佛教文化的深刻影响，尽管如此，它们仍然是非常重要的认识苯教文化的重要文献，纳西族东巴教的《十万白龙经》也许是我们认识早期苯教文化的一部重要的经典。

通过这三大类背景资料的梳理，我们大致可以对西藏岩画勾画出一个大致的轮廓。

青藏高原上的各考古文化系统中，与西藏岩画关系最为密切的是高原东部的青海宗日文化这一支。宗日文化—卡若文化—诺木洪文化这个发展系列，早期主要出现于青海的黄河流域（藏语称之为"玛曲"或"玛域"的地区），以后逐渐向青海西部扩散。这支考古文化系列明确的鸟崇拜，反复出现的雍仲符号，甚至是特有的动物造型风格，都显示出与西藏岩画的特殊关系。一个很有意思的现象是这个考古文化系列，其发展的基本趋势是由农业向牧业的转化，也就是说，它最初应该是原始农业文化，但在青铜时代却逐渐朝着牧业文化的方向发展，而这个发展趋势与西北地区羌系民族的经济活动规律正相吻合。迄今为止的考古发掘与研究表明：宗日文化还基本上是个农业文化遗址；但到了卡若文化时期，其牧业文化的比重便不断地加大，而且其文化分布的范围也在不断地朝西扩展；至于诺木洪文化已经显示出纯粹的牧业文化面貌；应该说这个发展规律是符合早期活跃于甘青草原地带羌人的活动情形的。比较西部的马家窑文化系统，青海宗日文化可能与西羌人的考古文化有更密切的关系。最早涉及羌人西迁的汉文史料为《后汉书·西羌传》，里面提到了唐旄、发羌早在战国之际已西迁，对西藏岩画迁移流动的考古分析表明：羌人西迁的活动可能比这个时间更早一些，但大致是在这个时间段。秦汉至魏晋南北朝时期这段时期，虽然没有任何记述羌人开发藏北高原北部的史料记载，但这个时期一定是羌人开拓羌塘草原，建立古代邦国的重要历史过程，西藏岩画以其象形的丰富的资料正好弥补了这一时期史料的匮乏。

　　隋唐时期藏汉文史料对青藏高原北部诸族的记载是可以相互对应的，这些史料表明，青藏高原北部活动的人已不再是处于散居状态的西羌牧羊人，而是一些以猎牧野牦牛为其主要经济形态的古邦国，其中包括已具备早期国家制度且武力强盛、疆土达"东西千余里"的古象雄国。此时西藏岩画已进入她的晚期，但正是这些晚期岩画以其生动形象地画面记录了藏北古代邦国社会生活的方方面面，更重要的是西藏岩画以它一贯的内容与风格，证实隋唐之际存在于藏北羌塘草原上的诸邦国，其族源上的同一性，以及他们经济及宗教发展的阶段性。

　　在所有的考古与历史文献资料中，也许早期苯教仪轨唱辞是一个与西藏岩画有着最为特殊、甚至很可能是最为直接关系的一类背景资料。我们注意到，西藏古藏文苯教仪轨唱词，应该是以一种特殊的方式，隐晦地向我们讲述了早期藏北诸部族之间多种多样的关系（联姻或征战；融合或分化等等）；它们所反映的正是铜石并用时期，羌系民族是如何开发藏北羌塘草原的那一个惊心动魄的历史时期与过程；许多方面它们与西藏岩画形成了一种相互映证的关系。基于此，我们感觉对苯教仪轨文献的研究，将尤其有助于西藏岩画的研究。

　　苯教文献以公元11世纪为限，可大致分为两个部分：11世纪以前的苯教文献主要保存在敦煌古藏文写卷中；11世纪以后是苯教真正从理论上建立自己的教义体系与史学基础的时期，当然这一时期的理论建设已不可避免地要受到佛教理论的影响，事实上，也正是在佛教文化的冲击之下，苯教才不得已开始了模仿佛教体系的改造活动。笔者以为，敦煌古藏文写卷中的苯教写本因为与青藏高原岩画相距的时间比较接近，其中大量保存着的民间传说和故事，可能对认识高原岩画有更直接的帮助，但它们属于早期故事传说，比较隐晦曲折，因此解读起来困难重重；而后期的苯教文献，更为理性地记录了苯教的历史渊源和教义体系，对于认识苯教的历史与神灵有更多的帮助，但早期的生动性也随之消失。

二、敦煌古藏文写卷中的苯教文献

1900年藏经洞发现大量的古文献资料，其中相当部分为古藏文写卷。古藏文写卷的内容由三部分构成：一、佛教经文；二、吐蕃占领时期官方文件；三、与上述两者无关的故事写本。三者中第一种数量最大；第二种数量居中；第三种较少。而我们要说的正是第三类写卷。研究者发现这一部分写卷，无论是藏文拼写，还是它所反映的内容，都比较特别，它的特殊点表现在以下一些方面：

首先，拼写非常不规则。吐蕃执政后期（814年左右），为了更准确地翻译佛教经典，吐蕃赞普进行了一次重要的藏文厘定，这以后的藏文拼写开始规范化。但这部分写卷的拼写仍然很不规范，抄写也比较随意，法籍藏学家石泰安称之为"涂鸦式"写法。

其次，这类写卷似乎有一套自己的专用名词，这些词汇与吐蕃藏文之间存在着一种翻译关系，它们与吐蕃悉补野部（吐蕃王族）的文化显然属于不同系统。

再次，非佛教文化内容。敦煌藏文写卷绝大部分都是佛教经文①[1]，但在这些写本里完全不见佛教内容，它们似乎是9-10世纪期间与佛教文化同时并存着的一种关于苯教祭祀仪轨内容方面的写本。

最后，这些写卷的内容多是一些民间故事或传说，它们与一个被称作"金"国（藏文转写为skyin，在托马斯的译文中译作"机"王国）的古代国家有关，这个古国所使用的语言，被后来学者们称作"南语"。英国藏学家托马斯认为其中的一些内容可追溯到公元4-5世纪。

由上述特点，可知敦煌古藏文写卷中存在着一条与当时吐蕃主流文化不同的文化线索。由于这部分写卷是用古藏文（而且是相当不规范的古藏文）写成的，一直以来，研究者们都把它们当作吐蕃的苯教文化来研究，但笔者以为这可能是个误区，

---

① 当时的敦煌城对于吐蕃统治者而言，似乎更像一个重要的佛教圣地，具有某些神奇的力量。因此赞普交给敦煌佛教机构最重要的任务就是组织藏汉僧俗抄写经文，这些抄写的经文实际上就是祈愿文，其目的是为了祈佑吐蕃赞普与吐蕃王国的强盛与平安。

这一类写本里所反映的内容，可能是另外一种文化，是与吐蕃雅隆部族（王族的悉补野部）文化同时并存着的一种地方文化，他们的苯教与吐蕃有些关系（吐蕃在很长一段时期内也确实信奉苯教），但也可能只是这一族群自己的苯教文化。

早20世纪前期，俄籍瑞典学者罗列赫（N. Roerichixnf）所指出的那样："在佛教的西藏旁边还有一个游牧民的西藏，即格萨尔汗的西藏的牧民英雄史诗"[2]。这句话说得多少有些概念模糊，"佛教的西藏"与"游牧民的西藏"，实际上可以是一个并存体，游牧民也可以是信仰佛教的，事实上，现在西藏的游牧民也的确是信仰佛教的。但罗列赫的原义是指西藏高原上，实际上并存着两个"西藏"：一个是藏南河谷地带的那个信奉佛教的吐蕃的"西藏"（前面我们已经提到"蕃巴"为西藏高原上一切农业人口的自称）；另一个是藏北（广义）地区的游牧民族的"西藏"（即"卓巴"人的"西藏"）。"西藏"在这里代表着两个不同文化传统的藏族文化，更确切地说，应该是藏族文化在其形成之前，两个最重要的族源文化传统。苯教虽然很早就传入到吐蕃的悉补野部，但苯教最初应当是北部这个游牧民族自己的宗教，也是古代藏北（羌塘）文化中最具特色的部分。迄今为止各家的研究表明：北部羌塘的古代文化类型当以石丘墓葬、垒石建筑、独石或列石遗迹、小型青铜动物饰物（托架）、古代岩画等为其代表，这一区域不仅是苯教文献传说中古象雄国地望覆盖的传统区域；也是后来格萨尔史诗传播的区域；更是西藏高原北部游牧民族活动的区域。可以说，北部文化在早期是与藏南河谷雅鲁藏布江流域的南部文化有着明显区别的文化传统，笔者以为，被石泰安称作是"涂鸦式"不规范的敦煌古藏文写本，反映的正是托马斯所谓的"古代东北藏"诸国的北部文化的这条线索。这条线索的古代文化中，不仅贡献出苯教这一对青藏高原产生深刻影响的宗教体系；同时也是产生大量古代岩画的文化系统。后来的藏族文化，正是南北两大系统的整合，南北这两大系统，也正是罗列赫所意识到的早期的两个"西藏"。

人们不能忽略这样一个事实：吐蕃时期正是藏族文化的形成期，此时无论是部族，还是文化都还处于一个"合而未化"的时期（兴起于雅隆河谷地带的吐蕃人统一了整个青藏高原，高原东北、北部、东部的许多族群也被融入吐蕃，其中最重要的大族就有象雄、苏毗、党项与吐谷浑等），因此这一时期的吐蕃文化本身一定也是一种多元化的存在，敦煌古藏文写本证实，当时至少存在着两条线索：一条是以吐蕃佛教文化为代表的王朝的主体文化，它包括了佛教经文、官方文件及吐蕃的历史文书等等；另一条线索是非吐蕃式的，或者说是非雅隆部的西戎文化，它们是不完全等同于吐蕃文化的北部或东北部的土著文化系统。

三、关于敦煌古藏文写卷苯教文本的研究

英籍藏学家托马斯将这些写卷中的部分内容译成英文后,编写出《东北藏古代民间文学》一书,其中包括了"马匹的故事"(马与牦牛的悲剧)、"松巴母亲的语录"、"美好时代的衰落"等传说或故事[3],托马斯试图从历史学的角度,将这些民间古老的传说故事还原成真实的历史事件,或者说他企图从这些民间故事里寻找到东北藏(托氏大概是指青海藏区)的一些古老民族活动的轨迹。

当然,这样做的过程一定是困难重重的,因为不少故事原本就是重复,或者相互缠绕在一起的。托马斯感觉这些故事似乎总是围绕着一个叫做"机"(sKyi 或 sKyin)的王国,而这个"机"王国的所在地并不明确,它可能在藏北,也可能在东北藏(青海藏区)。在地理上,托马斯的叙述中有两个地方需要特别注意:一个是被称作"Nam-pa"(南木巴)的地方;另一个是北方的"sKyi-mthin"(直译是"机廷",意为机高原);这两个地方有时候似乎又是重叠的。托马斯将这个"机王国"定位在东北藏的党项一族,并认为这些民间故事与传说很可能与党项或苏毗等生活在青海的羌系族群有关,他发现,撰写这些写卷的人很少提到吐蕃的事(尽管使用的文字是藏文),而且这个民族也对北方的突厥人更熟悉一些。托马斯的一些结论显然是错误的,例如他将5、6世纪左右拉萨河流域的"娘域"与苏毗(松巴)联系在一起,而这种说法可以说是造成后来中国藏学界对苏毗地界争论不休的原因之一;另外,他将机王国说成是党项也未必正确。但不管怎么说,托马斯的翻译与研究,在藏学界都具有很大的启发,自有它的价值所在。

法籍藏学家石泰安与中国学者褚俊杰将这些"另类"的古藏文写卷,明确纳入苯教早期文献研究的范畴之内,这无疑是该项研究的重要进展。石泰安研究的功绩有两点:一是他发现这些所谓的民间故事实际上应该是苯教仪轨的诵唱词,这样他就找到了如何正确解读这些故事的基本构造与内涵的途径。石泰安发现,不少写卷的故事是重复的,或者说一个故事的母题往往会派生出许多的变体。于是他便提出问题了:为什么人们要反复地讲述同一个故事?为什么在讲述的过程中,会出现或删减、或增加的现象?石泰安感觉这些故事并不只是为了叙述某一事件,而是具有某些实用价值,它们似乎有某种可操作的性质,当他最终将这些故事与苯教仪轨的过程联系到一起时,应该说他也就完成了一项历史性的突破。石泰安发现,苯教仪轨故事的真正用途是用为当作诵唱词的,当苯教徒为某一丧葬仪式举行宗教仪轨活动时,他需要诵唱一些诗文或故事,而这些故事或诗文是一个结构已基本定型,但在实际用途中,又可根据需要增加或删减的东西,这样才会出现一个故事被反复地使用的现象。石泰安的第二个功绩是发现了这类敦煌古藏文写卷与今纳西族东巴教

经典《十万白龙经》之间存在着的密切关系。

中国学者褚俊杰的研究和总结，概括出吐蕃苯教两个突出的特点：一是天神崇拜；二是救治丧葬活动的祭祀仪轨。

天神崇拜是吐蕃时期苯教辅佐吐蕃政治的重要内容，褚俊杰《吐蕃远古氏族"恰"、"穆"研究——敦煌古藏文写卷 P.T，126Ⅱ解读》一文是研究吐蕃王族史的重要论文，他指出吐蕃王族"恰"氏族曾派遣使者去藏东地区寻找"穆"氏族，穆氏族因为其发达的苯教而在藏区闻名遐迩。"恰"与"穆"这两个重要氏族的结合，使苯教得以从古藏东横断山区传入藏南河谷地带的雅隆部族，从此苯教成为辅佐吐蕃王族统治六牦牛部落联盟的宗教武器。大概从这时起，天神崇拜的思想与王权有机地结合为一体，为雅隆悉补野部赞普的神权统治服务。从接受苯教建立雅隆悉补野部落联盟之初，聂赤赞普就被苯教徒尊为天神之子，这种观念到了吐蕃以后便逐渐发展为完整的苯教天神谱系[4]。

褚俊杰对吐蕃时期苯教丧葬仪轨的研究，也很引人注目，20世纪80年代后期他的《吐蕃本教丧葬仪轨研究——敦煌古藏文写卷 P.T.1042 解读》（《中国藏学》1989年第3、4期），通过对敦煌古藏文写卷的解读，为我们描述了吐蕃苯教丧葬仪轨的基本特点。他认为，苯教的祭祀仪轨主要围绕着救治灾病与祭祀死者展开。从敦煌古代藏文文献的记载看，苯教活动以大型的祭祀活动为主，无论是救助垂危的病人，还是祭奠死者，往往要举行盛大的祭祀活动，献祭大量牲畜作为牺牲，同时伴随着严格的仪轨活动程序。苯教祭祀活动中的大量献祭，已得到考古方面的证实，考古工作者们发现，一些大型墓葬群内往往有相当规模的"殉葬坑"还有不少动物的骨骼直接与人的骨骼揉在一起（尤其是羊和狗的骨骼）[5]。

褚俊杰特别指出动物在苯教仪轨中的特殊作用，苯教丧葬仪轨的核心内容是超度亡灵，救助灵魂。苯教也分阴阳二界，阴界黑暗痛苦，只有用献祭的动物作为替身，死者的灵魂才可从阴界赎出；同时也只有在这些献祭动物的帮助之下，死去的人才能通过阴界的种种艰难险阻，到达天国的彼岸。褚俊杰通过 P.T.1042 敦煌古藏文写卷的研究，总结出用于苯教献祭的动物主要有牦牛、绵羊和马。羊被藏族的先民看成是一种聪明的动物，它除了可以为死者做替身外，还为死者在阴间里引路。马是人类最好的朋友，即使是赴黄泉之路，它仍然会帮助死者翻越险峻的山口，渡过湍急的河流；牦牛被看成是勇士，它能够帮助死者驱鬼祛邪，战胜困难。牦牛、马匹和绵羊，这些在西藏人日常生活中最重要的动物，到了阴间仍是他们可以依托与信赖的伙伴[6]。对动物的这种特殊认识，是我们了解苯教文化的一个重要基础，也是我们解读青藏高原岩画的一个重要途径。

当然，苯教利用文字或以写卷的形式记录自己的仪轨，大抵已经是相当后期的事情（应该是在公元 8-9 世纪期间才开始的），至少目前看来，也主要是利用吐蕃的藏文（目前尚未见到以象雄文记录的仪轨方面的文献），而高原早中期的岩画，在年代上要比这些最早的吐蕃苯教文献早得多，从某种意义上看，高原岩画又是我们解读苯教形成与发展的重要图像资料，它们与后来的吐蕃苯教文献既有许多相通的地方，同时还有许多苯教文献中可能不曾记录下来的早期内容。一方面，通过苯教文献帮助解读高原岩画的独特内涵，另一方面，通过高原岩画帮助解读早期苯教写卷，二者是可以互相利用的。

四、敦煌古藏文苯教写卷给予我们的启示

敦煌古藏文写卷中的所谓故事，确为苯教徒们进行仪轨活动时的诵唱词，具有很明确的宗教仪轨的操作性质，但从另一方面，我们也应当考虑到这些苯教仪轨故事与传说中内含的曲折的历史文化因素，事实上，早期人类在没有文字时，保存历史记忆的最好方法便是这样口传的神话传说故事，藏史曾明确提到，吐蕃在松赞干布以前的三十二代赞普时期，都是以苯教治国，而在拉脱脱日年赞之前的二十七代赞普期间，吐蕃的国政是由仲、德乌、本波三者来护侍。显然在赞普身边的"仲"、"德乌"与"本波"这三种人应当是辅佐政权的最重要的几类人，被称作"仲"的便是讲故事者，"仲"在藏语里为故事之意，讲故事者实际上应该是位史官，是专门为赞普提供祖先历史脉络与故事的那一类人；"德乌"为专门诵颂经文和唱赞美之歌者，敦煌吐蕃写卷中，出现过许多唱辞，而这些唱辞往往是阐述历史或为赞普歌功颂德的内容；至于"本波"则是苯教的巫师。可见在赞普身边的这三种人分别代表着史官、智者与巫师。

笔者以为，这些与苯教内容相关的敦煌古藏文写卷里，蕴含着丰富的早期藏北历史文化内容，当然要梳理清楚这些故事所包含的错综复杂的关系和内容，不是本文所能做到的。笔者比较关注的只是一些与青藏高原岩画内容相关的传说故事，它们是《马匹与牦牛的悲剧》《杂交奶牛的故事》《没落的美好时代》《松巴母亲的语录》等等，这里有些故事收录在托马斯的《东北藏古代民间文学》里，也有一些是石泰安的译文与研究。笔者试图从以下一些方面去分析这些故事中的某些因素或构成。

（一）地理位置

在这些故事或传说中反复出现了一些地名，它们是"金"王国（即托马斯书中的"机"王国，藏文转写为"sKyin"）和"南木国"（藏文转写为"Nam-pa"）。值得注意的是这两个地名似乎意味着相同的地区，它们有时会互换。在本书里，笔者之所以要用"金"国取代原来的"机"国，原因是因为两者的发音里，"金"的

译音要比"机"更合适些，况且，金国似乎也比机国更符合人们的称谓姓氏的习惯。

托马斯曾指出，"金"地或"金国"除了代表着某个氏族国家外，它在方位上也代表着"北方"之意。笔者以为，这个"金"国，很可能就是一个"羌"（"姜"）王国，或北方王国的意思。我们前面已经指出，位于藏北的大羊同国，即为姜葛之王姓，它们所在位置正好是羌塘草原，即北方草原之间。另外还有一条线索，也许是一个巧合罢，玄奘的《大唐西域记》里在说到西部阿里的东女国时，有一段似乎是解释的部分里提到了"金氏"："……此国境北大雪山中，有苏伐剌拏瞿咀罗国，唐言金氏。出上黄金，故以名焉。"

这里提到了"唐言金氏，出上黄金，故以名焉"。"唐言金氏"，其意可能是唐朝人称他们为金氏，是因为这里出上好的黄金，所以有此称呼。这里提到了"金氏"，此"金氏"中的"金"显然也带有姓氏之意，而"金氏"则很可能与古藏文写卷中提到的"金国"相关。

被称作"南木国"的"南木"两个字，在藏文发音里，实际上只是一个复合音——"南"，所谓的"木"是该音节的后面有一个后缀的口形"M"（藏文转写为Nam），因此这个名称大概译成"南国"更为合适。这个南国的地理位置也在藏北羌塘一带，它让我们联想到藏北羌塘草原上的"纳木措"。"纳木措"一词中的"纳木"（gNam），其藏文发音与"南木"（N锄）完全一致（而且，二者的发音中也都把后缀的口形"木"即"M"间接发了出来），不同的只是拼写的方式问题。藏北湖区还不止一个纳木措，还有一个扎日南木措湖，另外还有一个"东湖"（或"洞湖"），这些湖的命名似乎都与"南木国"或"东"氏族在此地的活动有关。

其实托马斯在他的研究文章里也考虑过，机王国有可能就是羌王国，但他不知出于什么理由，最终还是把机国定位在东北藏，并认为这个机国是由党项人建立的。笔者以为，东氏族的部落与苏毗有关；而董氏族的部落与党项有关，这两个族群的活动范围主要在"羌塘"草原的东部与东南部，而金国的位置似乎更应该靠近北部地区，且这个金国的建立者应当是与苏毗部族有密切关系的西部女国或后来的大羊同国。

（二）《马匹的故事》

敦煌古藏文写卷中的苯教仪轨写本《马匹的故事》，为我们揭示了高原早期苯教文化中马匹对于高原人的特殊意义，对于我们理解西藏岩画中马匹的特殊地位，以及它们与人的特殊关系是一个极好的注解。

《马匹的故事》发生的地点在"金"王国（skyin，音译为"金"），这是一个目前还不能准确判断出其具体地理位置和具体年代的青藏高原上的古代王国。

《马匹的故事》是这样开始的：马的祖先最初由天界下凡的，马的家族有三个兄弟，分别为长马、次马和三马。三匹马中长马长得最强壮，也最富于冒险精神，它只身向陌生的北方地区进发，目的是为了寻找一片新的家园。但北方历来是牦牛的领地，牦牛将长马看成是与它们抢地盘的来犯之敌，牦牛与长马之间发生冲突。强龙扭不过地头蛇，长马最终没能斗过牦牛，被牦牛所杀害。长马死去的噩耗传来后，次马与三马都很悲痛，血气方刚的三马立誓要为长马复仇，他请求二哥次马与它一起去北方为其兄报仇。但次马没有同意，他认为长马是三兄弟中最强壮、最有胆量者，下场尚且如此，它们即使去了也只有死路一条。次马建议三弟放弃复仇的想法，留在当地继续过它舒心而太平的日子，但三马执意不肯接受。俩兄弟因意见不和，只好分道扬镳。次马仍坚持它的野马生存方式，留在了当地，三马只身来到了金王国，与人类交上了朋友，成为驯服的家马，并从此成了人的坐骑。但三马甘心情愿成为人的坐骑是有交换条件的，它要求人们帮助它实现为其兄复仇的计划，作为代价，它甘愿成为人的坐骑，并且当人死去时，还要负责为人送终（成为殉葬动物）。

在《马匹的故事》里，不仅追溯了马与人最初建立关系的原因，而且也暗示了为什么马会成为最重要的殉葬品，其实，在现今的藏北高原游牧部落文化中，马匹早已不再作为殉葬的牺牲品，马是牧人最亲密的朋友。然而，至今仍流行于藏区的"风马旗"习俗反映出北方地区确实曾有过祭马的习俗，每年藏区进行盛大的祭山活动时，在香烟缭绕的山前，人们会向空中抛撒五颜六色的小纸片，每张纸片上图案大同小异（以木刻版印刷的形式印制出来的图案），在布满经咒的纸片正中总会画有一匹骏马，藏区的人们称它为"宝马"或"神马"，风马旗上的"宝马"很可能源于早期苯教文明以马作为牺牲的习俗，只是，如今我们从藏北地区的"风马旗"里更能感受到的是藏北牧民对马的热爱与深情。

《马匹的故事》解释了马匹为什么在早期苯教丧葬仪轨里如此重要的原因，讲述了马匹（确切地说是三马）之所以与高原人关系如此密切的原因，这部敦煌吐蕃藏文写卷对于理解西藏岩画中马与人的特殊关系，无疑有非常重要的意义。笔者认为，《马匹的故事》的重要价值还在于这一故事本身的叙事结构，以及故事所给出的多种关系，这个结构和关系，很可能正是我们认识高原早期文明的重要线索。

表面上这个故事讲述的是动物之间，以及动物与人之间的关系。故事里至少反映出这样几层关系：一是马与牦牛的关系（对立与世仇的关系）；二是家马与野马的分野（不同的志向和不同的生存方式）；三是家马与人所建立的同盟关系（人帮助马复仇而马为人送终）。

然而在故事的背后，我们似乎能够感觉到更多的内容，它似乎更多地反映了古代青藏高原上各种族群之间的关系，它向我们暗示了早期高原人向牦牛领地进发过程中，是如何与马这种动物结成生死同盟，共同去推进和完成了这一历史的使命。当然征服牦牛的世界一定是人类，也只能是人类，而不可能是马，《马匹的故事》只是借用"马"来隐喻地还原出这一段历史事实。由敦煌古藏文写本《马匹的故事》，我们获得了这样一个重要的信息：从高原人最早开发青藏高原的行动迄始，马匹就是人类最重要的伴侣，高原岩画如实地反映了这一事实。高原最早的岩画里就已经出现了骑马者的形象，而且骑者的身影在后来的岩画中愈来愈多，愈来愈占据主导地位。

马匹在北方草原上的驯化及使用至少在商代已经广泛流行，但中原殷商艺术中绝不见马的图像，包括北方草原青铜艺术也同样不见马匹的艺术表现，这种情形的改变是在西周以后。艺术形象中没有马匹，并不意味着实际生活中就没有马匹，因此北方草原地区马匹的使用至少早在公元前二千年纪已经开始。一般认为中原地区使用马匹要晚于北方草原，那么至迟在公元前1000年前后，中原地区已使用马，马车已较广泛地在周王室与诸侯中使用。

西藏岩画出现之始，画面中就不乏骑马者的形象，青海野牛沟岩画点的断代在距今3200年前后，这个时期出现马匹已是完全可能，高原岩画中出现马匹图像，大抵不会晚于公元前二千与一千年之交的时期，或者更早。[7]

（三）关于"马匹"、"杂交奶牛"等故事的思考

如前所述，在《马匹的故事》的背后，我们会发现一种动物与人物的互换关系，某种动物与某些人群之间的特定关系，例如马匹与金王国的特殊关系。三马为了给长马报仇而与金王国的人建立了同盟关系，但如果从更深一些的层面上看，这个故事实际上讲述了马匹为什么会成为金王国的图腾动物，马匹为什么会成为金国人的一种象征，这样马匹从某种程度也就可以与金国这个族群的人达成一种互换关系。我们知道，"马匹的故事"实际上揭示了青藏高原上早期的一个历史过程：即在早期高原人向牦牛领地进发的过程中，人是依靠着马这种动物才最终走向成功的，他们是通过建立这样一种同盟关系才得以完成了这一历史的使命，这样马匹似乎就被人格化了，它既是金国人不可或缺的坐骑（交通工具），也是金国人最好的战略伙伴。由此看来，动物之间的关系、动物与人的关系最终反映的还是古代青藏高原上各种族群之间的关系。

比较而言，《杂交奶牛的故事》显得更为混乱与错综复杂，它是一个人物与动物关系不断互换，充满了暗示、象征或喻意等内容的故事。《杂交奶牛的故事》的梗概如下：南（南木国）夫人嫁给了北方金国的国王。不久金国国王要去北方打猎。

丈夫临行前，南夫人便颇有些不祥的预感。果不其然，金国国王在北方牦牛的领地射杀了鹿，为此惹怒了当地女妖，国王被女妖害死，国王的朋友马匹驮着国王的尸体返回到金国。南夫人怀着巨大的悲痛，为丈夫举行了隆重的葬礼，在这次葬礼上，国王的朋友加宠物——马匹为国王殉了葬，与此同时，南夫人也以自己的宠物——杂交奶牛为国王殉葬。事毕，南夫人还得继续自己的生活，她让自己漂亮的杂交奶牛驮上盐去了北方，美丽的杂交奶牛去寻找更强壮的公牦牛作为自己的伴侣……。

《杂交奶牛的故事》中包含了部分《马匹的故事》的内容，更确切地说，它应该是对《马匹的故事》的继续延伸。《马匹的故事》说的是马这种动物如何与人们（金国人）建立了同盟关系，"马"如何与人结盟，与野牦牛斗争，最后为其兄复了仇。这个故事反映了人马结盟后向藏北新的领地进发的实际的历史过程。《杂交奶牛的故事》先是继续《马匹的故事》，如马匹与金国国王一起再去北方牦牛领地，但这次国王却遇了难，马匹为金国国王殉葬，这部分内容，应该是继"马匹与牦牛的悲剧"之后发生的故事。三马为了给被北方牦牛害死的长马报仇，与人结成了同盟，但故事里却引出一个几乎是全新的内容，即杂交奶牛与南夫人的故事。实际上，"杂交奶牛的故事"主要还是以南夫人为主要线索，或者说这个故事里贯穿着两条发展线索，它们各成一系，但彼此又因婚姻关系而交织在一起。

故事的第一条线索是：北方的金国——一个男性王权的国家——其宠物为马匹——国王与马匹共同向北方牦牛领地进发——因射杀了北方的鹿而得罪了牦牛领地的女妖，国王遇害——国王的葬礼上马匹为之殉葬（注意：同时殉葬的还有南国的杂交奶牛）。这个故事暗示着：与马匹建立了同盟关系的北方金国，在向北方牦牛领地进发的过程中遇到了灾难性的挫折，这似乎反映了北方金国在进军北方牦牛领地的过程中所遇到的重重困难。

故事的第二条线索是：南夫人——一个来自女性王权国家的女人——这个女人与北方金国的国王有联姻关系——南夫人的宠物为杂交奶牛——国王死后，除了马匹为其殉葬外，杂交奶牛也成了殉葬品之一——南夫人的杂交奶牛继续去北方驮盐。

这后一条线索里提供了许多有趣的内容：

1、南夫人的故乡在金国的南部。这句话里出现了两个"南"字，第一个"南"是指南夫人的"南"，这不是一个方位词，而是"Nam"即"南木"的音译，这里点明了南夫人来自一个名叫"南（木）国"——"Nam-pa"的地方；第二个"南"是指"南（木）国"位于金国的南方，这个"南"为方位词，指向金国南部的一个经济更为发达，更为富庶的地方。关于南夫人，还有一个奇怪的称呼，人们也称她为"女王陛下"，或"陛下夫人"。上述的这些给定因素说明，南夫人的故乡原在北方金国的南面；她原来的身份可能是女王，或至少属于王族，那么这位南夫人很可能来自南方的女国——南水国（两唐书东女国里提到过藏东女国集团中的南水国）[8]，我们知道，藏东女国国王所居康延川，康延川又称作"南水"（弱水），而昌都也的确位于苏毗及藏北的南部。

2、南夫人的宠物不是马匹，而是杂交奶牛。最有趣的是杂交奶牛在藏语里的读音正好与南夫人的名子谐音，两者在藏语里的发音均为"觉姆"（藏文字母的拼写不同，但发音完全一样，南夫人的藏文拼写为 Jo-mo；而杂交奶牛的发音为 mJo-mo）。也就是说，南夫人虽然嫁给了金国国王，但母系的图腾动物与父系的图腾动物不同，自然也就意味着着两个族群的动物图腾的不同来源。而且母系动物的名称居然与王后谐音，似乎也暗示出杂交奶牛与南夫人之间可以有一种互换的关系，正如马匹几乎是金国人的代名词一样。

3、故事里多次提到南夫人让杂交奶牛去北方驮盐，还说到杂交奶牛去北方寻找更强壮漂亮的公牦牛为伴侣的想法，这里似乎暗示了南夫人或杂交奶牛与北方盐道的关系；而杂交奶牛本身最重要的特征就是它的"杂交"性质，它是母黄牛与公牦牛的杂交的结果。这里是否暗示着藏东女国曾经与牦牛部族有所接触，不仅有所接触，还可能有过联姻的关系？

4、南夫人反对丈夫（金国王）去北方牦牛领地杀生，但她拼命阻拦，却没能奏效，后来丈夫果然遇难。南夫人非常悲痛，为了给丈夫做仪轨，除了马匹成为殉葬品外，南夫人还用了大量的奶牛作为殉葬品。

总之，马匹与杂交奶牛的故事，以其丰富的暗示和多条发展线索，展现了早期藏东、藏北等地区一些古代族群活动的状况。首先它揭示了一些特定的动物与某些特定族群的关系，这类动物或者是某一族群的图腾，或是某一族群的象征，或者干脆可能代替某一族群。如马匹与北方金国的特殊关系；杂交奶牛与藏东女国（南国）的互换关系，以及牦牛与北方某一特殊领地的关系等等。我们还特别注意到的是牦牛羌、黄牛羌、古牦牛道等汉文早期文献中经常出现的名称，似乎都与藏东女国有或明或暗的联系。

其次，这些故事还反映出这些古老族群之间的关系，位于北方的金国与它南面的南国（南水国）存在着一种部族之间的联姻关系，虽然有这种联姻的关系，但两个族群的发展脉络却依然清晰：金国——北方国家——男性政权统治——象征性动物为马；南国——南方国家——女性政权统治——象征性动物为杂交奶牛。《杂交奶牛的故事》则进一步说明，这个位于南面的女国，在向其北方经营的过程中有通过联姻的方式，形成了南北两个族群的王室联姻关系；而金国则是一个在向北方牦牛领地进发开拓的民族国家，这个民族国家在其进发的过程中，曾遇到过灾难性的挫折；然而以南水国夫人为代表的"杂交奶牛"部族仍在朝着北方牦牛领地进发，在这个迁徙的过程中，故事明确点出了北方盐道的利益诱惑。

《杂交奶牛的故事》似乎反映了这个依然是以女性统治者为中心的部族，自南向北发展的第一步是与一个以马匹为象征性动物伴侣的男性统治政权的北方国家联姻；她在后来继续朝着北方牦牛领地进发的过程中，很有可能又与牦牛领地强壮的公牦牛有过结合……，这个不断地朝向北方进发的过程，背后似乎伴随着北方盐道的经济利益。在这个移动发展的过程中（这很可能是一个漫长的历史过程），最初一定伴随着争执、械斗、牺牲以及后来的复仇，再后来也有联姻和逐渐的融合。

余论

敦煌苯教仪轨文献中的民间故事传说与西藏岩画图像之间的这些联系（或明或暗，或隐晦或带有象征性的联系），让我们可以曲折地勾勒出这样一些历史画面：在距今3000-1500年期间，在青藏高原北部那个极为广袤的高原（藏语中的"羌塘"）上，一些驯服了马匹与猎犬的羌系或西南夷系的民族，他们或来自甘青草原，或来自横断山脉的高山峡谷，但他们的目的却可能是一致的：那便是他们不断地西进，为的是开辟更为广阔的新领地——藏北羌塘草原（这里原来是野牦牛的领地）……，西藏岩画与苯教仪轨故事反映的可能正是这样一个历史过程。

参考文献：

[1]〔日〕冲木克巳.敦煌出土的藏文禅宗文献的内容[G]//国外藏学研究译文集Ⅰ第8辑.李德龙，译.拉萨：西藏人民出版社，1992：218-219；〔日〕木村德隆.敦煌出土藏文禅宗文献的性质[G]//国外藏学研究译文集Ⅱ第12辑.李德龙，译.拉萨：西藏人民出版社，1995.

[2][5]霍巍.西藏古代墓葬制度史[M].成都：四川人民出版社，1995：2.

[3]〔英〕F.w.托马斯.东北藏古代民间文学[M].李有义，王青山，译.成都：四川人民出版社，1986.

[4]褚俊杰.吐蕃远古氏族"恰""穆"研究[G]//藏学研究论丛第2辑.拉萨：西藏人民出版社，1990.

[6]褚俊杰.吐蕃本教丧葬仪轨研究——敦煌古藏文写卷P.T.1042解读[J].中国藏学，1989（3-4）.

[7]汤惠生，张文华.青海岩画[M].北京：科学出版社，2001.

[8]旧唐书·南蛮－西南蛮·东女国[M]（卷一百九十七）

为"因明"一词翻译的辩解

——兼论藏文文献分类中的一个观点[1]

杨化群[2]

  汉传因明学家虞愚先生著《因明入正理论》的内容特点及其传习中说：《因明入正理论》一卷，商羯罗主造，唐玄奘于贞观二十一年（公元647年）在弘福寺译出。因明（Hetuvidya）一词，梵本没有，译者因为要表示出这部论著的性质才加上去的。[1]

  汉传因明学家虞愚先生著《因明入正理论》简介中说"《因明入正理论》一卷，商羯罗造，唐玄奘于贞观二十一年（公历647年）在弘福寺译出。因明（Hetuvidya）一词，梵本原来没有，译者因为要表示这部论著的性质才加上去的。"[2]

  我们知道凡是对《因明》这门学科有过学习、研究的人，对"因明"这一词的字源和词源都必然有相当的认识和理解，从而对该书的内容才会得到相应的理解并产生正确的认识．我读了某些讲述《因明》的论著和某些论文，产生了一定的怀疑，使我产生了这个想法：即精通三藏的大翻译家玄奘干贞观21年（公元647年），从梵文中译出的《因明入正理论》理应无疑，而在《因明入正理论》的内容特点及其传习中，虞愚先生却说：《因明入正理论》一卷，商羯罗主造，唐玄奘于贞观二十一年（公元647年）在弘福寺译出。因明（Hetu Vidya）一词，梵文原来没有，译者因为要表示出这部论著的性质才加上去的。

  又在《因明入正理论》简介[3]中，虞愚先生介绍说：《因明入正理论》一卷，商羯罗主造，唐玄奘于贞观二十一年（公元647年）在弘福寺译出。因明（Hetuvidya）一词，梵本原来没有，译者为要表示这部论著的性质才加上去的。

  在上述两书中都谈到同一的论点，对这个论点我有不同的看法。玄奘大师毕生译出经典不少是人所共知的，其价值又是无可比拟的。而在这两段引文中，都一再

---

[1]本文原载于《西藏大学学报》（社会科学版）1993年第3期。
[2]作者简介：杨化群（永灯嘉措），曾任教于西藏大学，主要研究方向为藏传因明学。

提到"因明"一词是译者玄奘大师任意加上去的，这在古今中外翻译史上恐怕是少见的，作为一代大翻译家，把原作中原本没有的词，任意加上去，的确是罕见的。从翻译学角度上，什么是不能译，什么是不可译，是有一定标准的，否则，怎么叫把一种不同的文字翻译成另一种文字呢？对于这个"加上去"的观点我有不同的看法，为了考察这种观点是否可信，下面引述些资料来佐证。《大疏》的题解说：疏都、言"因"。吠陀、云"明"。这样上标书名含起来有五种解释：一云，明者，五明之通名；因者一名之别称。二云，因明者，一名之都（统）一名。三云，因者俱生因，明者智了因。四云，因明者，佛经之名。五云，"因明正理"俱陈那本论名。由是观之"因明"是原有之名，非译者加上去的。

以上是根据汉传因明的解释所作的判断。

同样传到我国西藏的藏传因明在各文种上也有其解释，兹举藏文因明论述中的解释如下：据《关于因明的几个问题》[4]中说"为了探明因明这个学科的性质，有必要论述（因明）一词的含义。这里谈谈藏传因明著作中对'因明'一词的解释和用法。"

在藏文因明著作中，和汉语"因明"这个词相当的有三词："择玛日巴""登茨日巴"和"搭吉日巴"。

"择玛日巴"，从汉译本转译成藏文的《因明入正理论》，从梵文译成藏文的《因明正理门论》《集量论》《释量论》《正理滴论》，藏族学者中有代表性的因明著作，如萨班·贡噶江村（1182-1251）的《量理藏论》，宗喀巴（1357-1419）的《因明七论入门》，及工珠·元旦加措（1813-1890）的《量学》等书的书名都有"择玛"，"择玛"意译为"量"。"量"按从梵文转写的梵语中叫"扎麻那"，"扎"有"第一""量""主要"等义。"麻那"二字的含义是"衡量"或"见"。无性论（即中观派）应成派学者采取了"扎"的"主要"义，主张"对自己的主要境界非欺谁（即正确）的认识"为"量"的意思。而《释量论》则采取"扎"的"第一"义，主张"新生非欺诳的认识"为"量"的意思。（见曲吉坚赞撰《贾曹杰·达马仁钦的释量论义量旨趣注第一品之释难决疑》藏文本。）后者的解释同不少因明论著的解释是一致的。

为了进一步说明问题，不妨再用绛央诺德尔旺波（约十八世纪）人撰《量理藏论笺注》一书中的一段话："所述此论名称，梵语扎庶那逾搭哩底意为'量理藏论'者，谓集七部量论及经（经即陈那的《集量论》之所有理论，犹如宝藏。故此论名称系从梵语引进，为表述名称与所表达之意义相符，所以书首冠以梵语。"从而表明藏族学者撰写因明著作，为了说明来源的可靠性，仍沿用梵语作书名。如果把"因明"作为一门学科来讲，藏语叫"择玛日巴"。"日巴"意译为"学"或"明"。"择玛日巴"直译为"量学"或"量明"。

藏族学者的习惯，把西藏文化归纳为十明处，即十门学科。除玄奘在《大唐西域记》中讲的声明、工巧明、医方明、因明、内明等"五明"之外，另加从声明派生出来的"小五明"：历算、诗、词、韵、戏曲。这里所说的"因明"一词，似乎即藏文的"量"。在藏传因明论典中，一般把"量"分为"现量"和"比量"两大类，而把具足三相的"因"作为产生比量知识的依据。

"登茨日巴"和"搭吉日巴"这两个词，在藏文中也是专门表达因明的，基本上可看成是同义词。但要仔细分析，二者也有些细微的区别。"登茨"的原意为"抉择节"，即分析环节，我理解与"逻辑"相近。因为具足三相的因，都各有其特定的内容和范围，当建立因的时候，必须首先把它的三相分为三个环节进行考察。逻辑就它作为表述三段论的特点来说，却与"抉择节"这个意思相近。故所以把"登茨日巴"的内涵直译为"分细环节之学"。"搭吉日巴"的"搭"字，有"象征""标志""相状"等义，"吉"是第六啭声，表达领属作用。故"搭吉日巴"可以理解为"相明"或"相学"。这里所说的"相"与"三相因"的"相"近似。但在解释"登茨"与"搭"的时候，通常都作为"原因"或"理由"来讲。因此，严格说来，"因明"只限于推理立论式部分，这正是产生比量知识不可缺少的推理，论证方法。正如隆朵（1719-1795年）的《因明学名义略集》中说："比量谓依自己的（能依）完备三相的因，对自己所度的隐秘事物进行比度。"这段引文的意思是说：比度是依靠非自己完备三相的因，对自己所要比度的未知事物进行推理所获得的知识。又说"比度量的能依——因明论式之因，理由、逻辑为同义词。"

根据上面的分析，我们可以大概了解到，就具体的内容而言，因明是包括在比量这个范畴的。所以在藏传因明文献中，有许多著作把"搭日"或"登茨日巴"作为书名，专门论述建立因明论式或推理的具体规则，而把"择玛"这部分归纳在《洛日》这本书里去论述。"洛"是"心"或"知觉"，"了别"的意思，或可译作"心理"或"认识论"。在《洛日》里主要论述标准的知觉和非标准的知觉等心识活动的分类、定义、作用等。在藏传因明里，凡是在内容上讲到因明和认识两方面的，其书名莫不冠以"择玛"。就拿从汉译本转译成藏文的《因明入正理论》来说，藏文书名乃冠以"择玛"而未冠以"登茨"或"搭"，这同汉文的书名所冠的"因明"，似乎就对应不起来。因而在汉传因明和藏传因明这两个《因明》的译法上，就表现出词义对应的实际问题。综上所述，在藏文中，把"因明学"理解为"量理学"是否比较契合原意和所包含的内容，我们还可以作进一步的探讨。

藏传因明在其发展过程中,产生了不少藏族学者及著作,但至今很少被翻译介绍出来。

上面引证之论述,足以说明《因明入正理论》之因明一词梵本原来没有,是译者唐三藏大师加上去的论点是不正确的看法应予纠正,以恢复三藏大师译经事业的正确无疑,免后人研究此论著再生不必要的误解。

顺便谈一点新的意见藏族文献分类大观中说"因明被佛教学者看作是一种普通或世俗的学科。包括陈那的著作以及所有这方面的著作都不被认为是佛教经典。"

对这个论点我有不同的看法,兹引证《因明新探》中的论点作证:

藏传因明的宗教色彩十分浓厚。因明完全由佛教学者在讲授,研究和运用。他对因明的运用和发展,其宗旨是破除邪论,要立正确论点论证自己的佛教主张。比如,众生自救由佛陀指引道路,如实修行就能证得于佛陀境地等。他们把因明作为希求解脱的方法。

宗喀巴大师的上首大弟子贾曹·达玛仁钦在《释量颂注能证解脱道论》一书中说:"这部论典中,是从成立教与教主为量(这里的"量"字,作"标准"理解。)方面,正确解释解脱和一切智的通果,而这些,又唯由比度而正式定之。……"

克主·格勒伯桑上首弟子在《七部量论庄严疏除意蔽论》一书中说:"有人说,这些量论(指法称的七部量论等)对希求获得解脱的人来说,完全没有用处。因它是辩论学典籍,所以应该从内明典籍范围内排除出去。"克主不同意这种说法。他认为七部量论即是内明典籍,又是辩论学典籍,不管从哪个方面说,它对希求解脱的人都是需要的。他又说:"所谓内明论典,必须是论述所要断除的无明和生起克制它的现量无我智慧的论典。而上述量论,可以种种理由阐述妥善抉择补特伽罗(意译为数取,广义指有情,狭义指人。)无我和法(事物)无我的方法,主要在诠述增上慧学。倘唯连这个理由还不能成立它为内明典籍,请问内明论典又是指的哪些呢?"又说:"因明的意义就叫做理由学,上述诸量论,就是运用正确的理由论证应取舍之道,以构成学述的论典。"同时又说:"唯独以此为理由,而认为量论是希求解脱者所不需要的话,也是不正确的认识。如果不精通五明,也不能成为一切智者。……为驳斥论敌,使其归顺,以及通达一切事物的性质,也必须精勤学习量论。"

《藏族文献分类大观》的著者朱古·顿珠仁波切[5],是一位博览佛教典籍的活佛学者。可惜他连宗喀巴大师及其上首弟子贾曹·达玛仁钦和克主·格勒伯桑等的量论(因明)名著都可能未阅读过,竟提出:"因明被佛教学者看作是一种普通的或世俗的学科。包括陈那的著作以及所有这方面的著作都不被认为是佛教经典。"这种论点真让明眼人捧腹。

参考文献：

[1] 刘培育,周云之,董志铁,编.因明论文集[G].兰州:甘肃人民出版社,1982.

[2] 中国逻辑史研究会资料编选组.中国逻辑史资料选[G].兰州:甘肃人民出版社,1991.

[3] 〔唐〕窥基.因明入正理论疏[M].

[4] 中国逻辑史学会因明研究所工作小组.因明新探[G].兰州:甘肃人民出版社,1989.

[5] 朱古·顿珠仁波切,著.藏族文献分类大观[J].诺布旺丹,译.西藏研究,1992(2).

论汉文"吐蕃"的注音原则

——基于藏文文献里的"吐蕃"拼读[1]

南小民[2] 巴桑

一、几种注音原则的争鸣

关于"吐蕃"一词的读音，或 tǔbō，或 tǔfān，或 Thu puan（近似"吐般"之音）等，学界至今歧议纷出，归纳起来，可谓以下几种注音原则的争鸣。

（一）名从主人原则

这一派的典型观点认为藏人自称 བོད་（bod），唐代吐蕃一词中"蕃"字正对音 བོད་（bod），有大昭寺前唐蕃会盟碑上的汉藏文对照为证；调查一些在京的藏族学者、教师、博士生，都认为"吐蕃"应读 tǔbō。如朱宏一（2001）："时至今日，藏族仍自称'博巴'，可见，藏人自己从来都是读'吐bō'的，并且是曾经得到唐、元、明等朝的尊重、承认和肯定的……藏人自己的实际读音是我们对'吐蕃'审音时最重要的根据。"[1] 谢仁友（2003）明确主张将"吐蕃"视为历史地名，按普通话审音"名从主人"原则注音为"tǔbō"[2]。这一派观点目前占优势。商务印书馆的《现代汉语词典》作为长期坚持"吐蕃"tǔfān注音的重要辞书，正是在该派观点的影响下最终于2005年第五版时改变立场，对"吐蕃"注音 tǔbō1[3]。

（二）尊史从古原则

这一派观点主张"吐蕃"注音应根据唐代汉语古音。按"古无轻唇音"原理，"吐蕃"的"蕃"其声母唐代不可能读轻唇音 [f]，应改读重唇音 [b/p]；并且其韵母应带鼻音韵尾 n[n]。如法国汉学家伯希和（1962）根据汉语古音资料称"吐

---

[1] 本文原载于《西藏大学学报》（社会科学版）2017年第3期。
[2] 第一作者简介：南小民，西藏大学文学院教授，主要研究方向为汉语言文字学、藏汉文化比较。
[3] 实际上，这一派代表人物谢仁友先生正是《现代汉语词典》第五版的责任编辑。

蕃"应保留 Thu puan 的读法，无须读若吐波[3]；日本学者佐藤长（1976）给"吐蕃"注音 t'u b'iwen[4]；法国学者路易·巴赞（1992）认为，7 世纪初可能是吐谷浑人创造了突厥语色彩的 Tö pän（意为高原、高地）一名对音汉文"吐蕃"[5]；法国藏学家石泰安（2012）给"吐蕃"拟音为 Thu biwan[6]；南晓民（2014）主张按"吐蕃"唐代本真音读注音 tǔbiān[7]。

（三）自然音变原则

这一派观点主张"吐蕃"注音为 tǔfān，理由主要强调"吐蕃"的"蕃"与表示"少数民族、蕃屏、藩/蕃国"的"番/蕃/藩"在语用的历史长河中"同起伏，共命运"，音义混同，它们一起自然地经历了汉语语音演变；今天，"西番/蕃"的"番/蕃"与"藩/蕃国"的"藩/蕃"都读 fān，自然"吐蕃"的"蕃"也应读 fān。如彭志宪（1988）：吐蕃的"蕃"今读 fān，是现代语音，而不是隋唐音系中的读音；不注隋唐古音，而依照今音拼注，是可以理解，因为许多涉及古音流变的专名如果都要一一按古音注出，不但不会方便群众，而且实际上很难做到准确无误。再者，青海、甘肃、四川等民族杂居地区，汉人称藏人为西蕃、蕃子（皆读 fān）等。根据地名从方言的惯例，也可以推知吐蕃的"蕃"今音应读为 fān[8]。郑张尚芳（2006）[9]、姚大力（2016）[10]等均主张"吐蕃"注音 tǔfān。

以上各派注音原则下各有诸多学者百家争鸣，似乎各有道理，谁也说服不了谁。那么究竟孰是孰非呢？"解铃还须系铃人"，既然"吐蕃"是与藏族 བོད་ 相关的历史词，那我们就从藏文史籍里找找看，看历史上藏族用藏文是怎么拼读"吐蕃"的；而藏文的拼音文字性质也利于保留古音，对我们破解"吐蕃"的注音难题应有助益。

二、藏文献里的"吐蕃"拼读

在我国各民族语文中，藏文历史文献之多仅次于汉文。通过梳理，我们发现汉文"吐蕃"在藏文献里有三类对应拼读形式，即唐宋时期的藏文 བོད་、元以来藏文史籍里的"ན་ 系拼读"（如 ཐུ་བན་、ཐུའུ་བན་ 等）和现代藏文里的 བོ་བོད་。这里"ན་ 系拼读"是指音译汉文"吐蕃"的一系列藏文，都用鼻音 ན [n]作后加字结尾的音节来对音"蕃"，详见后文。

（一）唐宋时期的藏文 བོད་

བོད་ 一词，在藏语各个时期没什么不同，但对应到汉语里，不同朝代则会有不同称谓：唐宋时主要是"吐蕃、西蕃"等；元明时称"乌斯藏、西蕃"；清代称"乌斯藏、图伯特、西招、卫藏"等，最后称"西藏"沿袭至今[11]。可见藏文文献里 བོད་ 与汉文"吐蕃"并非一一对应。鉴于此，我们界定所讨论的汉文"吐蕃"主要限于唐宋，那时的藏文 བོད་ 与汉文"吐蕃"大多数情况下一一对应。如敦煌出土吐蕃时期藏汉文对照写卷P.T.1263，是8世纪吐蕃占领敦煌后定居当地的藏人手迹，其中有这样的汉藏文：བོད་ 特蕃 བཙན་ པོ་ 吐蕃天子。其中"特蕃"即"吐蕃"[12]。

那么这是否意味着彼时吐蕃的"蕃"字对音བོད་（bod）呢？讨论此问题时，有一个重要的历史背景我们不能忽略，即南北朝以来，中原王朝逐渐形成了一种根深蒂固的"蕃汉对举"观念，"汉"代表中原中央政权，并非简单指汉族；"蕃"泛指中原王朝周边民族地方政权，并非单指某少数民族，更不是单指"吐蕃"。就唐朝而言，朝廷内外有蕃汉官，军队有蕃汉兵[13]；适蕃的唐朝公主称汉家公主；北边的突厥称"北蕃"，西域各族曾称"西蕃"，与吐蕃的异称"西蕃"相同。大昭寺前甥舅会盟碑上的汉文，唐朝有6处异称为"汉"，与吐蕃的异称"蕃"相并称①，如"蕃汉并于将军谷交马"等。在此语境下，很难说吐蕃的"蕃"对音བོད་（bod），二者应是一种意译关系而非音译关系；藏文史籍里存在的针对"吐蕃"译音的"ད་系拼读"恰好可印证这一点。

（二）元以来藏文史籍里的"ད་系拼读"

1. 成书于元代至正二十三年（1363年）的《红史》是由元朝乌思藏的蔡巴万户长、藏传佛教噶举派学者贡噶多吉撰写的。其第五章简述唐朝吐蕃历史，开头提到："汉文史籍《唐书·吐蕃传》中说唐高祖于阳土虎年即帝位。"[14]其中书名《唐书·吐蕃传》按汉字发音写为藏文《བང་ཤུ་ཐུ་བན་》，以藏文 བང་ཤུ་ 对音汉文"吐蕃"。后又提到："唐蕃之间反复交战及有时和好，互致礼品，互相问聘吊祭等史实，详见《唐书·吐蕃传》"，其中的《唐书·吐蕃传》又写为藏文《བང་ཞུ་ཐུ་ཅན་འཆང་》，以 ཐུ་ཅན་ 对音汉文"吐蕃"[15]；"吐蕃"的前后藏文拼读稍异，所指同一。

2. 成书于明朝洪武九年（1376年）的《雅隆尊者教法史》是由出身吐蕃王族雅隆王室的释迦仁钦德撰写的。其"蕃唐交往及甥舅史"一章提到："汉文史书《唐书·吐蕃传》说，薄迦梵涅槃后一千五百六十六年汉王建唐，斯时与吐蕃交往"，其中《唐书·吐蕃传》书名按汉字发音写为藏文《བང་ཞུ་ཐུ་བན་ཆན་》，以藏文 ཐུ་བན་ 对音汉文"吐蕃"；而唐太宗的大臣冯德遐按汉字发音写为藏文 ཧུན་དེ་ཧ་[16]，这表明"蕃、冯"这样的今读轻唇音声母［f］的字，元明时期音译为藏文，大多以 ད［h］为声母基字。

3. 成书于明朝洪武二十一年（1388年）的《西藏王统记》是由藏传佛教萨迦寺座主索南坚赞（他曾作过宗喀巴的上师）撰写的。其第二十五章讲吐蕃赞普热巴

---

① 拉萨大昭寺前的甥舅会盟碑上，能与汉文相对照的藏文 རྒྱ་ 字共12个，其中译作"唐"者有六个；译作"汉"者亦有六个。拉都．汉藏语法比较与翻译［M］．成都：四川民族出版社，2007：90-92

坚事略时说："汉族史鉴名《唐书·吐蕃传》则云：世尊示寂后一千五百六十六年时，汉地有王名唐，与吐蕃王朝日松赞同时，其太子太宗皇帝与赞普松赞干布同时"，其中《唐书·吐蕃传》书名按汉字发音写为藏文《ཞུ་བུ་ཅན་》，书名不全，缺一"ཐང་"（唐）字；以藏文ཐུ་བན་对音汉文"吐蕃"[17]。

4. 成书于明朝宣德九年（1434年）的《汉藏史集》是由萨迦派僧人、大译师达仓宗巴·班觉桑布撰写的①。其第十章讲汉地王统时提到："叫作《唐书·吐蕃传》的汉史中说，唐高祖皇帝于阳土虎年即帝位"等，其中《唐书·吐蕃传》书名按汉字发音写为藏文《ཐང་ཞུ་ཐུ་བན་》，以ཐུ་བན་对音汉文"吐蕃"；后又说"个别译名不当，如将吐谷浑译为黄霍尔，将和田译为沃田等，详情请阅《唐书·吐蕃传》原本"，其中《唐书·吐蕃传》书名又另写为藏文《ཐང་ཞུ་ཐུ་ཞེན་》，以ཐུ་ཞེན་对音汉文"吐蕃"[18]；"吐蕃"的前后藏文拼读颇有些差异，但所指同一。

5. 成书于新中国1950年代初期的《白史》是由现代藏族人文主义学术大师根敦群培撰写的。其开篇部分讲西藏地名由来时提到："吾等此处，最初时在藏语中即呼为'博域'（བོད་ཀྱི་ཡུལ་）……现在除汉地外，其他诸大国，皆呼西藏为'底巴达'（ཏི་བྱད་）。此显然是从汉地往昔呼西藏为'吐蕃'（ཐུའུ་པན་）与蒙古语中呼西藏为'吐巴达'（ཐུ་བྱད་）所转变而成也。"其中以藏文ཐུའུ་པན་对音汉文"吐蕃"。[19]

（三）现代藏文里的ཐུ་བོད་

"吐蕃"的现代藏文拼读，如青海民族出版社1983年出版端智嘉、陈庆英译著的《吐蕃传》，其中"吐蕃"译为藏文ཐུ་བོད་[20]，拉丁转写为thubhod。这应是一个非常晚期的藏文拼读，因为传统的藏文典籍里，就我们目力所及，从未见过这种拼读。该拼读出现背景是：在牙含章先生"名从主人"一类主张推动下②，1961年田汉的话剧《文成公主》首次把"吐蕃"公开读为tǔbō[21]；1979版《辞海》较早对"吐蕃"注音tǔbō，1980版《新华词典》也对"吐蕃"的"蕃"注bō音；其后社会上读tǔbō的人便多起来，藏文ཐུ་བོད་应该就是对此潮流的顺应，是一

---

① 《汉藏史集》（汉文版）一书最初整理翻译时，东嘎·洛桑赤列先生（1983）指出："作者为达仓宗巴·班觉桑布，其事迹迄今未见史书记载。"而陈庆英先生经过考证，认为《汉藏史集》作者即达仓宗大译师嘉乔贝桑。孙林. 藏族史学发展史纲要[M]. 北京：中国藏学出版社，2006：257.
② 1961年，在田汉的话剧《文成公主》内部预演审查时，周恩来总理责成有关部门查证一下"吐蕃、乌斯藏"等西藏有关历史词的语源，牙含章先生最终受命进行考察论证，提交给总理的报告主张"吐蕃"读tubo，证据主要是"吐蕃"的"蕃"对音藏人自称蕃'（bod），有大昭寺前甥舅会盟碑上的汉藏文对照为证；对西藏的称呼，西方的Tibet、唐时阿拉伯商人的Tibbat，源头都是唐朝人对"吐蕃"的读音"吐播bo"等，属于"名从主人"原则一类的主张。见牙含章. 关于吐蕃、朵甘、乌斯藏和西藏的语源考证[J]. 民族研究，1980（4）：3-6.

种现代音译；而 རྒྱ་བོད་ 作为一种梵文化的拼法，应源自印度人称呼西藏为 བོད་[①] 吧。

三、藏文拼读"吐蕃"的两个问题

综前所述，人们自然会产生如下问题，我们且一一解答于后。

问题1：既然藏文里从唐代开始就用 བོད་ 来对译汉文"吐蕃"，那么为什么藏史里还会出现"ད་系拼读"来音译汉文"吐蕃"呢？这涉及藏文"ད་系拼读"出现的历史背景问题。

背景A：汉文《唐书·吐蕃传》书名直接音译进入藏文。以萨迦班智达与蒙古王子阔端在凉州的会晤为标志，西藏正式纳入祖国版图；一大批藏族上层人士包括喇嘛由此开始远赴中原汉地朝觐皇帝、游历就职或参与翻译典籍等。元世祖忽必烈时官方先后在凉州萨迦班智达的府邸朱必第寺与临洮（帝师八思巴在那里建有临洮寺，作为西藏赴京的重要交通站）建立译场翻译汉、藏等传统文化典籍，加深了藏文化和中原汉地文化的密切交流。如汉族译师胡降祖与藏族译师仁钦扎国师[②]首次在临洮译场合作把汉文《唐书》译为藏文并刊行于世[22]。由于出自帝师、国师亲自参与的官方权威译场，加之《唐书》对吐蕃史料保存甚多，藏译本很快引起藏族史家注意；著名的蔡巴《红史》就较早把藏译本《唐书·吐蕃传》内容予以摘抄；为提高史料来源的可信度，《红史》中还专门说明《唐书》藏译过程，并以藏文直接译音的方式保留了《唐书·吐蕃传》书名在元代的汉文发音，并强调有关唐蕃史实"详见《唐书·吐蕃传》"，由此开启了藏族历史新的修史模式。除《红史》外，藏族史学著作中明确表示引用《唐书》记载的还有藏文《青史》《贤者喜宴》《西藏王统记》《新红史》等[23]。这就是元以来藏文史籍里针对"吐蕃"的"ད་系拼读"屡屡出现的主要背景。

背景B：汉文"吐蕃"读音间接音译进入藏文。1939年，精通汉文的法国藏学家巴考（J. Bacot）邀请游学印度的根敦群培帮助解读敦煌藏文写卷[24]；合作中，受巴考影响，根敦群培才知道还有《唐书·吐蕃传》这样的汉史详细记载古代西藏。巴考曾将汉文《唐书·吐蕃传》完整译为英文。根敦群培后来得到这份英文译文，得以一窥古代吐蕃社会某些细节[25]。根敦群培本人精通英文而不怎么通汉文（尽

---

① 根敦群培《白史》里说："印度人呼吾等地名为'播札'（བོད་），此系昔时读法，读'博'（བོད་）时，将'波'、'答'二字读得显明，故渐变为 བོད་བོད་བོད་ 之音，实际是将此'博'（བོད་）字，转变成梵语，非梵语转变为藏名也。"见根敦群培. 白史（汉，藏）[M]. 北京：中国藏学出版社. 2012：3.

② 两位译师均与帝师八思巴有来往，《八思巴全集》中提到胡降祖曾刻印佛经请八思巴撰文祝赞；另，仁钦扎喇嘛精通汉藏蒙三语，被忽必烈封为国师。见蔡巴·贡噶多吉. 红史[M]. 陈庆英 等, 译. 拉萨：西藏人民出版社, 2002：179. 达仓宗巴·班觉桑布. 汉藏史集（汉文）[M]. 拉萨：西藏人民出版社, 1986：63.

管他也有两位汉人朋友），他在《白史》中译"吐蕃"为 ཧུན་པན་ 之音应来自巴考英译的《唐书·吐蕃传》。

问题2：同一汉文"吐蕃"，"蕃"所对应的藏文音译有的是"ན 系拼读"带鼻音［n］，有的却是 བོད་ 不带鼻音［n］，二者究竟孰对孰错？我们先用两位藏传佛教知名人士的例子回答。原扎西曲林寺活佛、西藏大学教授东噶·洛桑赤列在给藏文《红史》作注时，对其中《བང་གི་རྒྱུ་དན་》名称以藏、汉文注写为《བང་ཧུན་གུ་ཕན་ 唐书·吐蕃传》[26]，以藏文 ཐུ་ཧུན་（thufan）对音"吐蕃"；前甘肃省佛协副主席、藏传佛教格鲁派活佛杨海莲曾说"吐蕃"按人民群众的读音应读 tǔfān，读 tǔbō 在藏文佛典中无根据①。可见无论东噶先生还是杨海莲活佛，都会支持"ན 系拼读"；"ན 系拼读"带鼻音［n］应是"吐蕃"的"蕃"真实读音，这也是历史上元朝官方权威译场翻译《唐书·吐蕃传》藏文本所确认的。

但当代一些藏族专家教授从所谓"名从主人原则"出发，对汉文"吐蕃"还"理所当然"地读 tǔbō（如中央民大岗措教授声称"藏人和藏学界都把'吐蕃'读作 tǔbō，这是公开的事实"[27]）。而当他们翻阅元明以来藏史，看到针对"吐蕃"译音的藏文"ན 系拼读"都是［n］尾音时，他们又会很困惑，进而怀疑："古代藏族史家是不是拼错了？"②其实，史实就是史实，大家根本不用怀疑前辈史家藏文拼写有错；要怀疑的是那些最初定"吐蕃"读音为 tǔbō 的人，他们的思维逻辑或论证哪里有误。这就要涉及"吐蕃"注音诸原则的是与非了，详见下文。

四、"吐蕃"注音诸原则的是非讨论

（一）"名从主人原则"的逻辑错误

从前述诸藏文史籍里"吐蕃"的"ན 系拼读音"译来看，无论元代的 ཐུ་ཧུན་、ཐུ་ཧུན་，还是明代的 ཏུ་ཧུན་、ཏུ་ཧུན་，抑或现代《白史》里的 ཧུན་པན་，各种藏文拼读形式尽管不尽相同，但就鼻音 ན［n］结尾对音"蕃"而言，它们毫无二致。这充分说明，"吐蕃"的"蕃"音历来都是［n］尾韵，主张［n］尾韵的"尊史从古原则"和"自然音变原则"因而有其合理性；而那种认为"吐蕃"读音源于藏人自称 བོད་（bod）、藏人自己从来都是读"吐 bō"的说法，根本就是个假命题；所谓的"名从主人原则"因而成了"漂亮"的空中楼阁和"美丽"的错误！究其错误的逻辑根

---

① 杨海莲曾说：吐蕃一词"有些学者读作 tubo，遍查藏传佛教典籍也找不到出处。可能学者们另有所本。所本在哪里，闻所未闻，见所未见"，见祁振纲. 吐蕃起源及其读音问题试探［J］. 中央民族大学学报，1996（2）：29.
② 笔者一位藏族同事，也是著名藏学教授，说他看到过藏文史籍（估计是根敦群培《白史》）"吐蕃"的藏文音译，读若"tuban"，颇感疑惑，并抱怨"既然汉文'吐蕃'源于藏文 读 tubo，怎么再翻译回藏文里就变了音成 tuban 呢"，认为有谬误。

源，主要有以下几点：

一是混淆自称和他称。南晓民（2014）曾指出：从起源角度看，"吐蕃一词并非古代藏族政权的自称，而是他称；藏人也从未自称'吐蕃'。既如此，吐蕃的注音何来'名从主人'？藏人的自称བོད་（bod）与吐蕃的'蕃'不存在必然的对音关系。"[28]

二是混淆音译与意译。从前述藏文献里"吐蕃"的藏文对译来看，བོད་自唐代起就属于意译而非音译；而"ཏ系拼读"从元代至现代，一直就是音译而非意译，这是非常明显的史实；前述"吐蕃"的现代藏文音译，ཐུ་བོད་正是这种混淆音译与意译的产物。

（二）"尊史从古原则"的合理性与局限性

1. 合理性。汉语音韵学家早就提出了"古无轻唇音[f]"的科学论断；由此论断出发，唐代"蕃"不会读"fān"，声母要改读重唇音[b/p]。再结合"吐蕃"入韵的唐诗可见，那时的吐蕃的"蕃"韵母为元韵带[n]尾音。按王力先生《汉语史稿》对唐代中古音的拟音，"蕃"当读为[plen]音[29]。清代著名历史音韵学家钱大昕曾提到"蕃"的古音："古读蕃如下……下、变、蕃皆同音"[30]，可见"尊史从古"一派给"吐蕃"拟音Thu puan、Thu biwan等，是符合"吐蕃"古代读音史实的。这点也得到了一些藏学家的认同，如王尧先生（2012）曾提到"吐蕃"的"蕃"唐代音pian[31]。

2. 局限性。首先，由元明时藏文史籍里的"ཏ系拼读"可见，从元代开始，"蕃"的声母已开始由重唇音向轻唇音[f]转化或已完成转化①，因而元明时"吐蕃"就不能简单注古音Thu biwan之类。其次，在隋唐以来的"蕃汉对举"的政治语境下，"吐蕃"的"蕃"音义混同泛指"少数民族、蕃屏、藩/蕃国"的"番/蕃/藩"，因而唐代"吐蕃"也可异称"吐番、西番/蕃、蕃国、蕃"等。如果今天还一味讲求古音，按"蕃"biwan之类古音读"吐蕃"的异称"西蕃/西番"或唐蕃会盟碑上的"蕃汉如何如何"的语句，就会造成交际理解的困惑和语感的不适，总不如读今音"蕃"fān那么顺畅。这就显出"自然音变原则"的合理性了。

（三）"自然音变原则"的合理性与局限性

1. 合理性。"自然音变原则"强调"吐蕃"的读音要与时俱进，注音tǔfān，这符合语言发展的历史潮流和现实需要，也符合"吐蕃"读音的传统习

---

① 藏文里本有重唇音声母བ་ཕ་之类的，如果"吐蕃"的"蕃"元明时期读重唇音声母的话，在对应的藏文ཏ系拼读里应有所反映，但实际没有。

俗。如美国外交官柔克义（1891）记录了清末汉民对川边、甘边藏民的几种称呼：Fan，Fan-min，T'u-fan，Fan-tzǔ，ShengFan，无一例外都带fan音[32]；1930年代贺龙率领的红军在滇、康藏区曾庄严声明："本军扶助番民，解放番民的痛苦，兴番灭蒋……将取道稻城、理化进康川"等，还向喇嘛寺题赠一幅横匾，上书："兴盛番族"四字[33]；中央红军在藏区还曾发布《告康藏西番民众书》[34]。祁振纲（1996）提到甘肃临夏解放前一直称藏族为西番，称藏区为西番地方；川边解放时，新入伍的藏族战士填表时多自填"番、西番、番民"等[35]。这里的"番、番民、西番"等均带fān音，都是作为"吐蕃"（藏族）的异称而口口相传于民间千百年，不是读白字读出的，应予以尊重。

2. 局限性。"吐蕃"若读今音tǔfān，会存在不合古音、不能合理解释一些古诗韵律的尴尬。例如下面这首"吐蕃"入韵的古诗（押韵字黑体标出）：

［宋、金］耶律楚材 2①《德新先生惠然见寄佳制二十韵和而谢之》：

著书归至颐，议论探深**源**。
藉藉名虽重，区区席不**温**。
家贫谒鲁肃，国难避王**敦**。
北鄙来云内，西边退吐**蕃**。
勉将严韵继，不得细文**论**。
远害虽君智，全身亦圣**恩**[36]。

我们知道，唐以来的格律诗，严格讲究按《广韵》音系押韵。《广韵》元韵下注"魂痕同用"，意即"元、魂、痕"三韵可通押；这首诗中元韵字"源、蕃"，魂韵字"温、敦、论"、痕韵字"恩"即按中古《广韵》音系押韵；其中"吐蕃"的"蕃"若读今音fān则不押韵（读bō更不押韵），而改读开口度较小的中古拟音biwan之类，才能入韵于诗歌和"温、恩"等字通押，"勉将严韵继"。这正如我们读唐诗《山行》"远上寒山石径斜，白云深处有人家"，为求韵脚和谐常把"斜"字今音xié改读中古拟音xiá韵一样。此处可见"尊史从古"原则的合理性。

五、结论

由以上对"吐蕃"注音诸原则的讨论可见，所谓"名从主人原则"根本不能成立，也不可取；而"尊史从古原则"与"自然音变原则"又各有其合理性、局限性。

---

① 耶律楚材（1190—1244），字晋卿，金朝契丹贵族；其家世代受汉文化和儒家思想熏陶，有读书知礼的家风。耶律楚材幼习汉籍，精通汉文。1215年，他开始被成吉思汗蒙古政权收编，且直到他去世很久，元朝还没正式建立，南宋也没灭亡，故说他是宋、金时期人。

所以，对于"吐蕃"这样历时久远，读音特殊、复杂的历史词，注音务须谨慎，不能贸然定论；不能简单地一刀切或"非此即彼"地走极端。鉴于"尊史从古原则"与"自然音变原则"二者局限性互补（即甲方短处为乙方长处），我们建议：汉文辞书可同时遵循这两个原则来给"吐蕃"注音，只是要注意不同注音的"吐蕃"使用场合宜各有分工；按"自然音变原则"给"吐蕃"注音tǔfān，一般场合通用；按"尊史从古原则"给"吐蕃"注音，暂定tǔbiān，可注明"是古音，在读古诗词、古音韵场合用"。这样，我们既汲取了"尊史从古原则"与"自然音变原则"各自的合理性，又互补了二者各自的局限性，庶可客观全面反映"吐蕃"的历史真实读音。

参考文献：

[1][27]朱宏一."吐蕃"的读音[J].语文建设，2001（12）：27-29.

[2]谢仁友."吐蕃"音辨[J].中国语文，2003（6）：528.

[3]伯希和.汉译吐蕃名称[G]//冯承钧，译.西域南海史地考证译丛.北京：商务印书馆，1962.

[4][30][32]张济川."吐蕃"：读tǔbō还是tǔfān[J].中国藏学，2000（2）：79，180，82-83.

[5]路易·巴赞，哈密屯."吐蕃"名称源流考[G]//耿升.国外藏学研究译文集.拉萨：西藏人民出版社，1992（9）：183-216.

[6]石泰安.西藏的文明[M].耿昇，译.北京：中国藏学出版社，2012：256.

[7][28]南晓民.汉语词"吐蕃"的起源和本真音读考[J].西藏大学学报（社会科学版），2014（3）：125.

[8]彭志宪."吐蕃"的"蕃"字还应读"番"[J].新疆教育学院学报，1988（1）：44-46.

[9]郑张尚芳.古译名勘原辨讹五例[J].中国语文，2006（6）：547，546.

[10]姚大力."吐蕃"一名的读音与来源[J].元史及民族与边疆研究集刊，2013（26）：95.

[11]拉都.汉藏语法比较与翻译[M].成都：四川民族出版社，2007：90-92.

[12]王尧.西藏文史考信录[M].北京：中国藏学出版社，1995.

[13]阴法鲁，许树安.中国古代文化史（一）[M].北京：北京大学出版社，1989：33-35.

[14]蔡巴·贡噶多吉.红史[M].陈庆英，等，译.拉萨：西藏人民出版社，2002：1-327.

[15][26]东嘎·洛桑赤列.《红史》注释[M].北京：民族出版社，2004：16-286，

265.

[16]释迦仁钦德.雅隆尊者教法史[M].汤池安,译.拉萨:西藏人民出版社,2002:12-255.

[17][22]索南坚赞.西藏王统记[M].刘立千,译.北京:民族出版社,2000:16-223,222-223.

[18]达仓宗巴·班觉桑布.汉藏史集(藏文)[M].成都:四川民族出版社,1985:106-114.

[19]根敦群培.白史(汉,藏)[M].北京:中国藏学出版社,2012:3-4.

[20]端智嘉.吐蕃传(藏文版)[M].陈庆英,译.西宁:青海民族出版社,1983:359.

[21]牙含章.关于吐蕃、朵甘、乌斯藏和西藏的语源考证[J].民族研究,1980(4):3-6.

[23]孙林.藏族史学发展史纲要[M].北京:中国藏学出版社,2006:108.

[24]沐水.根敦群培年谱(1903-1951)[J].中国藏学,2012(S2):101.

[25]杜永彬.论人际交往对更敦群培的影响[J].中国藏学,1999(4):94-95.

[29]王力.汉语史稿[M].北京:中华书局,2004:60-65.

[31]王尧.藏汉文化考述[M].北京:中国藏学出版社,2011:60.

[33]天宝.红军长征过藏区[G]//红军长征回忆史料(2).北京:解放军出版社,1992.

[34]何洁.长征时期汉藏民族关系的深化发展及其对藏区社会的影响研究[J].中国藏学,2016(3):100.

[35]祁振纲.吐蕃起源及其读音问题试探[J].中央民族大学学报,1996(2):28.

[36]耶律楚材.湛然居士文集[EB/OL].http://www.360do-c.com/content/11/0521/13/5350445181882519.shtml.

改革开放以来我国藏传佛教研究文献综述

——以哲学思想、教义教法类汉文专著为中心[1]

孔繁秀[2]　徐东明　董希媚

改革开放以来，随着党的民族宗教政策的贯彻和落实，国家对藏传佛教研究事业的发展给予了极大支持。学术界对藏传佛教历史、教派、教法经典、哲学思想、人物等方面的研究在宗教研究中占据着重要的地位，其中对藏传佛教哲学、教义教法思想研究非常深入，专家学者的辛勤耕耘，为推进新时期的学术研究向前发展做出了巨大的贡献。本文对改革开放以来我国学术界在藏传佛教哲学思想、教义教法思想方面研究的汉文著作进行梳理及综述，密教研究成果另有专文综述，所述现状仅供参考，不妥之处敬请专家同行指正。

一、关于藏传佛教哲学思想的研究

藏传佛教哲学是以印度佛教和汉地佛教哲学思想为基础结合藏民族的传统哲学思想，在历史的长河中几经波折和洗礼，形成的具有藏民族特色的佛教哲学体系；是印度、汉地佛教哲学和藏族本土文化结合而形成的产物，其哲学理论以博大精深著称于世。1978年以来，国内学者在藏传佛教哲学和教义思想研究方面的相关专著主要有：班班多杰著的《藏传佛教思想史纲》（三联出版社，1991；上海人民出版社，1992/1995），是作者研究藏传佛教思想史的力作，对西藏苯教、藏传佛教发展历史、各教派教义思想、源流等进行了深刻论述，该书资料详实、论证有力、线索清晰，是国内藏传佛教思想史研究的重要成果。班班多杰著的《拈花微笑：藏传佛教哲学境界》（青海人民出版社，1988/1996），是作者从哲学角度对藏传佛

---

[1]本文原载于《西藏大学学报》（社会科学版）2015年第2期。
[2]第一作者简介：孔繁秀，西藏民族学院图书馆馆长、研究馆员，主要研究方向为图书馆学、藏学文献。

教各派哲学思想和哲学境界进行诠释的理论专著,作者同时将藏传佛教哲学与西方哲学比较,立意新颖,富有理论建树,是藏传佛教哲学研究的奠基之作。佟德富、班班多杰编的《藏族哲学思想史论集》(1991),是对藏族哲学思想史论文的结集,其中含有藏传佛教哲学思想史的多篇论文。

多识仁波切著的《爱心中爆发的智慧:增订本》(1998)是著名的藏传佛教基本理论著作,作者从佛教的立场对藏传佛教的基本哲学理论作了系统概要论述,在国内外反响较大,作者同类著作还有:《佛教理论框架》(2002)、《驱暗宝珠集萃》(2003)、《爱心中爆发的智慧:精华本》(2005)等。

乔根锁著的《西藏的文化与宗教哲学》(高等教育出版社,2004),是作者运用马克思主义基本观点和方法,从哲学的角度对藏民族的文化、宗教予以宏观审视的重要学术成果,并通过对藏汉传统文化的比较研究,展现了西藏文化的发展历程和内在变迁,凸显了西藏文化及其宗教哲学的内在结构与主要特征。本书"文化卷"中,宏观地对西藏文化的发展流变、主要特征、思维方式、价值取向做了整体把握;"哲学卷"中,以西藏宗教文化的核心——宗教哲学为焦点,对藏传佛教的基本理论和各主要哲学流派的思想从宏观上予以分析与论证,在藏传佛教哲学研究上取得了创新性突破,填补了藏密哲学研究的空白。乔根锁、魏冬、徐东明著的《藏汉佛教哲学思想比较研究》(上海古籍出版社,2012),通过对藏汉佛教哲学思想形成的历史与文化背景的考察,在宇宙观、因果报应论、缘起论与中观思想、心性论、修行实践论及汉密与藏密等方面对藏汉佛教之间的不同特点做了比较研究,揭示了两者的异同及各自的面向,以呈现两大佛教系统的丰富性,从而为认识理解藏汉佛教文化提供一种方法论的理路与学术基础。

李元光等著的《藏传佛教直观主义认识论》(民族出版社,2009),作者从直观主义认识论的角度主要阐述了藏传佛教认识的主体与对象;并分别阐述了宁玛派"大圆满"认识学说、萨迦派"道果法"认识论、噶举派"大手印"的认识思想、觉囊派"他空见"认识论、格鲁派"道次第"认识论,以及直观主义认识之规程与范式——藏传因明等内容。该书是从哲学认识论角度研究藏传佛教及各派教义思想的理论新作。

孟晓路著的《七大缘起论》(宗教文化出版社,2008),从佛教缘起论发展的形态出发,认为七大缘起于佛教诸种缘起说中最为究竟。该书从立宗破异、真如种性、明点种子、转变(转识成智)、四缘五果、五智九识、七位心所、法界五级、语言、空间时间等方面,阐述了佛教七大缘起论的内涵,并附录有"七大缘起说之渊源"、"从唯识四分到密教四分"、"通达全体佛学研究次第"等三部分。该书是研究佛教世界观的重要理论成果。

刘俊哲著的《藏传佛教哲学思想研究》（民族出版社，2013），作者准确把握了宗教哲学追求出世与入世相统一的特点，并将其作为自己的基本研究思路，认为藏传佛教是在继承并创新印度佛教的基础上，形成的融形上学和形下论于一体的佛学体系，同时该书把存在论、知识论、实践论融为一体，阐述了藏传佛教哲学的缘起性空论、中道观、因果论、心性论、认识论、宇宙观、人生观、生死观、伦理道德观、修行论等理论范畴的丰富内涵，填补了国内研究空白，对藏传佛教及其哲学研究做出了贡献。另有刘俊哲编的《藏传佛教哲学思想资料辑要》（民族出版社，2007），是按照佛教哲学教义类别对藏传佛教各派典籍进行分类编排的资料汇编。

从国外翻译的藏传佛教哲学研究著作有刘宇光译（美）伊丽莎白·纳珀的《藏传佛教中观哲学》（中国人民大学出版社，2006）等。

二、关于藏传佛教各教派教义教法思想的研究

（一）通论藏传佛教教义研究

张曼涛主编的《西藏佛教教义论集1-2》收入《现代佛教学术丛刊77-78》（台湾大乘文化出版社，1979），台湾西藏学丛书编委会编的《西藏佛教要义》（台湾文殊出版社，1987）是台湾学者整理研究西藏佛教教义的重要成果。李冀诚、许得存著的《西藏佛教诸派宗义》（今日中国出版社，1995）收录了论述藏传佛教各派教义的11篇论文，内容涉及藏传佛教概述、宁玛派及其"大圆满法"、噶当派教义、噶举派及其"大手印法"、萨迦派及其"道果法"、觉囊派及其"他空见"、格鲁派及其"缘起性空"、宗喀巴的《中论广释》和《菩提道次第广论》密宗义理等。刘立千著的《藏传佛教各派教义及密宗漫谈》（民族出版社，1997），主要介绍了藏传佛教宁玛派、噶举派、萨迦派、觉囊派、格鲁派的传承情况及教义，重点阐述了各教派有关密宗的见地，本书的论述系统详实，具有较高的学术参考价值。许德存（索南才让）著的《藏传佛教研究》（宗教文化出版社，2008），是作者几十年研究藏传佛教的理论文章汇编，主要包括格鲁派、觉囊派、宁玛派等教派教义思想，以及藏传佛教历史、顿渐之争、藏密密法、佛教寺院、苯教信仰和发展等内容，是研究藏传佛教教派历史和哲学思想的重要学术文献。同类著作还有克珠群佩著的《西藏佛教研究》（宗教文化出版社，2009），这是作者多年研究西藏佛教教派源流、各派教法义理、高僧传记等内容的论文集，对于研究藏传佛教哲学思想具有重要价值。

结合新时期国内社会发展的需要，对藏传佛教教义思想进行新的诠释和阐发，是藏传佛教适应时代需要、构建和谐社会的必然要求，故这一方面的著作也逐渐出现。如郑堆主编的《藏传佛教教义阐释（试讲本）》（中国藏学出版社，2012），本书分为爱国篇、道德篇、持戒篇、和谐篇四篇，主要内容包括：国难当头护卫国家；不作国贼不反国制；报国王恩庄严国土等。同类著作还有郑堆主编的《藏传佛教教义阐释研究文集·第一辑》（中国藏学出版社，2012）、《藏传佛教教义阐释研究文集·第二辑：藏传佛教与精神文明研究专辑》（2013）等。

（二）藏传佛教各派教义教法专题研究

1. 宗喀巴大师作为藏传佛教格鲁派的创始人，其佛教学说理论博大精深，成为国内外学界研究的重要领域，研究宗喀巴大师教义思想的著作有：王尧、褚俊杰著的《宗喀巴评传》（南京大学出版社，1995/2001/2009/2011）通过对宗喀巴著作中重要言论的分析，并比较印度论师的本义与宗喀巴理解之间的异同，概括出了宗喀巴中观思想的特色，即"名言无自性"、"自宗应有许"、"缘起不能破"以及密教思想"双运论"和"次第论"。班班多杰著的《宗喀巴评传》（京华出版社，1995）对宗喀巴大师的主要生平事迹、宗教改革和宗教思想特点做了评述，并对僧肇和宗喀巴的般若性空思想进行了比较研究。李元光著的《宗喀巴大师宗教伦理思想研究》（巴蜀书社，2006），系统地探讨了宗喀巴的伦理思想，并梳理出它的体系框架，对研究佛教伦理和宗教伦理有积极的促进作用。朱丽霞著的《宗喀巴佛学思想研究》（中国社会科学出版社，2007），从宗喀巴的佛学见地、实践观以及境界论入手，论述了宗喀巴的师承和佛学思想渊源，宗喀巴的修行观和境地观，全面阐述宗喀巴的显教思想，系统地勾画出宗喀巴的整个宗教体系，全面定位宗喀巴的佛学思想，凸显其自有的特征及其在中国佛学中的价值。

多识·洛桑图丹琼排著的《佛理精华缘起理赞》（四川民族出版社，2000）是作者对宗喀巴大师《缘起赞》的翻译和解读。《甘露心华·菩提道次第论〈道之三主要〉释义》（台湾佛哲学书舍，2000），是汉地佛教界学者祈竹仁宝哲对宗喀巴大师菩提道三要道出离心、菩提心及空性正见的重要开示。帕绷喀著的《菩提道次第笔记》（香港天马图书有限公司，2002），主要叙述了"道次第"的加行法、阿底峡尊者生平与"道次第"宏传简史、"道次第"教授的特色与利益、如何依止善知识、利用暇满人身修习佛法等，以及"下士道""中士道"与"上士道"的内容，还详细介绍了菩提道次第的具体修法。《宗喀巴大师佛学名著译解》（2002）是多识仁波切对宗喀巴大师的佛学名著的翻译和解读，反映了作者对藏传佛教研究的深刻见解。

智敏法师集注的《菩提道次第广论集注 卷1-13》（上海古籍出版社，2004），作者采用"集注"的形式，对宗喀巴《菩提道次第广论》前十三卷进行的注解和诠释。《菩提道次第心传录》（2006）是兰仁巴大师学修《菩提道次第广（略）论》

的学习心得，高度概括了广论的教义要点，语言通俗，行文流畅，可读性强。宗峰、缘宗翻译整理的《菩提道次第广论·四家合注》（中国社会科学出版社，2014），是在法尊翻译《广论》的基础上，对《广论》最著名的四种注疏（即跋梭天王法幢、阿旺饶敦、妙音笑、札底格什注疏）的翻译和整理。本次译文遵循《四家合注》的藏文版式，采用夹注形式，以双行小字将四家注添加在《广论》正文之间。译文的一大特色，在于对《广论》所引的经目和经文做出了详尽的考订和注释，为研究《广论》提供了极大的便利。

同类著作还有法尊译、曲世宇、杨航整理的《菩提道次第略论：完整版》（西北大学出版社，2004），谈锡永主编、释如吉著的《菩提道次第略论导读》（中国书店，2004），宗喀巴著、华锐·洛桑嘉措释译《菩提道次第广论：照亮人类无明智慧之光》（中国藏学出版社，2006），宗喀巴著、祈竹仁宝哲编著的《甘露法洋：〈菩提道次第广论〉释义》（云南民族出版社，2006），释法童著的《趣入空性正见之阶梯：菩提道次第广论·毗钵舍那章直解》（甘肃民族出版社，2007），周拉著的《莲花戒名著〈修习次第论〉研究》（宗教文化出版社，2010）等。

2. 藏传佛教各派非常重视对印度寂天论师《入菩萨行论》的研究，认为修习显密经论，必须发菩提心，树立普度众生的菩提心是修行之基，所以研究《入菩萨行论》的著作代有新出，主要有：隆莲法师译解《入菩萨行论广解》（陕西省佛教协会弘法利生委员会，1995），（印）寂天著、达瓦次仁译的《入菩萨行论》（湖南教育出版社，2000），寂天著、杰操注解、隆莲译《入菩萨行论广解》（上海古籍出版社，2005），寂天著、金刚上师卓格多杰传讲的《入菩萨行讲义》（香港大圆满佛教中心，2008），寂天菩萨著、江洋嘉措释、华锐·罗桑嘉措译的《入菩萨行论释》（宗教文化出版社，2012），无著菩萨著、索达吉堪布译的《入行论释·善说海》（西藏藏文古籍出版社，2013）等。

与《入菩萨行论》内容相似的还有《佛子行》一书，该书全名《佛子行三十七颂》，作者是无著贤（1295~1369）大师，本论是藏传修心法门中非常殊胜的窍诀、大乘法门的修行精要。内容为一大乘佛子所应具有的行持，分三十七个颂词阐述。藏传佛教一切宗派大师共同赞誉《佛子行》，称其包含了一切甚深与广大的要意。对该书的注释和研究也成为菩萨修学的重要内容，主要成果有：佛子陀美著、土登曲吉扎巴释、达瓦泽仁译的《佛子行诠释》（四川民族出版社，1999），智学法师编著的《佛子行三十七颂：菩提行法撮要集萃》（西藏人民出版社，2009），陀美著、达瓦次仁译的《佛子行及诠释》（西藏人民出版社，2012）等。论述菩萨修学的相关译著有索达吉译的《圣行集萃》（2002）和《取舍明镜》（2008）等。

3. 藏传佛教是三乘合一的佛教体系，对于小乘的因果报应和六道轮回学说十分重视，因而这一方面的研究成果也较多。陈兵著的《生与死：佛教轮回说》（内蒙古人民出版社，1994），是作者以佛教轮回说为中心，对人类关于生死之谜破解历程的概略总结，用以启迪智慧，开拓思路，唤起世人对自己的认识，以求有所裨益于精神文明建设和人体科学的进展。同类著作还有：丹增嘉措著的《藏传佛教放生文：动物欢喜园》（民族出版社，1998/1999），索达吉译的《百业经》（1999）、白玛格桑仁波切著的《生死的幻觉》（西藏人民出版社，2005），紫图、杨典著的《唐卡中的六道轮回与地狱精神》（陕西师范大学出版社，2006）、吉布编著的《唐卡的故事：六道轮回》（陕西师范大学出版社，2006）、泽绒洛吾堪布的《因果不虚》（香港亚南福德国际有限公司，2007）等。

4. 中观学说是藏传佛教显教哲学的最高见解，是藏密修行的指导思想，因而，对印度佛教佛学家龙树一系中观思想的研究也是藏传佛教显宗哲学探讨的主要内容之一。研究藏传佛教般若中观、空性正见的著作主要有：《龙树六论：正理聚及其注释》（民族出版社，2000），更敦群培著、白玛旺杰译《中观精要——龙树心庄严》（2003/2009），章嘉·若白多杰著、白玛旺杰译《章嘉国师论中观》（民族出版社，2004），肖黎民、秦亚红著的《文殊智慧哲学精义》（宗教文化出版社，2005），宗萨蒋扬钦哲仁波切著、姚仁喜译的《正见：佛陀的证悟》（中国友谊出版公司，2007），索达吉译的《中观宝鬘论释》（2007），月称著、彭措朗加讲解、贡绒埃萨翻译的《入中观论讲解》（宗教文化出版社，2011），月称论师著、明性法师译的《中观论根本颂之诠释〈显句论〉》（宗教文化出版社，2011），全知麦彭仁波切著、索达吉堪布翻译的《中观庄严论释》（中国文史出版社，2014）等。另有弘学著的《中观学概论》（巴蜀书社，2009），主要从汉传佛教角度介绍了中观学派的源流、传承、所依典籍、论典、论题以及中观学的二谛义、八不中道论、一乘义、佛性义和中观学派之实践，对于研究藏传中观具有参考价值。理净法师著的《中论讲义》（甘肃民族教育出版社，2013）是目前汉传佛学界研究龙树《中论》的重要成果，也是目前唯一对龙树原颂和青目释论都作了详细注释的《中论》注释书籍。

5. 对藏传佛教教义教法思想进行诠释的著作。解答和辩论性的著作主要有多识仁波切著的几部：《藏传佛教疑问解答120题》（四川民族出版社，2000），《藏传佛教疑问解答集萃》（甘肃民族出版社，2003）、《破魔金刚箭雨论》（甘肃天祝县佛教协会，2006），汉传的有吴平等编著的《谈禅说佛系列——名家说佛》（研究出版社，2013）等。

对藏传佛教教派教法和教义阐述的著作有：索南才让（许德存）著的《觉囊派

教法史略》（西藏人民出版社，2011），该书系统论述了觉囊派教法的起源、形成过程及其在西藏的传播，阐述了觉囊派的中观他空思想、六支瑜伽修行法门、寺院建制的发展、寺院高僧、施主与经济等内容，尤其对觉囊派在四川和青海藏区的传播历史作了详细介绍，是目前介绍觉囊派最全面的一部理论著作，对于研究觉囊派教法源流和教义思想具有重要价值。沈卫荣主编的《他空见与如来藏：觉囊派任务、教法、艺术和历史研究》（北京大学出版社，2014）是一部国际学术界研究觉囊派之教法和历史的最优秀和最有代表的学术论文结集。这是迄今为止第一部呈现国际觉囊研究精粹的学术论文集，读者既可以从本书获得有关藏传佛教觉囊派之人物、教法、艺术和历史的全面与权威的知识，同时也可窥见国际佛教学界觉囊研究的学术脉络和学术成就。同类著作还有蒲文成、拉毛扎西的《觉囊派通论》（青海民族出版社，1993/2003），全书共分8章阐述了觉囊派的教法渊源、形成过程以及在西藏的传播、在朵麦藏区的初传和中壤塘三大寺，以及现存的觉囊派寺院等。

德吉卓玛著的《藏传佛教觉域流派探究》（中国藏学出版社，2014）和《藏传佛教觉域派通论：一个藏族女性创立的教派》（中国藏学出版社，2014）两书对于藏传佛教觉域派的法脉传承、教义思想体系、修行理念及仪轨的表述与象征等内容进行了阐述，是目前系统研究觉域派法脉源流和教义思想的重要成果，对于研究觉域派教法思想具有参考价值。

宗义书是藏传佛教学者对于佛教义理的阐释，研究藏传佛教宗义书的著作有：（台）日慧法师著的《佛教四大部派宗义讲释》（宗教文化出版社，2004）、法幢·吉祥贤著、廖本圣译的《〈宗义建立〉之译注研究》（台湾《正观杂志》第32期，2005），牛宏著《〈章嘉宗义〉研究》（甘肃人民出版社，2006），贡却亟美汪波著、陈玉蛟译、法音释《宗义宝鬘浅释》（2007），敦珠法王著、谈锡永等译的《宁玛派四部宗义释》（中国藏学出版社，2012）等。

其中牛宏著的《章嘉宗义研究》，是作者对格鲁派第三世章嘉活佛若贝多杰著作《章嘉宗义》进行研究的最新成果，通过对藏文原著内容的汉译研究，旨在掌握《宗义》中所评判的外道和印度佛教晚期四大宗派的教义思想，并进一步加深对格鲁派佛学观和章嘉国师佛学思想的理解和认识。尹邦志著的《宗通与说通：吐蕃宗论的影响与汉藏佛教亲缘关系》（社会科学文献出版社，2014），揭示了唐朝时期汉藏两地"顿渐之争"的不同；并以"宗通与说通"的路线选择为视角，解释了禅宗、宁玛派、噶举派，中观瑜伽行派、萨迦派与格鲁派等分别依据"自然智"、"后得智"和"根本智"建立教法、分宗立派而引起的前弘期、后弘期的教义上的往复难辨及其对人类智慧所具有的深远的影响。

6. 研究藏传佛教如来藏心性论思想的著作。主要有：谈锡永的《如来藏二谛见：不败尊者说如来藏》（台湾全佛文化实业有限公司，2007），本书所收为宁玛派近代大学者文殊胜海不败尊者（1846-1912，译音密彭绛措）所造，阐述如来藏义理的两篇论典——《狮子吼开许他空》及《狮子吼广说如来藏》，主要依二谛以阐明如来藏。

7. 研究佛教经典和藏传佛教经典教义的著作。多识仁波切著的《佛教著名经典选析》（甘肃民族出版社，2002），是作者从佛教哲学高度对《心经》《金刚经》两部般若部经典的深刻解析。吴信如编著的《法华奥义》（中国藏学出版社，2006）和《法相奥义》（中国藏学出版社，2006），是作者分别对天台宗和法相唯识宗教义思想的深刻解读。

谈锡永译注的《四法宝鬘导读》（台湾全佛文化，1999；中国书店出版社，2007），是作者对宁玛派龙清巴大师《四法宝鬘》一书的翻译和注解。《四法宝鬘》是龙青巴尊者的大圆满系列著作之一，为龙青巴尊者据噶朱派（噶学派）冈波巴大师的《四法》而作。而西藏学者则视之为学大圆满法的入门指南。本书内容详述小、大、密三乘的修行次第，并且依佛家五种见地作一层一层的抉择，非常有助于读者对宁玛派思想源流有清楚完整的认识。四法者，即是指归心于法、修法为道，道上除妄、净妄成觉。四者分摄见、修、行、果。本论篇幅虽短，唯由小乘、大乘，说至密乘；密乘中又由外密说至无上密；无上密中复由生起次第说至大圆满，宁玛派的九乘次第已包摄无余。读者经由详读此书，便可进一步了解西藏密宗大圆满理论，并由此得知大圆满见，此书实为大圆满法之入门指南。

《实相宝藏论详释》（民族出版社，2007），是宁玛派祖师隆钦燃绛巴（龙青巴）尊者所著《七宝藏论》之一，是对自然智为真性之体性的文字诠释，刘立千先生对其进行了翻译和详细解释。《句义宝藏论广讲》（民族出版社，2009），是刘立千翻译隆钦燃绛巴著的《七宝藏论》之一，主要内容包括：句义宝藏论广讲；金刚处第一——抉择根本之次第；金刚处第二——世间迷乱之次第；金刚处第三——佛性遍复之情况等内容。吴信如编著的《般若五经述要》（中国藏学出版社，2008），是作者对顾净缘所讲、沈行如所记述的般若五经讲义的整理和补充，包括：《大般若波罗蜜多经述要》《能断金刚经释义》《般若理趣经释义》《小心经释义》《大乘理趣六波罗蜜多经述要》五部分。

8. 研究藏传佛教修行教法仪轨的著作有：《西藏佛教之宝》（北京佛教居士林，1998），是北京佛教居士林《三宝文库丛书》之一，收录了格西拉然巴·阿旺罗桑、法尊法师、观空法师等十多位汉藏佛教界高僧关于藏传佛教研究的论文、译著，是研究藏传佛教历史和教义思想的重要文献。另有许明银著的《西藏佛教之宝》（台湾佛光文化出版社，1997），对西藏佛教作了全貌性介绍。

《乐空不二：上师供仪讲记》（甘肃民族出版社，2006），是根据多识仁波切讲授格鲁派四世班禅大师所著《上师供仪》即无上瑜伽部密法中的上师瑜伽无上供养法的录音整理而成，内容包括：法的来源、法的殊胜、具体修法。冈波巴尊者造、释寂凡译的《胜道宝鬘论，又名，大乘道次第》（民族出版社，2006），主要阐释了大乘菩提道修行的次序和方法，内容包括明因如来藏、明轮回之痛苦、明六波罗蜜多之安立、明道之安立等。惹琼巴·喜饶僧格的《智慧宝典》（甘肃民族出版社，2008）是噶玛噶举派大师噶玛龙多旦必·确杰坚赞巴桑布修行佛法的开示和指导。同类著作还有宗萨钦哲仁波切著、马君美等译的《佛教的见地与修道》（甘肃民族出版社，2006），克珠杰·格勒巴桑著、释寂凡译《格鲁道次第：全译本》（2007），李辛达仁著的《智慧库》（四川民族出版社，2008）等。

9. 研究藏传佛教民俗信仰和文化的著作有：才让著的《藏传佛教信仰与民俗》（民族出版社，1999），久美却吉多杰著、曲甘·完玛多杰译的《藏传佛教神明大全》（青海民族出版社，2004），德吉卓玛著的《圣殿中的莲花·度母信仰解析》（中国藏学出版社，2007），白玛措著的《藏传佛教的莲花生信仰》（中国藏学出版社，2008）等。

另有（美）罗伯逊译著的《"辨法法性论"研究（英文版）》（2007）等外文著作出版。

（三）关于藏传佛教教义教法思想研究的译著

宗喀巴著、法尊译《〈集量论〉略释》（中国社会科学出版社，1982），山口益著《汉藏对照辩中边论》（台湾华宇出版社，1987），郑振煌译《了义炬：观音——半个亚洲的信仰》（台湾华宇出版社，1988），格桑曲批译、周季文校的《更敦群培文集精要》（中国藏学出版社，1996），宗喀巴著、法尊译的《菩提道次第广论》（青海民族出版社，1998/2004）、《宗喀巴大师集》（民族出版社，2000），万果译的《藏传佛教典籍精选精译》（民族出版社，2001），弟吴贤者著、许德存译的《弟吴宗教源流》（西藏人民出版社，2013）等。

三、结语

纵观藏传佛教哲学和教义教法思想的研究状况，当前学界关于这一领域研究成果明显增多，研究角度日趋多元化，研究深度及广度也有很大进步。从哲学角度对藏传佛教各派教义思想展开研究的著作不断涌现，特别是从西方哲学、宗教哲学、马克思主义哲学等角度展开的研究正在拓展，视野不断开阔。

藏传佛教显宗哲学研究的主要领域有：小乘的四谛、十二因缘、因果报应、六道轮回等思想，大乘的菩萨学、菩提道次第思想、中观（中观自续派、中观应成派）、唯识、如来藏、佛性论（法性论）、他空见（大中观）等。藏传密教哲学研究的重要内容有：六大缘起、七大缘起、菩萨前行、胜义菩提心、四续部密法、本尊、坛城、密教仪轨、真言、咒语等等，以及各派殊胜的无上瑜伽部密法，如大圆满法、大手印法、道果法、六支瑜伽法、那若六法等等，关于藏密研究方面的成果较多，限于篇幅，笔者将另文予以综述。

　　总之，自改革开放以来，随着党的民族宗教政策的落实和国内文化热的兴起，国内学术氛围日趋理性，学术界不仅继承了传统的研究优势，而且更多地从哲学、宗教学、文化学乃至心理学、精神现象学等多学科、多角度研究藏传佛教的哲学思想和教法义理，这不仅反映了对于国内学界对于藏传佛教的研究，已经从单一的研究方法和视域向多学科、多视域转变，而且也反映了国内学者的研究逐渐与国际接轨。尽管国内学界对于藏传佛教历史和各派教义教法思想研究已取得了重大成果，但是，对于藏传佛教哲学思想的研究仍然存在不足，从哲学高度对藏传佛教特别是修行实践方面进行宏观研究的理论著作还不多见，仍需不断加强，期待取得更多的成果。

参考文献：

[1] 许德存.20世纪的藏传佛教历史研究综述[J].佛学研究，1999：331-341；许德存.藏传佛教研究[M].北京：宗教文化出版社，2008：537-559.

[2] 许德存.20世纪西藏密教研究综述[J].佛学研究，1998（7）.

[3] 王启龙.1950-2000年的中国藏传佛教研究[J].法音，2003（8）.

[4] 佛教类研究刊印的藏文古籍目录[EB/OL].佛教导航：http://www.fjdh.com/wumin/HTML/61546.html/2010-02-10.

[5] 沈卫荣.六十年藏传佛教研究回顾与展望[EB/OL].中国藏学网：http://www.tibetology.ac.cn/zh/xueshuzixun/2009-07-11-10-10-33/3615-2009-09-30-10-21-05?view=article&id=3615%3A2009-09-30-10-21-05&catid=39%3Anews.

[6] 陈兵，邓子美.二十世纪中国佛教[M].北京：民族出版社，2000：11.

[7]《中国藏学书目》编委会.中国藏学书目（1949-1991）[M].北京：外文出版社，1995.

[8]《中国藏学书目》编委会.中国藏学书目续编（1992-1995）[M].北京：外文出版社，1997.

[9] 读秀中文学术搜索：http://www.duxiu.com/.

《西藏大学学报》文献计量分析[①]

——基于CNKI（1993-2011）数据

孔繁秀[②]　周晓艳

　　《西藏大学学报》（以下简称《学报》）创刊于1986年，为综合性学术期刊。分藏文版、汉文社会科学版和汉文自然科学版三个版，开设名家专访、藏学研究、西部论坛、高原生态、高原医学、藏文信息处理和教育教学论坛等特色栏目。《学报》在1986—1989年为年刊，每年出版1期，内容涵盖藏文和汉文教学科研方面的稿件，版本规格为32开。自1990年开始，藏文版和汉文版分刊出版，出版周期为半年刊。1991年起，《学报》调整为季刊，分别出版藏文版和汉文版。1993年起《学报》向国内外公开出版发行，藏文版为半年刊，汉文版为季刊，版本规格调整为16开。2007年《学报》藏文版由半年刊变更为季刊；2008年，汉文版分为社会科学版和自然科学版，出刊周期为双月刊。

　　《学报》从创刊至今，从论文质量、版面增幅、版本规格、封面设计、标准化规范等方面取得了长足的进步，得到了政府部门、学术界的认可。2006年《学报》被评为"全国优秀社科学报"；2007年藏文版被评为"全国民族地区民族文字版学报（期刊）名刊"；汉文版被评为"全国民族地区优秀学报（期刊）"，"藏学研究"栏目特色鲜明、优势显著、影响力强，被评为"名栏"；2007-2008年西藏自治区党委宣传部、西藏自治区新闻出版局授予《学报》"西藏自治区优秀期刊"称号；被学校授予"西藏大学办刊进步奖"。2009年底《学报》（社会科学版）进入CSSCI来源期刊；2010年《学报》（自然科学版）被教育部评为"中国高校特色科技期刊"；2010年《学报》（社会科学版）被评为"全国高校优秀社科期刊"，"藏学研究"栏目被评为"特色栏目"；在2011年开展的第二届全国民族地区学报（期

[①]本文原载于《西藏大学学报》（社会科学版）2012年第2期。
[②]第一作者简介：孔繁秀，西藏民族学院图书馆研究馆员，主要研究方向为图书馆学、藏学文献。

刊）评选活动中，《学报》（社会科学版）被评为"全国十佳学报"，其"藏学研究"再一次被评为"名栏"；《学报》（藏文版）再次被评为"全国民族地区民族文字版学报名刊"，其中"藏学研究"栏目被评为优秀栏目；同时《学报》（社会科学版）"藏学研究"栏目入选教育部高校哲学社会科学学报名栏建设第二批名单；2011年底，《学报》再度入选CSSCI（2012-2013年）来源期刊。

一、数据搜集与研究方法

本文基于中国知识资源总库（CNKI）数据，以《学报》（社会科学版和自然科学版）1993-2011年期刊论文为研究对象，借助Access平台，首先建立Access数据库，然后根据分析需求，分别建立不同的工作表和不同的字段，再利用数据库的强大支撑功能，运用文献计量法进行研究，主要计量指标有：年载文量、被引论文统计、被转载论文统计、科研基金论文、核心作者、被引作者、合作率、合作度、总被引频次、影响因子、即年指标等。是对《学报》19年来研究成果的展示，旨在探索《学报》文献计量学特征及刊物特色，分析其学术影响力。

二、论文总体情况分析

（一）载文量分析

载文量是指某一期刊在一定时期内所刊载的相关学科的论文数量，是反映期刊信息含量的指标之一。《学报》1993-2011年19年来发文总数为1821篇（不包括会议综述、讲话等非学术性文章），年均载文量95.84篇。发表论文的年度分布见图1。

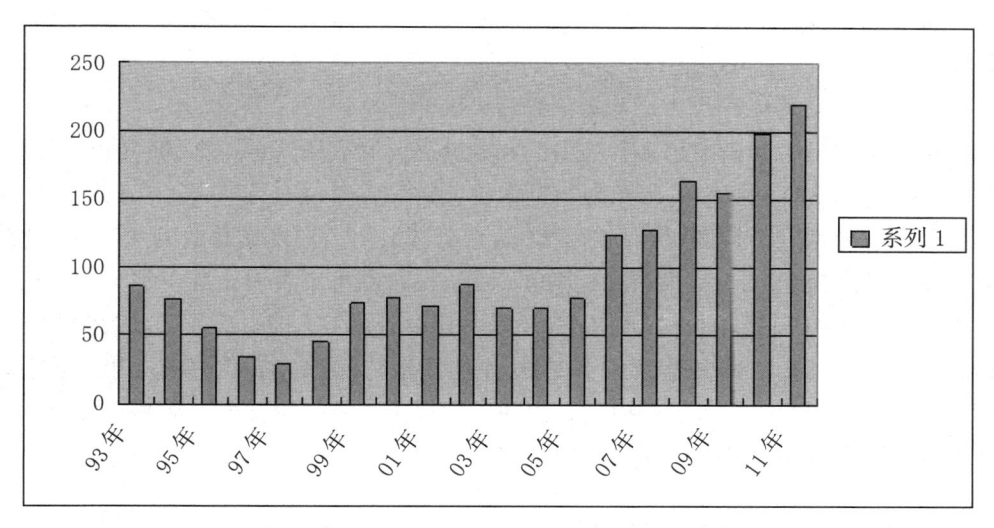

图1 《学报》1993-2011年19年来发文数量

《学报》依托西藏的地域和学校的传统优势，开设了名家专访、藏学研究、西部论坛、高原生态、高原医学、藏文信息处理和教育教学论坛等特色栏目，并在"藏学研究"栏目中设立了历史、文学、艺术、宗教、经济、军事等子栏目，为作者提供了更为广阔的研究空间。正如《学报》创刊20年发刊词中所说的"20年来，《学报》紧密联系西藏实际、始终以服务于西部地区和西藏的建设与发展、学校的学科建设和人才培养为目标，保持着一贯的本土化风格。她不仅展示了西藏经济社会以及学校发展的各个方面，而且也多角度、多层次地展示了社会主义新西藏的文化，正是《西藏大学学报》鲜明的民族特色，才使她在竞争日趋激烈的报刊市场中站稳了脚跟，并且不断发展，欣欣向荣"。自2000年，《学报》加入《中国学术期刊光盘版》和"中国期刊网"后，要求稿件中英文摘要、关键词、作者简介等格式完整；参考文献采用顺序编码制，统一用尾注形式处理；引用马克思主义经典著作，采用人民出版社最新版本等，使学术期刊规范化、标准化，与国际学术期刊接轨。

《学报》在办刊过程中，坚持学术至上、为学术服务的精神，努力办出特色，提高学报的社会效益，更好地为教学、科研和西藏两个文明建设服务，成为展示本校学术成果的窗口，为学校的学术交流和人才培养发挥了积极作用。《学报》特色栏目"名家专访"和"藏学研究"为保护、传承和弘扬藏民族传统文化起到了积极作用，而且带动了国内外藏学研究的热潮，是对达赖分裂集团和西方反华势力散布的"西藏文化毁灭论"的有力回击。

自2000年起，《学报》实行匿名专家审稿制度，要求所审稿件隐去作者姓名、职称职务、机构、通讯地址等个人资讯，进一步保证了学术公平，提高了学术质量。

（二）论文总被引频次及单篇被引频次统计

期刊论文被引的篇数越多，被引的频次越高，则表明这些论文的价值和影响越大，该刊在本学科领域中的影响力与学术价值越大。通过对《学报》社科版和自然版被引论文分别进行检索统计，有824篇论文被引用，占论文总数的45.2%。这些论文被引频次为2112次（见图2、图3）。从柱状图可以看出，《学报》被引论文从2000年起逐年有所增长，2005年开始呈明显上升趋势，被引次数最高为2011年，被引频次为480次，其次为2010年，被引频次为453次，第三为2009年，被引频次为338次。刊发论文大量被引用，说明《学报》近年来论文质量明显有所提高，这与该刊2008年来自然科学版的出版也有较大的关系。

图2 《学报》（社科版）论文被引量

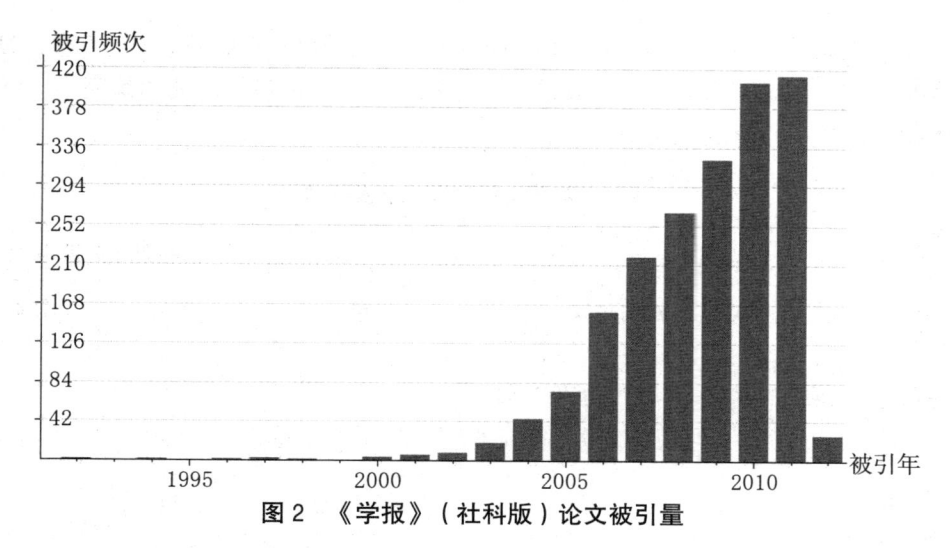

824篇被引论文中单篇被引1次的论文为359篇，占43.6%，单篇被引2次的

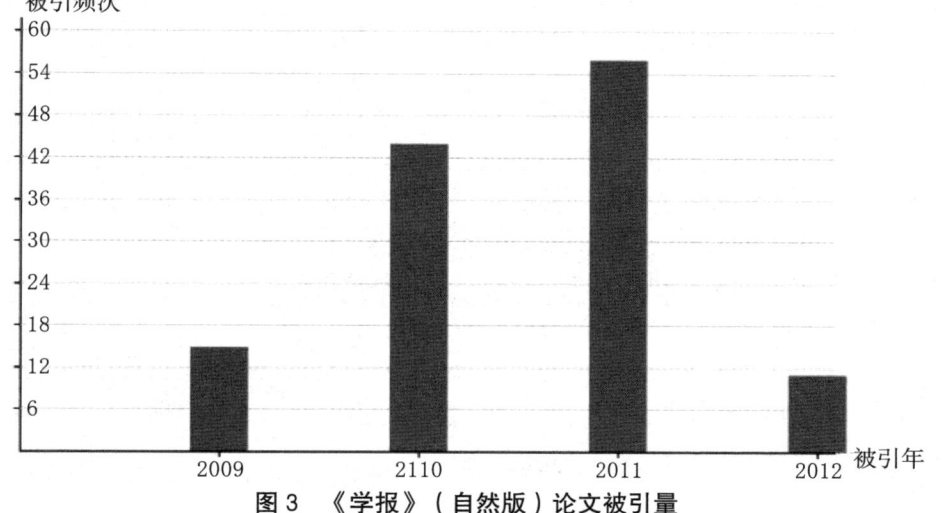

图3 《学报》（自然版）论文被引量

有191篇，占23.2%，单篇被引3次的有106篇，占12.9%，单篇被引4次至7次的有128篇，占15.5%，单篇被引8次以上的论文有33篇，共被引频次为425次（见表1），其中单篇被引频次最高的是王宏星、崔凤军的"我国乡村旅游产品体系及其影响研究"，文章通过考察多个国外的乡村旅游项目，分析了我国乡村旅游的特色与不足，提出了乡村旅游产品体系的系统概念，并对乡村旅游对我国农村可能产生的影响作出了分析，为我国乡村旅游的产业发展提供借鉴。作者认为，乡村旅游

是可以实现旅游者、农民和乡村社区多赢的一种生态旅游方式，对我国旅游业的发展和解决三农问题，有着相当重要的意义。该文被广大读者在后期的研究中广泛参考引用，产生了很好的社会效益。

表 1　单篇被引频次论文及作者

篇名	作者	年期	被引频次
我国乡村旅游产品体系及其影响研究	王宏星、崔凤军	2005.1	104
西夏及元代藏传佛教经典的汉译本——简论《大乘要道密集》《（萨迦道果新编》	陈庆英	2000.2	23
2006-2050年西藏人口发展趋势预测	郭志仪、曹建云	2006.4	16
纳米药物的研究进展	王聚乐	2002.3	16
中美高等学校学科教育比较研究（英译汉）	苏智欣、苏金林、苏占尼·格德斯特著，肖干田译	1998.2	13
试论西藏的双语教育	周润年	2004.4	12
李安宅边疆思想要略	汪洪亮	2006.4	11
论当代藏传佛教的发展路向	杜永彬	2007.1	11
藏族民居——宗教信仰的物质载体——对嘉戎藏族牧民居的宗教社会学田野调查	郑莉、陈昌文、胡冰霜	2002.1	11
世界文化遗产利益相关者管理的理想模式研究——以布达拉宫为例	胡海燕	2006.1	10
藏族传统婚俗文化及其变迁	陈立明	2002.2	10
论中国保险监管的目标及政策——兼论消费者保护问题	王峰虎、张怀莲	2003.1	10
《玉篇》版本研究	陈建裕	1999.z1	10
西夏大乘玄密帝师的生平	陈庆英	2000.3	10
清代拉萨札什城兵营历史考略	冯智	2006.1	9
简·奥斯汀的讽刺艺术——析小说《傲慢与偏见在结构和人物性格中讽刺的运用	肖铖	2002.2	9
拉萨市流动人口调查报告	陈华	1999.z1	9

篇名	作者	年期	被引频次
我国环境教育现状与若干发展建议	朱晓华、王建、汪洋	2001.3	9
西藏三语教学的昨天、今天和明天	田家乐	2001.4	9
论"知青文学"的兴盛与衰落	刘建敏	1997.1	9
西藏旅游产业发展现状研究	刘妍、陈世江、胡大凯	2009.2	8
Open Type 技术在藏文字库中的应用	格桑多吉、强巴	2006.3	8
中国证券监管的法治化追求	彭宇文	2003.1	8
西藏农业跨越式发展战略与农村可持续发展	索朗仁青	2003.2	8
西藏旅游业实现跨越式发展的对策分析	韩富贵	2004.2	8
论文化转型与藏区学校教育的文化功能	卢德生	2004.2	8
论交通运输与国民经济的关系	次仁欧珠	2002.1	8
红细胞生成素简介（Erythropoietin.EPO）	杜宝中	2002.3	8
拉萨市拉鲁湿地的初步研究	琼次仁，拉琼	2000.4	8
一种基于《信息交换用藏文编码字符集》国际、国家标准的藏文 Windows 平台的实现方案	尼玛扎西、拥错、次仁罗布	2001.1	8
建国以来异体字研究概说	陈建裕	2001.2	8
西部开发与西藏农业综合开发——西藏农业综合开发在西部大开发中的任务	王清先、何珍	2001.4	8
藏族喜用纵横图	大罗桑朗杰、华宣积	2001.4	8

（三）Web 即年下载和单篇下载情况统计

Web 即年下载率指被统计期刊当年出版并被全文下载的次数与当年出版并上网的文献数之比，该指标可以用来测度上网期刊的即年扩散速率，在网络文献日益重要的今天是研究期刊在网络环境下传播效率的一个重要指标。对《学报》1821 篇论文下载频次统计，下载频次共为 124164 次（包括社科版和自然版），平均每篇下载频次为 68.2 次。通过图 4 和图 5 数据的合并统计，下载次数最高为 2008 年 14848 次，其次为 2006 年 13548 次，第三为 2007 年 12999 次，随着《学报》近几年刊发论文数量的增多，学术质量的提高，论文被学术界广泛下载利用。

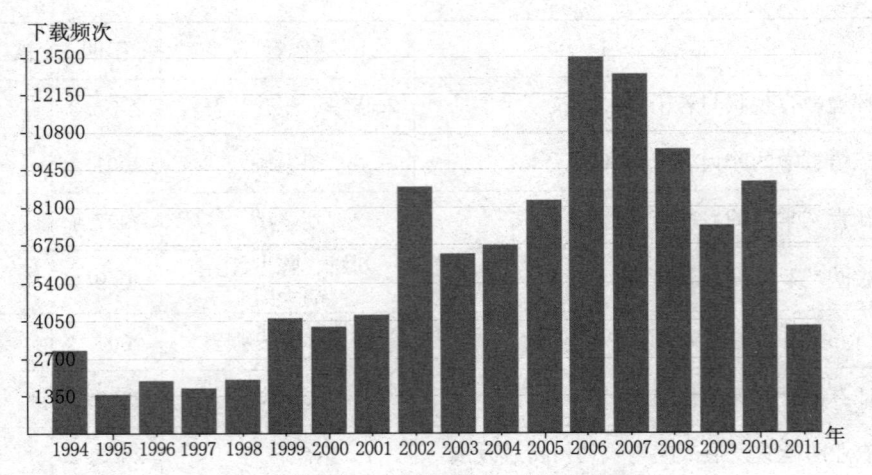

图 4 《学报》（社科版）论文下载量

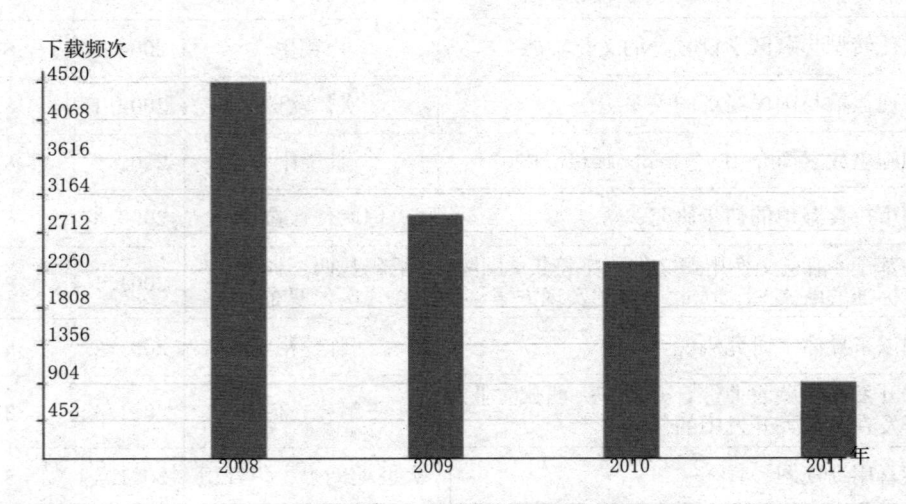

5 《学报》（自然版）论文下载量

《学报》下载频次 300 次以上的论文 33 篇，共下载频次为 17280 次（见表 2），其中 4 篇论文被下载频次达到 1000 次以上，依次为 1780、1481、1199、1049。

表2 单篇下载论文及作者

篇名	作者	年期	被引频次
简·奥斯汀的讽刺艺术——析小说《傲慢与偏见》在结构和人物性格中讽刺的运用	肖铖	2002.2	1780
美国废奴文学的代表作——试析《汤姆叔叔的小屋》的文学价值	姜楠	2003.2	1481
发动南北战争的小妇人——论《汤姆叔叔的小屋》的历史地位	姜楠	2005.2	1199
我国乡村旅游产品体系及其影响研究	王宏星、崔凤军	2005.1	1049
"西藏问题"与中印关系	卫绒娥	2008.3	664
论中国历史上的"国中之国"——兼驳"台独"、"疆独"、"藏独"谬论	贾英波、陈崇凯	2004.2	633
简评《哈克贝里·费恩历险记》	尼玛布赤	2002.1	611
浅谈李雅普诺夫函数的构造及应用	巴桑卓玛	2006.3	540
茶马古道与茶马贸易的历史与价值	张永国	2006.2	514
一元微积分在经济学中的意义和应用	王杏云	2006.3	500
藏族传统婚俗文化及其变迁	陈立明	2002.2	480
概率方法在不等式证明中的应用	王琼	2002.2	438
论当代藏传佛教的发展路向	杜永彬	2007.1	437
Longing for Love and Freedom——A Study on Emily Bronte	Hu-Haiyan	1999.4	436
西藏旅游产业的SWOT分析及战略研究	孟永辉、黄德金	2007.4	421
大学生的公共关系意识及其培育	尼玛拉姆	2006.1	412
新公共服务：西方行政管理发展新趋势	任明月	2009.2	380
浅析英语中的性别歧视及其根源	赤列德吉	2008.1	377
惊世骇俗的反抗者——从古希腊三大悲剧的比较中看《美狄亚》的创作思想	康玉霞	2002.4	368
世界文化遗产利益相关者管理的理想模式研究——以布达拉宫为例	胡海燕	2006.1	353

篇名	作者	年期	被引频次
西藏旅游产业发展现状研究	刘妍、陈世江、胡大凯	2009.2	352
从《典论·论文》看魏晋南北朝时期文学批评的自觉	王顺贵	2003.1	349
纳米药物的研究进展	王聚乐	2002.3	331
藏族民居——宗教信仰的物质载体——对嘉戎藏族牧民民居的宗教社会学田野调查	霜郑莉、陈昌文、胡冰	2002.1	328
体验经济时代西藏旅游产品开发的创新	胡海燕、图登克珠	2006.2	326
昌都：茶马古道上的枢纽及其古代文化——兼论茶马古道的早期历史面貌	石硕	2003.4	325
阵列天线方向图的MATLAB实现	陈天禄、郭燕红	2010.1	324
2006-2050年西藏人口发展趋势预测	郭志仪、曹建云	2006.4	314
《诗经》中的理想爱情模式——从中西方爱情观念比较引出的思考	罗爱军、张廷芳、邓惠明	2004.2	314
论西藏非物质文化遗产的现状及其保护	马宁	2007.1	313
浅析近代"中体西用"思想	罗桑扎西	2007.4	313
藏族先民的原始信仰——略谈藏族苯教文化的形成及发展	拉巴次仁	2006.1	309
信号与系统中的matlab程序	宁长春、索郎桑姆、胡海冰、厉海金	2007.S1	309

（四）论文被转载情况统计

期刊论文被检索刊物收录的次数与数量越多，说明该刊发表的论文学术价值越高，对社会的影响越大。通过对《学报》论文反馈情况统计，《学报》（2000—2010年）有21篇论文被人大报刊复印资料《宗教》、《民族问题研究》、《文化研究》等全文复印转载（见表3）；有844篇论文被收入人大复印资料各类专辑索引；有27篇论文被《中国西藏》（2000-2012.1）进行论点摘编（见表4）。许广智教授的"实践三个代表重要思想 努力推进藏学研究"（2006年第1期）一文被人民网"创新与发展"栏目转载。严梦春，看本加的"人类学藏族研究综述"（2010年第4期）一文被《高等学校文科学术文摘》（2011年第2期）转载。

表3 被人大复印资料全文转载论文

篇名	作者	学报刊期	复印资料	年期
关于精神分析美学的评价问题	王杰	2001.4	J1 文艺理论	2001.4
史诗研究的第三只眼	周爱明	2003.2	J1 文艺理论	2003.9
英人贝尔与达赖"新政"之关系考析	陈崇凯	2003.2	K3 中国近代史	2003.9
全面理解中国特色的社会主义政治文明	卫菊芳	2003.4	D1 社会主义论丛	2003.2
试论《格萨尔》中的伦理思想与格萨尔理想人格	陶晓辉	2003.4	J2 中国古代、近代文学研究	2003.4
"五个统筹"的理论北京	张继承	2004.1	F13 社会主义经济理论与实践	2004.5
民国时期"西康农事试验场"的设置及其实际成效	王川	2004.1	F7 经济史	2004.3
略谈门巴族传统体育及其对门巴族传统文化的传承	丁玲辉	2005.2	G8 体育	2006.10
民族区域自治与西藏繁荣进步	姚俊开	2005.3	D5 民族研究	2006.12
17-18世纪天主教在西藏传播概述	李蓉	2006.1	B9 宗教	2006.4
元明时期西藏的综合体史书所反映的历史观念和笔法	孙林	2006.1	K23 宋辽金元史	2006.3
西藏农牧区社会保障制度路径选择	旦增遵珠、多庆	2006.4	C41 社会保障制度	2007.4
传承、保护和利用——藏传佛教文化遗产的现代走向	梁景之、秦永章	2007.2	B9 宗教	2007.5
西藏文物考古事业的奠基之举与历史性转折	霍巍	2008.1	K1 历史学	2008.7
藏族服饰的美学分析	李玉琴	2009.2	B7 美学	2009.12
试论清末驻藏大臣对近代西藏政局的影响	许广智、赵君	2009.3	K3 中国近代史	2010.2
中国式MBO及其运行中的公平与效率	胡媛恒	2009.4	F13 社会主义经济理论与实践	2010.4
藏族史学名著《柱间史》的初次发现与抄本传承考证	群培、亚东·达瓦次仁	2009.4	K1 历史学	2010.4
明代进藏人员论析	刘永文、韩殿栋、李军	2010.1	K24 明清史	2010.7
现代著名藏学家李思纯与陈寅恪交往述论	王川	2010.1	K1 历史学	2010.7

表4 被《中国西藏》论点摘编的论文

篇名	作者	《学报》刊期	摘编刊期
关于藏传美术的发展及教学思考	阿旺晋美	2000.1	2000.3
论新时期的藏传佛教及其特点	江夏·德吉卓玛	2003.1	2003.3
西藏农业跨越式战略与农村可持续发展	索朗仁青	2003.2	2003.5
英人贝尔与达赖"新政"之关系考析	陈崇凯	2003.2	2003.5
民族人口现代化初探	王朝科	2003.2	2003.5
《米拉日巴传》中的经济社会和宗教社会	张雪梅、秦伟	2004.1	2004.3
揭开羌塘古代文明的面纱	夏格旺堆、达瓦次仁	2005.1	2005.3
藏族传统法律制度的特点	赵君	2005.4	2006.1
《格萨尔》部名上的宗	平措	2005.4	2006.1
当代日本的藏学研究机构及出版物	秦永章	2005.4	2006.1
元明时期西藏综合体史书的历史观念和笔法	孙林	2006.1	2006.4
试探"玛尼石"和"敖包"的起源	拉巴次旦	2006.1	2006.5
从国家预决算看民国政府对西藏的财政投入与管理——兼驳"民国西藏独立"论	陈崇凯、刘淼	2007.1	2007.3
唐卡绘画中的曼陀罗图式与西藏宗教造像学象征的渊源	孙林	2007.1	2007.3
藏传佛教文化遗产的传承、保护和利用	梁景之、秦永章	2007.2	2007.5
藏语情结讨论——从拉萨市的藏汉语言态度测验说起	李永斌	2007.4	2008.2
近代民族关系史上的西康建省及其历史意义	王川	2008.1	2008.1
《四部医典》中看藏医对疾病病因和发病机制的认识	赵健民	2008.2	2008.5
宗喀巴与加尔文宗教改革的社会功能差异性比较研究	张涛	2008.2	2008.5
西藏妇女对古代教育的贡献初探	强俄巴·次央	2008.4	2009.3

篇名	作者	《学报》刊期	摘编刊期
吐蕃时期的藏文文献编纂问题	夏吾李加	2008.4	2009.3
更敦群培与"西藏革命党"的关系始末	多吉平措、白伦占堆	2009.1	2009.4
民国时期的《藏文白话报》	韩殿栋、刘永文	2009.1	2009.4
基督教在西藏传播举步维艰原因之刍议	南错姐	2009.2	2009.5
论藏传佛教文化在新疆的传播	内玛才让、才吾加甫	2009.2	2009.5
全球化视域下西藏文化产业的境遇	常凌翀	2009.4	2010.2
论宋元时期藏区的黄金	杨惠玲、杨鸿光	2011.3	2012.1

（五）科研基金资助论文统计

基金项目的论文往往代表着一个研究领域内的新动向、新趋势，具有较高的难度和较高的水准，在一定程度上反映科研创新。高水平、高质量的基金论文反映学科的前沿动态，是基金论文的主要特点。考察基金论文比例可以从一个侧面反映该刊刊登论文的质量高低，该指标越高，反应该刊择稿质量也较高。

通过对《学报》基金资助论文进行统计，共有310篇，基金论文比为17.1%。统计中发现，该刊1993年第1期刊发第一篇基金论文，从2006年起基金论文大幅增加，其中2006年25篇，2007年24篇，2008年37篇，2009年44篇，2010年71篇，2011年88篇。这些基金项目有世界自然基金资助项目、国家社会科学基金项目、国家自然科学基金项目、"国家西南边疆项目"重大委托课题、国家大学生创新性实验计划项目、教育部科技创新重大培育基金项目、教育部人文社会科学基金项目、科技部科技支撑计划项目、西藏自治区科技厅项目、西藏自治区高等学校人文社会科学研究项目、西藏大学等高等院校科研基金项目等。其中国家社科基金和自然基金资助论文99篇，省部委基金资助论文156篇。这些论文在一定程度上反映了本学科研究的热点、难点和研究前沿，创新性较强，具有一定的理论深度和理论突破，对本学科有很好的借鉴作用。《学报》刊发的科研基金论文近几年逐年上升，基金论文比值增大，说明本刊重视基金资助论文稿件的选用，论文的学术水平及应用价值较高。

三、论文作者分析

（一）核心作者统计

核心作者是指在某一刊物上发表论文达到一定数量并且影响力较大的作者。根据《学报》论文作者群发文情况，界定发表6篇（仅第一作者发文统计）以上论文的作者为核心作者，共有31位作者，发表论文236篇。其中，发文最多的是许广智教授，共发文18篇，其次是罗平教授，发文14篇，第三是肖干田教授，发文13篇。31位核心作者除1位外，30位均是具有教授、副教授职称的专家学者，他们学术修养深厚，潜心学术研究，产出了高水平的精品力作，成就卓著。这些核心作者中来自西藏大学的作者24位，占77.4%，可见，《学报》核心作者以本校作者为主，希望争取校外作者的稿源，进一步扩大该刊的知名度。

在统计中发现本刊除以上核心作者外，还有23位作者已发文5篇，有52位作者已发文4篇。他们业已成为《学报》论文作者群的后备力量。这一数据也反映了《学报》既有广泛的群众基础，又有一支稳定的作者队伍，表明该刊在办刊过程中，十分注重形成其核心作者队伍，在吸引了一批德高学富、卓有成就的老一辈专家学者的同时，不断培养学术新秀，形成了《学报》相对稳定的高质量、高水平的学术研究作者群体。

（二）作者被引频次统计

作者被引频次的统计，是评价期刊论文被其他期刊和该刊本身引用的总次数，可表明该期刊在科学交流中被使用的程度，即对周围的影响能力。

通过表5可见，35名高频被引作者总被引频为688次，西藏大学的王宏星和崔凤军教授发文仅一篇，但被引频次104次为最高。第二是陈庆英研究员，被引频次为34次，其中"西夏及元代藏传佛教经典的汉译本——简论《大乘要道密集》(《萨迦道果新编》)"、"西夏大乘玄密帝师的生平"等论文引用频次较高。第三是肖干田教授被引频次均为29次，"中美高等学校学科教育比较研究（英译汉）"、"西藏历史的真实写照——关于东嘎·洛桑赤列《论西藏的政教合一制度》一书的评述"引用频次较高。琼次仁教授被引频次为29次，其中"拉萨市拉鲁湿地的初步研究"、"西藏红景天植物资源及其利用"等引用频次较高。这些论文具有一定的理论深度和理论突破，创新性较强，对本学科有很好的借鉴作用，在学术界被大量引用，具有一定影响。论文作者具有较强的科研实力和较高的知名度，是本领域的主要科研力量。

表5 《学报》高被引频次作者

作者	被引频次	作者	被引频次	作者	被引频次
王宏星、崔凤军	104	冯智	20	刘庆慧	15
陈庆英	34	王川	18	大罗桑朗杰	15
肖干田	29	格桑多吉	18	肖铖	15
琼次仁	29	陈建裕	18	占堆	14
王聚乐	26	刘永文	17	安玉琴	14
陈崇凯	25	娄源冰	17	杜永彬	13
陈华	23	普布	17	周德仓	13
索朗仁青	21	罗平	16	贡秋扎西	13
巴桑	21	郭志仪、曹建云	16	图登克珠	13
王琼	20	任树民	16	周润年	12
丁玲辉	18	拉琼	16	卫绒娥	12

（三）论文作者的合作情况

合作研究是现代科学技术发展的必然趋势。学术论文有适当的合作者，可以在知识结构等方面互相取长补短，集思广益，充分发挥集体的协作优势，深化研究层次，使论文更加完善。特别是跨学科、跨行业的合作，有助于提高研究效果和研究成果的水平。合作度越大，合作率越高，学科的发展水平往往越高。因此，论文作者的合作度高低对期刊的质量有直接的影响，也是期刊论文合作研究程度的重要指标。《学报》的论文作者合作情况见表6。

表6 论文作者合作情况统计表

合作人数	1	2	3	4	5	6	7-14	不详	集体	合计
论文篇数	1224	362	116	55	17	17	10	10	10	1821
作者人次	1224	724	348	220	85	102	96			2765
合作篇数		362	116	55	17	17	10	10	10	577
合作度	\multicolumn{10}{c	}{1.52}
合作率	\multicolumn{10}{c	}{31.69}

从总体上看，《学报》独立作者发表的论文占 67.2%，2 人合作的论文占 19.9%，3 人合作的论文数占 19.1%，其中合著作者人数最多的 14 人，呈现出以独立作者发表为主的特征。19 年来《学报》的平均合作度是 1.52，平均合作率是 31.69%。该刊作者之间的合作意识正在逐步增强，以合作形式发表的论文数量正在逐年增加。

四、引证数据分析

分析研究《学报》的引证指标数据，有利于编辑人员在办刊过程中掌握更多的数据，为提高《学报》质量提供一些依据。本文通过《中国学术期刊综合引证报告》对《学报》（2001-2010）发表论文从总被引频次、影响因子、即年指标、他引总引比、被引半衰期、基金论文比、Web 即年下载率等数据进行了统计分析（见表 7）。

表 7　引证指标数据统计表

年份	总被引频次	影响因子	即年指标	他引总引比	被引半衰期	基金论文比	Web 即年下载率
2010	109	0.202	0.010	1.00	3.2	0.46	22
2009	81	0.069	- - -	1.00	4.6	0.31	13
2008	72	0.102	0.010	1.00	4.4	0.21	22
2007	104	0.228	0.022	0.95	4.3	0.24	20.4
2006	73	0.199	0.011	- - -	0.84	0.24	23.4
2005	46	0.112	0.079	0.91	- - -	0.04	7.8
2004	24	0.044	0.000	0.96		0.07	4.8
2003	17	0.035	0.012	0.94	3.1	0.04	7.8
2002	7	0.011	0.000	0.86	3.8	0.00	- -
2001	6	0.026	0.000	1.00	2.0	0.04	- -

总被引频次：是指该期刊自创刊以来所登载的全部论文在统计当年的统计刊源被引用的总次数。该指标反映了该期刊在学术交流中总体被使用和受重视的程度，是文献计量中的一个基础性指标。《学报》十年平均总被引频次为 541 次，总被引频次逐年有所提高。

影响因子：是指本期刊前两年发表的论文在统计当年的被引用总次数与该期刊在前两年内发表的论文总数之比。这是一个国际上通行的传统期刊评价指标。一般说来，影响因子越大，期刊整体的学术影响力也越大。《学报》十年平均影响因子为0.1037，2007年影响因子0.228为最高，其次是2010年0.202。影响因子呈现逐年增长的趋势。

即年指标：又称当年指数，是该刊在统计当年发表论文的被引用次数与该期刊当年发表的论文数之比。该指标反映了期刊的即年反响速率或受关注度。《学报》即年指标2005年为最高，十年来变化不大。

他引总引比：又称他引率，指该期刊的总被引频次中，被其他期刊引用所占的比例。该指标可以评估期刊学术交流的广度、专业面的宽度、学科交叉的程度以及被其他期刊和读者重视的程度。《学报》近十年他引率较高，平均为0.941，近连续三年他引率为1.00，说明该刊在学术交流中具有一定的广度和深度。

被引半衰期：指该期刊在统计当年被引用的全部次数中，较新一半的引用数是在多长一段时间内累计达到的，这是测度期刊老化速度的一种指标。《学报》十年被引半衰期平均为3.7。

基金论文比：是指该期刊中，各类基金资助的论文占全部论文的比重，这是衡量期刊论文学术质量的重要指标。《学报》近十年基金论文比逐年递增较快，其中2010年达到0.46，为最高。

Web即年下载率：指该期刊统计当年出版上网并被全文下载的篇次总和与该期刊当年出版并上网的文献总数之比。该指标可测度上网期刊的即年扩散速率，是研究期刊在网络环境下传播效率的一个新指标。《学报》近年来Web即年下载率变化不大。

小结

本文基于中国知识资源总库（CNKI），运用情报学的文献计量方法，对《学报》1993—2011年的产出和学术影响进行了分析。分析显示：（1）从载文量看，该刊的载文量呈平稳上升趋势，尤其从2006年起逐年增长明显。《学报》坚持学术至上、为学术服务的精神，努力办出特色，提高学报的社会效益，更好地为教学、科研和西藏两个文明建设服务，成为重要的学术窗口，为学校的学术交流和人才培养发挥了积极作用。（2）从研究队伍看，该刊已经具有一批非常稳定的作者群体，挖掘核心作者队伍的学术贡献，积极倡导科研氛围，弘扬学术空气，并注重发展和培养新的学术队伍，进一步提升了本刊的整体质量。（3）从载文被引情况看，《学报》具有高频次的被引论文和作者，论文被引的篇数较多，被引的频次较高，说明该刊在本学科领域中的影响力与学术价值较高。（4）从基金论文来看，该刊注重刊发国家社会科学基金和自然科学基金项目论文，以及省部级项目等基金资助论文，稿源不断扩大，其影响力显著增强，也与本刊主办者及编辑人员对论文质量的重视密不可分。（5）从合作情况来看，《学报》呈现出以独立作者发表为主的特征，但随着自然科学版的出版，该刊作者之间的合作意识正在逐步增强，以合作形式发表的论文数量正在逐年增加，近几年论文合作率较高。（6）从引证数据来看，随着载文数量的增多，该刊论文总被引频次逐年有所增加，影响因子也逐年有所提高，但其它指标起伏波动较大，没有明显的规律。（7）在统计中发现，该刊以增刊形式出版多期，建议将《学报》社会科学版和自然科学版分刊出版，社会科学版以双月刊出版，自然科学版以季刊出版，为广大社会科学研究者提供更广阔的信息交流和施展才华的平台。（8）论文编辑过程中，还应进一步加强关键词、文摘和参考文献的规范标引，这样可以提高文献被检索命中的机会，增加该刊论文下载数量，提高被引频次和影响因子等，进一步扩大《学报》的学术影响力。

参考文献：

[1] 邱均平. 信息计量学［M］. 武汉：武汉大学出版社，2007.

[2] 罗式胜. 文献计量学［M］. 广州：中山大学出版社，1994.

[3] 苏新宁. 中国人文社会科学学术影响报告（2000—2004）［R］. 北京：中国社会科学出版社,2007.

[4] http://ref.cnki.net/knsref/index.aspx. 2012-04-05.

基于关联规则的藏文文献流通特征研究

——以西藏大学图书馆为例①

刘芳② 胡志杰

引言

藏族是我国 56 个民族大家庭中重要的民族,藏文是藏民族特有的语言文字,是中国少数民族语言文字中著述内容最多的文字。藏文文献信息资源丰富而宝贵,是勤劳朴实的藏族人民在认识自然和改造自然的过程中积累的经验与智慧的结晶,蕴含丰富的藏民族历史文化知识,也代表了历代以来藏族学者在天文地理、医学历法等方面的研究成果。

藏族人民热爱藏文字和藏族文化,对藏文文献有着特殊的阅读热情。研究藏文文献流通特征,从藏文文献的著录、借阅规则、流通方式、操作类型等各个环境进行优化和提升,能够促进藏文文献更有效流通,帮助更多读者检索和阅读藏文文献,培养读者的阅读兴趣,对于继承和发展藏民族文化,推动民族地区的科教文化事业发展具有显著意义。

一、藏文文献流通现状

西藏大学图书馆拥有大量的藏文图书,藏文图书在读者中的流通率极高,历年的外借图书排行前五名都是藏文图书。藏文文献服务也是我校图书馆的重点服务领域和特色发展方向,图书馆拥有众多高学历高职称的藏文、藏学研究人员,学校在藏文文献资源建设方面也投入了大量的财力物力,并已初见成效。

(一)馆藏与著录

西藏大学图书馆作为西藏地区的综合性大学图书馆,藏文图书历来都是馆藏必不可少的一部分[1]。我馆对藏文图书的著录与检索,经历了从手工操作到信息化管

---

①本文原载于《西藏大学学报》(自然科学版)2017 年第 1 期。
②第一作者简介:刘芳,西藏大学信息科学技术学院讲师,主要研究方向为藏文信息处理、计算机应用。

理的过程。

西藏大学图书馆对藏文图书的著录，主要依据《中国图书馆图书分类法》，用汉文对藏文图书进行著录，这是考虑到方便与汉文图书的统一管理与统一检索。同时，为了区别于汉文图书，选用《中图法》中没有使用到的字母"M"作为藏文图书的特别类别标记，在著录时依据中图分类将图书归入具体大类，再在大类前面加"M"，如《中图法》中 R 类代表"医药、卫生"，有关藏医的藏文图书就归入"MR"类。如《གསེར་བྱེ་དངུལ་བྱེ།》一书，汉文译名《斗金换斗银换》，是一本关于藏医的书，著录使用的分类号是"MR291.4"[2]。

西藏大学图书馆现有馆藏藏文纸质图书 5658 种，共计 34109 册。按学科类别具体分布如下：

表 1 藏文图书馆藏分布

大类	类名	种数	种数分布	册数	册数分布
MA	马克思主义、列宁主义、毛泽东思想、邓小平理论	10	0.18%	130	0.38%
MB	哲学	2267	40.07%	11979	35.12%
MC	社会科学总论	388	6.86%	1264	3.71%
MD	政治、法律	118	2.09%	783	2.30%
ME	军事	7	0.12%	59	0.17%
MF	经济	14	0.25%	105	0.31%
MG	文化、科学、教育、体育	54	0.95%	382	1.12%
MH	语言、文字	445	7.86%	3272	9.59%
MI	文学	948	16.76%	6654	19.51%
MJ	艺术	146	2.58%	945	2.77%
MK	历史	579	10.23%	4050	11.87%
MN	自然科学总论	5	0.09%	22	0.06%
MO	数理科学和化学	16	0.28%	134	0.39%
MP	天文学、地球科学	62	1.10%	452	1.33%

大类	类名	种数	种数分布	册数	册数分布
MQ	生物科学	8	0.14%	42	0.12%
MR	医药、卫生	355	6.27%	2570	7.53%
MS	农业科学	16	0.28%	100	0.29%
MT	工业技术	30	0.53%	144	0.42%
MX	环境科学	3	0.05%	29	0.09%
MZ	综合性图书	187	3.31%	993	2.91%

通过馆藏分布表格可以看出，馆藏的藏文纸质图书主要分布在哲学、社会科学总论、语言文字、文学、历史和医药卫生等大类。

（二）流通情况

对藏文图书实行开架借阅，读者通过书目管理系统检索需要的藏文图书，再根据检索系统提供的书目信息和排架信息到书库中查找所需图书，然后到流通服务台完成借阅。藏族大学生特别喜爱阅读藏文图书，一些经典书目频繁地被外借和续借。近年来，图书馆引入了移动图书馆手机APP和图书馆微信公众平台，读者可以利用手机在线检索、续借图书。通过查询后台数据库发现，目前库中共有31万余条藏文图书流通日志数据。

本文利用关联规则数据挖掘方法，结合借阅规则、读者操作类型、代码定义等知识，发现和分析隐含在大量数据中有用的信息，用以指导藏文文献管理和流通工作。

二、关联规则数据挖掘方法

数据挖掘是在大型数据存储库中，自动地发现有用信息的过程。数据挖掘技术用来探查大型数据库，发现先前未知的有用模式。关联规则挖掘就是通过计算大型事务数据集中单个项或者多个项组成的项集出现的频率和各个子项集出现的条件概率，找出数据集中存在的频繁模式，进而推出强关联规则，预测事物的发展趋势[3]。

通过关联规则数据挖掘方法对西藏大学图书馆的书目管理系统中的图书借阅信息数据进行挖掘，发现藏文文献的流通特征：借阅率最高的藏文文献、喜欢藏文文献的学生群、藏文文献流通最集中的时间点等。

（一）传统关联规则算法

最早的关联规则算法是由Agrawal于1993年提出的Apriori[4]，Apriori是关联规则经典算法，适用于任何环境的关联规则分析。Apriori算法采用"产生-测试"范型，利用先验原理，逐层先产生候选项集[5]，再根据支持度阈值确定频繁项集；得到全部的频繁项集后，先产生可能的关联规则，再根据置信度、提升度等参数计算推导强关联规则。

第一步，产生频繁项集。扫描全部数据，发现所有支持度大于或等于最小支持度的频繁1-项集F[1]，通过自连接得到候选2-项集C[2]，再对比支持度阈值得到频繁2-项集F[2]，再由F[2]迭代得到候选3-项集、频繁3-项集……直到新得出的候选项集不能满足支持度阈值，算法终止[6]。

第二步，使用频繁项集产生关联规则。对于每一个频繁项集L，发现它所有的非空子集，对于任何一个非空子集X，可能存在关联规则X→（L-X），计算这个关联规则的置信度support（L）/support（X），如果它大于或者等于最小置信度，那么输出关联规则X→（L-X）[7]。

传统Apriori算法的原理：先对数据集中的全部事务数据进行扫描，产生候选1—项集，再对候选1-项集用支持度阈值进行过滤，生成频繁1—项集[8]；由频繁1-项集两两组合，生成候选2-项集，进而对候选2-项集用支持度阈值过滤生成频繁2-项集，以此类推，持续迭代计算，直到不能产生出满足支持度阈值的更多项的频繁项集；最后对所有的频繁项集，逐个提取出其中的一项作为规则后件，产生候选规则，通过置信度、提升度等条件来过滤，筛选出最终的关联规则结果集。

（二）改进的关联规则算法

传统Apriori算法适用面广，不会遗漏任何一种可能的组合，但反复多轮的扫描以及项与项之间的全组合方式，造成了一些不必要的计算开销。以常见的关系数据库的数据表为例，表的一行表示一条事务记录，-N表示事务数据的一个属性，如读者的级别（本科生，硕士研究生，中级职称），同一列中的不同属性值可能有多个频繁项，它们之间的组合就没有实际意义，如"本科生""硕士研究生"是频繁的，由此产生"本科生—硕士研究生"的组合，即使强制组合为候选项集，也必然被支持度参数过滤掉，因为不会有任何一条数据记录中有读者级别是"本科生"，同时又是"硕士研究生"。基于此，本研究结合流通数据的特点，考虑了事务不同字段的属性值之间扩展，而对同字段不同属性值之间的扩展不予考虑，从第一轮的扫描开始就减少组合数量，以减少后续轮次的组合数量，以此来改进算法的频繁集产生过程，减少计算量。改进的算法Apriori—具体描述如下：

1: $C_1 = \{i \mid item\ i\ qualified\ in\ all\ columns\}$
2: $F_1 = \{i \mid i \in C_1 \wedge \sigma(\{i\}) \geq N \times \min sup\}$　//发现所有的频繁1-项集,N为总事务数
3: $F_1.Sort(\ )$;　//对F_1中的元素按字典序排序
4: $C_2 = \{F_1.i * F_1.j \mid i < j \wedge F_1.i.attri\_name \neq F_1.j.attri\_name\}$ //自连接,维间向右扩展
5: $F_2 = \{c_2 \mid c_2.supp \geq \min\_sup\}$
6: $k = 3$
7: repeat
8:　　$C_k = \{F_{k-1}.i * F_{k-1}.j \mid i < j$
　　　　$\wedge F_{k-1}.i.Former(k-2)\ equalto\ F_{k-1}.j.Former(k-2)\}$
9:　　$F_k = \{c_k \mid c_k.supp \geq \min\_sup\}$　//使用事务压缩策略
10:　　$k = k+1$
11: until $F_k.length = 0$
12: Result $= \cup F_k$

Mypriori算法中的频集产生

用java编程实现Apriori一算法,将程序命名为Apriori一.java,作为后续的数据挖掘工具。

三、数据采集

(一)数据表结构

西藏大学图书馆业务管理系统中共有3张表涉及了藏文文献流通数据,分别为:

读者数据:借书证号、读者条码、姓名、性别、读者级别、级别代码、单位(学院)、办证日期等19个字段;

流通日志:图书主键码、条形码、处理时间、读者条码、操作类型等25个字段;

典藏数据:图书主键码、条形码、题名、索书号、处理时间、入库时间等32个字段。

研究藏文文献流通特征,利用已有数据,构造出关联读者信息、文献信息、操作信息、处理时间信息的事务数据。因此,关联规则数据挖掘的数据源是由上述3张表联结产生,在联结的过程中通过条件限定等方式准确挑选所需数据。

(二)数据产生与预处理

利用数据库查询语句,从后台数据库中直接查询所需数据,完整的查询语句如下:

select D.读者级别,D.性别,D.读者单位,concat('hh_',to_char(L.处理时间,"hh24")cqS流通时间段,L.操作类型,concat('year_',to_char(D.发证日期,"YYYY3)as发证年,Concat('year_',to~char(C.入藏日期,"yyyy') as 入藏年，substr（C. 索书号，0，21 as 中图分类 from 读者数据 D，流通日志 L，典藏数据 C where D. 读者条码 =L. 读者条码 and L. 条形码 =C. 条形码 and substr（C. 索书号，0，2）like M%。

  读者数据中读者证的发证日期是完整的日期数据格式，需要关注的是批量的读者，若以年为批量单位，则关注的是"发证年"；典藏数据中的入藏日期也是完整的日期数据格式，对图书入藏来说关注的也只是批次信息，即处理入藏数据信息为"入藏年"；典藏数据中的索书号由分类号加种次号组成，这里只关注图书的大类信息，用"substr（C. 索书号，0，2）as 中图分类"来获取各条记录中的图书中图分类号；M%是用字符匹配的方式通过藏文文献的特别类号标记"M"来限定藏文图书。通过上述查询语句共检索得到的 315088 条有效的流通日志数据，将查询结果导出为 Mdata.CSV 文件，作为挖掘的对象数据集。

表2　Mdata.csv 数据样例

读者级别	性别	读者单位	流通时间段	操作类型	发证年	入藏年	中图分类
本科生	女	文学院	hh-16	J	Year-2001	Year-2000	MI
本科生	女	理学院	hh-11	H	Year-2001	Year-2000	MI
专科生	男	文学院	hh-16	J	Year-2001	Year-2000	MI
本科生	男	理学院	hh-10	H	Year-2001	Year-2000	MI
本科生	男	文学院	hh-17	J	Year-2001	Year-2000	MI
本科生	女	文学院	hh-10	F	Year-2001	Year-2000	MB
本科生	男	艺术学院	hh-15	H	Year-2013	Year-2004	MB
本科生	女	经济与管理学院	hh-15	H	Year-2013	Year-2008	MI
博士研究生	男	文学院	hh-16	H	Year-2004	Year-2000	MB
本科生	男	藏文信息研究中心	hh-16	J	Year-2002	Year-2001	MP
博士研究生	男	文学院	hh-10	H	Year-2004	Year-2000	MK

四、数据挖掘分析

（一）数据挖掘实验

  以 Apriori 一.java 为计算工具，将收集到的 315088 条藏文文献流通日志数据的 Mdata.CSV 作为源数据。经多轮数据训练调整，最终确定关联规则挖掘参数，设置最小支持度 min-supp=0.15，设置最小置信度 min_ conf=0.7，挖掘得出 100 条关联规则，再结合领域知识，挑选其中部分规则[9]：

性别=女 读者单位=文学院 110236==>者级别=本科生 103274 conf：（0.94）

性别=女 中图分类=MI 55800 ==> 读者级别=本科生 51838 conf：（0.93）

性别=女 操作类型=H 63875 ==> 读者级别=本科生 58878 conf：（0.92）

性别=女 操作类型=J 64440 ==> 读者级别=本科生 59375 conf：（0.92）

性别=女 入藏年=year_2000 72155 ==> 读者级别=本科生 65016 conf:（0.9）

读者单位=文学院 中图分类=MI 76609 ==> 读者级别=本科生 68099 conf：（0.89）

中图分类=MI 112049 ==> 读者级别=本科生 99009 conf：（0.88）

发证年=year_2008 59670 ==> 读者级别=本科生 50804 conf：（0.85）

读者单位=文学院 操作类型=H 91212 ==> 读者级别=本科生 77480 conf：（0.85）

操作类型=H 134851 ==> 读者级别=本科生 114272 conf：（0.85）

读者单位=文学院 操作类型=J 92349 ==> 读者级别=本科生 78117 conf：（0.85）

流通时间段=hh_16 136335 ==> 读者级别=本科生 115152 conf：（0.84）

读者单位=文学院 216901 ==> 读者级别=本科生 182081 conf：（0.84）

流通时间段=hh_11 72106 ==> 读者级别=本科生 60351 conf：（0.84）

中图分类=MK 77077 ==> 读者级别=本科生 64248 conf：（0.83）

操作类型=H 入藏年=year_2000 68967 ==> 读者级别=本科生 56618 conf：（0.82）

操作类型=J 入藏年=year_2000 69550 ==> 读者级别=本科生 56905 conf：（0.82）

发证年=year_2008 59670 ==> 读者单位=文学院 48758 conf：（0.82）

入藏年=year_2000 159192 ==> 读者级别=本科生 129075 conf：（0.81）

（二）数据挖掘结果分析

根据数据挖掘得到的关联规则可以得出以下结论：

①文学院本科生中女生借、还藏文图书特别频繁

②读者借阅 2000 年入藏的 MI 类图书（文学类藏文书）特别频繁 2000 年图书馆大量入藏了一批藏文经典书目，后续又对该批次文献进行了补充。

③本科生借阅 MK 类图书（历史类藏文书）频繁

④2008年发证的本科生借阅频繁

⑤本科生在11-12点、16-17点这两个时间段借书量大

五、结语

（一）对藏文文献编目工作的建议

西藏大学图书馆目前对藏文文献采用汉文转录的方式进行编目，便于统一检索，但不便于展示藏文文献原本的特色，而且转录不能完整地反映原书的信息。为了兼顾统一检索、通识与文献特色，建议今后用藏、汉双语对藏文图书进行著录。藏文文字方面，国际通用的Unicode藏文字符编码和基于Unicode的藏文字体技术已经比较完善并被广泛应用[10]。如果在书目管理系统中对汉文图书和藏文图书使用相同的字符编码，与基于Unicode的汉字编码相比GBK编码会使汉字字符的存储会多消耗一倍的空间，这会给书目系统服务器带来一定的资源消耗，备份数据体量也会变大，在服务器建设时应予考虑。

（二）对操作类型的建议

数据挖掘的结果表明，读者对藏文文献的利用率很高，主要集中在外借（操作代码J）和归还（操作代码H）两种操作。本科生对网上续借（操作代码x）使用得很少，表明读者对图书在线管理系统的自动化操作还不是很熟悉，今后在读者服务工作中应当加强这方面的培训和推广。

在当今大数据和云计算飞速发展、移动互联网普及使用的大背景下，图书馆的文献服务工作也应当充分利用"数据"，用先进的技术助力业务发展。

参考文献：

[1][2]张云洋.高校图书馆藏文图书编目与流通工作探讨——以西藏大学图书馆为例[J].农业图书情报学刊，2016（2）：78-80.

[3][5][6][7]张云洋，刘芳.基于维间扩展和事务压缩的关联规则算法改进[J].计算机时代，2012（9）：24-26，30.

[4][8]汤靖.关联规则在民办高校人事管理信息系统中的应用研究[D].桂林：广西师范大学，2015.

[9]赵培鸿.招生信息网的Web日志挖掘技术研究[D].北京：华北电力大学，2013.

[10]仁青诺布，春燕.藏文输入法研究初探[J].西藏大学学报，2006（4）：115-121.

当代日本的藏学研究机构及出版物[①]

秦永章[②]

日本的藏学研究正式起步于20世纪初，它是伴随着日本学者对印度学及佛教的研究兴起的。20世纪初，在日本佛教团体海外扩教的大背景下，一些日本僧人以搜寻佛教原典为主要目的，以各种方式相继进入我国西藏，开始研习藏传佛教。他们回国时，又将大量的西藏文献携归日本，这不仅使日本成为世界上拥有藏文文献最丰富的国家之一，同时也奠定了日本藏学研究的基础。20世纪50年代，日本西藏学会的成立，便标志着日本藏学体系的正式创立，随后其藏学研究在纵深各方面得到飞速发展，并取得了举世瞩目的研究成果，这使日本一跃成为世界上藏学研究最发达的国家之一。但是，由于种种原因，我国学术界对日本藏学研究状况了解不多。鉴于此，本文拟就当代日本的主要藏学研究机构及其出版物做一介绍，以期对国内学者了解日本藏学研究状况有所裨益。

一、主要研究机构

（一）东洋文库

东洋文库（Toyo Bunko）位于东京文京区，是1917年由日本三菱财阀岩崎久弥于收购当时中华民国总统顾问、澳大利亚人莫礼逊（George Ernest Morrison：1862-1920）特藏的二万五千余种东方学图书（即著名的莫礼森文库）而创立的专门研究东方学的图书机构。

尽管在莫礼逊所收藏的图书中，有关中国的书籍很完备，但关于亚洲其它地区的书籍极不充足，于是购进莫礼逊文库的岩崎先生，便把收集的范围扩大到亚洲全境，而且并不只限于收集欧洲文字的书籍，汉文以及将成为研究基础的当地各语种

[①]本文原载于《西藏大学学报》（社会科学版）2005年第4期。
[②]作者简介：秦永章，中国社会科学院民族学与人类学研究所研究员，主要研究方向为西北民族史及藏学。

的书籍，也列入他收集的范围内。1924年11月在现今的所在地建立了财团法人的东洋文库，除了图书部外，还设立了研究部，使该文库既有图书馆的功能，有具备了研究所的性质。此后，东洋文库通过收集图书、出版日本学者的研究成果以及普及东方学的知识等活动，不仅对日本也对世界的东方学发展做出了很大贡献。

第二次世界大战以后，东洋文库的经费来源因日本战败而告枯竭，其运营陷入困境。1948年，东洋文库的图书部并入国立国会图书馆，成为国会图书馆的下属分馆，从此，东洋文库的经费一部分被列入国家预算，全部费用分别由政府与民间补助金来维持。

东洋文库从1961年开始附设了联合国科教文组织东亚文化研究中心，开始同亚洲各国开展合作。该中心独立操作自己的研究项目。《东亚文化研究中心》（英文）是其定期刊物，每年出版一期，刊载包括日本在内的东亚各国文化研究现状的介绍文章和研究成果。2003年，该中心宣告终结。

东洋文库是世界上著名的专门图书馆及研究机构。现在图书馆的藏书约有80万册，其中有许多珍本和罕见文献。东洋文库是对整个亚洲地区历史与文化的进行研究的学术中心，研究部下设东亚考古学、古代史、唐代史（敦煌文献）、宋代史、明代史、清代史、近代中国、日本、朝鲜、中亚、伊斯兰、西藏、南方（南亚、东南亚）史等十几个研究委员会。研究部除数名专职研究员外，还有数十名兼职研究员，从事研究及研究普及活动。

2003年4月，东洋文库对以往的研究体制进行了改革，在利用传统的方法进一步充实亚洲地区的研究外，用现代史的新视角展开对广域亚洲的研究。在新的5个研究部11个研究班的体制下，确定特定的研究课题进行共同研究。现在有超域研究部：下设当代中国研究班、当代伊斯兰（穆斯林）研究班；东亚研究部：下设前近代（古代）中国研究班、近代中国研究班、东亚研究班、东北亚研究班、日本研究班；内陆亚洲研究部：下设中亚研究班、西藏研究班；印度、东南亚研究部：下设印度研究班、东南亚研究班；西亚研究部：西亚研究班。

东洋文库的每个研究委员会都有许多著名的专家，成员从几人到数十人不等。日本著名的藏学专家都担任过西藏研究委员会的成员，如石滨纯太郎、多田等观、北村甫、山口瑞凤、中根千枝、上山大峻、金子良太、立川武藏、川崎信定、小川一乘、长野泰彦、福田洋一等。1940年，日本藏学研究的先驱、年届75岁高龄的河口慧海，把自己收藏的藏、梵文经典及文献等捐献给了东洋文库，随即在该文库内设立了河口（慧海）研究室，他在这里从事了一段编辑藏文辞典的工作。1961年，在美国洛克菲勒基金会的资助下，三名西藏人：索南嘉错（又名祖南洋，

Bsodnames rgyamtsho)、凯尊桑波（Mkhasbtsun bzangpo）和泽仁卓玛（Tsering sgrolma）参加了东洋文库西藏研究委员会的工作，他们的加入不仅对东洋文库的藏学研究起到了很大的推动作用，而且对整个日本的藏学研究注入了新的活力。

现今，东京大学名誉教授中根千枝、京都大学名誉教授西天龙雄担任东洋文库理事。

东洋文库的主要出版物有：《东洋学报》，1921年创刊，系季刊，每年四期，已有85年的历史；《东洋文库英文纪要》，1926年创刊，年刊，每年一期；《东洋文库论丛》，1924年创刊，截至2003年出版62期；《东洋文库丛刊》，1919年创刊，截至2003年已刊行28期；《东洋文库年报》，每年一期。此外，各研究委员会的研究成果每年也刊行数册。东洋文库的藏语资料是以河口慧海带来的藏语文献为主体的收藏品，还有各版《大藏经》10373件，关于西藏的藏外文献3100件。此外还有一些日本人关于西藏的机密报告，如寺本婉雅著于1909年的《西藏蒙古经营私议——附日本对达赖喇嘛关系论》等。1970年和1972年，东洋文库在文部省的资助下，又两次组织相关研究人员前往印度、尼泊尔、锡金、不丹等地进行西藏古文献的调查和搜集，调查队深入实地取得的成果，一定程度上弥补了文库在藏学综合研究中资料不足的缺憾，推动了藏语言学和宗教学研究的巨大进步。

最近，东洋文库西藏研究班正在组织实施题为"西藏藏外文献志书研究"的重大合作研究项目。该课题负责人由当代著名藏学家、东洋大学教授川崎信定担任，具体分工为：东京大学名誉教授山口瑞凤担当历史部分；大正大学校长松涛诚达担当宗教文献部分；国立民族学博物馆名誉教授立川武藏担当密教图像部分；京都大学教授御牧克吉担当佛教珍本部分；东洋文库研究员星实千代担当民间文学部分；大谷大学教授福田洋一担当佛教高僧全集部分。该课题的主要研究目的是把东洋文库所藏所有藏文藏外文献的解题目录做成数据库资料。同时对藏传佛教的基本典籍《土观〈一切宗义书〉》（印度佛教编）进行校订、收集语汇及数据化等。

20世纪50年代以来，东洋文库出版的相关藏学成果有：

《萨迦派全书集成》（15册），东洋文库西藏研究委员会编，1938-1969年。

《东洋文库所藏藏外藏文文献解题［历史篇］》，东洋文库西藏研究委员会编，1970年。

《东洋文库所藏藏文藏外文献索引稿》，东洋文库西藏研究委员会编，1978年。

《苯教文献解题目录》，东洋文库西藏研究委员会编，1977年。

《斯坦因蒐集藏语文献解题目录》（12册），山口瑞凤、木村隆德、原田觉等编，1977-1983年。

《西藏民间文学资料集》（7册），星实千代编，1979-1990年。

《西藏民谣集》，星实千代编，1991年。

《东洋文库所藏藏语刊本目录（一般研究A）——关于西藏历史、宗教、语言、民俗基本资料的综合性研究》，福田洋一等编，1991年。

《东洋文库所藏藏语洋装本目录（至1995年）》，现银谷史明、石川美惠编，1995年。

《西藏佛教基本文献第一卷》，东洋文库西藏研究室编，1996年。

《西藏佛教基本文献第二卷》，东洋文库西藏研究室编，1997年。

《西藏佛教宗义研究第一卷》，立川武藏著，1974年。《西藏佛教宗义研究第二卷》，西冈祖秀著，1978年。

《西藏佛教宗义研究第三卷》，平松敏雄著，1978年。

《西藏佛教宗义研究第四卷》，福田洋一、石滨裕美子著，1986年。

《西藏佛教宗义研究第五卷》，立川武藏著，1987年。

《西藏佛教宗义研究第六卷》，谷口富士夫著，1993年。

《西藏论理学研究》（共6卷），1989-1994年。除以上外，东洋文库敦煌文献研究委员会编辑出版的书目中，也有不少涉及藏学的著作。

（二）大谷大学真宗综合研究所

位于京都的大谷大学是日本真宗大谷派（东本愿寺派）创办的大学，起源于1665年（宽文5年）东本愿寺末寺子弟的修学道场"学寮"，迄今已有300余年的办学历史。1896年曾称"真宗大学"，1901年始采取文科大学的体制。1922年改称"大谷大学"。现包括短期大学、大学院等。所授课程有真宗学科、佛教学科、哲学科、史学科、社会学科，并设"大谷大学佛教史学会"、"大谷大学佛教学会"等，会长由校长兼任，着重进行真宗学、佛教学、佛教史学及哲学、文学的研究。

该校是一所具有藏学研究传统的私立大学。日本藏学的开拓者如小栗栖香顶、能海宽、寺本婉雅等人都系属于这个佛教教派。1900年，佛学家川上贞信在该大学开始教授藏语。主攻西藏宗教、文化的著名藏学家芳村修基、壬生台舜、山口益等曾担任该校教授。迄至今天，大谷大学仍然是日本重要的藏学研究基地之一。该大学图书馆除收藏有北京版和纳塘版两种《大藏经》外，还收藏有其它藏文文献约3700种。据介绍，这些藏文文献是能海宽、寺本婉雅等人收集来的，其中不乏善本、珍本。

现在该校藏学研究的主要部门是"真宗综合文化研究所"。该研究所以研究西藏文献、藏传佛教为主。所内附设有一个西藏文献研究班，其目的主要是整理和研究并介绍该校所藏的藏文文献。目前西藏文献研究班的主要成员有小谷信千代教授（兼主任）、白馆戒云教授（藏族，藏文名 Tshulkhrims skalbzang）、福田洋一教授、三宅伸一郎讲师等11名。最近的主要研究项目是：《藏外藏语文献研究》（制作检索数据库）《巴厘语文献研究》（研究整理大谷大学藏巴厘语贝叶文献）《北京版藏文大藏经网上检索目录》《北京版大藏经所收原文·版本·数据》《藏外藏语文献文本·数据》等。该研究所的刊物是《真宗综合研究所纪要》，系年刊。《大谷大学大学院研究纪要》时有藏学论文刊载。该校还开设有藏传佛教课程。

（三）国立民族学博物馆

设在大阪的日本国立民族学博物馆创立于公元1974年，它既是一座展示世界各民族文化的博物馆，同时也是一所民族学研究中心及情报信息中心。其主要功能在于民族学、人类学之研究以及民族学资料的搜集、保存及展示。该馆研究成员有70余名，擅长全世界各文化、各社会之研究及田野考古，并收集相关文物、书籍、丛书、视听媒材及数字化资料，同时与其它国家大学和研究机构合作及研究。至今该馆已累积60万册书籍与文本资料、7万册视听媒材及25万件文物。另外，该馆于1979年夏从日本民间购入了青木文教于19世纪20年代从西藏带回的一批相关西藏的文献及其它资料。这批资料，共计142件，其中佛教图象7件、佛教图象白描6幅、佛像6尊、佛教礼仪用具27件、民具及生活用具14件、服饰21件、书籍类（装订本）9册、文献52种（其中50种是《大藏经》以外的藏文文献）。从这些资料中，可以透视出20世纪初期西藏民众社会生活的原貌，因此这些资料具有重要的价值。

该馆的出版物《日本国立民族学博物馆研究报告》（1975年创刊）、《国立民族学博物馆研究报告别册》（1982年创刊）是馆内外学者发表民族学研究成果的重要刊物。英文刊物有 Senri Ethnological Studies（1978年创刊）和 Senri Ethnological Reports（1995年创刊）。在上述刊物上也刊载了一些篇幅较长的藏学论文。

该馆的长野泰彦、立川武藏两位教授均是日本著名的藏学专家，其中前者以研究嘉绒藏语及苯教见长，后者以研究藏传佛教宗义及佛教造像艺术出名。1999年8月，由长野泰彦主持，召开了题为"苯教文化研究的新的地平线"的国际性学术会议。

（四）东京大学

东京大学是日本藏学研究的重要基地之一，但是它没有专门的藏学研究机构。其藏学研究主要分散在该校的东洋文化研究所（1941年成立）、文学部印度哲学佛教学研究室等部门。著名人类学家、藏学家中根千枝教授曾担任东洋文化研究所所长，另外该研究所图书馆有丰富的汉籍藏书。该校的文学部印度哲学佛教学研究室，以研究西藏、敦煌的佛教文献为主，日本印度学佛教学会设在该研究室。该校的山口瑞凤教授以研究吐蕃社会历史及敦煌佛教文献见长，他取得的藏学成果相当丰硕，是日本首屈一指的藏学家，现已退休。现在，在该校从事藏学研究的学者有平野聪副教授（西藏政治史专攻）、田中公明讲师（专攻藏传佛教、佛教艺术）等。

（五）京都大学

京都大学的藏学研究主要集中在京都大学人文科学研究所。该所成立于1939年，是京都大学人文科学研究活动的主要部门。它有一个藏量丰富的图书馆，藏有大量的中国古典文献。人文科学研究所分三个部：日本部、西方部和东方部。东方部的敦煌学研究组主要由藏学家藤枝晃、竺沙雅章等负责，此中敦煌藏文文献的整理研究也是其中的一项重要内容。日本著名藏学家长尾雅人、西天龙雄、佐藤长等都曾是这里的教授。随着这些藏学大师相继退休离任，现今在京都大学专门从事藏学研究的学者不多，现仅有御牧克吉（主攻西藏佛教文献）、池天巧（主攻藏语文）两位。

京都大学人文科学研究所机关刊物《东方学报》，每年一册。该刊亦经常刊载藏学方面的论著，如藤枝晃《吐蕃支配时期的敦煌》（第31册，1961年，199-292页。）

（六）东北大学

东北大学也是一座具有藏学研究传统的大学。该大学的藏学研究与其印度学及佛教研究密切相关。1923年，日本著名的印度学家、佛学家宇井伯寿、金藏圆照教授在该校开设印度学讲座。1925年，曾在西藏色拉寺留学十年的多田等观受聘担任该校藏语讲师，同时与与佛学家宇井伯寿合作，给德格版的《丹珠尔大藏经》进行编纂目录的工作，1934年出版了《西藏大藏经总目录》。1955年，该校佛学家金藏圆照、山田龙城、多田等观、羽田野伯猷合编的《西藏撰述佛典目录》获日本学士院奖。此后，又有矶田熙文、村上真完、玉城康四郎、塚本启祥、后藤敏文等佛学家主持该校的印度学及西藏佛教研究。1999年，樱井宗信教授担当该校印度、西藏佛教讲座。1978年，东北大学附属图书馆编辑出版了《东北大学附属图书馆所藏西藏大藏经缩微胶卷索引》。

（七）东京外国语大学亚非语言文化研究所

该研究所成立于1964年，它是日本藏学尤其是藏语文研究的一个重要基地。20世纪后半叶，该研究所内集中了冈田英弘、桥本万太郎、北村甫、星实千代等一批语言学家从事藏缅语言研究。该所定期刊物《东京外国语大学亚非语言文化研究》经常刊载一些藏族语言文化研究方面的重要论文。该所的另一个定期刊物《通信》，也经常登载有关藏学研究的动态和文章。此外，该所发行的《YAK》（牦牛），专门刊登关于喜马拉雅——西藏的生态、语言、文化的综合性研究报告。现在，担任该所副教授的星泉博士专门从事藏语言的研究与教学工作，她是近年来在日本藏学界显得比较活跃的一位年轻女学者，其母亲是专门从事藏族民间文学研究的星实千代先生。

（八）大正大学

设在东京的大正大学，系日本净土宗、天台宗、真言宗丰山派、真言宗智山派三宗四派联合创办的大学。因建于1926年的大正年间，故称大正大学。该校也是以佛教学科见长的私立大学。该校的佛教学部佛教学科包括佛教学、梵文学、天台学、真言学和净土教学；文学部包括哲学、史学、文学、社会学学科，设西洋哲学、宗教学、日本史、东洋史、英美文学、日本文学、社会学、社会福利课程。两学部出版的学术刊物有《大正大学研究纪要》、《大正大学大学院研究论丛》。研究机关是综合佛教研究所，发表《研究年报》。

大正大学的藏学研究主要表现对藏传佛教的研究上。该校有不少教师在不同程度上都从事藏学研究。1997年是大正大学建校70周年。作为建校70周年的一项纪念活动，大正大学综合佛教研究所举行了以"西藏所藏佛教文献调查"的大型学术调查项目。该项目以调查西藏地区所藏的以梵文写本为主的佛教文献。该项目分几个阶段完成：1997年7月22日～7月31日为第一阶段，主要调查了拉萨罗布林卡所藏的佛教文献。参加这次调查的有：校长助理多田孝正、综合佛教研究所所长松涛诚达、吉田宏晢教授等16名研究人员。1999年7月25日～8月6日为第二阶段，主要调查了布达拉宫所藏的佛教文献。参加这次调查的有大正大学常任理事西效良光、松涛诚达等12名研究人员。在第二次调查中，发现了《维摩经》的梵文写本。

（九）龙谷大学

设在京都的龙谷大学是由真宗本愿寺派（西本愿寺派）创办的大学，最早始于1639年西本愿寺内的"学寮"。1875年正式成为本派的宗立学校。1922年发展为综合大学规模，称"龙谷大学"。设文学部，包括佛教、哲学、文学、史学、社会学等学科。佛教学科除教授真宗学外，还有唯识、华严、天台等教学。战后增设了经济学部、经营学部、法学部及短期大学。

龙谷大学的藏学研究者主要集中在其所属的佛教文化研究所及佛教文学研究所。佛教文化研究所建于1961年，包括西域文化研究会、佛典翻译研究会、大藏经学术用语研究会，着重进行佛教文化及有关领域的综合研究，主要项目有日本的近世佛教、中国佛教史籍、敦煌经本及净土经论的研究。其成果刊登在《龙谷大学佛教文化研究所纪要》（年刊）上。佛教文学研究所于每年召开"佛教文学研究会大会"。1974年度大会决定，真宗东西两派统一举行学术活动。1976年龙谷大学早期的学术集刊《六条学报》（全卷又称《龙谷学报》、《龙谷大学论丛》）由东京第一书房重新出版。该刊物于1899年创刊，至1921年共发行241期，是早年著名佛学者发表研究成果的主要杂志。

2002年9月，作为纪念西本愿寺第22代宗主大谷光瑞主持的"大谷探险队"100周年的一项活动，该校与广岛市立大学合作，在该校的历史性建筑清和馆内召开了"关于西藏的文化与艺术及现在和未来"的国际学术研讨会。会上，日本著名藏学家、龙谷大学校长上山大峻教授做了"日本藏学一百年"的学术讲演。配合这次学术研讨会，该校还举办了龙谷大学藏青木文教资料、能海宽西藏资料的展览会。

二、主要学会

（一）日本西藏学会

该学会成立于1953年，其目的是进行有关西藏的学术研究，是世界上最早成立的专门研究藏学的学术团体之一。第一任会长是著名东洋史专家、藏学家石滨纯太郎（1888-1968）。学会每年召开一次年会并出版机关刊物《日本西藏学会会报》（简称《JATIS》），该刊是日本唯一的藏学专门刊物，截至2004年底已发行共50期，撰稿者均为该学会的会员。刊载的一些论文具有较高的学术价值。2004年11月6日，日本西藏学会在立正大学召开了第52届学术大会。

该学会刚刚成立时，其秘书处设在大阪的关西大学，以后又挂靠到东京外国语大学亚非语言文化研究所，东洋文库等学术机构。从2004年开始，日本西藏学会秘书处移至京都市北区小山上総町大谷大学真宗综合研究所内，现任会长是大谷大学校长、佛学家小川一乘教授。

（二）日本印度学佛教学会

该学会成立于1951年10月，会址设在东京大学大学院人文社会系研究科印度哲学佛教学研究室内，以研究印度学、佛教学为主。该学会的具体工作有：（1）召开学术会议；（2）公布学术成果；（3）与相关学会进行协助和协调；（4）从佛教的视角，关心社会性的现实问题。截至2005年，该学会的会员达到2400余名，是日本人文社会科学中规模最大的学会。该学会虽不是一个专门的藏学研究组织，但是藏学研究占有很大的比重。对学会的创立做出过较大贡献的学者山口益、中村元等人都是研究藏传佛教的著名学者。该学会的出版物为《印度学佛教学研究》（Journal of Indian and Buddhist Studies），每年刊行二期，截至2004年底，已发行49卷、共98册，其中登载的相关藏传佛教的论文甚多。学会每年召开一次学术年会，2004年7月，在东京的驹泽大学召开了第55届学术年会。

  日本的藏学研究比较集中在上述研究机关和学会外，目前也有一批藏学研究者分散在其他各类大学或机构，如早稻田大学有专攻西藏历史及宗教的石滨裕美子副教授、大阪大学有专攻中亚史及西藏史的森安孝夫教授、大阪市立大学有专攻喜马拉雅地区藏族文化的著名人类学家川喜田二郎教授、东京工业大学有专攻尼泊尔及河口慧海研究的人类学家高山龙三教授、京都的佛教大学有专攻藏传佛教及西藏艺术的小野田俊藏教授、神户外国语大学有专攻敦煌古藏文文献的武内绍人教授、私立高野山大学有专攻藏传佛教及佛教图像学的奥山直司教授、横滨市立大学有专攻蒙藏关系史的乙坂智子副教授、滋贺县立大学有以藏区为田野的文化人类学者棚濑慈郎副教授等。

  除以上介绍的刊物外，以下一些刊物也经常刊载藏学论文，如日本东洋史研究会机关刊物《东洋史研究》、日本东方学研究会机关刊物《东方学》及《东方》、中央欧亚学研究会发行的《内陆亚洲语言研究》、内陆亚洲史学会发行的《内陆亚洲史研究》、京都佛教大学鹰陵史学会机关刊物《鹰陵史学》、早稻田大学东洋史恳话会的《史滴》、成天山新胜寺的《成天山佛教研究所纪要》、日本高野山大学密教研究所之《密教研究》等。日本各个大学的研究纪要上也有一些藏学论文发表。

藏文文献遗产保护机制的创新

——以玉树地震灾区为例[1]

夏吾李加[2]

前言

改革开放以来，国家投巨资开展了以《中华大藏经·藏文部分》为代表的藏文文献遗产整理保护方面的系列重点项目，陆续取得了有目共睹的成果。但是，近年来全球性频发的自然灾害，对当地的生命财产和文化遗产造成了巨大破坏。特别自2008年以来的汶川地震、玉树地震和亚东地震，对已经取得的文献遗产的整理成果和保护机制的正常运行造成了不同程度的破坏。因此在灾后重建过程中，最大限度地降低其损坏力度，在现有的抢救保护措施的基础上，对文献遗产保护机制的创新显得尤为重要。笔者以玉树地震灾区的藏文文献特点和受灾现状为例[1]，通过实地调研和比较分析，归纳了以下几个方面的创新思路，旨在及时采取补救措施。

一、加强文献普查，建立整理编目标准化试点

无论是石刻文献，还是口传文献，或者纸质文献、唐卡文献，玉树地区的藏文文献遗产，大部分散落在民间。这些文献遗产中，有些由于不明文献的真实价值而疏于管理，使其损毁程度愈加严重；另一些是收藏机构选择珍贵文献深藏起来，不再进入借阅出版的流通领域，使其失去了应有的使用价值。就目前地震灾区民间收藏机构设施现状而言，文献馆藏环境极为简陋，几乎没有任何恒温恒湿的调控设备，也没有避光和防尘的设施，长期遭受紫外线的照射、灰尘的侵蚀，使得文献遗产破损状况得不到有效的控制。全面开展文献普查工作，及时将当地落之于笔墨、传之于口头的各种载体的文献遗产——清点入册，是当前文献遗产抢救保护的首要任务，也是基础性的工作。同时，地震灾区的很多文献遗产收藏于民间，而且曾被打入"四

---

①本文原载于《西藏大学学报》（社会科学版）2012年第4期。
②作者简介：夏吾李加，西南民族大学哲学学院研究员，主要研究方向为藏传佛教与藏族文化。

旧"之列，普查工作有一定的难度，只有举各方之力，才有希望彻底普查完毕。

首先利用问卷调查和统计学的方法，科学而系统地普查地震灾区及其邻近地区的藏文文献整理保护现状。然后通过版本学、目录学、校勘学为一体的文献学方法，系统梳理该地区文献编纂史，进而开展著录编目工作，使文献整理工作突破以往的局限。具体文献整理编目工作，主要进行以下几个步骤：第一，文献普查和整理是两个不同的阶段，其中包括繁多的细节工作。文献普查过程完成后，就进入文献整理编目过程。藏族传统版式一般由手工木刻印刷成书，装订松散，大部分无封面夹板，使文献很容易出现漏页、残页、缺字或模糊等一系列缺陷，只能在文献整理过程中，花费较多的时间，采取各种办法修复补救，以达到完善收藏的目的。第二，文献编目是科学管理文献的重要环节，也是文献整理工作的基础，只有通过编目才能在数量浩繁、内容繁杂的书海中迅速查阅到相关资料。因此继承藏族传统文献编目体系，结合现代编目方法，按照文献类型和学科内容分门别类，参照各种文献著录表和不同类型的文献结构，汲取众多文献专家的意见和建议，经过反复修订，最终编制文献著录表。第三，藏文文献具有独特的版式、装订、编目和收藏方式，自身形成了独特的学科体系。因此，长条文献的馆藏阶段，应严格按照其流程入馆上架。同时，在文献整理编目工作中，与国家民委古籍办组织开展的《中国少数民族古籍总目提要·藏文卷》相关工作相衔接，不搞重复性工作，在实现资源共享的前提下，结合藏文文献遗产的特点，借鉴国内外文献收藏机构的"古籍著录规则"或"文献著录编目条例"，事先组织相关专家研究编制可行而合理的"著录规则"。以此为基础，选择国际通用的藏文输入法录入电脑，建立"藏文文献遗产数据库"，以便科学管理和数字化建设，为将来建立资源共享的网络信息化平台打好基础。

藏文文献遗产的数量庞大，各收藏机构多未编制文献定级保护和文献受损定级修复标准为例的技术标准。因此，对藏文文献遗产加强编制技术标准研究，是取得有效整理保护的途径。通过对文献的各种版本进行综合考察，进而分类鉴定后才能依据不同类型和级别进行科学的管理和保护，并对那些具有重要历史意义、学术价值、艺术鉴赏价值的文献珍品实行更加严格的管理和保护措施，使之流传久远。特别要针对地震灾区这样人才和资金皆显拮据的现状，在借鉴国家古籍保护中心制订的相关技术标准的基础上，系统开展文献遗产鉴定、编目、保护、修复等方面的研究工作。近期主要开展文献库房基本指标、藏文文献普查规范手册、藏文文献编目规则、藏文文献管理办法、藏文文献定级标准、藏文文献破损定级标准、藏文文献修复标准、藏文珍贵文献名录入选标准为主的相关技术标准和规范指标的研究与编制工作。并由地方职能部门加以全面推广，尽快建立具有藏文文献普查软件平台的文献编目标准化试点，使具有特别重要价值的文献遗产得到优先抢救，优先保护，优先数字化建设，优先整理出版。

二、加强科技研发，建设藏文文献数字化基地

联合国教科文组织启动"世界记忆工程"，入选"世界记忆名录"。作为地区和国家名录，2000年起相继启动了"中国档案文献遗产工程"和"国家珍贵古籍名录"系列代表作。从联合国到全国上下入选文献遗产名录的主要目标只有一条，即更好地保护利用和推广认识。在传统意义上，主要通过复制印刷和整理出版的方式，达到保护利用文献遗产的目标。随着信息时代的降临，文献遗产得到最好的保护利用的优化途径，则是积极引进现代高新技术进行数字化建设。藏文文献遗产的主体部分为纸质文献，尽管大多数采用狼毒花的根茎作为造纸原料，由于本身的毒性天然具备防虫功效，而且珍贵文献的书写墨汁也用矿物质，在一定程度上相对耐用。但历经千百年来的风吹雨打，必然遭受了不同程度的损坏。利用现代科技手段进行数字化建设的同时，对藏纸和墨汁的化学成分进行分析，开发藏文识别软件和古籍修复技术，促进文献整理工作的科学化和规范化，是利于当今、功在千秋的一项公益性工程。

由于目前的设备和人员的短缺，不可能一次性完成所有文献遗产的数字化建设，只有遴选部分古籍循序渐进地开展数字化建设。从有利于文献保护的角度来看，处于不稳定载体上的、价值极高的、利用率频繁的和传统的修复方法可能会有风险的文献遗产，宜于优先进行数字化建设。数字化的文献遗产在维护其信息的长期储存上，尽管具有诸多优势，但数字化也不是万能的，它也有许多不确定因素。这就需要防患于未然，事先做好数字化文献的数据备份、格式变换与风险管理、设置数据恢复功能等工作。

地震灾区文献遗产数字化建设过程中，现阶段主要可以通过扫描、录入、转录三种方式进行建设。第一，扫描：选择以上四种宜于数字化建设的珍贵文献，通过"一面一扫、一扫一审"的方式进行扫描，并利用计算机技术进行清页、修复、编目等工作程序，制造成文字清晰和边框规范的电子文献。第二，录入：具有极高学术研究价值的珍贵文献，通过扫描无法达到文献的使用效率，只有通过"一字一键"地录入，才能实现文献使用的全部功能，弥补扫描文献在利用上的缺陷，并便于陆续出版发行。第三，转录：随着音视技术的使用，以格萨尔史诗为代表的口传文献以录制音带的方式得以继承和流传后世。但由于高新技术的突飞猛进，尤其MP3的全面推广，使得这些音带载体不断更新，录音磁带因保存欠佳，现在很少有人使用，甚至有大量销毁的现象。基于上述原因，通过普查，征集早期录制的音频文献遗产

进行转录，并组织人员对民间艺人进行采访录制视频文献，以便保存这些不可再生的珍贵文献资料。

在藏文文献数字化建设过程中，传统寺院学僧的作用不容小觑。历史上被毁的印经院多数没有重建，而组建了计算机班。在寺院未能升学高级理论班的学僧，按照个人的意向，自愿转到计算机班，先学习以文字信息处理为主的计算机应用知识，毕业后从事文献录入校理事业，由各学科的堪布依照自己的学术专长校勘文献录入稿，最后由首席堪布审订后出版发行。这不仅解决了不少学僧的去处问题，而且对文献遗产的整理保护工程具有建设性的贡献。他们的文献数字化的质量极高。这一方面是由于参与数字化建设的学僧们工作高度集中，另一方面也是他们的宗教情怀在鞭策自己不能出错。同时录入校对过程中层层把关，并由专家校勘审订，因此，数字化中出现错误的概率很小。其中四川德格县的宗萨讲学院最具代表性，玉树最大的萨迦派寺院结古寺的主要书籍来源，就是宗萨讲学院文献数字化的成果。[2] 因此，通过搭建州县际联席会议平台，互相交换文献数字化成果，不失为丰富文献数据库的有效途径。

三、加强人才培养，组建藏文文献专业人才库

目前古籍整理编目最突出的问题，是缺乏一支热爱文献事业且具有扎实学术功底和良好文化素养的专业人才。虽然地震灾区民语办、群艺馆、图书馆和文物所都在各自开展这方面的工作，但大部分属于非专业出生，而且有些工作人员不熟悉藏语文。况且，藏文文献内容丰富，学科门类众多，专业性很强，如声明和因明文献，以及天文历算和乐谱文献，如果没有进行专业训练，仅仅掌握藏语文基础知识，是无法解读译释的。又如续藏文献，如果没有一脉相承的学统和导师口耳相传的诀窍传承，则成为无法解密的天书。文献整理工作人员还应该具备目录学、版本学、编纂学、校勘学、辨伪学、辑佚学、典藏学、史源学、年代学、诠释学方面的专业知识，以便准确解读和掌握文献遗产的内容及其学术价值。此外，文献抢救修复方法和数字化建设方面的技能，也是新时代文献整理者必备的条件。然而在编的工作人员之中，具备以上条件者少之又少。当下只有通过加快组织培训，加强人才培养，方能解决眼前的燃眉之急。

培养人才可以有以下三种培训方式。第一，在职人员培训。重点开展对文献普查征集和保护整理工作人员的短期培训，也可以委派人员参加国家古籍保护中心和各省区古籍保护中心主办的"藏文古籍鉴定与保护研修班"为例的各类培训班。对于因地震致伤或家庭赡养或抚养问题不能离开家乡的工作人员，可以从省内外邀请相关专家学者或本地有经验的行家为他们开展学术讲座或交流会，或在实际整理过程中交流经验和传承技能。第二，师徒授课培养。因为文献整理工作是操作性很强的一项事业，以民间口传文学和唐卡绘画艺术为代表的文献遗产的师徒传授性效率尤为明显。师徒长期以此方式授课交流可以培养具有特殊技能的文献遗产整理保护的传承人。第三，脱产学历教育。积极与设有文献学专业的高等院校尤其是民族高等院校取得联系，协商签订定向或委培协议，联合培养文献整理和研究人才。特别是向在中央民族大学和西南民族大学设置建设的"国家民委少数民族古籍保护与资料信息中心"和"国家民委少数民族古籍文献人才培养与科学研究基地"，委派年轻工作人员系统学习文献抢救保护与整理研究方面的专业知识，为文献整理工作培养高层次专业人才。最终组建藏文文献专业人才库，持续开展文献抢救工作和整理工作，确保该地区文献遗产保护事业蓬勃发展。

四、加强合作交流，搭建州县际联席会议平台

玉树地区的藏文文献遗产，虽然具有鲜明的地域特色，也有其他藏区少见的宗派分支，但藏文典籍文献遗产方面，始终没有脱离藏文化的母体。这就决定了早已流散的文献遗产有望通过复制、购买、租用等方式，从其他藏区补遗。这也给我们提供了与其他省区和州县进行合作交流的工作基础。以玉树为例，这种合作交流主要可以分为两个步骤：第一，州内的通力合作。以地方古籍办为首的文化事业单位从事文献普查整理之外，民间的专家学者和文献爱好者也在长期为藏文文献整理事业贡献自己的力量，近年来已经整理出版不少优秀成果。[3] 其中，玉树州民族综合学校的金巴仁青先生利用假期时间，以微薄的工资作为经费来源，近二十年来深入民间默默无闻地开展文献调查，于2008年整理出版《玉树地区名人名著录》就是一个典范。这样淡泊名利的文献专家在玉树州内为数不少，各级党政机关可邀请他们参与到文献遗产保护整理的行列之中，给予一定的生活补贴，合作完成党中央和国务院交给我们的民族文献遗产抢救保护，促进民族文化大发展大繁荣。还可对古籍整理出版有突出贡献的文献工作者给予奖励和表彰，进一步激发他们整理保护古籍的积极性、主动性和创造性。同时，相关部门的文献遗产保护工作理应在统筹安排之下，协作完成。

第二，州际交流协作。在藏族传统的区域划分上，西藏昌都、四川甘孜、青海玉树和云南迪庆属于康区。目前在康区遗存的藏族传统出版机构中最大者当属德格印经院，该院中藏有新刻的玉树著名学者直贡·久丹公保选集五函，这是该学者的文集在藏区仅存的数量最多的木刻版。在八邦寺曾有玉树籍学者德钦曲乎举林巴和巴洛·才旺公觉文集的部分木刻版。另外在竹庆寺、噶陀金刚寺和白玉寺也藏有不少玉树籍学者的文献遗产。例如仅玉树籍学者堪布贤噶文集的木刻版，就曾有德格

八邦版、竹庆版、新龙格日版、直贡尼玛吉日版、不丹版、尼泊尔版和印度新刻版，以及若干写本与四川民族出版社 2006 年版。[4] 我们可以借助全国古籍保护工作部际联席会议和国家民委的少数民族（藏）古籍工作跨省区协调机制这一平台，通过文献普查和调研，以复制的形式补遗失传文献。

玉树著名学者本洛·阿旺勒珠的著作，目前在玉树境内只发现了一部。在《玉树地区名人名著录》中，金巴仁青先生从德格版《修法广集》、《续部广集》和《道果法汇编》为例的丛书中搜集补遗了 35 部，约 1380 页，这就是失传文献补遗的一种有效的范例和尝试。在利用和参与以上平台的基础上，认真履行职责，加强成员之间的交流协作，将古籍保护工作与相关部门的工作规划相联系，按照地震灾区文献遗产的分布特点，搭建以西藏昌都、四川甘孜和青海果洛为主要交流协作和联动保护机制的州县际联席会议平台。

五、加强项目申报，成立国家级古籍保护单位

"十一五"以来，进一步贯彻"保护为主、抢救第一、合理利用、传承发展"的工作方针，国家尤为重视文物和口传文献遗产的保护利用工作，先后推出了从国家到地方的各级保护单位和名录及其代表性传承人等系列工程。从新世纪开始，玉树州积极申报，先后入选的有 4 个"国家级重点文物保护单位"，9 项国家级非物质文化遗产名录，6 位国家级非物质文化遗产项目代表性传承人，这些都是玉树州各级党政部门高度重视抢救保护文物和口传文献遗产的成果。但在玉树境内藏有以《东仓·藏文大藏经》为代表的大量典籍文献遗产，至今尚未申报入选"国家珍贵古籍名录"，更不用说申报入选联合国教科文组织推出的"世界记忆名录"。这一工作不容忽视，各级政府应从思想认识上引起足够的重视，全面加强申报力度。

玉树拥有大量富有地域特色的文献遗产，拥有申报各类名录的大量文献资源。2009 年中国的"《格萨尔》史诗"入选世界非物质文化遗产名录，而玉树地区作为《格萨尔》史诗的渊薮之地，有众多的格萨尔艺人至今仍在传唱史诗，遗存最早的格萨尔家寺达那寺迄今屹立在玉树境内，格萨尔赛马称王的运动大会每年吸引着无数赛马运动员和各方游客前来参与观赏，综合这一切有利条件可以申报"国家级非物质文化遗产名录"。以吐蕃摩崖石刻和新寨嘉那与囊谦嘉玛尔嘛呢石刻为例的大量石刻文献遗产，无论从时间的久远和文献本身的研究价值，还是种类数量和社会影响力，或是抢救保护和开发利用各个层面来看，在整个藏区属于无与伦比的稀世绝品。同时结古镇还有以《文博·才嘉选集》为代表的石板印刷的文献，这也在国内属于极其罕见的文献遗产。因此，我们可以把这些作为一个整体的抢救保护试点，以"玉树石刻文献遗产"命名至少可以申报"国家珍贵古籍名录"。中国历史上的第一位帝师日巴[5]和大元帝师胆巴遗留了大量的文献遗产，其中不乏诏书类档案文献遗产，还包括第九世班禅在玉树结古寺为支援抗战致予民国政府的书信，同样可以申报"中国档案文献遗产名录"。藏娘唐卡文献遗产，正如被列为世界非物质文化遗产名录代表作的"热贡艺术"一样，也是独树一帜的艺术奇葩，在玉树地区传承近千年，今天仍然以"家家做画、人人从艺"的传承方式，成为当地的经济增长点和稳定的非农收入。这也可以申报"国家级非物质文化遗产名录"，以此争取项目经费，加大抢救保护力度。

联合国教科文组织实施的"世界记忆名录"，虽然启动得较晚，但我国入选的"名录"与中国悠久的文献历史和浩瀚的文献数量相比极不相称。这就决定我们应积极发掘申报，争取更多珍贵文献入选"记忆名录"，使之得到更广泛的关注和有效的保护。以地震灾区的东仓藏文《大藏经》为例的大型丛书，亦可以组织申报该名录。世界记忆工程的登记册的选择标准有七项主要标准和两项辅助性标准，下面我们结合整个藏文大藏经，逐一对照，简要评估其可行性。

第一，文献的影响。藏文大藏经中99%以上属于翻译文献，是从古印度和中原等十几个地区各语种翻译成藏文的集大成，是迄今为止佛典翻译数量最多、种类最齐全、最忠实于原文的佛典丛书。目前佛教作为世界性三大宗教，其文献的世界性影响不言而喻，并在以下标准中一目了然，不予赘述。第二，文献的时间。从文献最初形成的时间来看，可以追溯到公元前5世纪，距今有2500多年的历史；从藏译的时间来看，从公元7至17世纪，历经千年的翻译历程；从藏文《大藏经》的传播和使用时间来看，至今仍在持续，并有进一步扩大的趋势。通过这些文献，可以了解这期间的政治、经济、文化、宗教等方面的信息，包括长期的佛教发展史乃至亚洲文明史，也有短期某个社区的情况。第三，文献的地点。文献内容的辐射面涉及古印度、尼泊尔、克什米尔、巴基斯坦、阿富汗、斯里兰卡等十多个中南亚国家，以及我国的中原、新疆、西藏、青海、四川、甘肃、云南、内蒙古等地。第四，文献的人物。文献的第一作者包括以释迦牟尼及其十大弟子，以及龙树为首的古印度二胜六庄严为代表的中南亚100多位学者。仅《丹珠尔》文献翻译工程主持的其他民族的班智达313人，藏族译师234人。[6]当然这些都是翻译项目的主持人，如果计算所有参与人员，超过万人。第五，文献的主题。正如更敦群培大师的评价"依靠连昆虫蚂蚁都不忍伤害的善比丘们，把佛教传播到了东、西大洋之彼岸"[7]一样，藏文《大藏经》的主题归纳成一句话，自然是在广发慈悲的基础上，开发人类的原始智慧，探讨生命的奥妙。这正好契合当今世界的主题"和平与发展"。第六，文献的形式与风格。无论从文献的外部形态和版式风格，还是内容的忠实程度和表述效果来说，无疑是佛教文献中独一无二的典范遗产。第七，社会价值。在藏文文献史上，藏文《大藏经》编纂的写本和石刻本难以计算，仅木刻版《甘珠尔》就有13种版本，曾印刷发行到我国的藏族、汉族、蒙古族、满族、土族、裕固族、纳西族等10余个民族收藏使用，还发行到蒙古国、印度、日本、俄罗斯、美国、英国、法国、德国等国外有东方学的高校和研究机构。20世纪中后期由日本和美国等地出版发行北京和德格版本的胶印版，以供学界使用。已故的美国纽约藏传佛教文献资料中心（TBRC）的创始人金·史密斯先生对《甘珠尔》和《丹珠尔》，倾其毕生的精力，通过复制、扫描、修复等现代高新技术的加工，现已完成数字化的工程，在"http://www.tbrc.org"网页上发布，藏学工作者经常下载使用。中国藏学研究中心组织专家学者近百人，历时20余年完成了对8种《甘珠尔》和4种《丹珠尔》的校勘研究工作，2008年全部出版完毕，并向国内外发行。18世纪起，藏文《大藏经》由藏文翻译成蒙古文和满文，2010年起在宗萨钦哲仁波切的倡导下，正式组织国际上知名的藏学家开始实施了"八万四千：佛典传译（84000：Translating the Words of the Buddha）"计划，规划将1142部的《甘珠尔》和3700部的《丹珠尔》，由藏文翻译成英文，让全世界共享。同时，两项辅助性标准的完整性和稀有性，不同版本和译本的藏文《大藏经》至今馆藏完整。此外，其完整性主要表现在该套丛书的法脉教授传承，而不在仅限于文献或实物本身的是否完整。这一传承以口授心传的方式从释迦牟尼佛起世代相传至今，迄今藏传佛教各大寺院中仍在陆续口传，其他语种的《大藏经》传承体系中缺乏这一重要环节，这也正是藏文《大藏经》的稀有性成分之一。只要翻阅历代藏族学者的"传法录"[8]便知究竟。同时，还表现在珍贵文献书写的材质上，纸张选用的材质很丰富，一般选用历经几道工序的青丁纸，选用金粉、银粉、海螺粉和朱砂等矿植物为颜料，并用紫檀木和上等绸缎进行夹板包裹，这样编纂的文献均属珍贵文献遗产。在西藏布达拉宫和萨迦寺均有馆藏，玉树的东仓藏文《大藏经》就是民间收藏的典范。从以上七项主要标准两项辅助性标准中，可以管窥藏文《大藏经》所具有的超越民族文化的非凡价值，以及开发使用的现实意义。

目前，藏文文献遗产抢救保护工作中，最突出的问题就是严重缺乏资金和专业人才。利用以上文献资源，通过申报入选名录，以此为依托，成立"国家级古籍保护单位"，争取建设为"中国民族民间文化保护工程"试点项目。这样，不仅有充足的经费定期拨款，用于有效的整理保护，还可以有步骤地培养文献抢救修复和整理编目的专业人才。同时，以此提升文献遗产的文化品位和知名度，获得更多项目的支持和经费的赞助，最终达到以项目支撑文献抢救保护的目的，使文献遗产保护整理工作得以健康发展。

六、加强学术研究，出版地方性典籍文献丛书

在全面开展文献整理保护的基础上，通过新闻媒体，搭建文献遗产工作的宣传平台，积极深入民间，广泛组织文献会展、交流培训、座谈研讨等多种形式的活动，扩大宣传工作的覆盖面，普及文献遗产抢救保护知识，推广藏文文献遗产保护工作的先进经验，充分调动社会各阶层参与文献遗产整理保护工作的积极性。

正所谓"古为今用，古可喻今，古可鉴今"，我们开展文献遗产的普查搜集、抢救保护和整理出版的最终目标，是为了更好地开发利用。近年来口传文献遗产方面出炉了精选精编的整理成果，[9] 还欠缺学术研究的精品力作。对玉树石刻文献遗产的学术研究有了长足的发展，然而仅限于玉树境内，未能拓展研究领域。比如玉树的贝库、勒库两处的摩崖石刻，正如在西藏察雅县仁达的摩崖石刻题记中记载的"益喜阳在玉、隆、贝、勒、堡邬等地亦广写"一样，是属于吐蕃赤德松赞时期由大译师益喜阳主持刻写了摩崖石刻文献。但是大译师益喜阳还在其他地方刻写摩崖石刻，藏学界只找到玉树境内的两处和昌都境内的仁达摩崖石刻为代表的几处。[10] 将研究领域列入藏文文献遗产的工作之中开展系列研究，将有助于提升当地文献遗产整理保护的学术地位和文化品位。

藏文文献遗产的整理研究工作，除了近年来民间整理出版的成果之外，仍然处于空白状态。对此，我们可以借鉴省内外同行的工作经验，这方面果洛州古籍办走在全国各藏族自治州、县藏文文献整理出版领域的前列。在果洛州古籍办主任居·格桑先生的主持下，近年来认真开展古籍抢救保护工作，建立"果洛古籍保护中心"，推出"果洛古籍丛书"整理出版规划，自2003年起至今由四川民族出版社整理出版了30册。玉树地区文献遗产工作可借鉴果洛的经验，在金巴仁青先生推出的《玉树名家文库》之基础上，精心编制珍贵文献遗产整理出版规划，系列出版各类"地方性典籍文献丛书"，最终达到集整理编目、校勘研究和数字化建设为一体的研究成果。同时，加强地方优秀藏文文献编译出版工作，学习最新文献抢救修复方法，提高文献学理论方面的汉文、外文出版物和藏文文献多项翻译出版物的数量和质量。

结语

以上所列的保护措施及机制创新路径，只是现阶段藏文文献遗产保护事业中急需解决的主要问题，还有不少崭新的课题和挑战，在此囿于篇幅，无法一一列举。上面所举数例，也仅是浩如烟海的藏文文献遗产中的几个代表。随着文献遗产整理研究的不断深入发展，将会使我们打开眼界，逐渐了解和认识藏文文献遗产对中华民族，乃至全人类历史记忆的卓越贡献。

现实是历史的延续和发展。藏文文献遗产具有鲜明的民族特色和地域风格，在机制不断创新完善的基础上，对现存文献遗产进行全面、系统的普查，有计划地开展文献保护工作，对于保护和利用藏民族优秀文化遗产，增强各民族间的交流，维护民族团结，促进文化大发展大繁荣等方面，将产生重大的现实意义和深远的历史意义。基于这样的认识，我们应本着温家宝总理在玉树考察抗震救灾工作时所强调的"在建设中要特别注重保护和传承藏族文化，对于损毁寺庙的修复和重点文物的保护，政府要予以支持"[11]的原则，实施一批重大文献遗产整理保护项目，推出一批体现民族特色、反映时代精神、具有很高艺术品味和学术价值的精品力作，整理出版更多满足人民精神文化需求的优秀文献遗产，促进文化大发展大繁荣。

参考文献：

[1]夏吾李加.玉树地震灾区文化遗产受灾状况调查研究［J］.西南民族大学学报（人文社科版），2011（11）.

[2]2010年8月2日，课题组对玉树结古寺堪布嘉阳赤列的访谈。

[3]夏吾李加.玉树地区典籍文献遗产类型研究与反思［J］.民族学刊，2012（2）.

[4]佐钦贤嘎.十三部大论注释［M］.成都：四川民族出版社，2006：7-8.

[5]还格吉.巴隆噶举派在玉树地区的历史演变［J］.民族学刊，2012（5）.

[6]昂翁洛布.金汁写本丹珠尔目录［M］.北京：民族出版社，2004：606-615.

[7]奔嘉，等.更敦群培文集（藏文上卷）［M］.成都：四川民族出版社，2010：304-305.

[8]夏吾李加.写本《甘珠尔》形成的历史分期及编纂问题考辨［M］.西藏研究，2009（3）：68.

[9]还格吉.玉树地震灾区口传文献遗产整理研究述略［J］.民族学刊，2011（4）.

[10]夏吾李加.玉树地区石刻文献遗产整理研究述评［J］.青海社会科学，2011（5）.

[11]温家宝.有力有序有效做好玉树地震灾区恢复重建各项工作［N］.人民日报，2010-05-24.

敦煌文献中藏文字形及书写特点的研究①

高定国②

引言

敦煌藏文文献是敦煌藏经洞出土的用藏文撰写的文献的俗称，据考证该文献主要是8~9世纪的，也有部分9~11世纪的文献[1]。研究敦煌古藏文文献不仅对于全面了解西藏历史、诠释藏族文化有重要的价值[2]，而且对了解语言文字的产生、演变、发展有重要作用。

藏文字符是藏语的书面表达形式，藏文字形又是藏文字符的书写形式。从创造藏文以来，随着时间的推移，藏文字形在不同地区发展形成了具有地域差异性的书写字体，不同的书法家在书写时又发挥自己的个性，形成了具有书法家个性的字体，从而丰富了藏文的字体。不同时代的藏文书写方式承载着那一时代的藏文书写特点及文法规范等一系列信息。研究不同时代藏文的书写特点不仅可以了解当时的藏文书写形式，而且可以比较得出与现代藏文的书写形式、文法规范的区别等，这不仅有利于揭示当时藏文书写的具体情况，也有利于探究藏文书写、文法等的演变过程，而且更有利于现在的应用。

文章以《法国国家图书馆藏敦煌藏文文献》影印版中的藏文字形为研究对象，对敦煌文献中藏文的书写特点、笔画特点、结构特点以及文法等做一点考究。

一、敦煌藏文字形的特点

敦煌藏文文献主要以藏文乌金体书写，字体的书写与今天藏文乌金体的书写差别不大。也有类似于今天的乌梅体字体来书写的，仔细观察发现敦煌藏文字形有以下一些特点。

---

①本文原载于《西藏大学学报》（社会科学版）2016年第3期。
②作者简介：高定国，西藏大学藏文信息技术研究中心教授，主要研究方向为藏文信息处理。

（一）敦煌藏文字形书写的总体特点

1. 字体比较潦草，注重书写的"快"

敦煌藏文字的书写与现代藏文字的书写差别不大，现在懂藏文的人一般能正确地读出来，这说明当时的藏文已经很成熟了，发展至今没有更多的变化。敦煌藏文字一般是乌金体书写的，但总体的字体书写并不讲究，可以看出当时书写时主要注重了书写的速度，而并没有很重视字体的美观、工整等。为了书写的"快"而使很多字符不注重笔画、笔顺，一两笔成字，连笔书写情况非常多。敦煌藏文文献中一笔书写的藏文字母如图1所示。

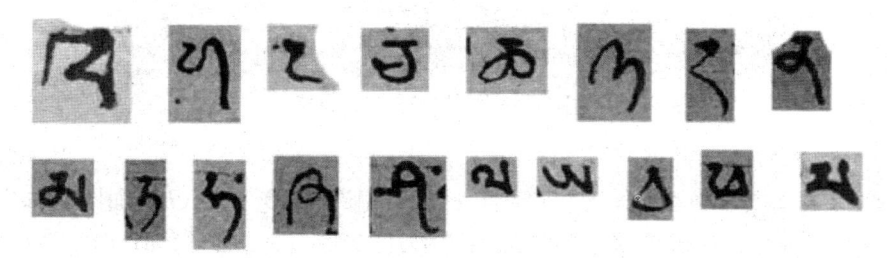

图1 敦煌藏文文献中一笔书写的藏文字母

2. 乌金乌梅字体混合书写

敦煌藏文文献多数基本上与现在的乌金体书写一致，但部分字体有现代乌梅字体的风格，ཎ ཛ ཚ ཥ 等很多字的书写，如图2所示；有些文本的整体书写更具有乌梅字体的风格，比如：《法Pel.tib.0322A》[3]第87页文本如图3所示；也有把后加字"ས"以圈的形式书写在头上，比如：《法Pel.tib.0269》[4]中"མཆོད་པ་ཡང་དུས་གསུམ་དུ་འབུལ།"等。这些现象说明当时已经出现了乌金、乌梅体的书写形式，但并没有严格的限制和规则，而是两种字体混杂着书写。

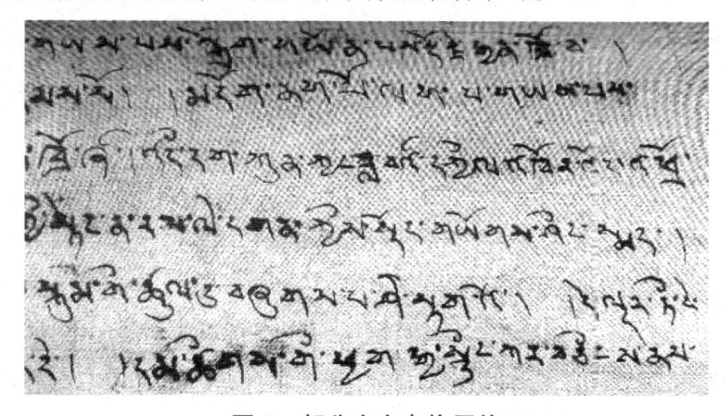

图2 部分字有乌梅风格

图3　整体书写有乌梅风格

3. 部分叠加字符横着写

现代藏文乌金体的书写纵向叠加时，严格按照从上到下以上加字、基字、下加字来上下叠加；而敦煌藏文字符的书写中，部分字符的书写类似现代藏文乌梅的书写，把基字写在上加字的右下部，并且基字的右端与上加字处于同一水平线。例如：ས སྱ སྱ ཙ སྱ སྱ 等。

4. 字头与字体的组合与现代藏文有区别

藏文乌金书写起始的横称为乌（དབུ），即头，与头相连的称为དབུད སྐེ 等构成字的"体"，现代藏文头与体相连有左连、中连，也有右连。现代藏文头的连接考虑了字的结构，使字的结构平衡，外形成方形。而敦煌藏文字符的书写头与体的连接与现代藏文的书写不同，如图4所示的字符在现代藏文字符的书写时头与体在左端连接，而敦煌藏文字符的书写中一般体连接在头的中间位置，甚至这些字符的体与头有右端连接的情况。

图4　现代字符与敦煌字符头与体连接位置不同的字符

5. 乌金体书写中用缩写方式

藏文缩写（སྐུང་བ）在现代主要出现在乌梅体的书写中，主要为了加快书写，在不影响识别的情况下书写时省略部分字符。敦煌藏文文献中乌金体书写的文本中也用了藏文的缩写，比如：《法Pel.tib.0300》中332页的"གཡུ་རྫོ་ཁ་བའི་"、"ཚོ

བོ་ཁྱོད་ནི་བདག་གོ།།” 和《法 Pel. tib. 0300》355 页的“མགྲོལ་རྣམས་ནི་བདགིས་དགྲོལ།།”等。明显可以看出，这也是乌梅书写的一个特点，也是为了加速书写。

（二）敦煌藏文字形的笔画特点

按照敦煌藏文文献中的字模，抽取出的典型的敦煌藏文辅音字母字形如图 5 所示。

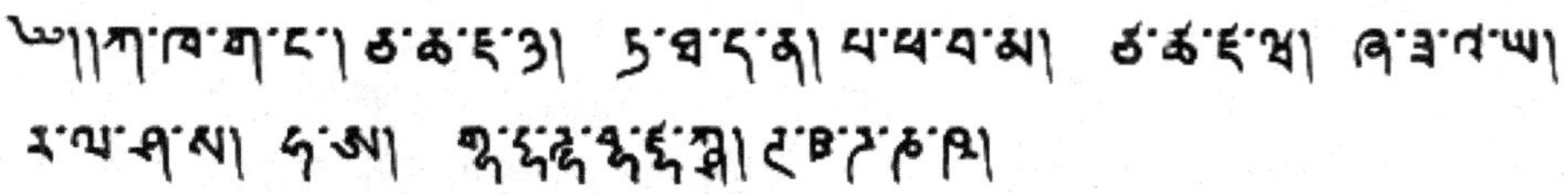

图 5　敦煌文献中藏文辅音字形

将敦煌藏文字符与现代藏文字符进行比较，发现敦煌藏文字符的笔画有以下特点：

1.“乌”（དབུ）不统一

传统藏文文法把藏文字形分成乌金体和乌梅体两大类别，分类的依据就是“乌”（དབུ），即藏文书写时写在对齐“上平线”的横线。比较敦煌藏文字形的“乌”与现代藏文字“乌”的书写时，发现有以下区别：

（1）长短不一。现代的藏文“乌金”字体书写时，“乌”写得“直”且“长短一致”，长度基本上就是一个字符的宽度，这样规范的现代藏文的“乌金体”就具有了“等宽”的特点，但敦煌藏文的“乌”长短不一，甚至有些字的“乌”就是一个“点”。

（2）形状不一。现代藏文“乌金”字体书写时“乌”写得“平直”，但敦煌藏文字的“乌”有些是圆弧，并不是直线。比如：ཙ ཤ ཁ 等。

2. 竖不直

“后脚”长的字符 ཀ ག ཤ 和 । 等在现代藏文的书写中上平竖直，但在敦煌藏文字符的书写中类似 । ཀ ག ཤ 不直，写竖时先向右弯、再向左弯，两次弯曲成一竖，形成一个反向的“S”形[5]。包括 ཙ ཏ ད ན ཞ ང ཊ ཌ 等末笔较长字符的末笔在现代藏文的书写中比较直，但敦煌藏文字符的书写中又都是两次弯曲成型。

3. 笔画粗细区分不明显

现代藏文乌金字体的书写竹笔的笔尖一般是宽口薄片的，在书写过程中竖向的笔画在运笔的过程中通过转动笔达到上粗下细、露出笔锋的效果。敦煌藏文字符的书写过程中，笔画的粗细区别不明显，这种书写的笔应该是圆头的笔，在书写过程中也不需要转动笔，其中笔画比较细的部分也是抬笔时笔与纸的接触面逐渐减小而显示的效果。

4. 很多འ带ཚ་ལག

现代的藏文字带ཚ་ལག的字符有ཆ、ཚ、ཛ，有些把ཉ的最后一笔也写成类似于ཚ་ལག的笔画ཆ，敦煌藏文字符中多数འ的形状是ཆ，也带有ཚ་ལག，并且ཆ、ཚ、ཛ的ཚ་ལག有写得类似于现代藏文乌金体中的中间有一个弯度的，也有写得像一个短直线直接写向右上方的。在敦煌藏文文献中也有འ不带ཚ་ལག与现代འ写法一致的。

5. 元音长而形状多

现在藏文乌金体的书写中，元音的宽度一般没有超过字符的宽度，但敦煌藏文乌金体中元音一般都超过了字符的宽度，甚至有些元音占5个字符的宽度，导致上元音出现了很多交叉的情况。比如：《法Pel.tib.0321》[6]第81页文本如图6所示。

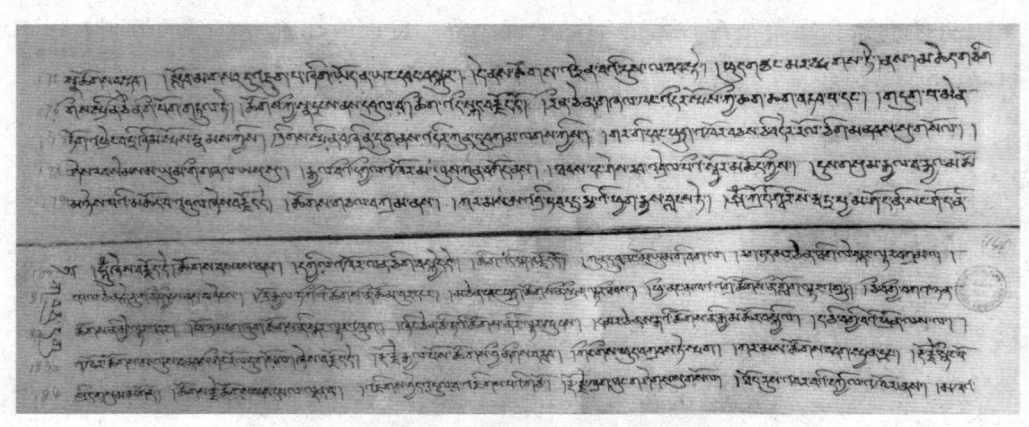

图6 敦煌藏文字符中元音长而形状多

分析敦煌藏文文献中元音的书写，发现第一元音"ི"很多时候用了"ྀ"，很多页面该两个字符都出现，甚至在同一页面的同一个字符上两个字符都用，这是敦煌藏文文本的一个特点[7]，比如：如图7所示，《法Pel.tib.0273》[8]第250页文本第一行中分别出现了ཞིས、ཞིད、ཞི、ཞིབ等同一字符或同一字上用不同的第一元音的情况。很多书写中该两个字符都是一笔成型，"ི"写得比较平直，"ྀ"的笔画的书写也是从右到左书写的，从左到右斜向上书写，从左到右的书写可能是右手比较顺手而书写的。有人认为正反两个第一元音用于区别读音的轻重，也有些人认为表示两个相近的字从形式上构成词[9]，但没有一个公认的结论。第二元音"ུ"比较长，都与基字或下加字练笔书写，没有类似与现代藏文书写中的第二元音与被加字符分离的情况。第三元音"ེ"写得比较直立，甚至有些字符上的第三元音是一竖。第四元音"ོ"拉得比较长，有些变得几乎成一条直线，更具有乌梅体的书写风格。

6. 下加字的形状和连接方式与现代藏文书写不同

藏文中的 ཡ ར 三个下加字在敦煌藏文文献的书写中都与基字连着书写，即使 ཱ 在现代藏文乌金、乌梅体的书写中都有与基字分离书写的情况，在敦煌藏文文献中都是连着书写。下加字 ཡ 的形状可以明显看出是 ཡ 的左一半，并不像现代藏文中那样变形，使得与 ཡ 本身差别较大。现代藏文书写中认为上加字 ར 取的是 ར 的上部头两笔，而下加字"ཱ"取的是 ར 的下部，但敦煌藏文字符的下加字 ར 几乎是一条直线，即使基字有左高右低的幅度，下加字 ར 还是直线，比如：ཁྲ 等。

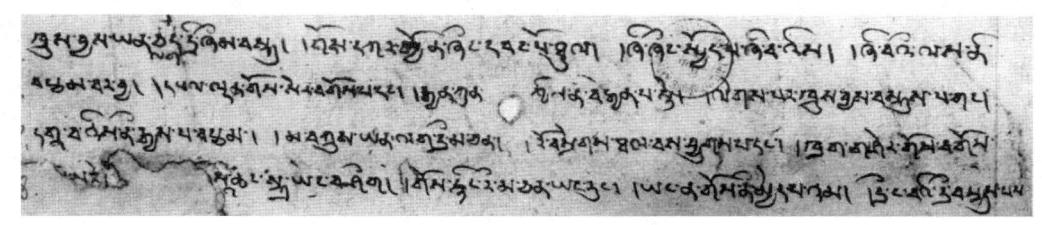

图7　敦煌藏文字符中元音长而形状多

（三）敦煌藏文字形的结构特点

1. 字形成上窄下宽的梯形

英语等拼音文字一个字符接着一个字符前后书写成为一条线，称为线性文字，而藏文字符在书写时不仅有从左到右的书写，也有从上到下的叠加书写，构成一个二维的平面。藏文在叠加书写时，不同时期对组合字符的大小有所不同，对藏文书写的美观也有不同的理解。现代乌金体书写时从上到下的结构采用上宽下窄的梯形，现在计算机上藏文字库设计时放在一个矩形中，做成上下等宽的矩形，而敦煌藏文在书写时，有上宽下窄或上下等宽的部分字符，纵向叠加的很多字符都是上窄下宽的梯形，如图8所示。这可能在书写时并没有考虑字符组合后的整体形状，而是按照笔画的需要直接叠加的结果。现代藏文在书写时考虑了组合后的整体外形，有意识地缩放组合构件使其外形成为一个固定的结构，这也成了评价现代字符书写美观的一个标准。敦煌藏文字符的书写中不仅叠加字符成上窄下宽的组合外形，而且很多独立字符也写成上窄下宽的外形，比如：ཀ 等。

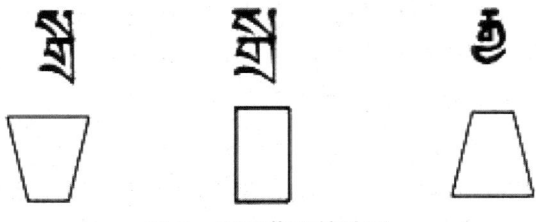

图8　不同藏文的外形

303

2. 元音的位置

现代藏文乌金体书写时，第一元音的中点（重心）落到基字或上加字的正中，第二元音以基字或下加字右下对齐书写，第三元音的末笔落在基字或上加字的右端，第四元音下弯部分落到基字或上加字的正中。

敦煌藏文字符书写中元音都拉得比较长，元音"ི"多数书写时与叠加字符左对齐，元音"ོ"多数书写时与叠加字符右对齐，很多字符上第一元音下弯部分的头落在了字符的中心，也有写得比较直立的，末笔放在叠加字符中心位置的。第二元音一般都是与叠加字符连笔，与叠加字符连着，多半向右下稍微弯曲后向左上弯曲，也有从叠加字符直接下拉后向左平直的走笔，与现代乌梅体第二元音的书写很接近。第三元音比现代藏文写得端直，多数末笔连接到基字或上加字的中心位置，也有其他位置的放置情况，第三元音的书写更具有现代乌梅体的书写风格。第四元音写得比较长，但结构与对齐方式与现代藏文的写法相近。

3. 结构右下斜

现代藏文在纵向叠加时，上加字以居中对齐或右对齐放置在基字上，下加字右部连接到基字上，一个叠加字符右端处于一条竖直的直线上，而敦煌藏文字符在叠加时，有很多字符上一层的右端与下层字符的中间甚至左端对齐，形成一个头左体右的组合结构。例如：ཟ ཟ ཟ ཟ ཟ 等。

4. 藏文起始符用单云头符

传统藏文书写时把纸分为阳面（正面）和阴面（反面），阳面一开始都用藏文起始符号（ཡིག་མགོ），藏文起始符在藏文文本中的写法最多，变化也最大。敦煌藏文字符中主要用单云头符 ༄ （བང་རྐྱང་ཡིག་མགོ་བཏུན་པ），现代藏文乌金体中一般用云头符（ཡིག་མགོ་བཏུན་པ）及腰云头符（ཡིག་མགོ་སྒྲབ་མ）的组合 ༄༅ ，甚至有的组合多个腰云头符 ༄༅༅༅ ༄༅༅༅ 及往下叠加多重符号，起到美观的作用。

5. 音节点（ཚེག）多样

藏文的每个音节用一个音节点（ཚེག）隔开，现代乌金藏文的书写中，音节点是一个点"·"，书写在上平线上，与乌金的"头"呈一条直线。敦煌藏文文献中音节点有一个点的，也有上下两个点构成的，多数放在乌金"头"的位置与"头"呈一直线，也有放在字符中间位置，甚至放在字符"脚"的位置上的。

二、敦煌藏文书写中体现的文法差异

（一）藏文符号用法的差别

现代藏文文法中对音节点（ཚེག）和分隔符（ཤད）的使用有严格的规定，敦煌藏文字符中音节点和分隔符的用法基本上与现代文法中规定的运用方式一致，但也有很多用法比较随便，没有一定的规律可循，与现代藏文的书写比较，类似 ད། ག། ད། ཡོ། 的书写非常多。

（二）构字、用词的差别

1. 黏着字符的不确定

现代藏文书写中，前一个藏文字符没有后加字或后加字是འ时，其紧跟的后一个字符འི འུ འོ འམ 与前一字符呈现"黏着"形式，去掉中间的音节点，甚至省略前一字符的后加字འ。在敦煌藏文字符的书写中既有"黏着"情况，书写的与现代藏文一致的，也有"不黏着"，分别作为一个字符来书写的形式。比如：敦煌藏文文献《法Pel.tib.0317》[10] 第55页等多处出现"གནས་པར་བྱུད། ""ཤུ་འི་ཆུང་མ།"等。

2. 有些文献中虚词的添加规则不符合现代藏文文法

敦煌藏文文献中藏文虚词的用法基本与现代藏文文法一致，也有部分虚词的添加规则不符合现代藏文文法。比如：敦煌藏文文献《法Pel.tib.0317》[11] 第55页多处出现"བསྟ་བར་རོ།།""བཞིན་རོ། ।"和《法Pel.tib.0300》中335页多处出现"རྩ་རྗེ་ཁྱུར་དེ་གཉིས་ཀྱིས་"和"དེ་ནས་སེམས་ཀྱིས་རབ་ཏུ་ཆུབ་པར་བྱས་ཏེ། །"等不符合现代文法中虚词使用规则的现象。

3. 后加字འ的添加不确定

现代藏文中后加字འ只添加在既没有元音、又无纵向叠加且有前加字的基字后面，主要用于识别藏文音节字符的构件。敦煌藏文音节的书写中，既有符合现代藏文文法འ的添加规则的，也有单独的一个辅音字母后直接添加འ和带元音基字后添加འ的情况。

4. ཧ的字形差异

现代藏文辅音字母ཧ的字形与敦煌文献中的字形区别较大，现代藏文中的字形是"ཧ"，在敦煌藏文文献中是ཅ下面加一个འ构成的，比如：敦煌藏文文献《法Pel.tib.0134》[12] 348页和《法Pel.tib.0608》[13] 中ཧ字形如图9所示。现代藏文中的ཧ有些字帖中的形状如ཧ，更像把ཅ和འ叠加，ཚཔཁ从ཅ头上移动了འ右边补缺，使得字形平衡。现代藏文中把"ུ"称为"ཞབས"，但在敦煌文献中更像是直接叠加的"འ"。

图 9　敦煌文献中藏文辅音字符 ཡ 的字形

（三）很多后加字或再后加字叠加在字符下

很多藏文字符的后加字或再后加字以叠加的方式书写在字符下面，比如：敦煌藏文文献《法 Pel.tib.0098V》[14]第 42 页中的部分字符的书写中，把 འགས་ 写成 འྒྶ་，བགད་སྐྱལ་ 写成 བྒ྄་སྐྱལ་，ཞུགས་ 写成 ཞུྒྶ་，ཕྱག་འཚལ་ 写成 ཕྱག་འཚྃ་ 等。又如：敦煌藏文文献《法 Pel.tib.0099》第 63 页中，གདན་པའི་དག་པས་ཡོངས་སུ་ 写成 གདན་པྦྱི་དག་སྦུ་ཡྃྶུ་ 等。

三、结语

总体上看敦煌藏文字符的书写及文法情况与现代藏文字的书写差别不大，现在懂藏文的人一般能正确地读出来，敦煌藏文文献中藏文虚词的用法基本与现代藏文文法一致，这说明书写敦煌藏文文献时期的藏文已经相当发达，藏文发展至今没有也不需要做较大的规范和修订，就具备一个成熟文字的所有特点，能表达和记录想要表达和记录的所有内容，当时的藏文已经相当成熟了。

从敦煌藏文字符的书写字体上看，大部分是现代所说的乌金字体书写的，也有部分用乌梅字体书写的，并且很多都是乌金与乌梅混合书写的，总体书写比较潦草，只注重了书写的速度而没有特别注重书写的美观和工整。这说明当时已经出现了乌金、乌梅体的书写形式，但对书写并没有严格的限制和统一的规则。

敦煌藏文文献中字符的书写、文法与现代藏文字符的书写、文法高度一致，但存在细微的差别和不统一的情况，说明现代藏文是在应用过程中不断统一、规范而发展起来的。现代藏文文法的学习中就主要学习藏文文法的规范，把它作为阅读和写作的依据，而藏文字符书写的规范从毛兰木嘉措的《藏文字帖》[15]中不难看出，前后进行了几次规范，对藏文字符书写时的笔顺、各部分的比例等都做了详细的规定，如图 10 所示。

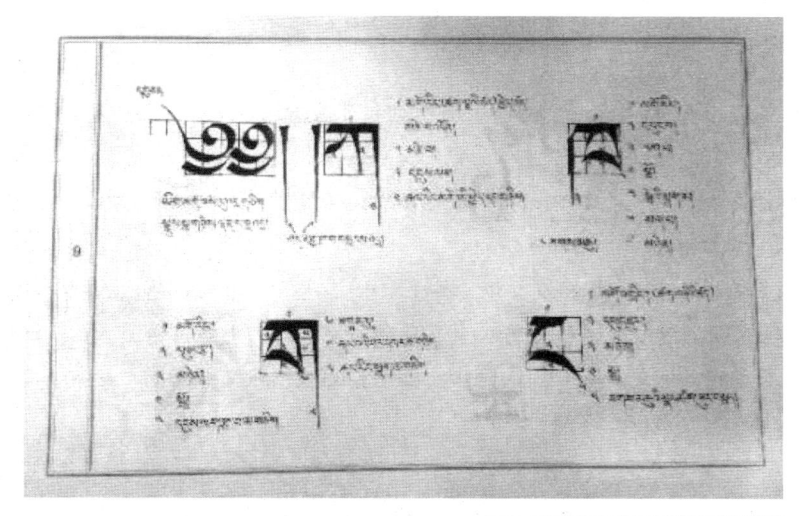

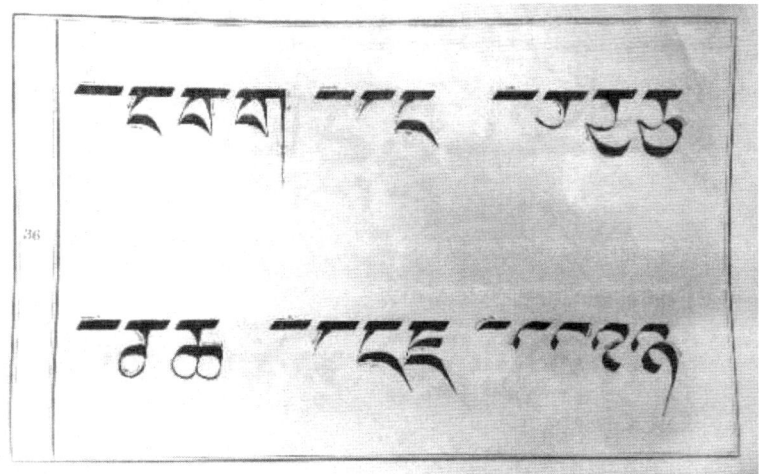

图 10　藏文字体书写的规范

参考文献：

［1］金雅声，束锡红. 英法藏敦煌古藏文文献与吐蕃早期文化［J］. 西北民族大学学报（哲学社会科学版），2006（2）.

［2］སློབ་དཔོན་སྐྱུས། བོད་བཙན་པོའི་དུས་ཀྱི་ཡིག་རྙིང་ཡིག་ཆ་དཔྱད་སྒྲུབ།［M］. བོད་ལྗོངས་མི་དམངས་དཔེ་སྐྲུན་ཁང་། ༢༠༠༧ལོའི་ཟླ་པ་དར་པར་གཞི་དང་པོ།

［3］［6］［10］［11］［13］法国国家图书馆藏敦煌藏文文献（五）［M］. 上海：上海古籍出版社，2007.

［4］［8］法国国家图书馆藏敦煌藏文文献（四）［M］. 上海：上海古籍出版社，2007.

［5］散·冯·谢克. 古藏文写本早期文字断代方法研究［J］. 完么才让，译. 青海民族大学学报（藏文版），2015（3）：47-63.

［7］边巴旺堆. 论敦煌古藏文文献中史传文献和其古语法及文字书写之特征［M］. 拉萨：西藏大学，2015.

［9］དགེ་འདུན་ཆོས་འཕེལ། གངས་ཅན་རིག་མཛོད་དེབ་བཅུ་པ［M］. བོད་ལྗོངས་བོད་ཡིག་དཔེ་རྙིང་དཔེ་སྐྲུན་ཁང་། ༡༩༩༠ལོའི་འདོན་ཐེངས་དང་པོ། ༢༧༡

［12］法国国家图书馆藏敦煌藏文文献（一）［M］. 上海：上海古籍出版社，2006.

［14］法国国家图书馆藏敦煌藏文文献（三）［M］. 上海：上海古籍出版社，2007.

［15］毛兰木嘉措. 藏文字帖［M］. 阿坝：四川省阿坝州藏文编译局，1997.